Salud y conciencia con el ayurveda y el yoga

por el Dr. Nibodhi Haas

Mata Amritanandamayi Center, San Ramon
California, Estados Unidos

Salud y conciencia con el ayurveda y el yoga
por el Dr. Nibodhi Haas

Publicado por:
   Mata Amritanandamayi Center
   P.O. Box 613
   San Ramon, CA 94583
   Estados Unidos

———————— *Health and Consciousness (Spanish)* ————————

Primera edición : abril 2018

Dirección en España:
   www.amma-spain.org
   fundacion@amma-spain.org

En la India:
   www.amritapuri.org
   inform@amritapuri.org

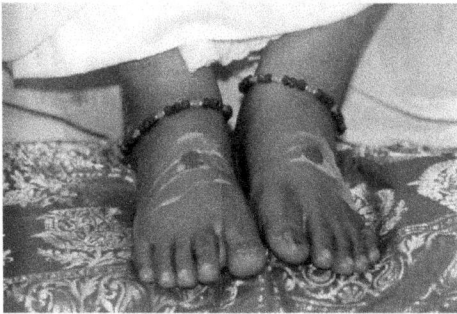

Ofrenda

Cualquier omisión que haya en este texto es entera responsabilidad del autor. Toda verdad o beneficio que se puedan conseguir con este libro se deben solo a la gracia de la Guru.

Ofrezco este libro, mis palabras, mis acciones y mi vida a los sagrados Pies de Loto de mi amada Sátguru Shri Mata Amritanándamayi Devi, ya que solo por su gracia es posible todo esto.

Matarani Ki Jai!

El señor Dhanuántari. Se le considera el origen del ayurveda. A Dhanuántari se le representa como Vishnu con cuatro manos, sosteniendo plantas medicinales en una mano y un tarro que contiene el néctar rejuvenecedor, llamado Ámrita, en la otra.

Om namó bhagavaté vasudevaya danvantraye
ámrita kálasha hasthaya, sárvamaya vinashanaya
trilokya nathaya shri mahá vishnavé namahá

Saludamos a Vasudeva, el Señor del universo, que se ha encarnado
bajo la forma de Dhanuántari, que lleva el tarro de ambrosía
en las manos, que elimina toda enfermedad, que es el Señor de
los tres mundos y que no es otro que el propio Señor Vishnu.

Índice

Prólogo

adhyatma-vidyá nétanum
saddharmacharanáttinum
bhuktí muktí pradé deví
sashtángam pranamíchidam

Me postro ante la diosa que concede *bhukti* y *mukti*
(placeres mundanos y salvación espiritual), con la
súplica de que pueda obtener el conocimiento espiritual
y la capacidad de practicar el *dharma* (rectitud).

Una semilla ha sido plantada en tu corazón y el amor es el
agua que la nutre. Con amor crecerá eternamente. La Madre
Divina lo hace posible. Permanece en el presente y encontrarás;
permanece en el corazón y verás. Permite a ese amor que crezca
profundamente en tu interior porque ahí dentro yace una semilla.
Himno tradicional sudamericano

Actualmente vivimos en el *Kali Yuga* (la edad oscura del materialismo). El dharma está en mínimos históricos. Estamos rodeados
por todos los lados de guerras, violencia, enfermedad, hostilidad,
hambrunas, superpoblación y destrucción del medio ambiente.
Amma dice constantemente: «El mundo está atrapado en los tentá-
culos de un pulpo de temor». Las personas están cada vez más y más
aisladas de sí mismas y entre ellas. El equilibrio de la naturaleza está
profundamente alterado. Las estaciones raramente llegan cuando les
corresponde. Hay sequías, inundaciones, tormentas, terremotos y
tsunamis que causan gran destrucción.

Hubo un tiempo en el que los seres humanos y la naturaleza
coexistían en perfecta armonía. Ahora, nuestra ignorancia y nuestra
separación respecto a nuestro verdadero Ser y a la naturaleza han
alterado enormemente ese equilibrio.

La intención de este libro es proporcionar una introducción básica a los antiguos sistemas del ayurveda y el yoga, así como una exploración más profunda de la forma en que se pueden utilizar para restaurar el dharma perdido en nosotros mismos y en la naturaleza. Mediante el ayurveda y el yoga podemos hacer que se manifiesten nuestras más elevadas aspiraciones y vivir una vida pacífica, armoniosa y equilibrada. Podemos aprender a vivir según el ritmo de los ciclos de la naturaleza, tanto dentro de nosotros como a nuestro alrededor. Podemos sostener el dharma y restablecer la belleza de la creación divina de Dios aquí en la Madre Tierra y despertar al esplendor y la gloria del amor que yace en lo profundo de nuestro ser.

Solo el amor puede curar y restablecer la armonía perdida en este mundo. El amor es la respuesta a todas las preguntas. El amor es la solución de todos los problemas. Amma dice a menudo: «El amor es la única medicina que puede sanar realmente las heridas del mundo». El ayurveda y el yoga son caminos para despertar ese amor divino que está oculto en lo más profundo de todos nosotros.

Que esta ofrenda sea una manifestación de ese Amor Supremo Incondicional. Que sea una pequeña lámpara que ilumine el camino a través de *Kali Yuga*. Que sirva como una pequeña herramienta en el jardín de la vida y que las semillas de la conciencia queden plantadas firmemente en la tierra del amor.

Om ásato ma sat gámaya
támaso ma jyótir gámaya
mrtyor ma ámritam gámaya

Guíanos de lo falso a la verdad,
de la oscuridad a la luz,
y de la muerte a la inmortalidad.

Om lokaha samastaha sukhinó bhavantú
Om shanti shanti shántihi

Que todos los seres de todos los mundos sean felices.
Que haya paz, paz, paz. Que la paz triunfe.

Que el árbol de nuestra vida
esté firmemente enraizado en el suelo del amor.
Que las buenas acciones sean las hojas de ese árbol.
Que las palabras bondadosas formen sus flores.
Que la paz sea su fruto.
Que crezcamos y nos desarrollemos
como una familia unida por el amor
para que podamos alegrarnos y celebrar nuestra unidad
en un mundo donde la paz y la alegría triunfen.

Amma

Introducción

Todo lo conocerás de manera espontánea si haces sádhana (práctica espiritual). Entiende quién eres. Conoce el Ser. Entonces podrás llevar una vida sin apego a nada. Ese estado mental te llegará si haces sádhana con sinceridad.

Amma

En el principio solo había el Ser absoluto.

Aitareya Úpanishad 1.1

El ayurveda, «la ciencia de la vida», es la antigua ciencia de la sabiduría de la vida en armonía unos con otros y con el entorno. Forma parte de la tradición espiritual del *Sanátana Dharma* o la Verdad Eterna.

Como el Sanátana Dharma trasciende toda división de casta, credo, nacionalidad y religión, es adecuado para todas las personas de cualquier lugar o época. El conocimiento del ayurveda, que nos fue proporcionado por los antiguos *rishis* (sabios), expone intuiciones espirituales que nos permiten llevar una vida feliz, saludable y en paz mientras buscamos la meta final del Autoconocimiento. El ayurveda también incorpora la ciencia mística del yoga y el *vedanta* (la filosofía de la conciencia no dual o unificada). El conocimiento del ayurveda se encuentra en cada uno de los cuatro *vedas*. El principal texto ayurvédico, la *Cháraka Sámhita,* describe la naturaleza del universo con todas sus manifestaciones y el modo en que podemos ponernos en armonía con él. Los dichos «Somos el microcosmos del macrocosmos» y «Como es arriba, así es abajo» explican elocuentemente la verdad universal de que todo el universo está interrelacionado y es interdependiente.

El ayurveda es el sistema tradicional natural de curación de la India. El concepto del ayurveda no solo se centra en el tratamiento médico o el diagnostico de la enfermedad. Es un conjunto de pautas prácticas y sencillas para vivir una vida larga y saludable. Mediante estos principios, podemos llevar el cuerpo y la mente a un equilibrio perfecto. El ayurveda tiene una base teórica, pero también tiene una naturaleza completamente práctica. La palabra «ayurveda» se compone de dos palabras: *ayus* y *veda*. Ayus significa «vida» y veda significa «ciencia». Juntas, estas palabras significan «el conocimiento de la vida». En el ayurveda el proceso del ayus se considera una experiencia combinada del cuerpo, los sentidos, la psique/mente y el alma. Ayus representa todos los aspectos de la vida, incluida la muerte, el morir y la inmortalidad.

La ciencia del ayurveda se ha desarrollado durante miles de años, y actualmente está en la vanguardia de las medicinas del cuerpo-mente-espíritu. El ayurveda se ha extendido mucho más allá de su base tradicional en la India y está ganando aceptación en todo el mundo. Con su profunda y amplia comprensión de la vida y la conciencia, se está convirtiendo en la medicina del presente y del futuro.

Los principales objetivos del ayurveda son la prevención, tratamiento y curación de la enfermedad, así como el fomento de la salud en cuatro niveles: físico, mental, emocional y espiritual. También hay una afinidad directa entre el ayurveda y el yoga. La ciencia del yoga, igualmente, procede de los Vedas y fue revelada por los antiguos rishis. Igual que en el ayurveda, el objetivo del yoga es la unión con lo Divino. La palabra «yoga» significa «unir» o «juntar». Los principios del yoga y del ayurveda son los mismos y tienen sistemas análogos para la sanación del cuerpo, la mente y el espíritu. El yoga fue expuesto por primera vez por el sabio Patánjali, que nos dejó los *Yoga Sutras*. Se dice de Patánjali que también fue un experto en ayurveda. El ayurveda y el yoga son ante todo y sobre todo ciencias espirituales. Son mapas para guiarnos en el viaje espiritual.

El ayurveda y el yoga nos enseñan a crear equilibrio con el fin de obtener una salud perfecta. A medida que vamos entendiendo mejor la unión del cuerpo, la mente y el alma, somos más capaces de prolongar nuestra esperanza de vida y mejorar nuestro bienestar.

No obstante, el objetivo más profundo de esta ciencia es ofrecer una oportunidad para el Autoconocimiento, para conocer el verdadero Ser, que es sat-chit-ananda (Existencia-Conciencia-Dicha). Tenemos que comprender que nuestros cuerpos y mentes están en constante cambio en este mundo de dualidad. Nuestra labor es descubrir la parte velada de nosotros mismos que siempre está ahí: el conocedor, el vidente, la Fuente infinita e inmutable. Con diligencia, perseverancia y paciencia podemos despertar de maya (el sueño/la ilusión) y liberarnos del sufrimiento. Y, cuando despertamos a nuestro verdadero Ser, creamos libertad en nuestro cuerpo, mente y espíritu. El ayurveda acepta que venimos a esta tierra para recordar quiénes somos verdaderamente y a cumplir ese dharma, así como a aprender a cuidar de esta existencia física mientras buscamos moksha (la liberación). Cuando se consigue la armonía del cuerpo, la mente y el espíritu, nos volvemos libres.

El ayurveda ofrece una orientación clara para administrar tratamientos específicos a cada individuo:

- La teoría ayurvédica, con su profunda comprensión de los factores que causan la manifestación de la enfermedad, incluye el análisis y el diagnostico de la constitución individual.
- El ayurveda se puede emplear para estructurar modelos holísticos del estado físico, mental, emocional y espiritual de cada persona, creando una visión o una meta para alcanzar un estado de ser equilibrado.
- El ayurveda ofrece recomendaciones específicas para cada individuo sobre el estilo de vida, la alimentación, el ejercicio, el yoga, las terapias con plantas y las prácticas espirituales adecuadas para ayudarle a recuperar y mantener el equilibrio del cuerpo y la mente.

«Guíame de la muerte a la inmortalidad» es una plegaria procedente de la Brihadarányaka Úpanishad. La Kaivalya y la Katha Úpanishad describen claramente los métodos por los cuales puede lograrse esa inmortalidad.

En la Kaivalya Úpanishad, la estrofa 1.2 afirma: «Solamente por la renuncia se alcanza la inmortalidad». Mientras que la estrofa

2:3:14-15 de la Katha Úpanishad dice: «El mortal en cuyo corazón el deseo ha muerto alcanza la inmortalidad. El mortal en cuyo corazón los nudos de la ignorancia están desatados se vuelve inmortal. Estas son las verdades más elevadas enseñadas por las escrituras».

Cuando mueren los deseos mundanos y limitados de nuestra conciencia, despierta nuestra inmortalidad, que ya existía antes. Nos «convertimos» en inmortales; pero, en la realidad absoluta, siempre hemos sido y siempre seremos inmortales. Esta inmortalidad no es la del cuerpo físico, sino la del Ser infinito e inmutable. Los caminos espirituales del ayurveda y del yoga son medios directos y tangibles para ayudarnos en el viaje que va de la muerte a la inmortalidad.

> *Nadie es nuestro y no hay nada que podamos llamar*
> *nuestro. En nuestros últimos días solo el verdadero Ser*
> *permanecerá con nosotros. No podemos llevarnos nada en*
> *nuestro último viaje. Entonces, ¿por qué tenemos esta locura*
> *por las posesiones terrenales? Aquello que verdaderamente*
> *existe está en nosotros. Para ver Eso, tenemos que ir hacia*
> *el interior. Ahí no hay ni rastro de dolor. Ahí el verdadero*
> *Ser brilla en su propia gloria. El despertar del Ser interior*
> *y del conocimiento verdadero solo llega cuando el egoísmo*
> *desaparece por completo. Vamos de lo falso a la Verdad*
> *cuando amamos y servimos a todos los seres vivos.*

Bándham Illa, Bhajanámritam, Vol. 1

Shri Mata Amritanándamayi

El mundo debe saber que una vida dedicada al amor
y el servicio desinteresado es posible. El amor es nuestra
verdadera esencia. El amor no tiene limitaciones de
casta, religión, raza o nacionalidad. Todos somos
cuentas ensartadas en el mismo hilo de amor.

Amma

Mediante sus extraordinarios actos de amor y sacrificio, Mata Amritanándamayi, o Amma (la Madre), como Se la conoce, Se ha ganado el cariño de millones de personas de todo el mundo. Acariciando tiernamente a cada persona que acude a Ella, abrazándolas cerca de su corazón en un amoroso abrazo, Amma comparte un amor infinito con todos, independientemente de sus creencias, de quiénes sean o de para que hayan acudido a Ella. De esta forma sencilla pero poderosa, Amma está transformando la vida de innumerables personas, ayudando a sus corazones a florecer, abrazándolas de una en una. En los últimos treinta y siete años, Amma ha abrazado físicamente a más de treinta millones de personas de todas las partes del mundo.

Su espíritu de dedicación incansable a mejorar la vida de los demás ha inspirado una inmensa red de actividades benéficas mediante las cuales las personas están descubriendo la sensación de paz interior que produce el servicio desinteresado al prójimo.

Las enseñanzas de Amma son universales. Siempre que se Le pregunta sobre su religión, responde que su religión es el amor. Ella no le pide a nadie que crea en Dios o que cambie de fe, sino solo que indague en su propia verdadera naturaleza y que crea en sí mismo.

Entre la gran variedad de proyectos benéficos inspirados por Amma hay: viviendas gratuitas para los pobres, labores de auxilio en catástrofes, un orfanato, comedores sociales, medicamentos y pensiones para mujeres desamparadas, bodas patrocinadas para pobres, asistencia jurídica gratuita, programas de bienestar para reclusos, amplios programas de salud que comprenden hospitales multiespecializados y campamentos médicos que ofrecen atención médica gratuita a los pobres, y muchas escuelas, facultades y programas educativos.

Para más información sobre las actividades benéficas de Amma, visitar:

es.embracingtheworld.org
www.amritapuri.org
www.amma.org

Capítulo 1

La filosofía sankhya

*El Creador y lo creado son lo mismo. No hay un Creador
separado de la creación. El Creador (Él o Ella) se ha
convertido en toda la creación. No hay separación. Así
que, desde este punto de vista, es como las olas en el mar.
Las olas no son diferentes del mar. Aunque las olas tienen
diferentes formas, tamaños y alturas no son realmente
distintas del mar. El mar mismo se convierte en las olas.*

Amma

*Solo Aquel Ser Iluminado que sigue cautivando lo informe para que
tome forma, tuvo el encanto necesario para ganarse mi corazón.
Solo el Perfecto que siempre se está riendo de la
palabra Dos puede hacerte conocer el amor.*

Hafiz

Debido a una intensa sádhana (práctica espiritual) y oración, la
Verdad Universal o la Realidad Última se reveló en la mente de los
rishis. La filosofía *sankhya*, la base del ayurveda y el yoga, fue expuesta
por el rishi iluminado Kápila. «Sankhya» tiene dos significados. La
palabra *sankhya* se traduce como «conocer la verdad» o «entender la
verdad». *San* es verdad y *khya* significa comprender. Sankhya también
significa «número» o «medir». El sistema proporciona una enume-
ración de los veinticuatro principios que constituyen el universo.

Filosofía sankhya
Los veinticuatro principios de la creación (tattuas)

1. *Púrusha* (Conciencia Universal) y *prákriti* (Manifestación Divina o Naturaleza)
2. *Máhat* (Inteligencia Cósmica o Universal) y *buddhi* (intelecto individual diferenciado)
3. *Ahankara* (el ego)
Desde ahankara se manifiestan los tres gunas (cualidades universales): *sattua, rajas, tamas*
4. *Manas* (mente)

Pancha jñanéndriyas (cinco órganos sensoriales)

5. Oído
6. Tacto
7. Vista
8. Gusto
9. Olfato

Pancha karméndriyas (cinco órganos de acción)

10. Habla
11. Agarrar
12. Caminar
13. Procreación
14. Evacuación

Tanmatras (objetos de percepción)

15. Sonido (*shabda*)
16. Tacto (*sparsha)*
17. Forma (*rupa*)
18. Gusto (*rasa*)
19. Olfato (*gandha*)

Mahabhutas (los elementos)

20. Éter/Espacio (*akasha*)

21. Aire (*vayu*)
22. Fuego (*agni*)
23. Agua (*apas*)
24. Tierra (*prithvi*)

Púrusha y prákriti

La filosofía sankhya enumera los tattuas (veinticuatro principios divinos) que sustentan la manifestación universal. Los más importantes de esos principios son púrusha y prákriti. Todo emerge de prákriti y después es llenado por púrusha. Púrusha (representado por *Shiva*, lo Divino Masculino) y prákriti (representado por *Shakti*, lo Divino Femenino) forman juntos la base fundamental de toda manifestación. Prákriti y púrusha son *anadi* (sin principio) y *ananta* (infinitos). Púrusha es pura conciencia, omnipresente y eterna. Prákriti es el agente y el que experimenta. El verdadero Ser, el *Atma,* cuando se une con los cinco grandes elementos (*pancha mahabhutas*), se convierte en materia y así llega a ser la vida. Los pancha mahabhutas son los elementos básicos necesarios para la formación de todos los tejidos corporales y los órganos sensoriales y motores, incluida la mente.

Púrusha es conciencia pura, el Ser Divino único. Es autoexistente, sin la identidad de la individualidad. Es existencia consciente, el principio de la energía espiritual. Prákriti, el primer principio cósmico, es la energía creativa pura original (*parashakti*) de púrusha. Púrusha es la conciencia no manifestada. Prákriti es la manifestación de la conciencia. Mientras púrusha existe solo en sí y por sí, prákriti existe debido a púrusha. Púrusha también puede ser llamado el incognoscible. Es el estado que se encuentra más allá de todas las fluctuaciones de la manifestación. Es la conciencia pura, sin forma y no manifestada, que está más allá de los atributos, la causa y el efecto, el tiempo y el espacio. Cuando el alma individual *(jiva)* regresa a su estado original (el Ser supremo o Atman), los conceptos de «yo» y «mío» desaparecen. Púrusha, o el Ser, está más allá de prákriti. Es sutil y omnipresente. Está más allá de la mente, el intelecto y los sentidos. Es el eterno vidente, el testigo.

Prákriti es lo manifestado, la fuente cognoscible de toda la creación que puede ser experimentada con atributos, nombre y forma, que existe en el tiempo y el espacio. Prákriti significa «la primera creación» o «llegar a la creación». También significa «aquello que es primordial, lo que precede a lo creado»; viene de *pra* (antes) y *kri* (realizar o hacer). Prákriti es la causa primordial del universo y se la llama *pradhana*, lo primario. Todos los efectos están fundamentados en este principio. Como tal, representa la forma en que inicialmente llegamos a la vida antes de que se haya producido ninguna fluctuación o modificación. Prákriti es la base de la existencia. Es la Madre del Universo. No crea para Sí misma, sino para sus hijos. Todos los objetos son para el disfrute del alma. Prákriti solo crea cuando se une con púrusha. Esta danza se realiza para la emancipación de todas las almas individuales.

Prákriti representa la voluntad primordial y su potencial creativo. Tiene forma y atributos y puede ser nombrada. Es la voluntad consciente o la elección de crear. Prákriti es eterna, omnipresente e inamovible. Prákriti es independiente y sin causa, mientras que sus productos son causados y dependientes. La voluntad divina se manifiesta por medio de la actividad de sus propios gunas constitutivos: sattua, rajas y tamas. Los gunas serán analizados en detalle más adelante.

En el *Shri Lálita Sahasranama* (*Los mil nombres de la Madre Divina*) hay una estrofa que describe la unión de púrusha y prákriti: *Shiva-Shaktyaikya-rúpini* (estrofa 999). Esta estrofa se traduce como «La que es la unión de Shiva y Shakti, púrusha y prákriti».

A Shiva, o púrusha, se Le considera de naturaleza masculina, y Shakti, o prákriti, es femenina. La verdad última es que ninguno de ellos es posible sin el otro, y en realidad ninguno es ni masculino ni femenino. Incluso la mención de la palabra «otro» niega la totalidad de su unión.

En el hinduismo hay una deidad llamada *Ardhanaríshuara*, que es la unión de Shiva y Shakti como un solo ser. Ardhanaríshuara es la personificación de esta verdad. Sin Shiva, Shakti no tendría conciencia que manifestar, no tendría conciencia del Ser. Sin Shakti, Shiva no tendría energía que manifestar, convirtiéndose así en *shava,* en un cadáver. De la unión de la conciencia pura y la creatividad pura procede la manifestación del universo. El *Tao Te King* afirma: «De la nada sale el Uno. Del Uno sale el Dos. Del Dos sale el Tres. Del Tres salen todas las cosas». El uno representa la verdad indivisible. El dos es la unión de Shiva y Shakti. El tres son los tres gunas. Amma ha descrito así el sentido más pleno de las profundas conexiones que hay dentro de la creación: «Con el fin de sentir amor y compasión verdaderos, hay que comprender la unidad de la fuerza vital que sostiene y es el substrato del universo entero. Todo está lleno de conciencia. Esa conciencia es la que sostiene el mundo y a todas las criaturas que hay en él. Venerar todo, ver a Dios en todas las cosas: eso es lo que la religión recomienda».

Máhat y buddhi

Púrusha y prákriti engendraron a *máhat*, la Conciencia Divina / Inteligencia Cósmica. Máhat significa «grande» y se aplica a toda la creación. La creación es un maravilloso baile místico de la unión de la forma con lo que no tiene forma. Máhat es perfecto, es universal. Es la creación ideal sin defectos, trascendente, que está más allá del tiempo y del espacio. La Conciencia Divina desciende al nivel de la manifestación individual y se convierte en discernimiento. El discernimiento es la percepción consciente de lo verdadero y lo falso, de lo correcto y lo incorrecto, de lo eterno y lo temporal. Mediante la capacidad de discernimiento, la Mente Divina se funde de nuevo en Sí Misma.

Cuando máhat se individualiza se lo conoce como *buddhi*, el intelecto con capacidad de pensar y razonar. Máhat en unión con buddhi se convierte en un jiva, la conciencia individual. El jiva es el alma en unión de los sentidos. Habita el cuerpo y recibe su fuerza del ego. Está relacionada con la ignorancia y el karma. Está sometida al placer y al dolor, a las acciones y a sus frutos, y constantemente repite el ciclo del nacimiento y la muerte (la reencarnación).

El intelecto, o buddhi, es la manifestación más importante de prákriti. Los sentidos le presentan los objetos al intelecto. El intelecto es el instrumento que sirve de intermediario entre los órganos de los sentidos y el Ser. Todos los conceptos y las proyecciones que surgen de la sensación, la reflexión o la conciencia se graban y se almacenan en el intelecto antes de que el Ser los pueda conocer. El intelecto discierne entre púrusha y prákriti, entre lo real y lo irreal, entre la verdad y la falsedad.

Amma dice: «Entrena la mente utilizando las armas del discernimiento y el desapego para convencerte a ti mismo de que el cuerpo no es eterno. ¿Qué es el cuerpo, a fin de cuentas, más que una bolsa de excrementos, carne y sangre? Eso es lo que adornas con bellos trajes y ornamentos de oro. Intenta ahondar y ver lo real, lo que le da su belleza y su brillo: la Conciencia Suprema».

Ahankara

Desde máhat y buddhi se forma *ahankara* (el ego). Ahankara se traduce como la conciencia individual, el sentido de que «yo» existo. Por medio de la manifestación del ego es como la conciencia, velada por *maya* (la ilusión), empieza a adoptar falsas identidades. Eso es lo que causa la percepción de la individualidad limitada. La mente limitada, individual, nace del ahankara. Cumple las órdenes de la voluntad del ego por medio de los órganos de acción *(karméndriyas)*. Como conciencia individual, el ego separa y divide las cosas. Es la parte de la creación que es maya, que actúa como un velo sobre la naturaleza suprema de la realidad. A medida que el ego sigue dividiendo, todas las cosas del mundo transitorio se van manifestando. El intelecto, la mente y el ego son como los guardianes, y los cinco sentidos u órganos de percepción *(jñanéndriyas)* son las puertas.

El ahankara es el proceso de todas las divisiones. Es el que decide: «esto es esto» y «eso es eso». Todas las enfermedades se manifiestan desde el ahankara. El uso incorrecto del karma y de los jñanéndriyas provoca un desequilibrio en el cuerpo, la mente y el alma. Este uso incorrecto nos lleva a la enfermedad, la muerte y la destrucción. Es la causa de las guerras y de la pobreza. Tenemos que aprender el uso correcto de los índriyas y a vivir en armonía con la Madre Naturaleza y la humanidad.

Amma pone numerosos ejemplos para describir la naturaleza del ahankara. Dice: «El ego causa división. Se puede comparar con las paredes que demarcan las divisiones de una casa. Si derribas las paredes, la casa desaparece y de nuevo tienes solo espacio. Elimina el ego y volverás a ser espacio. La cáscara que rodea la semilla se tiene que romper antes que el árbol pueda brotar. Hay que deshacerse del ego antes de adquirir el conocimiento. Con una cortina delante de la ventana, no se puede ver el cielo azul. Si eliminamos el sentido del "yo" de nuestra mente, seremos capaces de ver la luz que está en nuestro interior».

Manas

El ahankara le da paso a manas, que es la mente atada por el tiempo, el espacio, el nombre y la forma, que opera completamente en el mundo de los sentidos. Por eso, la mente es tanto un órgano sensorial como uno de acción. Los sentidos reciben numerosas impresiones del mundo exterior. Entonces la mente se pone de acuerdo con los sentidos y las impresiones se perciben y se formulan en conceptos. La mente piensa, el intelecto decide y el ego se vuelve consciente y se proyecta en el mundo. Los gunas (cualidades universales) y los tanmatras (objetos de percepción) también son manifestaciones de manas. Manas se manifiesta desde las propiedades sáttvica y rajásica de ahankara. Tiene la capacidad de discernir y de crear una existencia sáttvica y pacífica. También es necesaria para dar lugar a la acción. Hay un gran dicho: «La mente es un amo horrible, pero un sirviente excelente ».

Los tres gunas

Om iccha shakti jnana shakti kriya shakti suarupinyéi namahá

Adoro a La que tiene la forma de los poderes de
la voluntad, el conocimiento y la acción.
Shri Lálita Sahasranama, estrofa 658

Los tres gunas, conocidos como sattua, rajas y tamas, son las cualidades universales de las fluctuaciones de la mente. Cada uno de ellos se manifiesta en un nivel cósmico universal y en un nivel individual, incluso en nuestros propios cuerpos y en toda la naturaleza. Los tres gunas nunca están separados. Se apoyan y se entremezclan tan íntimamente como la llama, el aceite y la mecha de una lámpara. Forman la misma sustancia de prákriti. Todos los objetos están compuestos de los tres gunas, que actúan los unos sobre los otros. En la *Chhandoguia Úpanishad* se dice que el sonido *aum* es la totalidad de los tres gunas. *A* es el estado de sattua, y es el estado de vigilia o la conciencia subjetiva. Está representado por Brahma, el Creador. *U* es rajas y el estado de dormir. Está representado por Vishnu, el Conservador. *M* es tamas, el estado del sueño yóguico de conciencia indiferenciada, representado por Shiva, el Destructor o el gran Transformador.

Om trigunayéi namahá

Me postro ante La que está provista de los
tres gunas: sattua, rajas y tamas.
Shri Lálita Sahasranama, estrofa 984

Los gunas son las cualidades o estados mentales originales primarios. Estas frecuencias vibratorias y actitudes se encuentran tanto en la mente como en toda la creación. Las tres cualidades de la mente están directamente relacionadas con los doshas. Los gunas son los que apegan la conciencia al cuerpo físico. La naturaleza mental de una persona puede clasificarse según estos gunas. Los tres gunas son *sattua* (pureza o esencia), *rajas* (movimiento) y *tamas* (apatía). Los tres gunas se encuentran en toda la naturaleza y en la mente. El ayurveda ofrece una descripción clara de las personas a partir de su constitución psicológica (*manas prákriti*). Todos los individuos tienen una combinación de los tres, en la que el guna predominante determina la naturaleza mental del individuo.

Cuando están en equilibrio, los tres gunas mantienen un estado saludable de la mente y, hasta cierto punto, también del cuerpo. Los tres gunas son el tejido mismo de la creación, ya que están presentes en todas las cosas, vivas y no vivas, tangibles e intangibles. El guna predominante en un objeto determina la vibración que emite y su comportamiento. Las perturbaciones de la armonía de los gunas provocan diferentes clases de trastornos mentales. El desarrollo de una mente sáttvica es la meta del yoga y del ayurveda.

Los tres gunas se manifiestan en nuestro cuerpo, nuestra mente y nuestra conciencia. Como son más sutiles que los doshas, las perturbaciones de los gunas provocan alteraciones en el cuerpo tosco. Los gunas constituyen nuestra disposición mental y nuestras inclinaciones espirituales. Todo el mundo tiene alguna proporción de sattua, rajas y tamas. La clave está en mantenerlos equilibrados y en armonía entre sí y con la manas prákriti. El objetivo del yoga es equilibrar y controlar tamas, rajas y sattua en la conciencia propia.

Sattua

Om maha-sattvayéi namahá

Me postro ante la que posee un gran sattua.
Shri Lálita Sahasranama, estrofa 216

El sattua, considerado a menudo el estado puro de la mente o la conciencia, es un estado interior de existencia claro, ligero, inocente e imperturbable. Sattua tiene una naturaleza satisfecha y divina, es la unión del corazón y la mente. Es virtuoso, paciente y compasivo; es la mente en su estado natural de puro ser.

Una mente sáttvica refleja claridad de percepción y paz mental. El que está dotado de una naturaleza sáttvica está libre del sufrimiento y es un faro de luz para el mundo. Las personas sáttvicas están siempre involucradas en buenas acciones y trabajan para mejorar la humanidad.

A medida que aumentamos la cantidad de sattua guna en nosotros, nuestra vibración espiritual y los aspectos positivos de nuestra personalidad se realzan considerablemente. Quien está dotado de sattua tiene control sobre las emociones, los pensamientos y las acciones. Posee todas las virtudes y cumple su dharma. Es legal, tolerante y tranquilo. Posee un intelecto estable y no es egoísta. Una persona sáttvica es un ejemplo vivo para el mundo. Con su ejemplo, sirve a la sociedad y ayuda a los demás a crecer espiritualmente aumentando su conciencia y su compasión.

Manas (la mente) así como los *pancha jñanéndriyas* (cinco órganos sensoriales) y los *pancha karméndriyas* (cinco órganos de acción) se manifiestan a partir de la unión de sattua y rajas.

Rajas

Om manomayyéi namahá

Me postro ante la que está en la forma pura de la mente.
Shri Lálita Sahasranama, estrofa 941

Rajas tiene la naturaleza del movimiento y la acción. Posee la capacidad de observación y es la fuerza activa que hace que sattua actúe. Cuando rajas está presente, la mente pura se altera, se agita y se activa. Con la mirada de la mente enfocada hacia el exterior, empezamos a desear. Por eso, rajas es la esencia del deseo. Es el más activo de los gunas y caracteriza el movimiento y el estímulo. Todos los deseos y aspiraciones son fruto de rajas. Influye en todas las iniciativas, incluidas las de la mente pensante, lógica y racional. Provoca indecisión, falta de fiabilidad, hiperactividad y ansiedad. Rajas genera lujuria y codicia de dinero, lujos materiales y comodidades. Cuando se tienen deseos, los sigue el apego. Estos apegos son la causa de todos los sufrimientos. Rajas es egoísta y tiene en cuenta sus propios intereses primero y por encima de todo. Cuando los deseos no se satisfacen, se produce más sufrimiento.

Rajas, cuando está equilibrado con sattua, se manifiesta como amor y compasión. Cuando está perturbado provoca ira, cólera, hostilidad y enfermedad. Rajas es la manifestación del ego o la individualización. Los cinco órganos de acción (boca, manos, pies, órganos reproductores y órganos excretores) vienen de rajas. La mente también es el principio activo de rajas.

Tamas

Om tamopahayéi namahá

Me postro ante la que elimina la ignorancia de tamas.
Shri Lálita Sahasranama, estrofa 361

Tamas tiene la naturaleza de la destrucción, la disolución y la oscuridad. Tamas es la incapacidad de percibir la luz o la conciencia. El exceso de tamas es la apatía. Tamas se caracteriza por la pesadez y la resistencia. El engaño, la pereza, la apatía y el letargo son causados por tamas. Por su naturaleza sedante provoca dolor y sufrimiento y lleva a la depresión.

Tamas se manifiesta como bloqueos emocionales. Tiene la naturaleza de la destrucción, el deterioro y la muerte. Está en los deseos insatisfechos, reprimidos en el fondo de la mente subconsciente. La presencia de tamas causa deseo de venganza, violencia, odio, delincuencia y comportamiento psicopático. Su naturaleza es animal, ilusoria, egoísta, materialista y demoníaca. Como contiene todos los doshas, rige la tierra y los cinco elementos.

Los tres gunas están en todos los seres. Uno de los tres gunas suele predominar en cada persona. Una persona sáttvica es virtuosa y lleva una vida pura y piadosa. Cuando sattua prevalece, la persona es tranquila y apacible, reflexiva y meditativa. Una persona rajásica es apasionada y activa. Cuando rajas prevalece, la persona desempeña diversas actividades mundanas. Una persona tamásica es inactiva y está embotada. Cuando tamas prevalece, la persona se vuelve perezosa y descuidada. Tamas genera engaño. Sattua nos hace divinos y nobles, rajas nos hace egoístas y tamas nos vuelve como animales e ignorantes. Por ejemplo, un sabio o un santo suele ser sáttvico, mientras que un soldado, un político o un hombre de negocios son rajásicos.

Como seres humanos, tenemos la gran bendición de poder modificar conscientemente los gunas de nuestro cuerpo y nuestra mente. Hasta la iluminación no podemos apartar o eliminar los gunas por nosotros mismos; sin embargo, por la acción consciente y la conciencia, las prácticas de estilo de vida y los pensamientos, podemos actuar sobre los gunas para aumentarlos o disminuirlos.

Sattua es la manifestación pura de la mente cósmica e individual. Sattua es la luz pura, el dharma, la conciencia, la creatividad y el poder de observación. Sattua da la capacidad de discernimiento, el conocimiento y la capacidad de percibir la verdad. Sattua en su estado puro se manifiesta como paz, armonía, contento, compasión, amor incondicional, altruismo, devoción y fe. Sattua es el equilibrio. Cuando sattua prevalece, hay paz y tranquilidad. Cuando predomina sattua, domina a rajas y tamas.

Rajas es el principio vital, activo, móvil y en constante cambio. Rajas proporciona la shakti (energía) necesaria para que se perciba la creación. Encontramos rajas en la variabilidad de la mente y los pensamientos que van sin descanso de un extremo a otro del espectro. Rajas es la actividad que se expresa como gustos y aversiones, amor y odio, atracción y repulsión. Es la energía que observa y percibe a través del intelecto. Sin rajas, sattua está inmóvil. Shiva yace en un estado tranquilo, meditativo, inmóvil y dichoso si rajas no Lo obliga a actuar. Rajas es necesario para la creación. Mediante rajas se experimentan los sentidos, el mundo y la individualidad. Es la energía que hace tener deseos y buscar el placer de los sentidos. Rajas también es la energía que nos da la capacidad de discernir entre lo eterno y lo que no es eterno. Cuando rajas domina, somete sattua y tamas. Cuando está en armonía, destruye tamas y activa sattua.

Amma ha descrito el uso apropiado de rajas para nosotros. Dice: «Todo el mundo está como loco corriendo de un lado para otro en busca de paz. La paz debe venir del interior. ¿Qué hay que hacer para conseguir esa paz? Hay que vivir entendiendo y diferenciando entre lo eterno y lo que no es eterno. Esa es la única manera. Únicamente alcanzaremos la paz por el conocimiento de que solo Dios es eterno».

Tamas es apatía, oscuridad, confusión y maya. Tamas es un poder destructivo. Es la materia densa del universo. Tamas es la fuerza que ata y que tiende hacia el letargo, la pereza y las acciones insensatas. Causa engaño y falta de discernimiento. Se dice que el tiempo y el espacio, que no son eternos, están regidos por tamas. Tamas es el proceso de deterioro y es la causa de la muerte y la enfermedad. En estado equilibrado, tamas es el causante del sueño, la hibernación y el renacimiento. Es el tirón de lo inmanifestado llamándonos de vuelta a nuestro estado original. Tamas es el proceso de la caída de las hojas de los árboles en otoño. Las hojas mueren y se descomponen en la tierra solo para proporcionar el fertilizante necesario para un nuevo nacimiento y la renovación de la vida en primavera.

Los tanmatras

Los gunas se manifiestan como los *tanmatras* (las cinco percepciones sensibles), los jñanéndriyas (los cinco órganos sensoriales), los karméndriyas (los cinco órganos de acción) y los *pancha mahabhutas* (los cinco elementos). *Sattuaguna* es la causa de los cinco órganos sensoriales, los cinco órganos motores y la mente/conciencia. *Tamasguna* es la causa de las cinco percepciones sensibles y los cinco elementos. *Rajasguna* conecta sattuaguna y tamasguna.

Los tanmatras, o sentidos, se manifiestan en todas las formas de vida de toda la creación. Los tanmatras y los índriyas emergen de la materia no manifestada, prákriti. Estas son las formas sutiles de los cinco elementos en su estado vibratorio de existencia. Los tanmatras son: *shabda* (sonido), *sparsha* (tacto), *rupa* (forma o vista), *rasa* (sabor) y *gandha* (olor). Estas realidades sutiles son la causa de nuestra capacidad de sentir y objetivar el mundo exterior. Shabda se relaciona con el elemento éter, sparsha con el aire, rupa con el fuego, rasa con el agua y gandha con la tierra.

Los tanmatras se relacionan directamente con los mahabhutas. Todo lo que hay en este universo entero consta de diferentes combinaciones de estos cinco elementos: éter, aire, fuego, agua y tierra. Representan las formas etéreas, gaseosas, radiantes o luminosas, líquidas y sólidas que constituyen el universo físico, incluidos nuestros cuerpos. Cada elemento se corresponde y se relaciona con uno de los tanmatras de un modo creativo y dinámico. El éter corresponde al sonido/audición; el aire al tacto; el fuego a la vista; el agua al gusto; y la tierra al olfato.

Los tanmatras y los cinco elementos también están directamente relacionados con los jñanéndriyas y los karméndriyas, mediante los cuales se expresan. Los cinco órganos sensoriales son los oídos, la piel, los ojos, la lengua y la nariz. El oído se relaciona con shabda, el sonido y el elemento éter; la piel con sparsha, el tacto y el elemento aire; los ojos con rupa, la vista y el elemento fuego; la lengua con rasa, el gusto y el elemento agua; y la nariz con gandha, el olfato y el elemento tierra. Los cinco órganos de acción también se relacionan con los cinco órganos sensoriales y los cinco elementos. Son la boca, las manos, los pies, los órganos urogenitales/reproductivos y el ano. La boca se corresponde con el elemento éter y el sonido (shabda). Las manos se relacionan con el elemento aire (sparsha) y el tacto. Los pies se relacionan con el elemento fuego (rupa) y la vista. Los órganos urogenitales/reproductivos se relaciona con el gusto y el elemento agua (rasa), y el ano se relaciona con el olfato y el elemento tierra (gandha).

Todos estos órganos sensoriales son los causantes de nuestras experiencias relativas y de dar forma a la conciencia. Cada uno de los órganos, elementos, tanmatras y sentidos posee características particulares que conforman el mundo temporal.

Los cinco elementos

bhuta maintmanay kali
porikalaintumanay
bodhamaki nintray kali
poriyai vinchi nintray

Te convertiste en los cinco elementos, Kali,
y te convertiste en los cinco sentidos.
Te convertiste en la conciencia, Kali,
y te convertiste en el espíritu.

Yadumaki Nintray,
Bhajanámritam, suplemento de 2010

La conciencia toma forma como los cinco grandes elementos por medio de los cuales conocemos la creación. De ellos se componen todos los numerosos objetos del mundo exterior. Los mahabhutas se experimentan en la esfera de lo sutil (lo no físico). Desde y dentro del espacio/éter emana el aire (finura, liviandad, ligereza), después el fuego (energía), después el agua (circulación, fluidez), a continuación la tierra (solidez, forma).

En la vida diaria es beneficioso ser conscientes de los elementos y del papel vital que desempeñan en el mantenimiento de la creación. Esta conciencia nos conduce a la gratitud, que a su vez nos lleva al amor y la paciencia. Cuando vivimos con gratitud estamos en paz con nosotros mismos y con la naturaleza. Amma da gran importancia a los cinco elementos y al papel esencial que desempeñan.

Amma dice: «En la creación de Dios no hay materia inerte. Sin tierra no podemos vivir. La tierra es el substrato de nuestra vida. Por eso, la Verdad Eterna (Sanátana Dharma) nos enseña a adorar a la Madre Tierra. Adorando a la Madre Tierra podemos evitar la degradación ecológica. Del mismo modo, al agua se la venera como Dios porque tampoco podemos vivir sin ella. También se adora a *agni* (el fuego). Necesitamos calor para vivir. Los extremos de calor y de frío hacen imposible la vida. Por tanto, necesitamos un equilibrio correcto de todos los recursos naturales. Lo mismo sucede con el aire. Por eso es por lo que en el hinduismo se adora a los cinco grandes elementos. En el Sanátana Dharma se nos enseña a visualizar la unidad en la diversidad».

Los cinco elementos (*pancha mahabhutas*) constituyen la base de todas las cosas que forman parte de la creación. Equilibrarlos de una manera que es exclusiva para cada ser humano es el principio básico del ayurveda.

Éter o espacio

El espacio es donde vivimos y es el lugar donde todo sucede. Es el contenedor de la creación. También se le puede llamar el escenario donde tiene lugar la *lila* (la representación divina). Las células de nuestro cuerpo también contienen espacio. El éter es el más sutil de todos los elementos. El éter se manifiesta como ideas puras e inspiración y permite la conexión y el intercambio entre todas las cosas. Se manifiesta como expresión personal, dejando espacio para la creación y el nacimiento. Es amplio, sutil, ligero, claro, infinito y eterno. El éter emana de la conciencia y de la mente, y posteriormente regresa a la conciencia. Cuando el éter se mueve de su estado original no manifestado se convierte en aire.

Aire

El aire es transparente y elevado y provoca actividad dentro del espacio. Las funciones biológicas que proceden de las sensaciones se consideran funciones del aire. Igualmente, los movimientos del pensamiento y el deseo, que son funciones de la mente, también se consideran funciones del aire. El aire es ligero, móvil, claro, seco, áspero, voluble y cambiante como el viento. El aire es el movimiento sutil causante de la fuerza direccional. Está en constante circulación, siempre cambiante. El aire es la fuerza de propulsión y, cuando se mueve lo suficientemente rápido, provoca fricción y crea luz o fuego.

Fuego

El movimiento provoca fricción y así produce calor, al que llamamos fuego, el tercer elemento. Este proceso cambia la materia de un estado a otro. El fuego ayuda en las funciones corporales, como por ejemplo la digestión y la absorción. El fuego tiene las cualidades de ser caliente, agudo, líquido o fluido, penetrante, ligero, luminoso, ascendente y volátil. El elemento fuego también da la percepción. El fuego irradia calor y da dirección (interna y externa) por medio de la vista y la intuición. Cuando el fuego se condensa se convierte en agua.

Agua

El agua representa el estado líquido y es necesaria para la supervivencia de todos los seres vivos. Nuestro cuerpo está compuesto principalmente de agua. Los fluidos corporales, como la sangre, la saliva y las hormonas, ayudan a nuestro cuerpo a transportar la energía y a evacuar los desechos. El agua es fluida, pesada, húmeda, lubricante, refrescante, suavizante, cohesiva y estable. Forma parte del impulso que nutre y da a luz a la vida, y está relacionada con los órganos reproductivos y el proceso de concepción. El agua es también similar a un útero en sus cualidades nutricias. Da nacimiento a nuevas ideas y procesos creativos. Cuando el agua se coagula se convierte en tierra.

Tierra

La tierra representa el estado sólido. Las estructuras sólidas y estables del cuerpo humano se crean a partir del elemento tierra. Este alimenta y sostiene a todos los seres vivos, y por eso provoca una sensación de permanencia y seguridad. La tierra tiene las cualidades de ser gruesa, densa, dura, sólida, pesada y estable.

Cada elemento contiene una décima parte del elemento anterior. El éter es el sustrato que se sostiene a sí mismo y en el que tiene lugar la creación. El éter está en el aire. El aire y el éter están en el fuego. El fuego, el aire y el éter están en el agua. Y todos los elementos existen en la tierra.

Los *doshas* (constituciones corporales) surgen de los cinco elementos. El concepto de los doshas lo elaboraron los rishis del ayurveda para diferenciar entre los seres sensibles y los no sensibles. El *sharira* (cuerpo humano) está hecho de los pancha mahabhutas. La vida solo florece cuando el Atma, los índriyas y manas se unifican dentro del marco humano. Los doshas son las unidades biológicas del cuerpo vivo y a ellos se deben todas sus funciones.

Hay tres doshas —*vata, pitta y kapha*—, cada uno de los cuales está constituido por una combinación de los mahabhutas. *Vayu* (el aire) y *akash* (el espacio) forman vata, agni forma pitta y *jala* (el agua) y *prithvi* (la tierra) forman kapha.

La palabra dosha se deriva de la palabra *dusa*, que significa «viciar». En estado equilibrado, los doshas sostienen y nutren al cuerpo, y cuando se vician producen enfermedad. Los doshas juegan un papel importante en la patogénesis, el diagnóstico y el tratamiento de las enfermedades. (Los doshas se tratarán en detalle más adelante en este libro).

Los principios de la filosofía sankhya son la base y el sustrato del ayurveda. El camino del ayurveda y el yoga es un medio para el despertar. Cuando la conciencia del Ser se despierta en nuestra conciencia, somos eternamente libres. Las escrituras dicen que el universo entero habita en el interior del Ser. Todos los principios del sankhya son partes integrantes del Ser único. A medida que incorporamos los principios del ayurveda en nuestra vida, podemos despertar plenamente en el viaje de la oscuridad a la luz, de la muerte a la inmortalidad.

Elemento / Dosha	Tanmatra	Karméndriya	Jñanéndriya
Éter / vata	Sonido (shabda)	Habla, boca	Audición (oídos)
Aire / vata	Tacto (sparsha)	Prensión, manos	Tacto (manos)
Fuego / pitta	Forma (rupa)	Locomoción, pies	Visión / vista (ojos)
Agua / kapha	Gusto (rasa)	Procreación, órganos urogenitales/ reproductivos	Gusto (lengua)
Tierra / kapha	Olfato (gandha)	Evacuación / excreción, ano	Olfato (nariz)

Un ser humano es una parte de la totalidad
que llamamos el Universo.

Albert Einstein

Capítulo 2

Yoga

La espiritualidad solo puede experimentarse en la quietud y el silencio. Si piensas que solo saltarás al mar cuando las olas se calmen, nunca podrás entrar en el agua. No pienses que solo puedes rezar y comunicarte con Dios cuando tu mente es pura. No retrases el comienzo de la práctica espiritual.

Amma

El objetivo y la meta del yoga (unión) es unirnos con nuestro verdadero Ser. Mediante la práctica constante de distintos métodos entrenamos la mente para que permanezca inmóvil y poder escuchar el sonido del Ser interior. Amma describe los diversos caminos del yoga de esta manera: «Aunque hay muchos caminos, hay cuatro caminos principales: bhakti yoga (yoga de la devoción), karma yoga (yoga de la acción), jñana yoga (yoga del conocimiento) y raja yoga (yoga del control de la mente y los sentidos). El objetivo de todos los yogas es el control de la mente, lo que significa el control de los pensamientos. Sea cual sea el camino, solo es posible alcanzar la meta si las *vásanas* (hábitos y tendencias) están atenuadas. No se puede decir qué camino es mejor porque cada uno de ellos es único a su manera».

Amma siempre nos recuerda: «Todos los caminos llevan a la misma meta y todos los caminos incorporan el amor y la devoción como parte esencial de la práctica». Amma detalla más el objetivo del yoga: «La finalidad de todos los yogas es *samatua bhava* (la actitud de visión ecuánime). Lo que se conoce como yoga es *samatua*.

Cualquiera que sea el camino, no hay Dios más allá de eso. Ese estado hay que alcanzarlo».

El yoga es un camino de disciplina, que establece reglas sobre la alimentación, el sueño, la compañía, el comportamiento, el habla y el pensamiento. Solo hay que practicarlo bajo la cuidadosa supervisión de un maestro. El yoga es un camino para llegar a controlar la mente y alcanzar la perfección. Eleva la capacidad de concentración, detiene el vagabundeo y los caprichos de la mente y nos ayuda a alcanzar el estado supraconsciente o *nirvikalpa samadhi*. El yoga destruye la inquietud corporal, elimina las impurezas y calma la mente. El objetivo final del yoga es enseñar el modo en que el alma individual puede alcanzar la completa unión con el Ser o *Paramatman* (el Ser Supremo). Esta unión del alma individual (jiva) con el Púrusha Supremo se acelera mucho controlando las *vrittis* (fluctuaciones) de la mente.

El yoga es una ciencia espiritual ancestral cuya meta, al igual que la del ayurveda, es el Autoconocimiento. Sirve como un mapa de carreteras para llevar una vida plena de sentido y alegría. El origen tanto del yoga como del ayurveda se encuentra en la filosofía sankhya. El yoga fundado por el gran sabio Patánjali es una rama de la filosofía sankhya, y los *Yoga Sutras* de Patánjali es el texto principal de todas las ramas del yoga. Los *Yoga Sutras* constan de cuatro capítulos que constituyen las escrituras más antiguas del yoga. El primer capítulo, *Samadhi Pada*, trata sobre la naturaleza y la finalidad de samadhi (el estado de supraconciencia en el que se experimenta la Unidad absoluta junto con la omnisciencia y la dicha). El segundo capítulo, *Sádhana Pada*, explica los métodos para llegar al samadhi. El tercer capítulo, *Vibhuti Pada,* describe los poderes sobrenaturales o *siddhis* que pueden lograrse por la práctica de yoga.

El yoga, al igual que el ayurveda, es un arte, una ciencia y una filosofía. Trata sobre todos los aspectos de la vida, incluyendo el físico, el mental, el emocional y el espiritual. Ambos métodos, el ayurveda y el yoga, emplean tradicionalmente las plantas medicinales, la meditación y el *pranayama* (ejercicios de respiración), así como regímenes alimenticios y de estilo de vida. Los principios fundamentales de ambos son vivir una vida feliz, en paz y dhármica. El yoga proporciona una guía maravillosa sobre la manera de alcanzar ese equilibrio.

Aunque existen numerosos sistemas de yoga, el yoga clásico se divide en cuatro modalidades (bhakti, karma, jñana y raja), y todos los demás yogas entran dentro de estas categorías. Los otros yogas, tales como el hatha yoga, el mantra yoga, el laya yoga y el tantra yoga, están incluidos en una de las cuatro ramas principales. El yoga de Patánjali es el raja yoga o ashtanga yoga (el yoga de ocho miembros), que trata sobre la disciplina de la mente y del alma. El hatha yoga consiste en métodos para el control del cuerpo y la regulación de la respiración. El raja yoga es la culminación del hatha yoga. Una sádhana progresiva de hatha yoga lleva al logro del raja yoga. De ese modo, el hatha yoga sirve de escalera para llegar a la etapa o a la cumbre del raja yoga.

Bhakti yoga

El bhakti yoga es el yoga de la devoción. Se dice a menudo que el bhakti yoga es el más elevado de todos los yogas y que todos los demás yogas son manifestaciones de la bhakti, ya que no hay un camino más elevado que el camino del amor. Este yoga es la unión por medio del amor puro desinteresado que sale del corazón. El bhakti *yogui* cree que siempre que él piensa en Dios o en el *guru*, Dios piensa aún más en él. Una relación entre un *bhakta* y Dios/el guru no puede nunca describirse en palabras.

Amma dice: «Llorarle a Dios cinco minutos es igual que una hora de meditación. Si las lagrimas no vienen por sí solas, intenta llorar pensando: "¿Por qué no soy capaz de llorar?" Intenta adquirir devoción. Ese es el camino más fácil».

Hay tantas clases de bhakti como el corazón puede llegar a entender. La bhakti se centra en abrir el corazón espiritual como un loto que florece ante el Sol de la mañana. Los métodos más comunes son cantar y rezar a Dios, ya que ayudan a trascender la mente y penetrar en la cueva secreta del corazón. Amma dice: «Intenta cantarle a Dios con amor y devoción desbordantes. Que el corazón se derrita en la oración. Los que piensan que llorarle a Dios es una debilidad son desafortunados. A medida que la cera se derrite, la llama de la vela se vuelve más brillante. Llorándole a Dios se obtiene fortaleza. Se lavan las impurezas de la mente. La mente se absorbe fácilmente en el recuerdo de Dios».

El bhakti yoga también utiliza la repetición constante de mantras, los nombres de Dios, en una adoración ritual que también se puede clasificar como tantra yoga. La oración y la meditación son prácticas comunes que ayudan al corazón a derretirse de amor divino e incondicional. En el *Shrímad Bhágavatam*, uno de los textos clásicos del bhakti yoga, hay una descripción del camino de bhakti con nueve partes.

1. *Shrávana*: escuchar *satsangs* o las escrituras

Amma nos recuerda: «Las escrituras las escribieron los sabios desde su propia experiencia. Debemos hacer nuestras las verdades de las escrituras».

2. *Kirtan y bhajans*: canto devocional

El kirtan es cantar los nombres de Dios. Los bhajans son canciones líricas, a menudo con una narración y una historia, mientras que el kirtan es el *«namávali»* repetitivo o la repetición de los nombres de las deidades. La finalidad de cantar a Dios es que el corazón tome las riendas y la mente pierda sus apegos. Es muy importante el modo en que se cantan los bhajans y el kirtan. Amma indica esto: «Hijos, cantad desde el fondo del corazón. Que el corazón se derrita en la oración. El gozo de cantar el nombre de Dios es extraordinario. Estos bhajans nos ayudan a expulsar toda la suciedad acumulada en el corazón. Dejad a un lado toda la timidez y abridle el corazón a Dios».

3. *Smarana*: **Recuerdo constante de Dios, lo que incluye la repetición de mantras**

Amma explica los beneficios de esta práctica: «La pureza mental llegará por la recitación constante del nombre divino. Este es el camino más sencillo. Estás intentando cruzar el mar de la transmigración, el ciclo del nacimiento, la muerte y el renacimiento (*samsara*). El mantra es el remo de la embarcación; es el instrumento que utilizas para cruzar el samsara de tu inquieta mente, con sus olas interminables de pensamiento. El mantra también se puede comparar con una escalera que se sube para alcanzar las alturas del conocimiento de Dios».

4. *Seva*: **servicio desinteresado**

Amma insiste repetidamente en este punto: «El servicio desinteresado y la repetición de tu mantra es suficiente para alcanzar la meta. Si estos faltan, por mucha penitencia que hagas no serás capaz de alcanzar la meta. Si realizas prácticas espirituales sin llevar a cabo acciones desinteresadas, será como construir una casa sin puertas, o una casa que no dispone de un camino de acceso. Sé valiente. No seas perezoso. El amor y la belleza están en tu interior. Intenta expresar ese amor y esa belleza en tus acciones y sin duda tocarás la misma fuente de la dicha».

5. *Árchana*: **culto diario**

Esta práctica incluye la recitación de las escrituras. En el Áshram Ámritapuri de Amma en India, el árchana incluye la recitación diaria del *Shri Lálita Sahasranama*, Los Mil Nombres de la Madre Divina.

Amma explica: «El árchana trae prosperidad a la familia y paz al mundo. Elimina los efectos de errores cometidos en el pasado. Permite tener la fortaleza necesaria para entender la Verdad y vivir en consonancia. Obtendremos una vida larga y riqueza. Toda la atmosfera se purifica. Si recitamos el *Shri Lálita Sahasranama*, la energía de cada nervio de nuestro cuerpo se despertará. *Devi* (la Madre Divina) protegerá siempre a quienes reciten el *Shri Lálita*

Sahasranama todos los días con devoción. Nunca tendrán que afrontar escasez de alimentos o de artículos de primera necesidad y además crecerán espiritualmente».

6. *Vandana*: alabanza de Dios, oración

Podemos tener muchos fines diferentes para la oración, pero Amma dice: «Reza para obtener una mente satisfecha bajo cualquier circunstancia. La oración solo llega a ser genuina cuando se reza por una mente satisfecha y en paz independientemente de lo que se reciba».

7. *Dasa*: llegar a ser o adoptar la actitud de un servidor de Dios

No hay mucha gente a la que le guste pensar en sí mismos como servidores, y sin embargo Amma nos asegura: «Lo que el mundo necesitas son servidores, no líderes. Todo el mundo desea llegar a ser un líder. Tenemos suficientes líderes que no son verdaderos líderes. Convirtámonos mejor en verdaderos sirvientes. Ese es el único modo de convertirse en un verdadero líder».

8. *Sakhya*: amistad con Dios

Amma dice que este paso es la clave para la plenitud del amor: «El amor es de dos tipos. El amor al mundo y sus objetos es un amor de naturaleza inferior. El amor a Dios es la devoción, la clase más elevada de amor, que es el amor puro. Hay amor dentro de todos, pero solo se manifiesta plenamente cuando se orienta hacia Dios». Con el tiempo puedes hacer de Dios tu mejor amigo.

9. *Atma nivédana*: entrega o dedicación a Dios

La completa entrega es uno de los procesos más difíciles por los que puede pasar un ser humano a causa de su identificación con el ego. Exige tener una fe total en Dios. Amma describe así la naturaleza de la entrega: «Cuando te entregas a una conciencia superior, abandonas todas tus reivindicaciones. Sueltas todo aquello a lo que has estado agarrado. Entonces no importa si ganas o pierdes. Ya no aspiras a ser nada. No anhelas ser nada, absolutamente nada, así que te zambulles en el Rio de la Existencia».

Este es el camino de nueve partes del bhakti yoga. Realizar cualquiera de estas prácticas de todo corazón le permite al corazón derretirse y al amor verdadero florecer.

Karma yoga

Karma significa «acción», y el karma yoga es el camino o el yoga de los actos de servicio desinteresado. *La Bhágavad Guita*, la Canción de Dios, es el texto más importante sobre el karma yoga. Ese texto describe el karma yoga como el camino principal del yoga. Sin amor verdadero (bhakti) no puede tener lugar ninguna acción desinteresada. El bhakti yoga y el karma yoga forman parte integrante el uno del otro. El karma yoga tiene que estar arraigado en la bhakti, porque para que cualquier acción tenga éxito hace falta amor.

Para un karma yogui, las actividades de la vida son la Gracia de Dios, que nos han sido concedidas para así poder servirle. El karma yogui no siente que el mundo sea maya (una ilusión), ni experimenta el ego en la cima del éxito o en los valles del fracaso. Un verdadero karma yogui está desapegado mientras cumple sus deberes en la tierra. El karma yoga está bellamente descrito por Shri Krishna en la *Bhágavad Guita*: «Adorándolo con las acciones adecuadas se logra el Autoconocimiento». Una clave del karma yoga es el desempeño de la acción correcta y el servicio por sí mismos, sin apego a los resultados de las acciones. El karma yogui ofrece todos los resultados de sus acciones a Dios.

Amma nos dice: «Hijos, debéis hacer vuestro trabajo con dedicación. Lo consideréis importante o insignificante, os guste o no, debéis hacer vuestro trabajo con atención y amor. Cuando trabajáis de esta manera, cuando el amor empieza a fluir en todo lo que hacéis, vuestro trabajo se convierte en sádhana (práctica espiritual)».

Cuando uno actúa desinteresadamente, la acción se convierte en seva y el corazón se empieza a derretir. Cuando la acción se lleva a cabo con verdadero desinterés, se convierte en una ofrenda para el mundo, ya que la mayor parte de las acciones se realizan buscando un beneficio personal. En realidad, no hay diferencia entre bhakti yoga y karma yoga. Son lo mismo, igual que púrusha y prákriti, Shiva y Shakti. El karma yoga es la fragancia del amor, la manifestación de la pura bhakti. Amma explica: «Solo la acción realizada con una actitud altruista puede ayudarte a profundizar más en la meditación. La verdadera meditación solo se producirá cuando te hayas vuelto verdaderamente desinteresado, porque el altruismo es lo que elimina los pensamientos y te lleva a lo más profundo del silencio». El karma yoga se practica también como un medio para lograr bhakti. Al principio, debido a múltiples heridas anteriores, nuestro corazón puede no estar abierto. Cuanto más servimos sin un deseo personal de recompensa o del resultado de la acción, más se nos purifica el corazón y nos podemos abrir a la verdadera bhakti. Por esa razón es por lo que Amma a dice menudo: «El servicio desinteresado es el jabón que purifica».

Jñana yoga

El jñana yoga es el camino del conocimiento y la sabiduría. Un jñana yogui busca entender la verdad trascendental. Quiere trascender el misterio del nacimiento y de la muerte y comprender la finalidad de la vida. Los textos vedánticos describen a menudo a un jñana yogui como alguien que recita el mantra ancestral *neti, neti*, que significa «esto no, esto no» para distinguir entre lo real y lo irreal o lo estable y lo transitorio. Utiliza *viveka* (el discernimiento consciente) para avanzar desde *avidya* (la ignorancia) a *vidya* (el conocimiento supremo). Un verdadero jñana yogui sabe que el mundo percibido por los sentidos no es real, sino una ilusión creada por las proyecciones de los pensamientos y la mente. El jñana yoga se describe en esta afirmación de las úpanishad: «En el método de reintegración por el conocimiento, la mente está constantemente adherida a la meta final de la existencia, que es la liberación. Este método lleva a todos los logros y siempre es propicio».

Amma explica: «Bhakti no es diferente de jñana. La verdadera devoción es en realidad sabiduría. Solo hay que aplicar medicina a una cortadura cuando se ha limpiado la herida con un desinfectante. De lo contrario podría infectarse y convertirse en una herida grave. Del mismo modo, hay que instaurar la sabiduría después de destruir el ego por medio de la devoción. Emplea la medicina del jñana después de limpiar la mente con el desinfectante de la bhakti. Solo entonces habrá verdadera sabiduría». La meditación, la sádhana, el karma yoga, el bhakti yoga y la autoindagación son algunos de los distintos métodos empleados en el jñana yoga.

El que está instalado en jñana siempre se involucra en karma y bhakti yoga. Todos los maestros iluminados practican los tres. Aunque están más allá de cualquiera de esas prácticas, muestran estar haciendo estos yogas como un ejemplo para la humanidad. En el sentido más elevado, jñana es Autoconocimiento o Autocomprensión, la sabiduría de la verdad más elevada. El conocimiento del Ser despierta en la conciencia cuando se ha lavado toda la suciedad mediante el karma yoga y el bhakti yoga. En la *Atmabodha Úpanishad*, Shri Shankaracharya ha dado una analogía muy clara sobre la naturaleza del conocimiento divino: «Del mismo modo que el fuego es la causa directa de la cocción, sin conocimiento no puede haber emancipación. En comparación con todas las demás formas de disciplina, el conocimiento del Ser es el único medio directo para la liberación».

Raja yoga

El raja yoga, conocido también como ashtanga yoga, es el principio fundamental del yoga que guía al buscador hacia la meta del Autoconocimiento. La base del ayurveda también está contenida en el raja yoga. Raja significa «rey» o «regio». Este camino delinea un método para alcanzar moksha, que es la liberación, el conocimiento del Ser y la libertad de toda atadura. Estos métodos están claramente descritos en los *Yoga Sutras* de Patánjali, el texto de referencia más importante del yoga.

Los ocho miembros del yoga tal como están descritos en los *Yoga Sutras* son:

1. *Yamas* (restricciones)
2. *Níyamas* (disciplinas)
3. *Ásana* (postura)
4. *Pranayama* (control de la respiración)
5. *Pratyahara* (repliegue de los sentidos)
6. *Dhárana* (concentración)
7. *Dhyana* (meditación)
8. *Samadhi* (estado supraconsciente)

Yamas

Los yamas son prácticas exteriores de un comportamiento recto. Estas normas de conducta para llevar una vida dhármica son nuestro medio para purificarnos adquiriendo capacidad de autoobservación.

Los cinco yamas mantienen la armonía en nosotros y en nuestro entorno. Estas directrices son pertinentes vivamos en el mundo, en un áshram o en una cueva del Himalaya. Preparan al aspirante para la verdadera práctica del yoga. El estudiante de yoga debe poner en práctica la no violencia, la veracidad, la continencia, el no robar y el no aceptar regalos que lleven a una forma de vida lujosa. La pureza, el contento, la ascesis, el estudio sagrado y la entrega a Dios también deben formar parte de su práctica. El más importante de todos es *ahimsa* (la no violencia). Todas las demás virtudes están enraizadas en ahimsa. La no violencia es abstenerse de tener malas intenciones respecto a todos los seres vivos, en pensamiento, palabra y acción, en todo momento. No es solo abstenerse de la violencia, sino también abstenerse de odiar.

1. *Ahimsa*: **no violencia, no dañar**

Ahimsa significa «carecer de violencia o no cometer ninguna clase de violencia». Consiste en no hacer daño a otro ser vivo en pensamiento, palabra u obra. Este principio se extiende a todos los seres vivos que hay en la creación, incluyendo las plantas, los animales y los minerales. Nuestras emociones negativas nos dañan tanto a nosotros mismos como a los demás. Martin Luther King Jr. dijo en una ocasión: «La no violencia es la respuesta a las preguntas políticas y morales más importantes de nuestro tiempo; a la necesidad de superar la opresión y la violencia sin recurrir a la opresión y la violencia. Tenemos que desarrollar un método para afrontar todos los conflictos humanos que rechace la venganza, la agresión y la represalia. La base de ese método es el amor».

Con el amor vienen la tolerancia y el perdón. La práctica de la verdadera ahimsa consiste en perdonar sinceramente las trasgresiones cometidas por los demás. Hay un profundo principio budista que afirma: «Cuando alguien a quien he beneficiado o en quien he depositado una gran confianza y esperanza me hace daño o me trata de manera hiriente sin razón, que vea a esa persona como a mi amado maestro». Ahimsa no es solo la práctica de la no violencia, sino también la acción de luchar por la paz y de orar por el bien de todos los seres sensibles, incluida la Madre Naturaleza.

2. *Satya*: **veracidad, no mentir**

La práctica de este principio empieza por ser sinceros con nosotros mismos. Hay que aplicar los principios de satya a todos los aspectos de nuestra vida. Cuando no decimos la verdad, le comunicamos al universo que no confiamos o que carecemos de fe. Si bien es importante decir la verdad, también es imprescindible evitar conflictos innecesarios. Si decir la verdad puede hacerle daño a alguien, es mejor mantenerse en silencio. Primero tenemos que cumplir el principio de ahimsa.

3. *Brahmacharya*: «encontrar a Dios, caminar con Dios»

La traducción literal de *brahma* es «Veda» y *charya* significa «el voto de estudiar los Vedas», lo que tradicionalmente comprende vivir en un *gúrukula* (el hogar de un guru o escuela tradicional) y practicar el celibato.

Desde el punto de vista del yoga, *brahmacharya* se refiere al uso correcto de la energía sexual. Para un *sádhak* (aspirante espiritual) a menudo significa celibato. Para un seglar significa evitar la mala conducta sexual y practicar determinadas disciplinas, reglas, horarios y restricciones alimenticias. La información detallada sobre estas normas de conducta se puede encontrar en el texto ayurvédico *Ashtanga Hrídayam*. Uno de los principales objetivos de esta práctica es evitar la perdida del *ojas* (energía espiritual sutil) adquirido por la sádhana. Cuando se agota el ojas, el cuerpo y la mente se vuelven vulnerables a las vibraciones negativas exteriores. Esas vibraciones pueden distraernos del camino espiritual y del verdadero objetivo del Autoconocimiento. Cuando se pierde el ojas, disminuyen nuestra aura, los *koshas* (nuestros cuerpos sutiles) y la inmunidad física, mental y espiritual. El mal uso de la energía sexual puede provocar desequilibrios psicológicos profundos. La conservación de la energía sexual hace que aumente la energía curativa y espiritual.

Hay todo un sistema de consideraciones dietéticas y sobre plantas medicinales que acompañan el brahmacharya, sea uno un sádhak o un seglar. La energía sexual no utilizada o transmutada se puede canalizar como energía creativa para mejorar el mundo. Se dice a menudo que la energía sexual es la parte más baja del ser superior. Aunque desempeña un papel para un seglar, hay que usarla correctamente para alcanzar cualquier beneficio espiritual.

Amma dice reiteradamente: «Hijos, debéis tener discernimiento al disfrutar de los placeres del mundo. Mediante el discernimiento constante alcanzareis un estado mental en el que podréis dejarlo todo. La familia, las riquezas, los placeres sensibles y todas esas cosas solo pueden dar una felicidad temporal. Son todos transitorios. Lo que nos da la felicidad no son los objetos externos. Hay muchas personas que tienen todos los placeres materiales pero siguen infelices e insatisfechas. Muchos se suicidan aunque vivan en habitaciones con aire acondicionado. Si la habitación con aire acondicionado fuera la fuente de su felicidad, ¿por qué esas personas se iban a suicidar en ella? Por tanto, aunque lo tengamos todo, si carecemos de paz mental no podremos llevar una vida feliz. Si seguís ansiando placeres mundanos, no podréis lograr la felicidad. Entended que los objetos son efímeros. Buscad lo eterno, la verdadera fuente de felicidad: el Ser. Estad satisfechos con lo que tenéis. Renunciad a la codicia, al egoísmo y a la envidia. Si podéis hacer esto, acabaréis alcanzando el estado en el que cesan todos los deseos».

4. *Asteya*: **no robar**

Este principio significa no tomar lo que no nos pertenece, sea material o inmaterial. Los elogios y los reproches se pueden considerar pertenecientes a esta categoría. Atribuirse el mérito de algo que no hemos hecho o acusar y difamar a alguien por algo también son maneras de robar. Incluso desperdiciar comida se puede considerar también robo. Amma explica: «La cosas destinadas al sustento humano pueden utilizarse. Si, por ejemplo, solo necesitas dos patatas, toma solo dos y no tres. Supongamos que dos patatas son suficientes para cocinar un plato; si a pesar de ello utilizas tres, estás actuando sin discernimiento. Estás cometiendo un acto *adhármico* (injusto). Ese despilfarro también puede considerarse un robo. Como no necesitas la tercera patata, la estás desperdiciando. En realidad solo necesitas dos; la tercera es más de lo necesario. Se la podrías dar a otra persona, quizá a tu vecino que no tiene nada para comer. De ese modo, tomando esa patata adicional le estás negando la comida. Le estás robando su alimento y cometiendo un acto perverso».

5. *Aparígraha*, no posesividad, ausencia de codicia, ausencia de avaricia

Este principio viene de la conciencia de que nada nos pertenece realmente. Llegamos a este mundo con las manos vacías y nos marcharemos de la misma manera. Mientras estamos aquí solo debemos utilizar las cosas que de verdad nos hacen falta, sin caer en el exceso. El exceso es la causa de toda la pobreza que hay en este mundo. A menudo, la gente toma más de lo que necesita, especialmente comida. Imagina un mundo en el que los seres humanos solo toman lo que necesitan. Si todo el mundo gasta en exceso nunca habrá suficiente. Pero si todo el mundo usa solo lo que necesita y da el resto, nadie se quedará nunca sin nada.

Incluso pensar que nuestros logros se deben solamente a nuestros propios esfuerzos es ser posesivo. Para tener éxito en cualquier acción se necesitan tanto nuestros propios esfuerzos como la gracia de Dios. Amma explica la verdadera naturaleza de la situación: «La autentica suciedad es la actitud de "yo soy el hacedor", y eso es difícil de limpiar. Todas las capacidades son las capacidades de Dios. Una planta no debe decir: "¡Mira mi flor! ¡Qué bella es!"»

Amma también nos dice: «La constante vigilancia te hace tan puro que, al final, tú mismo te conviertes en la encarnación de la pureza; y ese es tu verdadero ser. Cuando alcanzas ese estado supremo, todas tus intenciones, palabras y acciones se vuelven puras. La carga de impureza ya no está ahí. La luz de la pureza es lo único que existe. Entonces lo ves todo como la conciencia pura. Eso significa que lo ves todo como igual. Las apariencias externas ya no son significativas, porque has desarrollado la capacidad de penetrar profundamente y de ver la realidad de todo. La materia, que siempre está cambiando, pierde su importancia. En todo ves tan solo el Atman (Ser) inmutable».

Níyamas

Los *níyamas* son las actitudes internas, las prácticas o los principios del dharma que permiten abrirse a la conciencia superior. Son las fórmulas básicas para llevar un estilo de vida ayurvédico o yóguico. Los cinco níyamas definen aspectos de nuestro desarrollo interior y de nuestro progreso por el camino espiritual. Si aplicamos adecuadamente estos níyamas, nos ayudarán a crecer fuertes física, emocional y espiritualmente, como el fertilizante, el agua, la luz del sol y el aire que nutren una planta.

1. *Shaucha*: **limpieza o pureza**

Este término se refiere tanto a la pureza interior como a la exterior. Exteriormente se refiere a nuestra forma de vivir. La limpieza de la casa, la alimentación, la ropa, la apariencia y otras manifestaciones externas son un reflejo del estado interior. La pureza de la mente y el corazón es el aspecto más importante de shaucha. Las prácticas yóguicas como bhakti, karma y jñana nos ayudan a lograr la pureza interior. Una mente pura está llena de amor y compasión; está libre de ira, odio, envidia y otras emociones negativas. Cuando tenemos las manos limpias (libres de acciones perversas) y un corazón puro, somos capaces de acceder a nuestra verdadera sabiduría interior.

Amma añade: «Ir a un áshram o a un templo está bien, pero nuestra meta principal debe ser purificarnos la mente. Innumerables visitas a lugares sagrados no nos harán ningún bien si no podemos librarnos del egoísmo interior y el odio a los demás».

2. *Santosha:* **contento**

Nuestra meta es tener ecuanimidad en todas las circunstancias y en todas las situaciones de la vida. Cuando tenemos verdadero *santosha*, mantenemos la ecuanimidad pase lo que pase. Esta serenidad lleva a la paz interior y a la felicidad. Con el fin de mantener la ecuanimidad, Amma aconseja: «Intentad dar un paso atrás como testigos de los pensamientos de la mente, como alguien que estuviera de pie a orillas de un río viendo fluir el agua».

3. *Tapas*: **purificar por el fuego**

En el sentido yóguico, *tapas* se refiere a la disciplina personal. Es el deseo de la meta. Si queremos tener éxito en cualquier empresa tenemos que hacer un esfuerzo. Tapas es el esfuerzo que hacemos en el camino espiritual. Son las prácticas espirituales que realizamos, como la meditación, el ayuno y guardar silencio, así como la conciencia y el amor que ponemos en cada acción que realizamos. A veces puede parecer una lucha; sin embargo, si queremos la verdad más elevada, el Autoconocimiento, tenemos que pagar el precio más alto, nuestro ego. Si estamos decididos a conseguirlo, el tapas que realizamos se convierte en un gran gozo.

Amma explica: «Un verdadero *tapasvi* (uno que realiza prácticas ascéticas) desea servir a los demás por el sacrificio de sí mismo, igual que una vela da luz a los demás mientras ella se derrite y se consume. Su objetivo es dar felicidad a los demás mientras se olvida de sus propias dificultades. Por esta razón rezan. Esta actitud despierta en su interior el amor a Dios. La Madre está esperando personas así. La liberación vendrá a buscarlos y los servirá como una sirvienta. La liberación llegará volando hacia ellos como las hojas siguen la estela de un remolino. Otros, cuya mente no es tan amplia, no alcanzarán la realización por mucho tiempo que puedan estar haciendo tapas».

4. *Suadhyaya*: estudio de sí mismo

Esto se refiere al estudio del Ser por medio de la meditación, la autoindagación (*atmavichara)* y el estudio de las escrituras como los Vedas. Estas prácticas están destinadas a aumentar las buenas cualidades y acercarnos a nuestra naturaleza divina. Todas las prácticas de yoga tienen este único objetivo: el autoexamen que desemboca en la comprensión del verdadero Ser. Amma dice: «Cuando sabemos que el jugo está dentro de la fruta, pelamos la fruta y tiramos la piel. Con esta actitud, un *sádhak* busca la esencia de todas las cosas».

5. *Íshuara pranidhana*: entrega a la Voluntad Divina, devoción a Dios

La finalidad de la entrega es eliminar el ego. Solo por la entrega a un maestro perfecto llegaremos a la perfección. Esta entrega es la disolución del yo pequeño y limitado y el nacimiento del Yo infinito. Amma habla de los múltiples beneficios de la entrega: «Amma puede decir, por su propia experiencia, que si te entregas totalmente a Dios Él se asegurará de que no te falte nada. La entrega elimina todo temor y tensión. La entrega lleva a la paz y a la dicha. Donde hay entrega no hay miedo, y viceversa. Donde hay entrega hay amor y compasión, mientras que el miedo desemboca en odio y hostilidad. Pero para entregarse hace falta mucho valor, el valor de renunciar al propio ser. La entrega exige la audaz resolución de sacrificar el propio ego. Entregarse es dar la bienvenida y aceptar todo, sin el menor sentimiento de aflicción o decepción. La entrega te hace silencioso. La entrega destruye el ego y te ayuda a experimentar tu nulidad y la omnisciencia de Dios. Cuando sabes que no eres nada, que eres completamente ignorante, no tienes nada que decir. Solo posees una fe plena e incondicional. Solo puedes postrarte con la máxima humildad. Cuando te entregas a una conciencia superior, abandonas todas tus pretensiones. Te sueltas de todo aquello a lo que te agarrabas. Si ganas o pierdes, ya no importa. Ya no aspiras a ser nada. Anhelas no ser nada, absolutamente nada, de modo que te zambulles en el Rio de la Existencia».

El acto de entregar el ego puede ser aterrador, porque significa disolver tu personalidad en lo desconocido. Eso desconocido es, de hecho, donde residen la verdad y el amor incondicional. La entrega hace que la verdad y el amor florezcan en el corazón del buscador. Esa es la esencia del bhakti yoga.

Cuando «estás enamorado» de alguien, siempre estás pensando en esa persona. Te entregas a la experiencia del amor. Estás completamente en el momento. El amante solo piensa en el amado. Él o ella no piensa en el futuro, sino que está por completo en el presente. De hecho, la entrega del ego a lo Divino es la más bonita y gratificante de todas las historias de amor. El guru guía al discípulo a lo largo de las etapas de un amor embriagador hasta que este se funde con el amado para siempre. Mientras que el amor mundano acaba llegando a un final doloroso, el Amor divino crece de manera exponencial por toda la eternidad. Como dice Amma: «La verdadera entrega y fe es el Autoconocimiento».

Ásana

El ásana es una postura estable y cómoda. Ser capaz de mantener un ásana (asiento o postura) tiene una gran importancia física para la concentración. Cuando dominamos el ásana estamos libres de las perturbaciones de los pares de opuestos. Los ásanas son posturas físicas de yoga que también forman parte del ayurveda. Dan fuerza corporal, mental y espiritual. Se utilizan para mantener el cuerpo fuerte y sano. Muchas veces, las dietas, las plantas medicinales y las limpiezas estacionales forman parte de la práctica tradicional del hatha yoga. La práctica del ásana, cuando se adopta como parte de la sádhana personal, puede ayudar enormemente en la meditación y el logro de la paz interior. Amma dice: «Intenta apartarte, como un testigo de los pensamientos de tu mente, como quien está en la orilla de un río viendo fluir el agua». La práctica de yoga firme y constante da la fuerza interior y exterior que permite convertirse lentamente en el testigo. En la práctica del hatha yoga la mente y la respiración se hacen una, y así la atención y el silencio interiores acaban despertándose en la conciencia del practicante.

Pranayama

Pranayama es la práctica de controlar nuestra «fuerza vital» o *prana*. En el hatha yoga el pranayama consiste en ejercicios específicos de respiración que ayudan a conservar la salud del cuerpo y a obtener una profunda conciencia interior mediante el aquietamiento de la mente. El pranayama proporciona paz interior, tranquilidad, estabilidad mental y buena salud. Ásana y pranayama suelen ir juntos. Una forma fácil de pranayama es la repetición de mantras con la inspiración y la espiración. Por ejemplo, se puede practicar la técnica de meditación *So ham*. Repetir silenciosamente *So* con la inspiración y *ham* con la espiración. Concéntrate interiormente en la vibración del sonido. Mientras repetimos esta clase de pranayama, la respiración y la vibración del sonido se unen para llevar al yogui a profundos estados de meditación. La respiración del yogui se unifica y se produce la quietud de la conciencia. Téngase en cuenta que Amma advierte que solo hay que practicar los ejercicios complejos de pranayama bajo la guía de un maestro competente.

Pratyahara

Pratyahara es la introversión, la retirada de los sentidos de sus objetos de apego. Se lleva la conciencia desde los objetos exteriores hacia el interior. Cuando nuestras facultades sensoriales se desapegan de «las cosas», la mente entra en una quietud más profunda. Controlando los estímulos sensoriales se pueden alcanzar la calma y la paz interiores. Amma afirma: «Los pensamientos de la mente son como las olas del mar. No se pueden parar las olas por la fuerza; pero en lo profundo del mar, las olas desaparecen. Del mismo modo, intenta concentrar la mente en un único pensamiento en lugar de intentar parar todos los pensamientos a la fuerza. El mar de la mente se volverá más profundo y se aquietará. Aunque haya pequeñas olas en la superficie, estará en paz». La retirada habitual de los sentidos, por ejemplo haciendo ayuno y silencio todas las semanas, ayuda enormemente a calmar la mente, y los apegos al mundo exterior empiezan a disminuir. En las escrituras hay un dicho según el cual si no podemos controlar la lengua (el habla y la alimentación) tampoco podremos controlar la mente. El ayuno y la práctica de silencio una vez por semana o cada dos semanas son herramientas muy útiles para sosegar las olas de la mente».

Dhárana, dhyana y samadhi

Jyotírmayam anántam – shantidhámam
ananda sagarántam
Sachchidanandasándram – jñanaghánam
ninde lókam Maheshi

¡Oh, Diosa del universo! Tu morada es luz eterna,
morada de paz y mar de dicha.
Está llena de sat-chit-ananda y rebosante de conocimiento.

Kali Maheshuariyé
Bhajanámritam, Suplemento 2010

Dhárana es el esfuerzo de mantener la mente ininterrumpidamente fija en un único objeto o punto de referencia. En el bhakti yoga uno se concentra en la forma de su amado Dios o Diosa. También se puede enfocar en el sonido de un mantra o en la forma de un *yantra* (diseño geométrico relacionado con una deidad, un mantra o una vibración planetaria). Dhyana es la concentración continua e ininterrumpida de la mente en el objeto. Ese es el estado de meditación, que en realidad no es una práctica. El samadhi es la fusión de la mente con el objeto, con una concentración tan intensa que el individuo y el objeto se convierten en uno. La mente está completamente fundida e identificada con el objeto en el que está concentrada. Esa fusión es el verdadero estado de yoga (unión).

Patánjali afirma que dhárana, dhyana y samadhi son los tres últimos aspectos del raja yoga. Colectivamente se les ha llamado *sámyama* (control de la mente y sus fluctuaciones). Hay que pensar en los tres aspectos juntos porque dhárana, dhyana y samadhi son etapas progresivamente más avanzadas de concentración. Las tres constituyen un proceso continuo de adquisición de concentración mental y, por eso, son las tres partes de una totalidad. En realidad no están separados porque, a medida que avanzamos por el camino, no hay línea divisoria entre estas etapas. Cuando se progresa en dhárana, automáticamente se entra en el estadio de dhyana. Igualmente, si se progresa en dhyana, automáticamente se entra en la etapa del samadhi. Las tres etapas se funden gradualmente una en la otra como un río que fluye de regreso al mar.

Dhárana

Dhárana es concentración y contemplación. Dhárana significa literalmente «concentración inamovible de la mente». La idea directriz es mantener la concentración o el foco de atención en una única dirección. No hay que forzar la concentración. Lo que lleva la mente hacia el interior es la concentración unidireccional. La inmersión en la contemplación y la reflexión interior crean el ambiente interior adecuado que hace que la concentración en un solo objeto se intensifique. Estas técnicas meditativas fomentan la concentración de la mente en un determinado objeto. Cuanto más se intensifique esa concentración, más dejan de existir las demás preocupaciones de la mente.

En dhárana se utilizan a menudo mantras o yantras para concentrar la mente. O también se pueden usar puntos internos de referencia como los *chakras*. Si los mantras resultan demasiado sutiles, se puede intentar mirar fijamente la llama de una vela para favorecer la concentración mental. También se puede usar la meditación en la *ishta dévata* (forma amada de Dios) personal. Cualquier método que vuelva unidireccional la mente se considera una práctica de dhárana. Amma añade: «Concentrándonos en una forma, un sonido o una luz, aprendemos a estar constantemente en ese estado de soledad interior y a estar alegres en cualquier situación».

Dhyana

Dhyana, el séptimo miembro del yoga, significa meditación o adoración espiritual profunda. Es el estado de perfecta conciencia o contemplación. Se trata de la concentración en un punto con la intención de conocer la verdad. A medida que entramos en la verdadera meditación distinguimos entre el perceptor, los medios de percepción y los objetos percibidos; entre las palabras, sus significados y las ideas. Dhyana es un estado indiferenciado de conciencia.

Hay que aprehender claramente ambos, el objeto y el sujeto, con la finalidad de percibir sus semejanzas.

Durante la práctica de dhárana, la mente se vuelve unidireccional. Durante dhyana se identifica y se sumerje completamente en el objeto de atención. Por eso es que dhárana va antes de dhyana. La mente es como un mono salvaje que salta de rama en rama. Hay que parar al mono para que se produzca la meditación. Dhárana es el método que sirve para parar y concentrar la mente. Dhyana es el resultado de una dhárana prolongada.

En efecto, las prácticas que llamamos dhárana abarcan las técnicas que muchos llaman meditación. Dhyana es la experiencia de la meditación; es lo que sucede cuando la mente se aquieta y se vuelve consciente. Aun así, hay numerosas técnicas de «meditación» que hacen que la mente se concentre en un punto y, finalmente, por medio de la práctica, se aquiete. El poder de la verdadera meditación es enorme. La verdadera meditación es simplemente el estado natural de conciencia o de ser de la mente.

Samadhi

El samadhi es la inmersión completa en el Ser. Samadhi significa «colocar firmemente», «juntar» o «fusionar». En los *Yoga Sutras*, Patánjali lo llama *Suarupa avasthánam* (estar instalado en el propio Ser verdadero). En el samadhi nuestra identidad personal separada se disuelve por completo. En el momento del samadhi la conciencia exterior deja de existir, lo que no significa que estemos físicamente muertos. Solo significa que experimentamos el universo entero como el único Ser. Nos unificamos con lo Divino. La mente consciente se vuelve a fundir con la fuente de la que nació. La libertad absoluta y eterna de un alma individual está más allá de todas las técnicas y etapas, más allá de todo tiempo y lugar. Cuando ha llegado a ser libre, el alma no vuelve al *samsara* (el ciclo del nacimiento, la muerte y el renacimiento).

El samadhi es la meta final. Todos los caminos, prácticas y métodos culminan en el samadhi. Los rishis dicen que en el estado de samadhi perfecto el alma experimenta toda la luz de la Realidad Absoluta. Un ser iluminado así conserva una personalidad individual para funcionar en el mundo y guiar a todos los seres sensibles hacia la meta; sin embargo, los que se han fundido en el samadhi están completamente libres de todo apego a la personalidad creada.

El samadhi es la única realidad eternarmente verdadera. Todo lo demás está en constante cambio y no puede nunca traer la paz o la felicidad permanentes. Las escrituras dicen que, una vez alcanzado, se permanece en samadhi sin esfuerzo. Amma está constantemente en ese estado. Está en el estado absoluto, pero en apariencia baja a nuestro nivel para elevarnos al suyo.

El *mahasamadhi* es cuando un *mahatma* (gran alma) deja conscientemente el cuerpo por última vez durante esta encarnación. En el mahasamadhi todo el prana (fuerza vital) se retira conscientemente y el cuerpo queda muerto. El alma se funde para siempre con el Ser Supremo (Paramatman).

Para alcanzar el samadhi, o unión con lo Divino, la práctica de los yamas y los níyamas es absolutamente necesaria. Junto a la práctica constante y el esfuerzo personal, es indispensable la gracia divina. Se puede practicar durante años o vidas enteras con muy poco progreso, ya que la gracia divina del guru o de Dios es el factor realmente determinante. En cualquier caso, el aspirante debe practicar también los yamas y los níyamas. Es virtualmente imposible alcanzar la perfección en la meditación y el samadhi sin estas prácticas. No se puede tener concentración mental sin eliminar las negatividades profundamente escondidas en nuestro interior y, sin concentración mental, no se pueden lograr la meditación y el samadhi.

Amma describe la búsqueda de la experiencia del samadhi con esta comparación: «Un ciervo almizclero busca la fuente de la fragancia del almizcle, pero no la encuentra porque la fragancia viene de su propio interior. La dicha no se encuentra fuera de nosotros sino que existe en nuestro interior. Dios puede no ser visible para ti ahora, pero Él siempre está ahí guiándote y controlándote, llevando las riendas de tu vida. Al principio, Dios nos deja las riendas sueltas y ni nos damos cuenta de que él es el que realmente está a cargo. Pero recuerda que todo está en manos de Dios. No somos conscientes de ello; pero, a medida que avanzamos por la vida, Dios va acortando las riendas. Finalmente, un día nos damos cuenta de que no podemos movernos ni un centímetro. En ese punto, cuando estés completamente desamparado, sentirás a Dios tirando de las riendas mientras empieza a arrastrarte de vuelta hacia Él. Al principio puedes intentar resistirte, pero pronto descubrirás que el tirón tiene una fuerza de otro mundo y que lo único que puedes hacer es rendirte a su potencia. En ese punto es cuando se inicia el viaje de vuelta a Dios, la fuente de nuestra existencia. Este viaje tiene que suceder. Inevitablemente descubrirás que no puedes hacer otra cosa que moverte hacia Dios».

Si nos resulta difícil tener fe o entregarnos, podemos pedirle a Dios que nos ayude a adquirir esas cualidades. Tener la humildad de rezar pidiendo esa guía ayuda a superar el ego. El guru es nuestro faro a lo largo de la noche oscura del alma. Él o Ella es el trasatlántico que nos transporta por el mar de sufrimiento hasta la orilla de la paz eterna. Solo la gracia nos dará la fuerza necesaria para ofrecernos a los pies de un maestro perfecto como Amma.

La meta final del yoga y del ayurveda es la comunión espiritual con el Ser. Carl Jung hablaba de esto cuando dijo: «Tu visión solo será clara cuando mires dentro de tu corazón. Quien mira hacia afuera, sueña. Quien mira hacia adentro, se despierta». Existe el dicho: «Promueve la alfabetización espiritual, viaja hacia el interior». Todos los grandes maestros de todas las tradiciones señalan una sola dirección: hacia el Ser, hacia lo Uno. El Autoconocimiento viene de buscar y de viajar a las cumbres interiores y a las profundidades de los valles del alma. Un bello proverbio Hopi dice: «Somos el mismo a quien hemos estado esperando». La espera ha terminado. Podemos empezar el viaje de vuelva a casa sentándonos, quedándonos en silencio y dándonos tiempo para escuchar la voz interior, la voz de Dios.

Capítulo 3

Las cuatro metas de la vida

Nuestro cuerpo es perecedero. Solo el alma es permanente.
Este es un cuerpo alquilado. En cualquier momento nos
pedirán que lo abandonemos.
Antes de eso, tenemos que buscar un lugar en una morada
permanente.
Entonces, cuando dejemos el cuerpo, nos trasladaremos a esa
morada permanente,
la casa eterna de Dios. Nadie trae nada a este mundo
ni nadie se lleva nada de él cuando lo deja.

Amma

Sabiendo que vivimos en un cuerpo «alquilado», sentimos que tiene que haber un objetivo o una meta más elevada para nosotros que el simple disfrute de comodidades materiales y de los placeres de una existencia temporal. El ayurveda y el yoga afirman que hay cuatro metas o deseos en la vida que se consideran legítimos o valiosos. Se los llama los *purusharthas* y se los considera aplicables a todos los seres humanos. Estos deseos básicos y universales están en el fondo de todos los demás deseos.

Las cuatro metas o deseos que se identifican en los *shastras* (las escrituras védicas) son *kama, artha, dharma* y *moksha*. Todos los seres persiguen una de estas metas o todas ellas. Cuando se ha identificado una meta, hay que reflexionar sobre los medios correctos para alcanzarla y después actuar para lograrlo. La meta debe estar clara, ser deseada y buscarla con intensidad y conciencia. El grado en que busquemos cualquiera de estas cuatro metas determina el equilibrio y la armonía que tendremos en la vida y el éxito que conseguiremos. Los tres primeros son catalizadores del cuarto y último objetivo, *moksha* (el Autoconocimiento).

Las cuatro metas de la vida

1. *Kama* (deseo): Kama significa la satisfacción de los deseos legítimos con la ayuda de los bienes que se poseen (artha).
2. *Artha* (riqueza): Artha significa la acumulación de riquezas o posesiones mientras se cumplen los deberes propios (dharma).
3. *Dharma* (la carrera o el camino de vida): Además de la carrera o el trabajo de cada uno, dharma significa el cumplimiento de los deberes que se tienen con la sociedad. Lo ideal es que la carrera profesional y los deberes sociales estén en consonancia.
4. *Moksha* (liberación): Moksha es el Autoconocimiento y la comprensión de que en la vida hay algo más que los deberes, las posesiones y los deseos (dharma, artha, kama).

Kama

Kama, traducido literalmente como «deseo», es el logro de las aspiraciones personales. Todas las ambiciones y deseos, incluido el deseo sexual, se consideran kama. Sin embargo, en un nivel más profundo kama representa el impulso innato de alcanzar las propias aspiraciones.

Para la mayor parte de los seres el disfrute es la esencia de su existencia. Todo el mundo quiere ser feliz y carecer de sufrimiento. No obstante, en el mundo actual la mayor parte de las personas busca la felicidad en las cosas externas. La felicidad autentica, duradera y sin fluctuaciones solo viene de lo profundo del propio Ser, y no de los objetos exteriores. Los objetos exteriores satisfacen objetivos válidos, pero hay que entender el lugar que deben ocupar en la vida.

Por ejemplo, muchas personas en el mundo actual ansían la satisfacción sexual y este deseo guía muchas de sus decisiones y de sus actos. Finalmente, hay que comprender que el cuerpo y el mundo perecerán inevitablemente y que la fuente de la verdadera felicidad se halla en el interior. Eso no significa que no debamos disfrutar de los objetos del mundo, solo que tenemos que entender su naturaleza transitoria y abandonar nuestro apego a esas cosas. La causa de nuestro sufrimiento es el apego a los objetos externos. Amma quiere que recordemos esto: «Nada de lo que hay en este mundo material es imperecedero. Todo puede desaparecer en cualquier momento. Por tanto, vive en este mundo con la vigilancia de un pájaro posado en una ramita seca. El pájaro sabe que la ramita se puede romper en cualquier momento».

Artha

Artha significa riqueza o prosperidad. Se refiere a la acumulación de riqueza. Necesitamos una cierta acumulación de fortuna para vivir. Entre nuestras necesidades básicas están el vestido, el alimento, la vivienda y las medicinas cuando estamos enfermos, y el dinero representa un medio para conseguir esos recursos. Nos facilita la satisfacción de nuestros deseos y deberes y nos ayuda a tener una sensación de seguridad. Especialmente, la riqueza nos permite vivir cómodamente.

Se debe reflexionar adecuadamente sobre la actitud que hay que tener respecto al dinero y el trabajo. Si somos generosos y compartimos con los demás las bendiciones de las que disfrutamos, siempre habrá suficiente para todo el mundo. Si acaparamos riquezas, otros se quedarán sin nada y sufrirán. El universo es compasivo. La Madre Tierra es compasiva. Siempre provee a sus hijos si no abusan de su generosidad.

El sabio Shri Adi Shankaracharya escribió en el *Vivekachudámani* («La joya suprema del discernimiento»): «No hay esperanza de inmortalidad por medio de la riqueza. En verdad, así lo proclaman los Vedas. Por eso, está claro que las acciones no pueden ser la causa de la liberación».

Si somos lo suficientemente afortunados como para haber acumulado algunas riquezas y frecuentemente donamos una parte de nuestras ganancias para proyectos benéficos que alivien el sufrimiento, estamos realizando una forma de servicio desinteresado (karma yoga). Amma dice: «Hay una diferencia entre comprar medicamentos para aliviar nuestro propio dolor y salir a comprar medicinas para otra persona. Esto ultimo demuestra que se tiene un corazón amoroso».

La pobreza de países como la India es asombrosa. Las personas sufren porque no pueden ni permitirse comprar un analgésico de quince céntimos para aliviar un dolor de cabeza. Algunas personas incluso mueren por no poder permitirse comprar un antibiótico de tres euros. Si utilizamos una parte de nuestros ingresos para ayudar a esas personas, nuestra vida será bendecida. Cuando servimos desinteresadamente empezamos a sentir la presencia de lo Divino floreciendo en nuestro corazón.

Dharma

Dhárayati iti dharma significa «lo que lo sostiene todo». «Dharma» designa la conducta correcta y una forma virtuosa de vivir en el mundo. «Dharma» puede simplemente referirse a nuestra carrera o vocación, pero también puede referirse al modo en el que vivimos en el mundo. Seguir el camino de la conducta correcta y vivir con armonía y amor es el verdadero dharma. En su sentido más elevado, dharma significa la mejor manera de actuar o la ley natural o el modo en que funcionan las cosas. Igual que el dharma del Sol es brillar y el dharma de los planetas es girar alrededor del Sol, los seres humanos tienen un dharma que cumplir. Cuando se cumple cuidadosamente y con conciencia, el dharma lleva a la otra orilla del mar del samsara. Cumplir el propio dharma consiste en entregarse a la corriente cósmica y la ley natural del universo. El verdadero papel de la espiritualidad estriba en revelarle a cada individuo su dharma particular. No obstante, en la actualidad la implicación del ego degrada a menudo el dharma a mero dogma y ritual. El dharma es mucho más que religión. Trasciende todas las castas, los puntos de vista limitados y las filosofías. Es una forma de vida que permite la coexistencia pacífica con los demás y favorece el logro de todas nuestras metas mundanas y espirituales.

Amma pone un ejemplo claro de esto en su discurso «La compasión, el único camino hacia la paz»: «Desde hace unos cinco mil años hasta el reinado del gran rey indio Chandragupta Maurya, fundador de la Dinastía Maurya, la verdad y el dharma desempeñaban un papel central en todas la guerras que se producían en la India. Incluso entonces, vencer y, si era necesario, destruir al enemigo formaba parte de la guerra. Aun así, había reglas claras que cumplir en el campo de batalla y durante el combate. Por ejemplo, los soldados de infantería solo podían combatir con soldados de infantería y los jinetes solo podían luchar con jinetes. Los guerreros que montaban en elefantes o en carros solo podían luchar contra oponentes con monturas parecidas. Las mismas reglas se aplicaban a los que luchaban con mazas, espadas, lanzas y arco y flechas. A un soldado no se le permitía atacar a soldados heridos o desarmados, ni dañar a mujeres, niños, ancianos o enfermos. Las batallas se iniciaban al alba con el toque de una caracola y terminaban exactamente en la puesta del Sol, con los soldados de ambos bandos olvidando su enemistad y cenando juntos en unidad. La batalla se reanudaba la mañana siguiente al amanecer. Incluso hubo episodios de reyes victoriosos que devolvieron alegremente todo el reino y las riquezas que habían ganado al rey al que habían derrotado o a su heredero legítimo. Así era la gran tradición de las guerras dhármicas, en las que se trataba al enemigo con respeto y bondad, tanto en el campo de batalla como fuera de él. También se respetaban los sentimientos y la cultura de los ciudadanos del reino enemigo. Esa era la valiente actitud de las personas de aquellos tiempos».

La manera en que cada uno de nosotros manifiesta el dharma es exclusiva. Mark Twain demostró su conocimiento de los efectos positivos del dharma cuando escribió: «Haz siempre lo que haya que hacer. Eso satisfará a algunos y asombrará a los demás». Todos tenemos talentos excepcionales por alguna razón específica. Amma dice: «No podéis simplemente emprender cualquier camino que os apetezca. Cada uno tiene un camino por el que ya ha transitado en la vida anterior. Solo si se va por ese camino se progresa en la práctica personal».

Si nos esforzamos, la gracia de Dios llegará pronto. Parte de este esfuerzo implica mirar en nuestro interior y encontrar nuestro propio camino, nuestro dharma. Permitir que nuestros talentos se manifiesten en el mundo es nuestra responsabilidad para con nosotros mismos, con el mundo y con toda la creación. El mundo es una bella creación de Dios y cada persona tiene un papel en ella. Desempeñar nuestro papel en la perfección del mundo es la cumbre del dharma y, con el fin de conseguirlo, no debemos actuar ciegamente o con apatía. Cuando cada uno de nosotros cumpla su dharma particular y universal, la verdad y la justicia se restablecerán en el mundo.

Moksha

Moksha significa «libertad de las ataduras de la ignorancia». El jiva se puede fundir con el Atman mientras vive en el mundo. Moksha es la completa libertad de los ciclos del nacimiento, la muerte y el renacimiento. Es el Autoconocimiento. Es la libertad de todas las limitaciones de la mente, las limitaciones del tiempo y el espacio y la dependencia de artha y kama. Moksha es el conocimiento de que nuestro Ser es Brahman. Solo esto es la Iluminación. Cualquiera puede alcanzar esa meta. Amma dice: «Puedes alcanzar tu meta espiritual mientras llevas una vida de familia, siempre y cuando permanezcas desapegado, como un pez en agua cenagosa. Lleva a cabo tus deberes con tu familia como tu deber hacia Dios. Además de tu marido o tu mujer, debes tener un amigo, y ese tiene que ser Dios».

Los tres primeros purusharthas —las metas de la vida— son metas externas, mientras que el deseo de moksha es una meta interior y el verdadero objetivo de la vida. El conocimiento de lo transitorio hace que se despierte el deseo de lo permanente. Al final, el deseo de buen nombre, prestigio y riqueza desaparece. No hace falta dejar esas cosas. Basta con disolver el apego y la identificación con ellas. Esta disolución natural de los viejos apegos es el primer paso hacia la renuncia de la vida materialista para alcanzar la meta de moksha. Permitir que esos apegos y falsas identificaciones disminuyan es el verdadero conocimiento. Saber que nada es nuestro y que todo pasará con el tiempo hace que la mente discernidora despierte a la temporalidad de la existencia.

Amma conoce la naturaleza de cada una de nuestras mentes en relación con la renuncia. Ella explica elocuentemente: «La palabra *renuncia* asusta a algunas personas. Su actitud es que si la satisfacción solo puede llegar por la renuncia, es mejor no estar satisfecho. Se preguntan cómo pueden vivir con satisfacción sin riquezas, sin una casa bonita, un buen coche, una esposa o un marido, sin todas las ventajas y comodidades de la vida. Sin todo eso, la vida sería imposible, piensan, sería el infierno. Pero, ¿conocéis a alguien cuyas posesiones hagan que estén realmente satisfechos y felices? Las personas que buscan la felicidad en las múltiples ventajas y comodidades de la vida son las que más sufren. Cuanta más riqueza y comodidades se tienen, más preocupaciones y problemas hay. Cuanto más se desea, más insatisfacción se siente, porque los deseos son interminables. La cadena de la codicia y el egoísmo sigue alargándose. Es una cadena interminable».

Cuando se piensa en las cuatro metas de la vida, dharma debe ir siempre la primera. Hay que intentar basar la vida en la rectitud. Las acciones deben estar motivadas por el amor y la compasión en lugar del egoísmo. Entonces, el uso adecuado de artha y kama se manifestará por sí mismo. La experiencia de la vida hará que surja la ecuanimidad y la mente se volverá hacia el interior. La felicidad verdadera y duradera llegará a partir de esta conciencia interior del

Ser. El ayurveda dice que, si somos capaces de seguir estos principios, podemos vivir armoniosamente, sin enfermedad y sanos. Además, si seguimos sinceramente estas pautas, ayudaremos a restaurar la armonía en el mundo. Shri Adi Shankaracharya dijo: «¿Qué mayor loco hay que quien, habiendo obtenido la rareza de un cuerpo humano, no se preocupa de lograr el verdadero fin de esta vida?».

Capítulo 4

Los doshas

En la cueva del cuerpo está eternamente instalado el único que no ha nacido.
La tierra es su cuerpo.
Se mueve dentro de la tierra, pero la tierra no Lo conoce.
El agua es su cuerpo.
Se mueve dentro del agua, pero el agua no Lo conoce.
El fuego es su cuerpo.
Se mueve dentro del fuego, pero el fuego no Lo conoce.
El aire es su cuerpo.
Se mueve dentro del aire, pero el aire no Lo conoce.
El éter es su cuerpo.
Se mueve dentro del éter, pero el éter no Lo conoce.
La mente es su cuerpo.
Se mueve dentro de la mente, pero la mente no Lo conoce.
El intelecto es su cuerpo.
Se mueve dentro del intelecto, pero el intelecto no Lo conoce.
El ego es su cuerpo.
Se mueve dentro del ego, pero el ego no Lo conoce.
El cerebro es su cuerpo.
Se mueve dentro del cerebro, pero el cerebro no Lo conoce.
Lo no manifestado es su cuerpo.
Se mueve dentro de lo no manifestado, pero lo no manifestado no Lo conoce.
Lo imperecedero es su cuerpo.
Se mueve dentro de lo imperecedero, pero lo imperecedero no Lo conoce.

La muerte es su cuerpo.
Se mueve dentro de la muerte, pero la muerte no Lo conoce
Él, entonces, es el Ser interior de todos los seres,
sin pecado, nacido en el cielo, luminoso, el Púrusha Supremo.

Adhyatma Úpanishad, estrofa 1.1

El principio más básico y característico del ayurveda es el del *tridos-ha*, o los tres humores. Toda la materia está compuesta de los cinco elementos (*panchamahabhutas*) que muestran las propiedades de la tierra (*prithvi*), agua (*jala*), fuego (*tejas*), aire (*vayu*) y espacio (*akas-ha*). Toda la creación es una danza o una representación de estos cinco elementos. El aspecto estructural de nuestro cuerpo está hecho de estos cinco elementos, pero el aspecto funcional del cuerpo está gobernado por los tres doshas. El éter y el aire constituyen vata; el fuego, pitta; el agua y la tierra, kapha. Ellos rigen los cambios psico-biológicos del cuerpo, así como los cambios fisiopatológicos. Vata, pitta y kapha están presentes en todas las células, tejidos y órganos.

Hay que entender los doshas como manifestaciones sutiles que lo llenan todo. Vata regula el movimiento y rige el sistema nervio-so. Pitta es el principio de la biotransformación y rige los procesos metabólicos del cuerpo. Kapha es el principio de cohesión y funcio-na por medio de los fluidos corporales. En cada individuo, los tres doshas se manifiestan en combinaciones diferentes y, de ese modo, determinan la constitución fisiológica (prákriti) del individuo. Vata, pitta y kapha se manifiestan de modo diferente en cada ser humano según el predominio de sus gunas.

En realida, la palabra dosha significa «viciado» o «desequilibra-do». Los desequilibrios se producen por factores como una alimen-tación inadecuada, cambios estacionales, estrés físico o mental, etc. Los desequilibrios se producen para proteger el cuerpo de un posible daño fisiológico. En una situación de armonía, los doshas mantienen el equilibrio en nuestro interior. Son los causantes de los procesos biológicos, psicológicos y fisiopatológicos de nuestro cuerpo, mente y conciencia. Pueden mantener la homeostasis o causar estragos en nuestras vidas cuando se ven perturbados.

Cada individuo de la creación es una combinación única de los tres doshas. De los tres doshas vienen los siete tipos constitucionales. Hay tres tipos monodosha: vata, pitta y kapha. Hay tres tipos bidosha: vata-pitta, vata-kapha y pita-kapha. Algunas personas son tridóshicas, lo que significa que tienen una proporción igual de los tres (vata-pitta-kapha). Cuando los tridoshas están equilibrados, el individuo experimenta salud en todos los niveles: mental, físico y espiritual.

Cuando las siguientes características están presentes, se dice que los doshas están en equilibrio y se logra un estado de salud armonioso:

- Felicidad: sensación de bienestar
- Emociones: estados emocionales equilibrados
- Funciones mentales: buena memoria, comprensión, inteligencia y capacidad de raciocinio
- Sentidos: funcionamiento correcto de los ojos, los oídos, la nariz, el gusto y el tacto
- Energía: abundante energía física y mental
- Digestión: digestión fácil de la comida y la bebida
- Evacuación: evacuación normal de desechos: sudor, orina, heces y otros
- Cuerpo físico: tejidos, órganos y sistemas corporales sanos

Por lo general hay dos clases de desequilibrios: naturales y no naturales. Los desequilibrios naturales se deben al tiempo y a la edad. Vata, pitta y kapha aumentan y se vuelven predominantes en diferentes períodos de la vida, en los cambios estacionales y a determinadas horas del día. Por ejemplo, vata predomina en la última parte de la vida, en la estación lluviosa y al final de la tarde, al igual que en las últimas horas de la noche y en la última parte de la digestión. Pitta predomina en la mediana edad, en el otoño, al medio día, a media noche y en la mitad de la digestión. Kapha predomina en la infancia, en la primavera, al final de la mañana, a primera hora de la tarde y al comienzo de la digestión. Estos desequilibrios naturales se pueden corregir modificando el estilo de vida.

La alimentación o un estilo de vida inadecuados, los traumatismos físicos, mentales o emocionales, los virus, los parásitos, etc. pueden provocar desequilibrios no naturales de los doshas. Algunos de estos factores están más allá de nuestro control, pero la manera en que vivimos, los alimentos que comemos y nuestras acciones están bajo nuestro control. Podemos minimizar las perturbaciones no naturales siguiendo un estilo de vida adecuado para nuestro dosha personal.

Para aprender a equilibrar los doshas, primero hay que entender qué es lo que hace aumentar cada dosha. Según los principios del ayurveda, «lo igual aumenta lo igual». Por ejemplo, si tienes frío y comes helado tendrás más frío. Aquí radica una de las verdaderas bellezas del ayurveda: sus principios son muy sencillos, básicos y naturales.

Om trikutayéi namahá

Me postro ante La que tiene tres partes.
Shri Lálita Sahasranama, estrofa 588

Vata

Vata es la energía del movimiento, o prana, que forma parte de todo lo que existe en la creación. Vata contiene los elementos éter y aire, el espacio y el movimiento. Está localizado en el colon, los muslos, las caderas, los oídos, los huesos y los órganos de la audición y del tacto. Su emplazamiento primario es el colón. Rige la asimilación y la evacuación. Es el impulso de la expresión, la creatividad y la propulsión. Da vida a todas las cosas. Vata es la causa de la respiración, el movimiento, la flexibilidad y todos los procesos biológicos. Gobierna el sistema nervioso, así como nuestras funciones sensoriales y mentales. Vata es seco, ligero, frío, móvil, activo, claro, astringente y dispersante. La estación de las lluvias está regida por vata. Las horas del día vata son la parte media y final de la mañana y la primera hora de la tarde. Cuando una persona vata está equilibrada tiene una gran capacidad de sanación, abundante energía y buena salud.

En el nivel físico, los individuos con predominio de vata tienen el cuerpo delgado, ligero y flexible, a menudo con venas, tendones y huesos prominentes. También pueden tener ojos pequeños, hundidos y secos. Sus dientes son grandes y sobresalientes, con labios finos, pequeños, oscuros o agrietados. Tienen apetito y sed irregulares, una de las razones por las que su sistema digestivo se perturba tan fácilmente.

En el nivel mental y emocional los vata se excitan fácilmente y actúan sin pensar lo que están haciendo. Son muy despiertos y listos, pero olvidan fácilmente. Son rápidos e inestables en pensamiento, palabra y obra. Muchas veces se los considera informales e indecisos. Tienden a ser miedosos y con falta de arrojo a causa de sus altos niveles de ansiedad.

Un vata equilibrado está lleno de luz y de amor, posee una conciencia amplia y ve el principio universal en todas las cosas. Más señales de un vata equilibrado son: agilidad mental y abundante energía creativa, buena evacuación de los desechos corporales, sueño profundo, sistema inmunitario fuerte, entusiasmo, equilibrio emocional y funcionamiento correcto de los sistemas corporales. Los signos de un vata desequilibrado son: preocupación, cansancio, poca resistencia, nerviosismo, dificultad para concentrarse, ansiedad, miedo, agitación mental, impaciencia, despiste, timidez, inseguridad, inquietud, dificultad para tomar decisiones, bajo peso corporal, dificultad para ganar peso, insomnio, despertarse durante la noche, dolor corporal, articulaciones inflamadas, rígidas y doloridas, sensibilidad al frío, comerse las uñas, piel áspera, seca y escamosa, desmayos, mareos, palpitaciones, labios agrietados, estreñimiento, distensión abdominal, gas, eructos, hipo, ojos secos y garganta irritada. Estos síntomas se pueden aliviar siguiendo un régimen de vida adecuado para vata, que se expondrá en profundidad a lo largo de este libro. El dosha vata está dividido en otros cinco tipos, según su localización y de las diferentes funciones que desempeñe.

Consejos útiles para equilibrar el dosha vata

Para equilibrar vata

- Usar el *abhyanga* (masaje ayurvédico con aceite).
- Permanecer caliente en clima frío y ventoso.
- Consumir principalmente alimentos calientes y cocinados (menos alimentos crudos).
- Acostarse temprano, dormir y descansar adecuadamente.
- Dar preferencia a los alimentos calientes, grasos y pesados, de sabor dulce, agrio y salado.

Precauciones

- Evitar los alimentos ligeros, secos, fríos, picantes, amargos y astringentes.
- Evitar los alimentos crudos, los zumos y el ayuno.
- Evitar los estimulantes, el tabaco y el alcohol.
- Abstenerse de hacer demasiado ejercicio aeróbico.

Pitta

Pitta es ardiente y transformador. Da luz y energía. Pitta es el asiento de nuestro fuego digestivo. La palabra pitta viene de la raíz *tapa*, que significa calor. Este dosha es el que se ocupa de la digestión y del metabolismo. Pitta se encuentra en el intestino delgado, el estómago, las glándulas sudoríparas y sebáceas, la sangre, la linfa y los ojos. Pitta rige la sangre y la nutrición. Pitta es caliente, un poco húmedo, liviano, sutil, móvil, agudo, blando, suave y claro. Está gobernado por tejas, que crea la luz interior de la conciencia. Pitta es la causa de todas las transformaciones que tienen lugar en el cuerpo y la mente. Nos da la percepción necesaria para comprender la realidad y entender la verdadera naturaleza de las cosas.

Las personas en que predomina pitta pueden ser muy sensibles y reaccionar fácilmente sin mucha provocación. Cuando se ven perturbadas, tienden a la ira y la rabia. Tienen cualidades para ser grandes líderes y poseen capacidades intelectuales. Una persona pitta tiene una estructura corporal mediana, con buen tono muscular y tez brillante. Sus ojos son penetrantes y sus labios blandos y sonrientes. Tienden a quedarse calvos a menudo desde edad temprana por el excesivo calor en el cuerpo o la mente. Tienen un gran apetito de alimento y de vida, lo que a veces los lleva al exceso. Los pitta están mejor en entornos frescos y tranquilos, que equilibren su fuego interior.

Cuando pitta está equilibrado, la persona muestra una fuerte capacidad digestiva, vitalidad, tendencia a ponerse metas, buena capacidad para resolver problemas, inteligencia aguda, determinación, intrepidez, valor y una tez luminosa.

Pitta está desequilibrado cuando hay exceso de calor corporal, problemas digestivos, hostilidad o ira, tendencia a ser excesivamente controlador e impaciente, desmesurado en el esfuerzo que se realiza para alcanzar las metas, problemas de visión, tendencia a cometer errores de juicio debido a la confusión mental, la pasión o emociones que distorsionan la capacidad de discernimiento intelectual.

Consejos útiles para equilibrar el dosha pitta

Para equilibrar pitta

- Mantenerse fresco. Evitar las temperaturas altas y los alimentos calientes.
- Preferir alimentos fríos, pesados, secos, amargos y astringentes.
- Realizar todas las actividades con moderación.
- Ser regular en los horarios de comida, especialmente en el almuerzo.

Precauciones

- Evitar los aceites de sésamo y de mostaza, el pescado, el suero de leche, el cordero, las frutas ácidas, el alcohol, la carne y los alimentos grasos o aceitosos.
- Reducir el consumo de alimentos picantes, agrios, salados, calientes, grasos y ligeros.
- Evitar trabajar en exceso.
- Evitar el ayuno excesivo o prolongado.

Kapha

Kapha está regido por el agua y la tierra. Une las cosas y solidifica la creación. A kapha se le llama también *shleshma* (viscoso/pegajoso). Una de sus principales funciones es la de nutrir los tejidos corporales. Kapha es nutrición y sostén. Está ubicado en el pecho, la garganta, la cabeza, el páncreas, los costados, el estómago, la grasa, la nariz y la lengua. Kapha crea los tejidos corporales y mantiene unidos los huesos y los músculos. Kapha, como la Madre Tierra, es abundante y generoso. Las personas en que predomina kapha son maternales, pacientes y compasivas. Tienen la energía necesaria para aguantar tareas prolongadas y arduas. Tienden a ser lentos en el aprendizaje, pero, cuando han aprendido algo, nunca lo olvidan. Son puros y bondadosos, pero firmes.

Kapha es pesado, lento, frío, graso, húmedo/líquido, viscoso, denso, blando, estático, pegajoso, opaco y tosco. La estructura corporal de los kapha es grande, con ojos, labios y huesos grandes, piel gruesa y dientes fuertes. Su cabello es abundante y a menudo rizado o muy ondulado. Tienen un apetito mediano, con una digestión entre lenta y perezosa. Tienen una profunda fe en Dios y amor a la humanidad. Las personas de tipo kapha disponen de abundante salud, fertilidad y longevidad; sin embargo, cuando están desequilibrados, los kapha son «más vagos que la chaqueta de un guardia». Los kapha tienden al sobrepeso y pueden estar obesos. Pueden volverse aburridos y sin vida, inmóviles y perezosos. Su mente se embota y cae en la depresión, deja de reaccionar y casi se vuelve catatónica. Cuando la persona kapha se encuentra en armonía tiene una gran fuerza, conocimiento, paz, contento, amor y longevidad. En la India se considera con frecuencia que kapha es la constitución más deseada (mientras que en Occidente se prefiere vata, como reflejan la mayor parte de los anuncios publicitarios, los modelos y las dietas que se les impone a las masas).

Kapha está equilibrado cuando disponemos de fuerza física, un sistema inmunitario fuerte, serenidad, determinación mental, pensamiento racional, capacidad de conservar y utilizar los recursos personales, resistencia, adaptabilidad, amor y compasión.

Los desequilibrios de kapha se manifiestan como pensamiento lento, aturdimiento, apatía, pérdida del deseo, depresión, tristeza, sentimentalismo, comprensión lenta, reacción lenta, dilación, aletargamiento, tendencia a aferrarse a las cosas, codicia, posesividad, materialismo, dormir demasiado, agotamiento por la mañana, somnolencia durante el día, aumento de peso, obesidad, congestión en el pecho o la garganta, mucosidad y congestión de los senos nasales, náuseas, diabetes, fiebre del heno, palidez, piel fría y húmeda, edema, hinchazón, digestión lenta, colesterol alto, dolor en las articulaciones o extremidades pesadas. Estos excesos de kapha se pueden reducir siguiendo un régimen de estilo de vida adecuado para ese dosha.

Consejos útiles para equilibrar el dosha kapha

Para equilibrar kapha

- Hacer ejercicio con regularidad, empezando con *surya namaskar* (saludos al Sol) para calentar el cuerpo, seguido de una actividad vigorosa.
- Dar preferencia a las temperaturas cálidas y permanecer caldeado y seco en climas fríos y húmedos.
- Comer fruta fresca, verduras y legumbres.

- Preferir alimentos picantes, amargos, astringentes, ligeros, secos y calientes.

Precauciones

- Reducir los alimentos pesados, grasos, fríos, dulces, agrios y salados.
- Evitar las comidas pesadas.
- Dormir aumenta kapha; por tanto, evitar dormir en exceso.
- Evitar todos los postres helados.

Determinar el dosha propio y aplicar las modificaciones necesarias en el estilo de vida es imprescindible para vivir armoniosamente y sin enfermedades. Los regímenes alimenticios y de vida varían según el equilibrio específico de cada individuo.

Las cualidades de la naturaleza

Los tres doshas son la manifestación tosca de los tres gunas. Los tres doshas están regidos por los veinte atributos o cualidades de la naturaleza (prákriti), que se manifiestan como diez pares de opuestos y son las fuerzas duales del universo.

Los diez pares de opuestos
- frío (*shita*) y caliente (*ushna*)
- graso o húmedo (*snigdha*) y seco (*ruksha*)
- pesado (*guru*) y liviano (*laghu*)
- tosco (*sthula*) y sutil (*sukshma*)
- denso (*sandra*) y líquido (*drava*)
- estable (*sthira*) y móvil (*chala*)
- lento o torpe (*manda*) y agudo (*tikshna*)
- blando (*mrdu*) y duro (*káthina*)
- viscoso o suave (*slakshna*) y áspero (*khara*)
- claro (*víshada)* y nublado (*píchchila*)

Los veinte atributos y los doshas

Caliente se relaciona con pitta y el elemento fuego. Aumenta pitta y disminuye vata y kapha.

Frío se relaciona con kapha y vata e incrementa ambos, pero disminuye pitta.

Seco es uno de los atributos primarios de vata. La sequedad aumenta notablemente vata, pero disminuye mucho kapha y ligeramente pitta.

Mojado es la cualidad principal del dosha kapha y el elemento agua. Disminuye vata y aumenta ligeramente pitta.

Pesado se relaciona con los elementos tierra y agua, y por eso incrementa kapha. Disminuye moderadamente vata y pitta.

Liviano es de los elementos de fuego, espacio y aire, por lo que incrementa en gran medida vata, moderadamente pitta y disminuye kapha.

Tosco es parecido a pesado, ya que se relaciona con la tierra y el agua. Incrementa kapha y disminuye vata y pitta.

Sutil es similar a liviano. Incrementa vata y pitta y disminuye kapha.

Denso se relaciona con la tierra. Aumenta kapha y disminuye vata y pitta.

Líquido o fluido corresponde al agua y el fuego. Incrementa pitta y disminuye vata y kapha.

Móvil se relaciona sobre todo con el aire, pero también con el fuego. Aumenta mucho vata y moderadamente pitta. Disminuye kapha.

Estable, a veces llamado **estático** o **lento**, se relaciona con los elementos agua y tierra. Aumenta kapha y disminuye vata y pitta.

Torpe corresponde a la tierra y el agua. Incrementa kapha y disminuye vata y pitta.

Agudo se relaciona con el fuego, el espacio/éter y el aire. Incrementa pitta y vata y disminuye kapha.

Blando corresponde al agua. Aumenta kapha pero disminuye pitta y vata.

Duro se relaciona con los elementos tierra y aire. Aumenta vata y disminuye pitta y kapha.

Suave es parecido a blando. Se relaciona principalmente con el agua. Aumenta en gran medida kapha y ligeramente pitta. Disminuye vata.

Áspero pertenece a los elementos tierra y aire. Incrementa vata y reduce pitta y kapha.

Claro o **ligero** corresponde al fuego, el éter y el aire. Aumenta vata y pitta y disminuye kapha.

Oscuro o **nublado** es de los elementos tierra y agua. Incrementa kapha y disminuye pitta y vata.

Otras cualidades, como masculino y femenino, también están presentes en los doshas. Pitta es más masculino, mientras que kapha es femenino y vata es neutro. El equilibrio de las energías masculina y femenina en uno mismo depende de la prákriti. Lo ideal es tener la misma cantidad de ambas energías, la masculina y la femenina.

Ojas, tejas, prana

La mente es la única causa de la esclavitud y de la liberación.
La mente que está apegada a los objetos de los sentidos
los conduce a la esclavitud.
Liberada de los objetos de apego,
los conduce a la liberación.

Shatyayaniya Úpanishad, estrofa 1.1

Los doshas están compuestos de los cinco elementos. Ojas, tejas y prana son las formas más sutiles de los doshas. Estos tres son el aspecto positivo, dador de vida, de los doshas. El prana es nuestra fuerza vital y es la energía curativa de vata. Tejas es nuestra luz interior y es la energía curativa de pitta. Ojas es la reserva fundamental de energía del cuerpo y se manifiesta a partir de kapha. En el ayurveda se intenta reducir el exceso de los doshas para prevenir la enfermedad, mientras que se fomenta el aumento de prana, tejas y ojas para tener una buena salud. Una persona con un prana fuerte y saludable posee vitalidad, buena respiración y circulación, movilidad y adaptabilidad. Alguien provisto de un buen tejas está radiante y tiene brillo en los ojos, claridad, intuición, valentía, compasión e intrepidez. Una persona con el ojas fuerte posee una inmunidad fuerte, resistencia, tranquilidad y contento.

Al igual que con los doshas y los gunas, es necesario que estos elementos estén alineados entre sí y dentro de nuestra conciencia, lo que nos da resistencia física, psicológica y espiritual.

El ojas en su forma pura se relaciona con kapha y el elemento agua. El tejas en su forma sutil se relaciona con pitta y el elemento fuego. El prana en su forma sutil se relaciona con vata y el elemento éter. A menudo se los compara con los principios del *yin*, el *yang* y el *chi* de la medicina china. Ojas es el yin, tejas, el yang y el prana, el chi. Cuando el ojas, el tejas y el prana funcionan armoniosamente, la mente entra en un estado de quietud despierta y se experimenta una profunda paz interior. Al igual que con los doshas, cuando nuestra fuerza vital está desequilibrada, nos sentimos perturbados y la salud disminuye. Si mantenemos el equilibrio, la vida se torna apacible, feliz y libre de enfermedad.

Ojas

Om prema-rupayéi namahá

Me postro ante La que es Puro Amor.
Shri Lálita Sahasranama, estrofa 730

El factor más determinante para el bienestar es ojas, el aspecto más elevado del dosha kapha. Ojas es el poder esencial radical, nuestra energía básica. Ojas es la energía sutil del elemento agua y, por eso, se relaciona con el dosha kapha. Es la reserva vital acumulada, la base de la energía física y mental. Ojas es la esencia interiorizada del alimento digerido, el agua, el aire, las impresiones y los pensamientos.

Interiormente, es la causa de la nutrición y el desarrollo de todas las funciones superiores. Ojas es nuestra vitalidad esencial. Es la capacidad básica del sistema inmunitario de defendernos de los agentes patógenos externos. Ojas da aguante, resistencia y fuerza para prevenir la enfermedad. Proporciona no solo inmunidad física, sino también inmunidad mental y emocional. Es una substancia extremadamente fina que da fuerza a los tejidos, los órganos y los procesos del cuerpo. Ojas es la cualidad maternal de la crianza y el amor. Sin ojas no tenemos vida. Ojas es la vibración pura del amor y la compasión en el corazón. Cuando se está lleno de amor, el sistema inmunitario tosco y sutil se encuentra muy fuerte y la enfermedad no puede penetrar en el cuerpo. Ojas es el producto de los pensamientos y las acciones puras, así como de la ingestión de alimentos e impresiones puras. Nos da fuerza mental, contento, pureza, paciencia, serenidad, adaptabilidad y excelencia de las facultades mentales. Ojas es también el campo áurico que, cuando está fuerte, emite un resplandor hermoso y sereno de luz dorada. Este campo nos protege de las influencias negativas exteriores.

Ojas aumenta y se mantiene por medio de una alimentación adecuada (alimentación sáttvica, vegetariana o vegana), plantas medicinales tónicas, control de los sentidos (incluyendo el celibato o un uso adecuado de la energía sexual) y bhakti yoga (que incluye la seva).

Los alimentos que aumentan ojas son los cereales integrales, las frutas y las verduras (especialmente los tubérculos), los frutos secos y las semillas, los lácteos puros y de calidad (no pasteurizados u homogeneizados) y el agua y aire puros. Los dátiles, las almendras y la ghi son alimentos especialmente beneficiosos para aumentar ojas y se pueden tomar juntos como tónico.

Tejas

Om parasméi jyotishé namahá

Me postro ante La que es la Luz Suprema.
Shri Lálita Sahasranama, estrofa 806

Tejas es nuestra luz interior y la energía sutil del elemento fuego (pitta). Es la vitalidad mental radiante por medio de la cual digerimos el aire, las impresiones y los pensamientos. En el ámbito interno, eleva la capacidad de percepción. Tejas es el fuego del intelecto, el conocimiento y la razón. Da la capacidad de discernir adecuadamente, como cuando se distingue lo eterno de lo transitorio y lo correcto de lo incorrecto. Tejas es el poder de la sádhana o las prácticas espirituales, tales como la autodisciplina, el estudio de las escrituras y el mantra japa. Tejas es necesario para la práctica de jñana yoga, el yoga del conocimiento. Confiere claridad mental y del habla, así como valor y fe. Da la capacidad de conocer el Ser y el aguante necesario para no abandonar el camino hacia el Uno. Las practicas como el *atma-vicharya* (indagación de Sí Mismo) aumentan la intensidad de tejas en la mente y en el corazón.

Igual que ojas, tejas es una parte esencial de nuestra inmunidad. Tejas es la capacidad que tiene el sistema inmunitario de quemar y destruir toxinas. Cuando se activa, produce fiebre para destruir los gérmenes patógenos que atacan el cuerpo. Tejas es nuestra capacidad de atacar y vencer las enfermedades agudas, que suelen ser de carácter infeccioso. Bajo la forma de fuego, es la capacidad de digerir y transformar la comida, los pensamientos, las emociones y las acciones. Una persona con un tejas fuerte tendrá ojos brillantes y penetrantes, una piel luminosa y una personalidad atractiva.

Tejas se puede aumentar y mantener mediante tapas (purificación por medio del calor o las prácticas espirituales) como el control de la lengua (ayuno y silencio). A menudo se dice que si no podemos controlar la lengua nunca seremos capaces de controlar la mente. La recitación de mantras es una manera excelente de aprovechar la cualidad de pureza de la lengua y de la mente. También es muy beneficioso el estudio de la escrituras. Hay que realizar las prácticas espirituales bajo la orientación de un guía competente para evitar que tejas aumente demasiado. Si tejas aumenta demasiado, puede agotar ojas y dañar el sistema nervioso.

Prana

Om prana-datryéi namahá

Me postro ante La que da la vida.
Shri Lálita Sahasranama, estrofa 832

El prana es nuestra fuerza vital y la energía sutil de vata, el elemento aire. Como fuerza divina e inteligencia rectora de todas las funciones psicofísicas, a la que se le debe la coordinación de la respiración, los sentidos y la mente. En el ámbito interno, despierta y equilibra todos los estados superiores de conciencia. El prana gobierna todos los aspectos de nuestra vida física y espiritual. El prana es nuestra capacidad de coordinación y de habla. Es la esencia del sonido y gobierna todos los mantras. Es el aliento que da vida. Literalmente, infunde la vida a toda la creación. Es nuestro impulso creativo y el deseo de evolucionar. Es la fuerza de lo no manifestado que nos llama de vuelta a casa. El prana unifica a Shiva y Shakti (púrusha y prákriti). Es la Kúndalini Shakti que yace dormida en la base de la columna vertebral, esperando fundirse con su amado en la cima de nuestra cabeza, en el loto de la infinita luz brillante, el Ser.

El prana es la activación vitalizada de las funciones naturales del sistema inmunitario para proyectar y desarrollar nuestra fuerza vital. Se manifiesta cuando estamos combatiendo las enfermedades crónicas. Es la adaptabilidad del sistema inmunitario y el soporte de todos los procesos de curación de larga duración. Con suficiente prana, tejas y ojas ninguna enfermedad nos puede afectar.

El prana aumenta con prácticas como la meditación, el pranayama, el hatha yoga y la recitación de mantras, especialmente Om. El
prana es el factor que unifica ojas y tejas. Cuando ojas está presente,
nace tejas. El prana se desarrolla de la unión de ojas y tejas. Ojas y
tejas no se pueden mantener sin el prana.

El prana, tejas y ojas son las manifestaciones divinas de los tres doshas. Según el ayurveda, cuando los doshas están demasiado elevados
o demasiado bajos provocan enfermedades. Pero el prana, tejas y
ojas, a diferencia de los doshas, promueven la salud, la creatividad
y el bienestar y son la base de una sádhana más profunda. El prana,
tejas y ojas no causan enfermedades. Son las manifestaciones resplandecientes de nuestra vida. Solo enfermamos si están desequilibrados
o escasos. Igual que con todo lo que hay en la creación, pueden
producirse estados de exceso o carencia cuando el prana, tejas y ojas
están desequilibrados.

El exceso de prana provoca pérdida del control mental y de las
funciones sensorial y motora. Su principal manifestación es la falta
de arraigo o centramiento en uno mismo. La insuficiencia de prana
provoca embotamiento mental o falta de energía mental, entusiasmo
y creatividad. El exceso de tejas hace que la mente se vuelva muy
crítica y exigente. Puede ir seguido de arrebatos emocionales de ira,
irritación y rabia. Con frecuencia habrá dolores de cabeza, fiebre
y sensación de ardor en la cabeza o los ojos. Cuando tejas es débil
habrá pasividad, falta de discernimiento adecuado e incapacidad
para aprender de la vida. Los factores motivadores desaparecen de
la vida, dando como resultado una falta de valentía y de ambición.
El exceso de ojas puede provocar lentitud de las facultades mentales.
Una autosatisfacción desequilibrada puede conducir a una falta de
interés por progresar en el propio camino espiritual. También puede
manifestarse como colesterol alto o kapha alto. La escasez de ojas
es muy corriente por el uso excesivo de estimulantes, sexo, estímulos externos y un impulso malsano hacia la excesiva satisfacción
de los deseos. Cuando ojas está débil se manifiesta como falta de

concentración, mala memoria, baja autoestima, falta de fe y devoción, motivación escasa o nula, agotamiento nervioso y debilidad inmunitaria.

El prana, tejas y ojas pueden incrementarse no solo mediante las prácticas espirituales sino también por impresiones positivas como experiencias vitales positivas, una alimentación correcta, paseos por la naturaleza, baños calientes y el uso de colores, piedras preciosas, cristales y aceites esenciales. Pasar tiempo en la naturaleza es lo más eficaz para aumentar el prana. Sentarse, caminar o realizar prácticas espirituales cerca de masas de agua fresca o en un bosque solitario hace que aumenten enormemente el prana, ojas y tejas, porque la naturaleza es la verdadera sanadora.

La alimentación, los doshas y los gunas

Tanto el ayurveda como el yoga insisten en que la «alimentación adecuada» es la base de todas las terapias de sanación. El alimento es la primera y más importante de las medicinas. Un famoso dicho ayurvédico afirma: «Si se tiene una alimentación correcta no hace falta ninguna medicina. Si se tiene una alimentación incorrecta, ninguna medicina podrá ayudar». El ayurveda y el yoga recomiendan una alimentación sáttvica (alimento puro, respetando ahimsa), ya que equilibra los cuerpos físico, mental, emocional y espiritual. Sin embargo, en los textos ayurvédicos originales se menciona el consumo de carne con fines medicinales. En la antigüedad todo tenía una utilidad medicinal. Si se utilizaba un animal para curar una enfermedad, no se consideraba *himsa* (violencia). El uso de sopa de cabra, por ejemplo, estaba muy extendido para curar numerosas enfermedades, en especial la tuberculosis. Sin embargo, se recomienda encarecidamente tener una alimentación puramente vegetariana a menos que un médico ayurvédico cualificado recomiende la carne. Actualmente, comer carne tiene numerosas consecuencias negativas sobre la salud, medioambientales, políticas y socioeconómicas. La investigación científica demuestra que la carne, la grasa, las proteínas y el colesterol de origen animal favorecen la aparición de cáncer, enfermedades del corazón, diabetes, obesidad y otras muchas enfermedades. Una alimentación vegetariana cumple los principios de ahimsa y sattua, evitando cualquier producto que implique matar animales. En la mayor parte de los casos comer la carne de un animal viola los principios de la ahimsa. Además, comer alimentos puros y orgánicos favorece la buena salud. El alimento no orgánico se produce utilizando prácticas agrícolas violentas y destructivas que dañan la Tierra, que es nuestra Madre.

La mayor parte de los seres humanos no pueden convertir fácilmente los tejidos animales en la clase de nutrientes que son adecuados para los tejidos humanos. En lugar de digerir y convertir la carne en tejidos humanos adecuados, las energías del animal se conservan y sustituyen nuestros tejidos humanos. Por eso, comer animales hace que aumenten las tendencias animales de nuestro cuerpo y que las características del animal aniden en nosotros, favoreciendo la ira, la lujuria, el miedo y otras emociones negativas. Los animales muertos producen una clase densa o tamásica de tejidos que obstruyen los canales energéticos (*nadis*) del cuerpo, haciendo que la mente se quede embotada y aletargada. Se ha comprobado que no solo la violencia y los delitos, sino también la intolerancia religiosa, son más comunes entre los que comen carne. Desde el punto de vista económico, el cereal utilizado para producir carne para una familia podría dar de comer por lo menos a cinco familias. La situación económica y medioambiental del mundo cambiaría completamente si la mayor parte de la gente decidiera hacerse vegetariana.

❧

Capítulo 5

Los subdoshas

El fuego es su cabeza, sus ojos son la Luna y el Sol;
las regiones del espacio son sus oídos, su voz, el Veda revelado,
el viento es su aliento,
su corazón es el universo entero,
la tierra es su escabel.
Verdaderamente él es el alma interior de todo.

Múndaka Úpanishad, 2.1.4

Los subdoshas son las inteligencias naturales elementales de vata, pitta y kapha funcionando en nuestro cuerpo. Cada subdosha está relacionado con uno de los cinco elementos y tiene una función específica. Las cinco formas de vata conocidas como los cinco pranas son las más importantes porque intervienen en todos los demás procesos.

Tabla de los subdoshas

Elemento	Vata	Pitta	Kapha
Éter	Prana	Sádhaka	Tárpaka
Aire	Udana	Alóchaka	Bódhaka
Fuego	Samana	Páchaka	Klédaka
Agua	Vyana	Bhrájaka	Shléshaka
Tierra	Apana	Ránjaka	Avalámbaka

Vata y los cinco subdoshas

mamaivamso jivaloke
jivabhútah sanátanah
mánah shashtanindriyani
prakirtishtani kárshati

La fuerza vital eterna que hay en cada cuerpo es una partícula de mi propio ser.
Debido a la vida condicionada, están luchando muy intensamente con los seis sentidos,que incluyen la mente.

Bhágavad Guita, 15.7

Vata desepeña múltiples funciones en el cuerpo y en la conciencia.
De todas ellas, las más importantes son cinco. Todas las demás son
posibles a partir de estas cinco.

Las cinco funciones principales de vata

- *Púrana* (llenar el espacio)
- *Udváhana* (mover hacia arriba)
- *Viveka* (separar, aislar, dividir)
- *Dhárana* (mantener unido, mantener el flujo)
- *Praspándanam* (pulsar, latir)

Funciones de vata

- Movimientos físicos
- Conservación de la vida
- Comunicación
- Mente, movimiento de los pensamientos, órganos sensoriales, percepción
- Emociones
- Impulsos nerviosos
- Respiración
- Actividad cardíaca
- Circulación

- Ingestión
- Peristalsis
- Secreción enzimática
- Absorción, asimilación
- Evacuación de la orina, las heces, el sudor
- Menstruación
- Parto
- Respiración y división celular
- Tacto
- Claridad
- Orgasmo
- Creatividad
- Alegría

Subdoshas de vata y sus funciones

• *Prana:* El asiento de prana es la cabeza, el pecho, la garganta, la lengua, la boca y la nariz. Controla funciones como la salivación, el eructo, el estornudo, la respiración y la deglución (tragar). Rige los sentidos, el pensamiento creativo, el razonamiento y el entusiasmo.

• *Udana:* El asiento de *udana vata* es el ombligo, el pecho y la garganta. Proporciona entusiasmo, vitalidad y buen cutis a los seres humanos. Rige la calidad de la voz, la memoria y el movimiento de los pensamientos.

• *Samana:* Las funciones de *samana vata* son muy parecidas a las de *agni* (el fuego digestivo / los jugos digestivos). Regula la secreción de jugo gástrico, mantiene el alimento en el estómago o los intestinos el tiempo necesario y después ayuda en su absorción. Rige el movimiento del alimento a lo largo del aparato digestivo.

• *Vyana: Vyana vata* está situado por todo el cuerpo y se encarga del latir del corazón y de la circulación sanguínea. Controla el movimiento de los ojos y las extremidades y rige la transpiración y el sentido del tacto.

• *Apana: Apana vata* está situado en los testículos, la vejiga, la región umbilical, los muslos y las ingles. Controla las funciones de expulsión del semen, la orina y las heces. También dirige los movimientos relacionados con el parto.

Prana

Prana vata actúa en la zona de la cabeza, el cuello y el pecho. El prana rige la inspiración y la percepción sensorial y mental. Está situado en el cerebro, la cabeza, la garganta, el corazón y los órganos respiratorios. El pensamiento, la creatividad, el aprendizaje de cosas nuevas y la inspiración son ejemplos de actividades regidas por prana vata. También es la conexión con las funciones superiores.

Los desequilibrios de prana vata causan trastornos respiratorios, problemas cognitivos, dolores de cabeza tensionales, preocupación, ansiedad, trastornos neurológicos e insomnio. Igual que vata dirige los otros doshas, se dice que prana vata guía los otros subdoshas de vata, por lo que es el subdosha más importante que hay que mantener en equilibrio. Cuando está equilibrado nos hace estar atentos, lúcidos, entusiasmados y vitales. Con un prana vata saludable nos sentimos atraídos por lo que es armonioso y que nos va a aportar mayor salud y bienestar. Cuando el prana vata está desequilibrado, hacemos mal uso de los sentidos e interiorizamos aquello que provoca enfermedad.

La entrada de impresiones e impulsos sensoriales se debe al movimiento del prana hacia el interior. Este también se encarga de la entrada de alimentos, agua y aire. En el nivel cósmico más profundo, dirige la mente, el corazón y la conciencia. Los vitaliza aportando energía, coordinación y adaptabilidad.

Prana vata es el que se ocupa de la percepción y de toda clase de movimientos. Está situado en el cerebro y capacita el cuerpo para oír, tocar, ver y oler. Primero es conciencia pura, después se convierte en percepción, sensación y capacidad de sentir, después en pensamiento y finalmente en emoción. Cuanto más erráticamente se mueva el prana, más agitada estará la mente. Cuando el prana se altera en nuestro cuerpo, experimentamos problemas respiratorios, alteraciones mentales y trastornos neurológicos. En armonía, el prana le da al cuerpo fortaleza para la longevidad, capacidad respiratoria, creatividad y una conciencia aguda de la mente y los sentidos. Transporta energía positiva y curativa. Cuando el prana está equilibrado somos receptivos a lo Divino y experimentamos la unidad cósmica de la creación.

Udana

Udana vata funciona en la zona de la garganta y el pecho. Rige el habla, la expresión, el esfuerzo, el entusiasmo, la fuerza y la vitalidad. Algunos ejemplos de las funciones que regula udana vata son el estornudo, el canto y la espiración. Udana vata es el movimiento ascendente de vata. Se encuentra en el diafragma y se mueve por los pulmones, los bronquios, la tráquea y la garganta.

Mientras que el prana es la inspiración, el udana es la espiración. En el proceso de espiración, udana es el causante del sonido. A él se debe el aspecto de nuestro cutis, por medio del proceso de respiración de la piel. Un desequilibrio de udana vata puede provocar trastornos tales como: habla defectuosa, tartamudez y murmullo, así como enfermedades de la garganta (tos seca), oídos (dolor de oídos), nariz (hemorragia) y garganta (amigdalitis). Udana vata también es el causante de la fatiga general.

Udana está a cargo de la memoria. Penetra en la mente y estimula esa facultad. Si está desequilibrado puede bloquear la memoria. Cuando está perturbado puede anular nuestra creatividad. Sin la corriente adecuada de udana, nos sentimos sin rumbo en la vida. Cuando está equilibrado tenemos ideas claras, creativas e inspiración para poner en acción nuestras metas y aspiraciones. Udana da ligereza de cuerpo, capacidad de recitar mantras o cantar bhajans y, por encima de todo, la capacidad de trascender la conciencia ordinaria en el momento de la muerte física.

Samana

Samana vata actúa en el estómago y el intestino delgado. Rige el movimiento del alimento por el canal digestivo y es el causante de los movimientos peristálticos de ese sistema. Samana vata es una fuerza equilibradora que activa agni (el fuego digestivo) y estimula la secreción de ácido clorhídrico. Además, equilibra las partes superior e inferior del cuerpo. Se encuentra en el intestino delgado y es la fuerza del sistema digestivo. Samana estimula el hambre en el cuerpo enviando mensajes al prana del cerebro para que se ingiera el alimento. Rige el apetito, la digestión, la absorción y la asimilación. Cuando está desequilibrado hay falta de apetito e indigestión nerviosa. Samana vata también rige el hígado, el bazo, el páncreas, el estómago y parte del intestino grueso. El desequilibrio de samana vata es la causa de digestiones demasiado lentas o demasiado rápidas, gases, diarrea, nerviosismo abdominal, asimilación inadecuada de nutrientes y formación de tejidos desnutridos. Cuando está débil o desequilibrado también se puede experimentar digestión débil o irregular, formación inadecuada de los *dhatus* (tejidos), anorexia y estancamiento linfático.

Cuando samana funciona correctamente, las impresiones se asimilan correctamente. Un samana vata equilibrado proporciona paz, equilibrio, armonía, sutileza, concentración, mente enfocada y estabilidad en nuestro interior y en nuestro entorno.

Vyana

Vyana vata irradia del corazón a todo el cuerpo por el sistema circulatorio y la piel. Vyana vata es el movimiento circulatorio que sostiene la actividad cardíaca, los latidos y el ritmo del corazón, la circulación de la sangre y la linfa, la nutrición y la oxigenación de las células y los órganos y la locomoción. Ejemplos de la actividad de vyana vata son el sudor y el sentido del tacto. También es la causa del movimiento de las articulaciones y los músculos esqueléticos.

Gobierna el proceso respiratorio, los sentidos, las emociones, los pensamientos y la conciencia.

Cuando vyana vata está alterado, bloquea el flujo de oxigeno y corta el paso de la sangre procedente del corazón y el cerebro. Este bloqueo origina ataques cardíacos, convulsiones, derrames cerebrales, aneurismas, enfermedades cardíacas, parálisis, edema y otras enfermedades del corazón y circulatorias como la hipertensión y la arritmia (latidos cardíacos irregulares). Además, el bloqueo de vyana da lugar a numerosos trastornos nerviosos y a otros procesos patológicos.

Vyana es la manifestación sin restricciones de nuestras inspiraciones y nuestras metas. Cuando está en armonía percibimos una sensación de expansión, adaptabilidad, libertad, apertura a la Conciencia Divina y el flujo libre del prana.

Apana

Apana vata actúa en el colón y la región pélvica y rige funciones como la menstruación y la evacuación de desechos. Está situado entre el ombligo y el ano y rige todos los movimientos descendentes, como la micción, la defecación, la menstruación y la emisiones sexuales. Se encuentra en el colon, el recto, el conducto urinario, el ciego, la cavidad pélvica, los riñones y los órganos reproductores. A él se deben las flatulencias y la concepción, por lo que la escasez de apana vata impide el éxito en esta. La deficiencia de apana vata provoca estreñimiento o diarrea, retención de orina, retraso o falta de menstruación o una menstruación excesiva y dolorosa. También provoca disfunciones sexuales, dolor en la zona lumbar, inflamación de la próstata y espasmos musculares. Como nutre los huesos, apana es la causa de la osteoporosis y de otras enfermedades óseas. Cuando apana se encuentra en armonía, la función inmunitaria está fuerte y predominan los sentimientos de estabilidad, calma, enraizamiento y bienestar.

Pitta y los cinco subdoshas

aham vaisvánaro bhutvá
práninam dehamáshritaha
pranápana samayúkta
pachamyánnam catúrvidham

Adoptando la forma del fuego alojado en el cuerpo de todas
las criaturas y unido con sus inspiraciones y espiraciones,
Yo soy el que consume las cuatro clases de alimentos.

Bhágavad Guita, 15.14

Las cinco formas de pitta se conocen como los cinco *agnis* o fuegos.
Como el fuego produce calor, luz y transformación, los cinco agnis
realizan el proceso de transformación en nuestro interior. Pitta rige
el metabolismo del cuerpo, la digestión, la absorción y la asimilación. Mantiene la temperatura corporal, el apetito, la sed, el sabor,
el color, el brillo de los ojos, el cabello, la piel y el cuerpo. Mantiene
la inteligencia, el entendimiento, la comprensión, el conocimiento,
el valor, la ambición, la transformación y la percepción visual y
mental. Las cinco formas de pitta son *sádhaka, alóchaka, páchaka,*
bhrájaka y *ránjaka*.

Los subdoshas de pitta y sus funciones

• *Sádhaka*: *Sádhaka pitta* se asienta en el corazón (*hrídayama*) y es
la causa de la inteligencia y el ego. Todas las funciones de la mente
y del cuerpo se coordinan por la acción de sádhaka pitta. Controla
el deseo, la motivación, la determinación y la espiritualidad.
• *Alóchaka*: *Alóchaka pitta* está situado en los ojos y rige todo el
funcionamiento de los ojos.
• *Páchaka*: *Páchaka pitta* se encuentra en el estómago y la región
del intestino, también conocido como *gráhani*. Su función principal
es la digestión. También aumenta el pitta situado en otros lugares

del cuerpo. Rige la digestión, la asimilación y el metabolismo con el fin de disponer de nutrientes y tejidos saludables.

• *Bhrájaka:* *Bhrájaka pitta* se encuentra en la piel. Es la causa de la pigmentación y del resplandor saludable de esta.

• *Ránjaka:* Ránjaka *pitta* está en el hígado y el bazo. Su función principal es convertir el plasma (*rasa*) en sangre (*rakta*). Se ocupa de mantener la sangre sin toxinas y en un estado saludable.

Sádhaka

Sádhaka pitta se encuentra tanto en la materia gris del cerebro como en el plexo cardíaco o chakra del corazón. Se ocupa de la digestión mental, la energía mental y la capacidad de discernimiento. Sádhaka pitta rige el equilibrio emocional, el contentamiento, la inteligencia y la memoria. Da energía para lograr y realizar cosas. Es la fuerza primordial que impulsa el deseo de liberación y da energía para hacer sádhana. En el corazón, sádhaka pitta confiere la capacidad de amar y de sentir compasión y rige el sentimiento y la emoción. Como acaba unificándose con el ser superior, al final se transforma en amor incondicional. En el cerebro, sádhaka pitta produce neuro-transmisores. Por todo eso, cuando hay deficiencia de sádhaka pitta se puede experimentar tristeza, depresión y baja autoestima. Puede haber desequilibrios químicos en el cerebro. Otros desequilibrios del sádhaka pitta están relacionados con enfermedades del corazón, pérdida de memoria, perturbaciones emocionales (tristeza, ira, angustia) e indecisión. Cuando está equilibrado, sádhaka pitta da capacidad de percibir la verdadera naturaleza de la realidad. Con una percepción adecuada, se puede ver la unidad de toda la creación y se puede decir de verdad que el corazón y la mente divina funcionan en armonía.

Alóchaka

Alóchaka pitta actúa en la zona de los ojos y rige la visión y la percepción. Alóchaka pitta rige la visión buena o mala, dependiendo de si está equilibrado o desequilibrado. También conecta los ojos con las emociones. El desequilibrio de alóchaka pitta hace que los ojos estén enrojecidos y provoca problemas de visión y toda clase de enfermedades oculares. Cuando está equilibrado, hace que los ojos estén brillantes, transparentes y saludables y que proyecten una mirada cálida y satisfecha. Además, rige la entrada de estímulos externos a través de los ojos, así como la capacidad de mirar y ver dentro del propio ser.

Cuando alóchaka pitta es fuerte, hay una chispa de luz en los ojos; por eso se dice a menudo que los ojos son las ventanas del alma. Cuanto más brillante es la luz interior, más luminosos son los ojos y más irradian esa luz. Alóchaka pitta es también la facultad de percepción más elevada, la capacidad de percibir las cosas tal como son.

A medida que nuestra percepción se vuelve más clara, empezamos a ver el mundo y la creación como la hermosa manifestación de Dios. William Blake dijo: «Cuando las puertas de la percepción se limpien, las cosas aparecerán tal como realmente son, infinitas». La ilusión de maya desaparece como un espejismo en el desierto cuando nos acercamos a él. Percibimos la verdad por todas partes.

Páchaka

Páchaka pitta está situado en el duodeno o la parte baja del abdomen y el intestino delgado. Regula la transformación y la digestión del alimento que se descompone en nutrientes y desechos. Páchaka pitta es la capacidad de digerir, absorber y asimilar nutrientes por medio de la producción de enzimas. En el ámbito mental y emocional, es nuestra capacidad de digerir las experiencias de la vida. En el cuerpo digiere el almidón, la glucosa y la fructosa; todo lo dulce. A menudo, páchaka pitta está relacionado con *játhara agni*, el fuego del estómago. Este agni es el fuego central interior en el que «se cocina» todo el alimento. Cuando hay exceso de páchaka pitta podemos padecer de inflamación, gastritis, ulceras, hiperacidez, indigestión, anorexia, hipoglucemia y dispepsia. La falta de páchaka pitta puede provocar una mala absorción y asimilación de alimentos y nutrientes, baja temperatura corporal y agni débil. Páchaka pitta sostiene todas las otras formas de agni, equilibra los fuegos corporales y regula el metabolismo. Cuando está equilibrado, páchaka pitta proporciona facultades mentales fuertes, gran sabiduría y claridad interior y una fuerte inclinación espiritual o humanitaria.

Bhrájaka

Bhrájaka pitta está ubicado en la piel. Regula los procesos bioquímicos que se producen en ella y rige el brillo, la tez, la temperatura y la pigmentación de la piel.

Bhrájaka pitta es el fuego que calienta el cuerpo y da un cutis luminoso. Es la fuerza de la circulación. También es el calor que sentimos y que somos capaces de dar al mundo. Alimenta los sentidos del tacto, el dolor, la temperatura y la estereognosis. Ayuda en la digestión o asimilación de aceites y otras medicinas que se aplican sobre la piel, como las cremas. El desequilibrio de bhrájaka pitta es el causante de trastornos de la piel como erupciones, acné, forúnculos, cáncer de piel, eczema, psoriasis, dermatitis y pérdida del sentido del tacto, hormigueo y entumecimiento.

Emocionalmente, bhrájaka rige los sentimientos de ira, irritabilidad e impaciencia. Si miras a alguien que está enfadado, podrás notar que tiene la piel muy roja y puede parecer «acalorado». Eso se debe a una combinación desequilibrada de bhrájaka pitta y el prana. Igualmente, puedes haber notado que cuando alguien se siente asustado, lleno de temor y ansiedad, puede estar blanco, «pálido como un fantasma». Cuando bhrájaka pitta y el prana están equilibrados, se percibe un suave resplandor y una calidez en el cuerpo, la mente y el aura. El que disfruta de ese equilibrio irradia vitalidad y alegría.

Ránjaka

Ránjaka pitta se encuentra en el hígado, la vesícula y el bazo. A él se debe la composición de la sangre y la distribución de nutrientes a las células y tejidos por medio de la sangre. Rige la formación de los glóbulos rojos y da color a la sangre y a las heces. Ránjaka pitta es el fuego que da color al cuerpo. Está situado en el hígado, la vesícula, el bazo y el estómago, produce la bilis y las encimas hepáticas. Su hogar es la sangre y, cuando está desequilibrado, empeora la salud del hígado. El hígado da color a la piel, el pelo y los ojos. Ránjaka pitta es la causa de la creación de glóbulos rojos en la médula ósea a partir del plasma sanguíneo. El ránjaka que está en el bazo se ocupa de la destrucción de bacterias y parásitos nocivos. También produce glóbulos blancos y fortalece la sangre y el sistema inmunitario. Cuando se descarría, ránjaka pitta provoca hepatitis, ictericia, anemia, síndrome de fatiga crónica, mononucleosis, cálculos biliares, colesterol alto, depósitos grasos en el hígado o degeneración del hígado, ira y hostilidad. Las toxinas que hay en el cuerpo procedentes del alimento, el aire y el agua impuros, el alcohol y el tabaco son causas primordiales de los desequilibrios de pitta, y actúan por medio de ránjaka pitta.

Kapha y los cinco subdoshas

gamavishya cha bhutani
dharayamyahamójasa
pushnami cháushadhi sarva
somo bhutva rasátmakaha

Llenando el suelo,
soy Yo el que sostiene a todas las criaturas con mi poder vital.
Convirtiéndome en la nectárea Luna, nutro todas las plantas.
Bhágavad Guita 15.13

107

Kapha, como es de tierra y agua, actúa como un pegamento que une las cosas. Kapha rige la lubricación, la nutrición, el soporte y la estabilidad, el enraizamiento, el crecimiento, la resistencia, la energía, la reparación y la regeneración, el intercambio gaseoso en los pulmones, las secreciones gástricas, el equilibrio electrolítico del agua, la regulación de la grasa, la fortaleza, el sueño, la memoria retentiva, el contentamiento, el perdón, la compasión y los sentidos del gusto y del olfato. Las cinco formas de kapha son tárpaka, bódhaka, klédaka, shléshaka y avalámbaka.

Los subdoshas de kapha y sus funciones

• *Tárpaka*: *Tárpaka kapha* se asienta en la cabeza. Nutre las facultades mentales y es la causa de la hidratación de la nariz, la boca, los ojos y el cerebro.

• *Bódhaka*: *Bódhaka kapha* está situado en la lengua. Rige el sentido del gusto, que es esencial para una buena digestión.

• *Klédaka*: *Klédaka kapha* se asienta en el estómago. Tiene un carácter viscoso (*píchchila*), sabor dulce y la misión de humedecer el alimento ingerido. También protege los órganos digestivos de ser dañados por los jugos gástricos. Controla la humedad del estómago y el revestimiento de la mucosa intestinal.

• *Shléshaka*: *Shléshaka kapha* está situado en las articulaciones. Su función es lubricar las articulaciones y mantener la piel suave y flexible.

• *Avalámbaka:* Avalámbaka *kapha* está en la cavidad torácica, donde nutre el corazón, lo protege, da fuerza a sus músculos y salud a los pulmones.

Tárpaka

Tárpaka kapha, situado en la cabeza, los senos nasales y el líquido cefalorraquídeo, proporciona lubricación a los nervios y el tejido cerebral y alimenta los órganos sensoriales y motores. También proporciona tranquilidad, alegría y estabilidad. Tárpaka kapha se ocupa de la nutrición de la mente. La palabra *tárpaka* significa «contento» y también se traduce como «alimentar, retener, registrar». Tárpaka es el líquido cefalorraquídeo que rodea el cerebro y la médula espinal. Protege la capa mielítica y, cuando es escaso, puede causar esclerosis múltiple. Además, constituye la mayor parte de la materia blanca del cerebro y sirve como el depósito que almacena o registra las experiencias del pasado y los recuerdos. Está ubicado en el corazón y da paz y satisfacción.

Tárpaka kapha rige la estabilidad, la felicidad, el jubilo, la dicha y la memoria. Como memoria, se le deben las impresiones de nuestras vidas pasadas e influye en nuestros cuerpos sutiles o astrales conocidos como los koshas. También rige nuestra conciencia y nuestra atención, y actúa en los niveles consciente e inconsciente. Conserva la humedad de la nariz, la boca y los ojos, protegiendo estos órganos sensoriales. Mantiene el líquido cefalorraquídeo que es esencial para el sistema nervioso central. El desequilibrio de tárpaka kapha causa la congestión de los senos nasales, la fiebre del heno, el dolor de cabeza por congestión de los senos, la disminución del sentido del olfato y una torpeza sensorial general. Cuando hay carencia de tárpaka kapha, a menudo se ven síntomas como pérdida de memoria, confusión, alzheimer, parálisis apoplética, tumores cerebrales, esclerosis múltiple, descontento, malestar, nerviosismo e insomnio.

Bódhaka

Bódhaka kapha se encuentra en la lengua y la garganta y rige el sentido del gusto. También rige la lubricación del alimento y facilita la deglución. Bódhaka kapha es la causa de la percepción del gusto. Bódhaka significa «reconocer». Los kapha se relacionan con el mundo principalmente por medio del gusto, junto con el olfato. Los kapha que han abusado del sentido del gusto tienen el problema de comer compulsivamente. Si se come demasiado o con demasiada frecuencia, las papilas gustativas pierden su sensibilidad. Bódhaka kapha también puede perder sensibilidad por el uso excesivo de algunos de los seis sabores, como por ejemplo comer sobre todo alimentos dulces y salados. Cuando el gusto disminuye, el cuerpo se vuelve mucho más vulnerable a otros problemas de kapha, como la obesidad, las alergias alimentarias, la congestión de las mucosas y la diabetes.

Bódhaka kapha es la causa de la producción de saliva y se encarga de la primera parte de la digestión. Estimula las glándulas salivales y crea encimas digestivas. Como las papilas gustativas se encuentran en la lengua, un bódhaka kapha desequilibrado provoca la incapacidad de saborear la comida u oler correctamente. Si el bódhaka kapha está bajo, las glándulas salivales no segregan suficiente saliva, dejando el paladar demasiado seco para saborear la comida. Cuando bódhaka kapha está en armonía, produce abundante saliva que ayuda a absorber la comida y nutre el *rasa dhatu* (plasma).

Klédaka

Klédaka kapha actúa en la región gástrica. Se localiza en la parte superior del abdomen. Hidrata y licúa la comida ingerida en las primeras etapas de la digestión. Su función principal es la lubricación del alimento ingerido para facilitar la digestión.

Klédaka kapha es lo que humedece y ablanda. Es suave, graso, líquido y pegajoso por naturaleza. Se localiza en el estómago y en el canal digestivo como el revestimiento de la mucosa. Licúa el alimento y da comienzo al proceso digestivo. Cuando el licuado del alimento es inadecuado, se acumula un exceso de flema y se producen secreciones estomacales irregulares. La falta de klédaka en el estómago puede provocar irritación y llegar a la gastritis; también puede provocar nauseas, vómitos y un fuerte dolor de estómago. Al igual que otros subdoshas kapha, cuando klédaka está equilibrado proporciona contentamiento, cariño y una sensación de estar bien alimentado. Cuando está desequilibrado provoca sentimientos de ansiedad, inseguridad, soledad, aflicción, tristeza y depresión. Otras enfermedades físicas provocadas por klédaka kapha son: obesidad, comer en exceso, hiperglucemia, diabetes y colesterol alto.

Shléshaka

Shléshaka kapha está situado en las articulaciones y proporciona la lubricación necesaria para mantenerlas suaves y flexibles. Es denso, pegajoso, líquido, fluido, graso y viscoso, y se manifiesta como el líquido sinovial que facilita la movilidad. Cuando se deteriora, aparecen problemas artríticos que pueden ir acompañados de dolor moderado a intenso y congestión o inflamación. El desequilibrio de shléshaka kapha también provoca articulaciones sueltas, acuosas o dolorosas, distintas enfermedades de las articulaciones y ciática. La falta de shléshaka kapha indica exceso de vata, lo que hace que los huesos estén frágiles y secos. Las enfermedades más corrientes de shléshaka son las artritis degenerativas y reumatoides. Cuando shléshaka está equilibrado, hay buen prana y una mente fuerte, clara y consciente. Da fortaleza, aguante y determinación.

Avalámbaka

Avalámbaka kapha reside en el corazón, el pecho, los pulmones y la parte baja de la espalda. Rige la lubricación de los tejidos del corazón y los pulmones, lo que ralentiza su desgaste y su rotura. También fortalece la espalda, el pecho y el corazón. Avalámbaka kapha es lo que sostiene. Es el medio de transporte que lleva el prana a todas las células, tejidos y órganos del cuerpo. La resistencia física de kapha viene de esas zonas, por lo que el físico kapha generalmente se caracteriza por poseer un pecho y unos hombros poderosos. En equilibrio, avalámbaka kapha proporciona musculatura fuerte y un corazón bien protegido. Su carácter líquido da lugar al líquido pericárdico que rodea el corazón. Es la fuente del prana del corazón y los pulmones. También se encuentra en el revestimiento de los pulmones, la tráquea, los bronquios y los bronquiolos. Avalámbaka kapha también se ocupa del intercambio gaseoso que tiene lugar en los alvéolos. Se encarga de la eliminación del dióxido de carbono y la absorción del oxígeno. Cuando avalámbaka está desequilibrado, se pueden padecer problemas respiratorios, acumulación de mucosidad y flemas, apatía, dolor en la parte baja de la espalda, enfermedades cardíacas y congestión pulmonar acompañada de inflamación glandular. Avalámbaka kapha rige el plasma, el principal constituyente acuoso del cuerpo. Avalámbaka kapha también rige los trastornos pulmonares como la bronquitis, el asma, la neumonía, las sibilancias, el enfisema y el colapso bronquial. Si está desequilibrado, se puede padecer dolor persistente de la parte de la espalda que está detrás del pecho y del corazón, y se puede sentir una profunda tristeza y un pesar prolongado. Cuando funciona armoniosamente, avalámbaka se manifiesta como amor, compasión, receptividad y cariño.

Los subdoshas de cada uno de los tres doshas principales están directamente correlacionados y juntos regulan todos los procesos del cuerpo. Prana vata, sádhaka pitta y tárpaka kapha se encargan del funcionamiento del cerebro, el corazón y el sistema nervioso. Udana vata, alóchaka pitta y bódhaka kapha se ocupan de las funciones de la cabeza y regulan la actividades sensoriales, como la percepción, la aspiración y la voluntad. Samana vata, páchaka pitta y klédaka kapha regulan los procesos digestivos. Vyana vata, bhrájaka pitta y shléshaka kapha controlan el movimiento de las extremidades y la salud de la piel. Apana vata, ránjaka pitta y avalámbaka kapha sirven de soporte para los otros subdoshas.

Para lograr una salud optima, el objetivo es equilibrar y armonizar los subdoshas (los niveles sutiles) con los demás doshas generales (los niveles toscos). Cuando todos estos aspectos están en armonía logramos tener una profunda sensación de paz y satisfacción interiores.

Tablas de los subdoshas

Vata

Subdosha	Lugar	Equilibrado	Desequilibrado
Prana	Corazón	Respirar y tragar	Hipo, bronquitis, asma, resfriado, ronquera
Udana	Garganta	Habla y voz	Enfermedades de ojos, oídos, nariz y garganta
Samana	Estómago e intestino delgado	Ayuda a las encimas digestivas, la asimilación de los productos finales del alimento y la separación de sus diversos elementos tisulares	Indigestión, diarrea, asimilación defectuosa
Vyana	Corazón	Mantiene la circulación	Desarreglos circulatorios, fiebre
Apana	Colon y pelvis	Evacuación de heces, orina, semen, sangre fetal y menstrual	Enfermedades urinarias y de la vejiga, diabetes, enfermedades del ano y los testículos

Pitta

Subdosha	Lugar	Equilibrado	Desequilibrado
Sádhaka	Corazón	Memoria y otras funciones mentales	Trastornos psíquicos, enfermedades cardíacas
Alóchaka	Ojos	Visión	Deterioro de la visión

Páchaka	Estómago e intestino delgado	Digestión	Indigestión, anorexia
Bhrájaka	Piel	Color y brillo de la piel	Vitíligo y otras enfermedades de la piel
Ránjaka	Hígado, bazo y estómago	Funciones de la sangre	Anemia, ictericia, hepatitis

Kapha

Subdosha	Lugar	Equilibrado	Desequilibrado
Tárpaka	Cerebro	Nutre los órganos de los sentidos	Pérdida de memoria, deterioro de los órganos sensoriales
Bódhaka	Lengua	Percepción del gusto	Trastornos digestivos
Klédaka	Estómago	Hidrata el alimento, lo que ayuda a la digestión	Trastornos digestivos
Shléshaka	Articulaciones	Lubricación de las articulaciones	Dolor y disfunción articulares
Avalámbaka	Corazón	Energía de las extremidades	Pereza

Capítulo 6

La anatomía del ayurveda

Las cinco envolturas del Ser son las de alimento, aire vital, mente, intelecto y dicha. Como el Ser está envuelto por ellas, olvida su verdadera naturaleza y está sometido a la transmigración. El cuerpo tosco, que es el producto de los elementos quintuplicados, se conoce como la envoltura de alimento. La parte del cuerpo sutil que se compone de los cinco aires vitales y los cinco órganos de acción y que es el efecto del aspecto rajas de prákriti se llama envoltura vital. La mente dubitativa y los cinco órganos sensoriales, que son efecto de sattua, constituyen la envoltura mental.

El intelecto que determina y los órganos de los sentidos constituyen la envoltura intelectual. El sattua impuro que está en el cuerpo causal, junto con la alegría y otras vrittis (modificaciones mentales), se llama la envoltura de dicha. Debido a la identificación con las diferentes envolturas, el Ser adopta sus respectivas naturalezas. Al diferenciar el Ser de las cinco envolturas por el método de distinguir entre lo variable y lo invariable, se puede disociar el propio Ser de las cinco envolturas y alcanzar el Brahman supremo.

Shri Panchadashi, estrofas 33-37

Los dhatus

Hay siete *dhatus*, o capas de tejido, en el cuerpo humano. La palabra dhatu significa literalmente «mantener unido», «reafirmar», o «construir». Los dhatus son las capas de tejido corporal que sostienen y mantienen unido el cuerpo, dándole forma. Los nutrientes que recibimos del alimento digerido crea los dhatus. Cada tejido está regido por uno de los tres elementos, y cada dhatu procede de la capa de tejido anterior, empezando por el *rasa* (plasma). Si el plasma no está sano, todas las demás capas se ven afectadas. Cada dhatu produce un tejido secundario conocido como *upadhatu*, así como una clase de *mala* (material de desecho).

Los dhatus son los lugares del cuerpo en que se manifiesta la enfermedad. Cada dhatu puede estar en exceso, deficiente o equilibrado en relación con el resto del cuerpo. Cuando un dhatu está enfermo o dañado, afecta el siguiente dhatu y después el siguiente, ya que cada uno de ellos recibe los nutrientes del anterior.

Los siete dhatus, en el orden en que se producen, son: *rasa* (plasma), *rakta* (sangre), *mamsa* (músculo), *meda* (grasa), *asthi* (hueso), *majjá* (médula y nervios) y *shukra / ártava* (líquido reproductivo masculino / femenino). Cada dhatu se forma a partir del anterior. El rasa se convierte en rakta, el rakta se convierte en mamsa, el mamsa se convierte en meda, el meda se convierte en asthi, el asthi se convierte en majjá y la majjá se convierte en shukra y ártava. La formación de ojas es el producto final del proceso nutricional de los dhatus.

Cada uno de los dhatus tiene dos aspectos principales: *sthayi* (estable) y *asthayi* (inestable). A medida que los dhatus se van desarrollando, tienen lugar varios procesos. Primero, las partes que constituyen el dhatu adquieren una forma estable por medio del dhatu agni (el agni o proceso digestivo de cada tejido). Mediante este proceso se forman los upadhatus. Después se forma el mala (material de desecho) por un proceso parecido a la digestión del alimento. En la etapa final, se produce la forma purificada de tejido formativo del siguiente dhatu.

Los siete dhatus, los upadhatus, los malas y sus funciones

1. Rasa dhatu (**tejido plasmático**): El rasa se origina a partir del alimento digerido y después nutre todos y cada uno de los tejidos y células del cuerpo. Es análogo al plasma. Los upadhatus del rasa son la leche materna y la sangre menstrual. El mala del rasa dhatu es la flema.

2. Rakta dhatu (**tejido sanguíneo**): El rakta es considerado la base de la vida y es análogo a las células sanguíneas circulantes. Nutre los tejidos corporales y da fortaleza física y color al cuerpo. Los upadhatus del rakta son los vasos sanguíneos, la piel y los tendones. El mala del rakta dhatu es la bilis.

3. Mamsa dhatu (**tejido muscular**): El mamsa es el tejido muscular y su función principal es proporcionar fortaleza física y sostén al meda dhatu. Los upadhatus de mamsa son los ligamentos y la piel. Los malas del mamsa dhatu son los materiales de desecho de las cavidades corporales exteriores, como por ejemplo el cerumen de los oídos y las costras nasales de la nariz.

4. Meda dhatu (**tejido graso**): El meda consiste en el tejido adiposo (grasa) que da soporte al asthi dhatu. Meda lubrica el cuerpo. El upadhatu del meda es el mesenterio, la grasa peritoneal del abdomen. El mala del meda dhatu es el sudor.

5. Asthi dhatu (**tejido óseo**): El asthi comprende el tejido óseo, incluidos los cartílagos. Su función principal es la de sostener los dhatus majjá y mamsa. El upadhatu de asthi son los dientes. Los malas del asthi dhatu son las uñas y el pelo.

6. Majjá dhatu (**tejido medular y nervioso**): La majjá designa el tejido de la médula ósea, el sistema nervioso y el cerebro. Su función principal es lubricar el cuerpo. Es una substancia muy blanda, gelatinosa, que llena la cavidad ósea. El upadhatu de majjá es el líquido esclerótico de los ojos. Los malas de la majjá dhatu son las lágrimas y otras secreciones de los ojos.

7. Shukra y ártava dhatus (**tejido seminal y reproductivo**): El principal objetivo del tejido reproductivo es ayudar en la reproducción y fortalecer el cuerpo. El upadhatu de los dhatus shukra y ártava es ojas. El mala de los dhatus shukra y ártava es el esmegma, el residuo segragado procedente de los genitales.

Rasa

El rasa o plasma contiene todos los nutrientes digeridos y alimenta todos los dhatus, los órganos y los sistemas corporales. La palabra rasa significa «jugo» o «savia». El rasa es kapha por naturaleza y contiene los cinco elementos y los tres gunas. Sus principales ubicaciones en el cuerpo son el corazón, los vasos sanguíneos, la linfa, la piel y las membranas mucosas. El rasa da la sensación de plenitud. Se ocupa de la hidratación de los tejidos corporales.

Cuando hay exceso de rasa, se da un exceso de saliva y de flema, bloqueo de los canales, disminución o carencia de hambre, congestión linfática y náuseas. Cuando el rasa es insuficiente, la piel esta áspera al tacto y los labios secos y agrietados, síntomas ambos de deshidratación. El cuerpo y la mente pueden estar cansados e hipersensibles a los ruidos fuertes o repentinos. Puede haber taquicardia o palpitaciones, y una sensación general de agotamiento, envejecimiento prematuro, piel arrugada debido a la sequedad y aspecto demacrado.

Algunas de las causas de los desequilibrios del rasa son los alimentos pesados, alimentos y bebidas fríos, alimentos tamásicos, comer en exceso, alimentos grasos y fritos, exceso de sal y azúcar, mala combinación de alimentos, pensamiento excesivo, preocupaciones y miedos, bacterias, lombrices, parásitos y un exceso de *ama* (toxinas).

Cuando el rasa esté en armonía, habrá un buen cutis, cabello saludable y suelto, piel brillante, resistencia y fortaleza y sentimientos gozosos. El rasa aumenta bebiendo mucha agua, jugos y otros líquidos saludables. Los productos lácteos puros, orgánicos y no homogeneizados también aumentan el rasa fortaleciendo ojas.

Rakta

Rakta, la sangre, se alimenta de un rasa saludable. Rakta está compuesto de los elementos fuego y agua y generalmente tiene una naturaleza predominantemente pitta. La palabra *rakta* significa «lo que es rojo». Una sangre saludable es nuestra fuerza vital, ya que oxigena las células. Cuando la sangre es fuerte, nuestra vida es plena y saludable y hay una profunda sensación de amor y abundancia.

El exceso de rakta provoca trastornos de la piel, forúnculos, hígado y bazo inflamados, ardor, enrojecimiento o hemorragia en la piel, los ojos y la orina. Todos los estados inflamatorios se deben a pitta y rakta.

Un rakta deficiente provoca anemia, palidez, tensión arterial baja, antojo de alimentos fríos y agrios, sequedad de cabeza, colapso vascular y piel áspera o agrietada.

Los desequilibrios del rakta los producen los alimentos demasiado picantes o especiados, el exceso de azúcar y sal, los alimentos agrios, grasos y fritos, la mala combinación de alimentos, el uso de drogas (incluyendo el alcohol y el tabaco), la pérdida de sangre, la deficiencia de hierro y vitamina B12, las radiaciones (incluidas las de los teléfonos móviles), la ira, el odio, la envidia, las emociones reprimidas, las bacterias, las lombrices, los parásitos y cualquier enfermedad del hígado o el bazo.

Cuando rakta esté saludable la piel de todo el cuerpo tendrá un buen color. Los ojos estarán brillantes y la piel estará cálida al tacto. Habrá una vitalidad fuerte y pasión por la vida. El rakta se fortalece con alimentos ricos en hierro como las algas marinas, las semillas de sésamo negro, la melaza, la panela, las uvas negras y las verduras de raíz como la remolacha, las zanahorias y la bardana.

Mamsa

Mamsa es el músculo. Mamsa fortalece el cuerpo y da capacidad de trabajar y de actuar. Está compuesto principalmente del elemento tierra y mantiene el cuerpo unido. Mamsa es predominantemente kapha con una pequeña cantidad de pitta. El mamsa se ocupa del movimiento de la orina, la linfa, el sudor y la sangre. Cuando los músculos se mueven, se mueve la sangre, lo que da fortaleza, ambición y valor.

Cuando hay demasiado mamsa se producen inflamación y tumores musculares, pesadez e inflamación de las glándulas, obesidad, hígado agrandado, ira y agresiones. En las mujeres esto puede dar lugar a fibromas uterinos o abortos naturales, e incluso infertilidad.

El mamsa deficiente se manifiesta en un aspecto demacrado, fatiga, laxitud en las extremidades, falta de coordinación, miedo, ansiedad, inseguridad, depresión e infelicidad generales.

Las causas que provocan la deficiencia de mamsa son el exceso o la falta de aporte de proteína, el consumo de carne y demasiados productos lácteos, una mala combinación de alimentos, falta de ejercicio, dormir de día, baja calidad del sueño, traumatismos físicos, estrés emocional o mental, trastornos del hígado, tuberculosis o fiebres tifoideas.

Los músculos constituyen la mitad del peso del cuerpo. Cuando el mamsa está equilibrado hay un buen tono muscular, una buena fuerza física para la constitución individual, flexibilidad, adaptabilidad en el movimiento, hombros, cuello y muslos bien formados y una sensación de valor y seguridad. Mamsa se fortalece con los cereales integrales, las legumbres, los frutos secos y las semillas que contienen proteína, en especial las semillas de cáñamo. También lo nutren todos los demás alimentos que contiene formas de proteína y aminoácidos fáciles de digerir.

Meda

El meda, o grasa, se alimenta del mamsa. El meda es graso y lubrica todos los dhatus. Es el tejido adiposo o el tejido conectivo suelto que incluye a la grasa, los fosfolípidos, el colesterol y otras clases de lípidos. Meda significa «lo que es graso». La palabra sánscrita para «graso» es *sneha*, que también significa «amor». Meda es suave, consolador y de naturaleza maternal. Calienta y protege. Cuando hay falta de amor de otro ser humano, a menudo las personas recurren al alimento como consuelo, y esa ingestión excesiva puede causar obesidad. Actualmente la obesidad es un problema grave en el mundo occidental.

Cuando hay exceso de meda hay obesidad, fatiga, falta de movilidad; hinchazón e inflamación (como artritis); asma, debilidad sexual, incontinencia, hipertensión, tensión arterial alta, colesterol alto, cálculos en la vesícula, bloqueo del conducto biliar, diabetes, vida corta y vientre, pechos y muslos fláccidos. También pueden producirse desequilibrios emocionales, que a su vez pueden provocar ansia de comida.

Cuando hay una cantidad insuficiente de grasa también se manifiesta como fatiga, así como chasquidos en la articulaciones y los tendones, hinchazón del bazo, delgadez extrema de las extremidades y el abdomen, dientes y uñas quebradizos y debilidad de pelo y huesos. También se producen desequilibrios emocionales como el miedo, la duda y la falta de autoestima.

Los trastornos de meda son causados por el exceso de azúcar, los carbohidratos, la sal, los productos lácteos, la carne, los alimentos grasos y fritos, las grasas de mala calidad, las malas combinaciones de alimentos, una alimentación inadecuada por desequilibrios emocionales, el estrés, emociones no resueltas, falta o exceso de ejercicio (según el dosha predominante), consumo de drogas (como alcohol, marihuana, tabaco y anfetaminas) y fiebre tifoidea.

Cuando el meda está equilibrado, hay una cantidad adecuada de grasa según el tipo corporal; los tejidos, el pelo, los ojos y las heces están suficientemente lubricados y el habla es armoniosa. Emocionalmente, hay satisfacción y se comparten el amor, el cariño, la alegría y el buen humor a consecuencia del equilibrio que se disfruta en todos los ámbitos de la vida. El meda aumenta por grasas como la ghi, la mantequilla, el aceite de sésamo y los productos lácteos.

Asthi

Asthi es el hueso. Se alimenta del meda dhatu y da estructura al cuerpo y a nuestra vida. Está hecho principalmente del elemento tierra y está regido por el dosha kapha. Es parcialmente aire y contiene la médula ósea, que está compuesta de vata. Como los huesos son los que permiten el movimiento, asthi sostiene los tejidos y les da firmeza. La palabra *asthi* viene de la palabra *stha*, que significa «estar de pie o resistir».

Cuando hay demasiado asthi dhatu, puede haber huesos de más, espolones óseos, dientes de más, una estructura corporal demasiado grande, dolor en las articulaciones, temor, ansiedad y poca resistencia. Se tiende a la artritis y al cáncer de huesos.

La carencia de asthi se manifiesta como cansancio, debilidad, dolor y falta de firmeza en las articulaciones, perdida del cabello, los dientes y las uñas, formación deficiente de huesos y dientes, retracción de las encías y zumbido de oídos.

Las perturbaciones del asthi dhatu se deben a una mala alimentación, carencia de minerales, falta de proteínas, mala postura corporal, ejercicio excesivo, traumatismos físicos, factores psicológicos como la soledad y la inseguridad, tiroides débil, menopausia y terapias hormonales sustitutivas.

Cuando el asthi está equilibrado, la persona tiene una complexión alta, con articulaciones prominentes y grandes. Hay flexibilidad, dientes grandes, fuertes, blancos y bien colocados, posiblemente manos y pies grandes. Emocionalmente, interés por los demás, paciencia, aceptación, formalidad, estabilidad y coherencia. El asthi se fortalece con los alimentos ricos en minerales (especialmente calcio, magnesio, hierro y zinc). Los alimentos que favorecen la formación del asthi son las semillas de sésamo, las semillas de girasol, los productos lácteos crudos y orgánicos, las semillas de cáñamo y las algas.

Majjá

Majjá es la médula ósea y el tejido nervioso, y está contenida en los espacios vacíos del cuerpo como los canales nerviosos, los huesos y la cavidad craneal. Envía impulsos nerviosos y rige la sensación de dolor y de presión. Majjá también se encarga de la producción de los glóbulos rojos, la hemoglobina y el líquido sinovial, y ayuda a lubricar los ojos, las heces y la piel. Majjá es lo que llena; cuando estamos llenos hay un sentimiento de satisfacción y suficiencia.

El exceso de majjá crea una sensación de pesadez en los ojos, las extremidades y las articulaciones y dificulta la cicatrización de las heridas.

La falta de majjá provoca debilidad, osteoporosis, dolor en las articulaciones pequeñas, mareo, visión con manchas, ojeras, debilidad sexual y un sentimiento profundo de vacío y de miedo. Muchas afecciones neurológicas están relacionadas con una debilidad o una deficiencia de majjá, como la esclerosis múltiple, la enfermedad de Parkinson, la epilepsia, el síndrome de déficit atencional, la parálisis de Bell, la paranoia y la esquizofrenia.

Los trastornos de majjá son provocados por una alimentación deficiente, mala combinación de alimentos, traumatismos físicos, estrés emocional y físico, conflictos, estimulación excesiva, falta de sueño, sueños perturbadores, fiebre, infecciones por bacterias o virus, intoxicación con metales pesados, radiación, abuso de alcohol y drogas y sobreestimulación del sistema nervioso.

Cuando la majjá está en armonía los ojos son grandes, trasparentes y con buena visión, las articulaciones son fuertes, los sentidos agudos, el habla es clara y elocuente, el umbral de dolor es alto y el intelecto es agudo, claro, sensible y responsivo. En este estado saludable, la memoria también es fuerte y prevalecen los sentimientos de receptividad y compasión. Se puede favorecer la majjá tomando ghi, semillas de cáñamo y otras y frutos secos (especialmente almendras crudas, remojadas y peladas).

Shukra y ártava

El shukra y el ártava son los tejidos reproductivos masculino y femenino. El shukra es el tejido masculino y el ártava el tejido femenino. Contienen elementos de todos los dhatus. Shukra y ártava son ojas en estado puro y tienen la capacidad de crear nueva vida. Estos tejidos tienen la naturaleza del agua y ambos son pitta y kapha. Shukra, el tejido reproductivo masculino, significa «semilla» o «luminoso». Las cualidades que mejor describen shukra son las cualidades frescas y pasivas de kapha. Ártava, el tejido reproductivo femenino, es caliente y activo y, por eso, es pitta por naturaleza. El huevo femenino contiene prana, apana, vyana, los veinte atributos, los cinco elementos, los tres doshas, los siete dhatus y los tres gunas.

Cuando hay un exceso de tejido reproductivo se da un exceso de deseo sexual o lujuria, ira, exceso de fluido reproductivo, dilatación de próstata, cálculos seminales y quistes ováricos o uterinos.

La debilidad o escasez de shukra o ártava provoca falta de vigor, de deseo sexual, impotencia, esterilidad, sequedad bucal, fatiga, lumbalgia, eyaculación difícil o dolorosa, falta de fluidos sexuales lubricantes en la mujer e incapacidad para el orgasmo o las relaciones íntimas. Emocionalmente, provocan represión, miedo, ansiedad y una sensación de falta de amor.

Las causas de trastornos en los tejidos reproductivos son: mala combinación de alimentos, uso incorrecto e intempestivo del sexo, abuso de la actividad sexual, orgasmos frecuentes o múltiples, relaciones sexuales durante la menstruación, relaciones sexuales mientras se está bajo la influencia de estupefacientes, sexo violento, posiciones incorrectas durante el sexo, traumatismo físico o quirúrgico, enfermedades sexuales, predisposición genética, prácticas tántricas sin la guía adecuada, así como estrés emocional, preocupación y ansiedad.

Cuando los tejidos reproductivos están equilibrados en relación con el cuerpo hay: ojos brillantes, cabello fuerte, órganos reproductivos bien formados, cuerpo atractivo, carisma y capacidad de amar, empatizar y ser compasivo. Shukra y ártava aumentan tomando productos lácteos puros como la leche y el ghi, azúcar morena, almendras y semillas.

El ojas y los dhatus

El ojas es el producto de todos los dhatus. Procede de los dhatus shukra o ártava y es el resultado final del proceso nutricional. Si hay perturbación en la formación de los dhatus, ojas será débil. Se lo considera el octavo dhatu. Ojas es la energía vital del cuerpo que da vigor, resistencia y fuerza de voluntad.

Ojas se pierde cuando hay desequilibrios emocionales como la ira, la preocupación, la aflicción, el estrés y los pensamientos negativos. También se reduce por el uso de drogas, actividad sexual antinatural, contaminación medioambiental, alimentos desvitalizados y un estilo de vida adhármico; todo ello debilita la mente y agota la fuerza vital. Cuando ojas está bajo, provoca propensión a las infecciones, alteraciones nerviosas, enfermedades crónicas y degenerativas, debilidad inmunitaria, virus de Epstein Barr, VIH, SIDA, hepatitis, enfermedades de trasmisión sexual y envejecimiento prematuro. Todas las formas de indigestión física, emocional y mental debilitan y destruyen ojas. Las emociones positivas como la tolerancia, el perdón, la paciencia, la compasión y el amor aumentan ojas y animan toda nuestra vida.

Los tres malas

Mala son los desechos corporales. La palabra *mala* significa «malo» o «manchado». Los tres malas son las tres clases de material de desecho del cuerpo: las heces, la orina y el sudor. Al igual que los órganos y los dhatus, los malas pueden tener cuatro clases de desequilibrios: exceso, deficiencia, daño y aumento/disminución.

Las heces

El exceso o acumulación de heces (*purisha*) puede causar dolor abdominal, retortijones en el abdomen, estreñimiento, pesadez y defecación dolorosa. Los efectos de la deficiencia son: gases, deshidratación intestinal, distensión abdominal, lumbalgia, palpitaciones, dolor corporal generalizado y prolapso del colon. La deficiencia suele deberse a la sequedad provocada por un vata alto. Las heces se pueden dañar por el uso excesivo o incorrecto de lavados de colon o purgantes, comer alimentos inadecuados para el propio dosha, mala combinación de alimentos, exceso de movimiento o de viajes, substancias estimulantes, drogas, antibióticos, parásitos y práctica incorrecta del sexo. Las heces pueden aumentarse empleando laxantes, como tríphala y chítraka, así como salvado, cereales integrales, tubérculos y verduras de hoja verde oscura. Las heces pueden reducirse por medio del ayuno, el uso de purgantes y consumiendo alimentos ligeros o zumos de frutas.

La orina

El exceso de orina (*mutra*) puede causar dolor, calambres o presión en la vejiga, micción frecuente o la sensación de tener que orinar de nuevo inmediatamente después de haberlo hecho. Cuando la orina es escasa puede haber dificultad para orinar, poca micción, decoloración, sangre en la orina y sed. El sistema urinario se daña por el uso excesivo de plantas medicinales diuréticas, drogas, alimento, alcohol y sexo, así como por trastornos emocionales como una impresión repentina o un traumatismo físico. La orina aumenta con la ingestión de líquidos y decrece por no tomar líquidos o por el calor intenso, como en una sauna o cabina de sudación.

El sudor

El exceso de sudor (*sueda dhatu*) provoca una traspiración intensa, mal olor corporal y erupciones cutáneas como eccemas, psoriasis, forúnculos e invasiones de hongos. Cuando hay poco sudor, el vello es duro y seco, la piel está seca o arrugada y hay caspa y otros problemas de la superficie de la piel. Sueda se daña por el uso excesivo de diuréticos, saunas, cabinas de sudoración, jacuzzis, ejercicio (según el tipo corporal) y alimentos secos. También puede dañarlo la falta de sal en la alimentación. El ejercicio extremo o inadecuado (según el dosha de cada uno) también perjudica la producción de sudor. El sudor se puede aumentar bebiendo zumos de frutas agrias con sal y exponiéndose al calor como en las saunas, los jacuzzis y las cabinas de sudación. Se reduce exponiéndose al frío y bebiendo menos agua.

Los órganos

En la anatomía ayurvédica, los doshas se producen y se acumulan en los órganos del conducto digestivo. Cuando esos órganos están sanos, los doshas y los dhatus están también sanos. Todos los órganos se relacionan con nuestras emociones. Cuando los órganos no están sanos, las emociones se desequilibran. Igualmente, el desequilibrio emocional afecta la salud de los órganos.

Hay seis órganos sólidos y seis órganos huecos, emparejados en pares que se corresponden. Estos pares son los pulmones (solido) y el intestino grueso (hueco), el hígado (sólido) y la vesícula (hueca), el pericardio (sólido) y el tridosha o triple calentador (hueco), el corazón (sólido) y el intestino delgado (hueco), el bazo/páncreas (sólido) y el estómago (hueco) y los riñones (sólido) y la vejiga (hueca).

Los pulmones y el intestino grueso

Los pulmones se ocupan del proceso respiratorio. A los pulmones les gusta la humedad y por eso contienen kapha. Rigen la respiración y el prana, y por eso también contienen vata. El intestino grueso es la contraparte de los pulmones y es vata por naturaleza. El aire y los gases se acumulan en el intestino grueso. Los pulmones y el intestino grueso también rigen las emociones de la tristeza, el dolor y la perdida. La tristeza crónica provoca falta de armonía en los pulmones y debilita su funcionamiento. Si comemos cuando estamos emocionalmente perturbados, sufriremos de indigestión. Como el intestino grueso también rige el prana, podemos perturbar todos los dhatus si comemos demasiado rápido o si comemos la clase de alimento incorrecta. Esa falta de armonía provoca falta de energía en todo el cuerpo, lo que a su vez crea más niveles de falta de armonía.

El intestino grueso es el lugar donde se absorben los nutrientes y después se procesan los malas para la expulsión. Su función se relaciona directamente con la capacidad de «soltar» las cosas que no favorecen una salud optima. Si estamos emocionalmente atascados y aferrados al pasado, habrá bloqueos en el intestino grueso, lo que puede desembocar en estreñimiento o hemorroides. Cuando estamos felices y fluyendo en nuestra vida y disfrutamos de un estado emocional equilibrado, respiramos profundamente y experimentamos claridad, ligereza y paz mental. Nuestro cuerpo refleja ese equilibrio y funciona con facilidad.

El hígado y la vesícula biliar

El hígado se relaciona con los sistemas digestivo y circulatorio y es pitta por naturaleza. Ayuda a metabolizar el azúcar y la grasa y también elimina el ama (toxinas) de la sangre y del cuerpo. El hígado almacena sentimientos reprimidos o negativos como la ira, el odio y la envidia. Cuando el hígado está equilibrado, es el órgano de la fuerza de voluntad individual, la creatividad y la expresión. El hígado rige los ojos, los músculos, los tendones, las uñas y algunos aspectos de la garganta. También controla el ciclo menstrual y desempeña un papel importante en el proceso reproductivo. A las mujeres, mantener un hígado saludable les ayuda a tener ciclos menstruales sin dolor, una fertilidad fuerte y estados de ánimo equilibrados. Para los hombres, especialmente de tipo atlético (pitta), un hígado sosegado y saludable les libra de sufrir desgarros musculares, lesiones de espalda, tinnitus y dolores de cabeza.

La vesícula biliar es tanto pitta como kapha por naturaleza. Es kapha, ya que almacena la bilis; y es pitta, ya que trabaja junto con el hígado para limpiar el cuerpo. Cuando hay exceso de kapha en el hígado pueden producirse cálculos biliares y obesidad, ya que la bilis necesaria para descomponer las grasas está obstruida.

El pericardio y el triple calentador (tridosha)

Al pericardio y el triple calentador (también conocido como el tridosha) se les atribuye una gran importancia tanto en la medicina china como en el ayurveda. El pericardio es la cubierta que protege el corazón físico y el corazón emocional. Sádhaka pitta rige el pericardio y ayuda a transformar nuestras emociones en amor. Las emociones no procesadas se estancan y provocan numerosas enfermedades. El estrés emocional es uno de los principales factores que provoca enfermedades cardíacas y depresión. Cuando el triple calentador y el pericardio funcionan armónicamente, experimentamos alegría y felicidad en nuestra vida; experimentamos la belleza de la creación.

El tridosha se refiere tanto al proceso del metabolismo del agua como a los *srotas* (canales) del metabolismo. También actúa en el nivel psicológico, ya que rige el equilibrio del prana, el tejas y el ojas. Aunque no es un órgano específico, ayuda al prana a moverse y está directamente relacionado con los sistemas circulatorio y nervioso.

El corazón y el intestino delgado

El corazón tiene una naturaleza tanto pitta como kapha. En su actividad emula a pitta, mientras que su solidez —está hecho del elemento tierra— expresa kapha. Físicamente, rige el bombeo y la circulación de la sangre. También se puede considerar vata, ya que es un lugar importante para la distribución del prana por medio del control de la corriente sanguínea. El corazón rige la salud de los vasos sanguíneos. Rige el amor, la compasión y otras emociones. Cuando hay un exceso de energía en el corazón, experimentamos sobreexcitación (que es diferente de un sentimiento normal de alegría). Cuando las personas están sobreexcitadas, su temperatura corporal se eleva rápidamente, su corazón late más rápido y se estresa. El fuego del corazón se traduce en agitación, insomnio, palpitaciones y presión excesiva sobre los demás órganos. Eso también perturba la armonía interna de las energías masculina y femenina. Lo ideal es tener unas emociones equilibradas. Cuando procesamos nuestras experiencias de una manera saludable y equilibrada, sentimos satisfacción. Cuando no procesamos completamente las experiencias de nuestra vida, podemos estar reprimiendo gran cantidad de emociones. Estas emociones reprimidas afectan por igual los aspectos físico y emocional del corazón.

El intestino delgado es principalmente pitta por naturaleza. Es el asiento de agni (el fuego digestivo) y se encarga de la absorción de los nutrientes y la nutrición general de la sangre. El intestino delgado determina la cantidad que absorbemos y la medida en que experimentamos una sensación de unión con nuestras experiencias vitales.

El estómago, el bazo y el páncreas

El estómago es un órgano kapha sólido. La presencia de alimento sin digerir en él crea provoca un exceso de flema en otras partes del cuerpo. El estómago trabaja directamente con el bazo y el páncreas para formar las encimas digestivas que descomponen el alimento y colaboran en la absorción de los nutrientes. El bazo también actúa como un órgano kapha, y controla el metabolismo del azúcar y el movimiento de la sangre. Se encarga de la salud de los músculos. Por su relación con la sangre y la nutrición de los músculos, el bazo también se puede asociar con pitta y nuestra inmunidad natural. La principal emoción que se relaciona con el estómago, el bazo y el páncreas es la preocupación. La preocupación se debe al exceso de estimulación mental e intelectual. Cuando pensamos demasiado o nos preocupamos, corremos el riesgo de perturbar nuestra paz mental y la armonía interior. El órgano más afectado es el bazo, lo que provoca la pérdida de su energía, indigestión y pérdida del apetito.

Cualquier clase de estrés mental o emocional puede intensificar la preocupación, causando fatiga, apatía e incapacidad de concentrarse y pensar con claridad. Cuando el sistema digestivo se ve afectado, no logra alimentar los demás órganos, lo que hace que estos funcionen mal. Si el problema no se soluciona pronto, puede provocar daños permanentes. Muchas veces, la preocupación y otras emociones relacionadas con estómago, el bazo y el páncreas proceden de traumas de la primera infancia y del sentimiento de que el mundo no se ocupa de nosotros. Los traumas y la falta de nutrición son más un problema social que un problema individual; sin embargo, podemos contribuir a sanar el mundo creando nuestro propio bienestar.

Los riñones y la vejiga

Los riñones y la vejiga son vata y kapha por naturaleza. Controlan el metabolismo del agua y están relacionados con los huesos, la médula ósea y los órganos reproductivos. Los riñones separan el agua de los productos de desecho para producir la orina. Como los riñones y la vejiga secan el cuerpo eliminando el agua, tienen rasgos de vata. La principal emoción relacionada con los riñones y la vejiga es el miedo. Hasta cierto punto, el miedo es una emoción humana normal y adaptativa; sin embargo, cuando el miedo es crónico provoca un desequilibrio de los riñones. En casos de miedo extremo, los riñones pierden la capacidad de retener la energía. Esta pérdida de energía puede provocar enuresis (incontinencia), que es bastante corriente en los niños cuando tienen miedo. La falta de energía del riñón provoca todo un conjunto de problemas en el equilibrio de los líquidos del cuerpo. Afecta los huesos y la médula ósea y dificulta el bienestar del cerebro. El miedo también es un dilema social y parece encontrarse en las cotas más altas de todos los tiempos. Los medios de comunicación dominantes presentan una avalancha de imágenes que provocan miedo en la mente de las masas. Ver la televisión y leer sobre sucesos violentos agota los riñones a la vez que aumenta las emociones negativas. Si queremos vivir feliz y saludablemente, tenemos que vencer el miedo y centrarnos en la luz de la conciencia. Eso se consigue mucho más fácilmente evitando las imágenes mentales negativas.

Los órganos y los dhatus

Los órganos y los dhatus están relacionados directamente. El plasma se relaciona con los pulmones y el corazón. La sangre se relaciona con el corazón, el hígado y el bazo. El músculo se relaciona con el hígado y el bazo/páncreas. La grasa está relacionada con los riñones, el hígado y el páncreas. El hueso se relaciona con el colon y los riñones. La médula ósea está dirigida por el cerebro y el colon. El tejido reproductivo está dirigido por los riñones y los órganos reproductivos (testículos y ovarios). Los órganos y los tejidos están relacionados de una manera sumamente interdependiente. Cuando uno de los órganos o tejidos está desequilibrado, es muy probable que su contraparte también lo esté.

Los srotas

Los *srotas*, que significa canales o poros, están presentes en todo el cuerpo visible así como en el nivel sutil de las células, las moléculas, los átomos y las partículas subatómicas. A través de estos canales es como los nutrientes y las otras substancias vitales se transportan dentro y fuera de nuestro cuerpo, hacia los tejidos y los órganos.

Los srotas funcionan como una inmensa red de ríos y canales, en la que muchos ríos pequeños desembocan en los ríos más grandes y acaban encontrándose en su hogar, que es el mar. Sirven como vías para los nutrientes, los productos de desecho y los doshas en los procesos del metabolismo, y permiten a los productos alcanzar su destino. Transportan los dhatus mientras están en proceso de transformación. Los srotas son estructuras físicas y tienen funciones específicas. Cada srotas tiene un *mula* (raíz), un *marga* (el pasaje o camino que atraviesa) y un *mukha* (una abertura o boca). Los emplazamientos básicos de los srotas con diferentes funciones son fijos, pero sus aberturas son innumerables.

Cuando los srotas fluyen adecuadamente, disfrutamos de buena salud. Cuando están bloqueados nos estancamos y se acumula un exceso de materiales, lo que provoca la enfermedad. Los srotas tienen cuatro modos incorrectos de fluir: en exceso, deficientemente, bloqueados y fluyendo por el canal equivocado. Los mismos factores que perturban o dañan los órganos y los tejidos también perturban los canales por los que fluyen.

Junto con un conocimiento combinado de los desequilibrios de los doshas, los dhatus, el estado del agni y otros métodos específicos de diagnostico, la evaluación de los srotas es una de las maneras en que se pueden reconocer las enfermedades. Conociendo los srotas que están afectados y la naturaleza y extensión de su perturbación, podemos recoger mucha información sobre el proceso de la enfermedad.

Hay catorce srotas principales en el cuerpo, además de otros srotas propios de la mujer. Los catorce canales principales son:

1. *Pránavaha srotas*: Transportan el prana, que es nuestro aliento y nuestra fuerza vital
2. *Ánnavaha srotas:* Transportan el alimento
3. *Ámbuvaha srotas:* Transportan el agua
4. *Rásavaha srotas*: Suministran y transportan el plasma
5. *Ráktavaha srotas*: Suministran y transportan la sangre
6. *Mámsavaha srotas*: Abastecen los músculos de nutrientes

7. *Médavaha srotas*: Abastecen el cuerpo de grasa (tejido adiposo)
8. *Ásthivaha srotas*: Abastecen los huesos de nutrientes
9. *Májjavaha srotas*: Alimentan la médula y los tejidos nerviosos
10. *Shúkravaha / ártavavaha srotas*: Los shúkravaha srotas abastecen el sistema reproductivo masculino, incluyendo los testículos, la próstata y el semen. Los ártavavaha srotas abastecen el sistema reproductivo femenino, incluyendo los ovarios, la areola de los pezones y las trompas de Falopio.
11. *Suédavaha srotas*: Transportan el sudor
12. *Puríshavaha srotas*: Transportan las heces
13. *Mútravaha srotas*: Transportan la orina
14. *Manóvaha srotas*: Transportan los pensamientos.
Los srotas adicionales de la mujer son:
15. *Rajáhvaha srotas*: Aunque parecido al ártavaha, está específicamente conectado con la parte superior ancha del útero, el endometrio, el cérvix y el canal vaginal.
16. *Stányavaha srotas*: El sistema de la lactancia (los canales que transportan la leche materna)

A continuación explicamos cada uno de los srotas:
1. Pránavaha srotas: Los pránavaha srotas transporta la fuerza vital y recorren todo el sistema respiratorio. El mula (raíz) es la cavidad izquierda del corazón, donde llega la sangre oxigenada de los pulmones y el conducto gastrointestinal. El marga (canal) es el sistema respiratorio, que incluye todo el sistema bronquial y los alveolos. El mukha (abertura) es la nariz. El prana se absorbe en los pulmones y el colon.

Los pránavaha srotas también está relacionados con el pranamaya kosha y actúan sobre él. Los pranavaha srotas se ven perturbados principalmente por actividades del tipo vata, como fumar, la exposición al aire contaminado, los ruidos fuertes, las sacudidas repentinas, el ejercicio y el sexo excesivos. Se pueden dañar aún más por la malnutrición, la represión de los impulsos naturales (como ir

al baño, estornudar y eyacular), la excesiva sequedad y otras actividades que incrementen vata.

Los síntomas de un exceso de flujo son la respiración rápida y la
hiperventilación. Los síntomas de un flujo deficiente son respiración
lenta o superficial y dificultad respiratoria. Si hay un bloqueo, se
experimenta dificultad para respirar acompañada de tos, silbidos o
asma. También puede haber hernia de hiato. Si la energía fluye por
el canal incorrecto, los pulmones pueden acabar perforados.

2. Ánnavaha srotas: Los ánnavaha srotas son los canales que transportan el alimento. El mula (raíz) es el esófago y la curvatura mayor
del estómago. El marga (canal) es el conducto gastrointestinal, desde
los labios hasta la válvula ileocecal. El mukha (boca / abertura) es la
válvula ileocecal. Estos srotas son los canales principales del cuerpo. Los ánnavaha srotas se perturban por costumbres alimenticias
inadecuadas, como comer a horas incorrectas, comer en exceso,
comer alimentos tamásicos, comer alimentos que no van bien para
el dosha personal y comer por compulsión emocional.

Las consecuencias del flujo excesivo son demasiado apetito,
acidez y posible diarrea. El flujo deficiente se traduce en la supre-
sión del apetito, así como en hipoacidez, anorexia y estreñimiento.
El bloqueo del flujo puede provocar una obstrucción intestinal
y formación de tumores. Si el flujo no sale por el canal correcto,
puede haber vómitos y perforación de estómago o de los intestinos,
o úlceras perforadas.

3. Ámbuvaha srotas: Los ámbuvaha srotas son los canales que llevan
por todo el cuerpo el agua y otros fluidos como el líquido cerebroes-
pinal, la saliva y las secreciones de la mucosa gástrica y pancreáticas.
Esta es la faceta de absorción de fluidos de la digestión. Estos srotas
se encargan de la asimilación del agua y los alimentos que contienen
agua. Los perturba la sobreexposición al calor, la presencia de ama
(toxinas) en el cuerpo, emociones como el miedo y la tristeza, el
consumo de alcohol y la sequedad excesiva.

El exceso de flujo provoca sed excesiva, sabor ácido en la boca e
hipoglucemia. El flujo deficiente provoca falta de gusto en la boca,

náuseas e hiperglucemia. El flujo bloqueado puede provocar diabetes u otros problemas graves del páncreas, como por ejemplo cáncer. Si el flujo sale por el canal incorrecto pueden producirse vómitos y anorexia.

4. Rásavaha srotas: Estos son los canales del dhatu linfa (rasa), que transporta el plasma. Están conectados con los sistemas linfático y circulatorio. El mula (raíz) es la cavidad derecha del corazón y los vasos sanguíneos. El marga (canal) es la red de vasos sanguíneos y el sistema linfático. El mukha (abertura) es la intersección de venas y arteriolas de los capilares, que forman la red o circuito principal de canales por todo el cuerpo. Los rásavaha srotas se perturban comiendo en exceso y comiendo alimentos pesados, fríos y productores de mucosidad o por compulsión emocional.

El exceso de flujo provoca edema, así como inflamación de las glándulas y nódulos linfáticos. El flujo deficiente puede causar deshidratación y delgadez extrema. El bloqueo del flujo puede provocar una gran inflamación glandular, una importante obstrucción linfática y cáncer linfático. Si el flujo sale por el canal incorrecto, puede haber hemorragia y tos con sangre.

5. Ráktavaha srotas: Estos canales transportan la sangre y están relacionados con el sistema circulatorio. El mula (raíz) es el hígado y el bazo. El marga (canal) es el sistema circulatorio y el mukha (apertura / boca) es la piel. Los ráktavaha srotas se perturban consumiendo demasiados estimulantes, alimentos y bebidas demasiado calientes y grasos y la exposición excesiva al sol o al calor.

El exceso de flujo puede provocar la aceleración del pulso, palpitaciones de corazón e hipertensión. Un flujo deficiente puede provocar pulso lento con hipotensión y varices. Si el flujo está bloqueado, puede haber arritmia, inflamación del hígado o del bazo, coagulación de la sangre, tumores o infartos. Si la dirección del flujo es incorrecta, pueden producirse distintas clases de hemorragias.

6. Mámsavaha srotas: Estos canales abastecen de nutrientes el tejido muscular. El mula (raíz) lo constituyen los ligamentos y la piel en los que se fijan los tejidos musculares. El marga (canal) son todos los músculos del cuerpo. El mukha (abertura) es la piel. Los mámsava-ha srotas resultan perturbados por alimentos que sean demasiado pesados, toscos, grasos y líquidos. El dormir justo después de comer o dormir de día también ejerce una influencia perjudicial sobre los mámsavaha srotas.

Si el flujo es excesivo puede haber hiperactividad de los múscu-los y temblores. Si el flujo es deficiente puede haber poca actividad muscular, lo que podría provocar una disminución o falta de tono muscular y espasmos. Si se bloquea el flujo puede producirse una inflamación crónica de los músculos, así como tumores. El flujo incorrecto puede hacer que los músculos se desgarren con mayor facilidad.

7. **Médavaha srotas:** Estos canales abastecen de nutrientes a los tejidos grasos. El mula (raíz) está formado por la grasa abdominal, los riñones y las glándulas adrenales. El marga (canal) es el tejido graso subcutáneo, y el mukha (abertura), las glándulas sebáceas. Los médavaha srotas se ven perturbados por la inactividad y la falta de ejercicio adecuado. Además, dormir de día o inmediatamente después de comer puede agravar el estado de estos srotas. También los perturba el consumo de alimentos grasos y de alcohol.

El exceso de flujo puede provocar edema y obesidad. El flujo deficiente puede causar delgadez excesiva y sequedad de la piel. Cuando el flujo está bloqueado pueden producirse tumores en el tejido adiposo. El flujo incorrecto puede provocar desgarros del tejido graso.

8. **Áshtivaha srotas:** Estos canales nutren los huesos y el sistema esquelético. El mula (raíz) es el tejido adiposo y las caderas / la faja pélvica / el sacro, que contienen los huesos más grandes del sistema esquelético. El marga (canal) es el sistema esquelético, y el mukha (abertura) son las uñas y el pelo. Los ashtivaha srotas se ven per-turbados por el trabajo físico o el ejercicio que sacude, impacta o presiona los huesos. Su estado empeora también comiendo alimentos que aumentan vata (secos, ligeros, etc.).

Si se da un exceso de flujo, habrá demasiado tejido óseo. Igualmente, si el flujo es deficiente, los huesos serán débiles, el tejido óseo escaso y se producirá osteoporosis. Cuando el flujo se bloquea puede haber espolones óseos, calcificación de huesos y cáncer. El flujo incorrecto también se produce cuando se rompe un hueso.

9. Májjavaha srotas: Los májjavaha srotas abastecen de nutrientes el tejido nervioso y la médula ósea. El mula (raíz) está formado por las articulaciones y los huesos, y secundariamente por el cerebro y la médula espinal. El marga (canal) es el sistema nervioso entero (central, simpático y parasimpático). El mukha (abertura) es el espacio sináptico. Como todo el sistema nervioso está conectado con el cerebro y la médula espinal, contiene conexiones con los nervios motores y sensoriales. Los májjavaha srotas se trastornan por cualquier experiencia traumática, sea física o emocional. Las impresiones sensoriales violentas, como las películas de terror o las noticias televisivas, pueden alterar el sistema nervioso. Además, la mala combinación de alimentos o comer en un ambiente perturbador hará que el estado de los nervios empeore.

El exceso de flujo provoca hipersensibilidad, dolor, insomnio, temblores y una percepción excesivamente aguda. Si el flujo es deficiente habrá hiposensibilidad, entumecimiento (físico y emocional), embotamiento, apatía y una percepción sensorial turbia. Si el flujo está bloqueado, puede haber convulsiones, esclerosis múltiple e incluso se puede caer en un coma. El flujo incorrecto provoca daños en el tejido nervioso.

10. Shúkravaha y ártavavaha srotas: Los shúkravaha srotas son los canales que trasportan los nutrientes hasta el sistema reproductivo masculino. El mula (raíz) está formado por los testículos y los pezones. El marga (canal) está formado por la glándula prostática, la uretra, el epidídimo y el conducto urogenital. El mukha (abertura) es la abertura de la uretra. Estos srotas también están relacionados con las secreciones que se producen durante la actividad sexual. Los shúkravaha srotas pueden verse perturbados por la represión de los impulsos sexuales naturales, la excesiva actividad sexual, la actividad sexual en horas incorrectas del día, la promiscuidad y la cirugía de los órganos reproductores.

El exceso de flujo provoca espermatorrea, poluciones nocturnas, eyaculación precoz y leucorrea. La deficiencia en el flujo provoca dificultad para lograr una erección, así como retraso en la eyaculación. Un flujo bloqueado puede provocar incapacidad para eyacular, inflamación de los testículos, cálculos prostáticos y tumores. Si el flujo es incorrecto, el esperma puede entrar en la vejiga.

El mula (raíz) de los ártavavaha srotas lo forman los ovarios y la areola. El marga (canal) está formado por las trompas de Falopio, el útero, el cérvix y la vagina. Y el mukha (abertura) son los labios genitales. Los ártavavaha srotas intervienen en la menstruación y también nutren el tejido reproductivo o los óvulos. Rigen la producción de hormonas y otras secreciones sexuales. Los ártavavaha srotas se perturban por actividades parecidas a las que perjudican a los rajáhvaha srotas y los shúkravaha srotas. Además, el exceso o defecto de actividad sexual, la falta de nutrición y emociones como la ira, el dolor, la tristeza, la preocupación y el miedo afectan el sistema reproductivo. Los síntoma son los mismos en los rajáhvaha srotas como y los ártavavaha srotas.

11. Suédavaha srotas: Son los canales que trasportan el sudor, las glándulas sebáceas. El mula (raíz) lo forman las glándulas sudoríparas. El marga (canal) son los conductos sudoríparos. El mukha (abertura) son los poros de la piel y las glándulas sudoríparas que están debajo de la piel. Estos srotas están íntimamente relacionados con el tejido adiposo (grasa). Cuanta más grasa hay en el cuerpo, más se suda. Los suédavaha srotas se ven perturbados por el ejercicio excesivo, la sobreexposición al sol o al calor, comer alimentos demasiado calientes o demasiado fríos y los desequilibrios emocionales.

El exceso de flujo provoca sudor abundante. Si el flujo es deficiente, habrá una falta temporal de sudor. Los bloqueos pueden hacer que se sea completamente incapaz de sudar. Si el flujo se produce por el canal incorrecto, el sudor penetrará en el sistema linfático (rasa dhatu).

12. Puríshavaha srotas: Son los canales que trasportan las heces. El mula (raíz) lo forman el ciego, el recto y el colon. El marga (canal) es el intestino grueso. El mukha (abertura) es el ano. A los puríshavaha srotas los perturba la represión de la necesidad de defecar, comer demasiado, comer alimentos tamásicos, comer cuando la comida anterior aún no ha sido completamente digerida y por un agni (fuego digestivo) débil.

El exceso de flujo provoca diarrea. Si el flujo es escaso habrá estreñimiento. Cuando el flujo está bloqueado se obstruye el colon y pueden producirse diverticulitis o tumores. El flujo incorrecto puede provocar perforaciones en el colon.

13. Mútravaha srotas: Estos canales trasportan la orina, e incluyen todo el sistema urinario. El mula (raíz) son los riñones. El marga (canal) son los uréteres, la uretra y la vejiga. El mukha (abertura) es la abertura de la uretra. A los mútravaha srotas los perturba consumir una cantidad desmesurada de alimento o de líquido, el sexo excesivo, la represión de la necesidad natural de orinar y las enfermedades o traumas. Además, el exceso de viajes puede perjudicar estos canales.

El flujo excesivo puede provocar orina excesiva o frecuente. Del mismo modo, si el flujo es escaso habrá poca orina. Si el flujo está bloqueado, orinar será doloroso y difícil, y pueden aparecer cálculos en el conducto urinario. Si el flujo sale por el canal incorrecto la vejiga puede reventar.

14. Manóvaha srotas: Son los canales de la mente que trasportan los pensamientos. No son solo canales físicos, sino también canales sutiles, y son fundamentales para tener una mente equilibrada. Estos canales están situados en el tejido nervioso y forman parte de nuestro proceso emocional. El mula (raíz) lo forman el corazón o el plexo cardíaco y las diez vías sensoriales (los canales sutiles que transportan las señales a los cinco sentidos). El marga (canal) es el cuerpo entero. El mukha (abertura) son los órganos de los sentidos —los oídos, la piel, los ojos, la lengua y la nariz—, así como los puntos *marma* (puntos de energía, parecidos a los puntos de acupuntura). Los manóvaha srotas constituyen el cuerpo sutil y forman parte del manómaya kosha. La mente está relacionada directamente con las partes del sistema nervioso y del cuerpo físico que se encargan de los sistemas sensorial y motor. Cuando la mente se encuentra en su estado de conciencia más elevado, trasciende la conciencia del cuerpo físico. A los manóvaha srotas los perturban el exceso de procesos emocionales, la represión de las emociones, el uso de drogas, alcohol o estimulantes y los estímulos molestos, como la música fuerte, las imágenes y el cine violento o pornográfico, las noticias alarmantes, etc.

El exceso de flujo provoca inquietud mental. En esos casos, la mente y los sentidos pueden estar hiperactivos y haber preocupaciones o exceso de ira. La escasez de flujo causa embotamiento de los sentidos y depresión, con predominio de emociones como el dolor y la tristeza. El bloqueo del flujo hace que las emociones se bloqueen o se repriman. Si el flujo es incorrecto, se producirán problemas psicológicos graves como delirio, ilusiones (como por ejemplo las ilusiones de grandeza) y esquizofrenia.

15. Rajáhvaha srotas: Los rajáhvaha srotas y los ártavavaha srotas son parecidos físicamente pero tienen funciones diferentes. El mula (raíz) de los rajáhvaha srotas está formado por los ovarios y la areola. El marga (canal) lo forman las trompas de Falopio, el útero, el cérvix y la vagina. El mukha (abertura) son los labios vaginales. Los rajáhvaha srotas llevan a cabo el proceso de la menstruación. Se ven perturbados por la excesiva represión de los impulsos sexuales, el abuso del sexo, la actividad sexual a horas incorrectas del día, la promiscuidad y la cirugía de los órganos reproductores.

El exceso de flujo provoca menorragia (menstruación excesiva o muy larga). La deficiencia en el flujo hace que la menstruación sea escasa o se retrase. El bloqueo del flujo puede provoca una carencia de menstruación (amenorrea), menstruación dolorosa (dismenorrea) o tumores. El flujo incorrecto puede hacer que la sangre menstrual penetre en la orina o las heces.

16. Stányavaha srotas: Son los canales que trasportan la leche materna durante la lactancia. El mula (raíz) son las glándulas mamarias, que están directamente conectadas con el marga (canal), los conductos galactóforos. El pezón es el mukha (abertura), que solo funciona cuando una mujer da a luz. Los stányavaha srotas se perturban por no tener hijos, dar el pecho demasiado tiempo y la represión de la leche materna por no alimentar al bebé.

El flujo excesivo puede provocar un exceso de leche materna. Igualmente, si el flujo es deficiente habrá falta de leche materna. Si el flujo está bloqueado puede no haber leche y presentarse dolor e inflamación de los pechos, mastitis, quistes, tumores o cáncer. El flujo incorrecto puede provocar lesiones en los pechos.

☙

Capítulo 7

Anatomía sutil

En el centro del castillo del alma, que es nuestro cuerpo,
hay una minúscula mansión con la forma de un loto.
En su interior se encuentra una diminuta habitación.
Este pequeño espacio que está dentro del corazón es tan
extenso como el universo. Hay una luz que brilla más
allá de todas las cosas de la Tierra, más allá de todos
nosotros, más allá de las estrellas, más allá del universo.
Esa es la luz que brilla en el Loto del Corazón.

Chhandoguia Úpanishad, 8:1:1-2

Los chakras

Los chakras son poderosos centros de energía que influyen en
nuestros cuerpos causal, sutil y tosco y en todo lo que hacemos. Los
chakras están relacionados con funciones específicas de los cuerpos
físico y emocional. Físicamente, cada centro se correlaciona con uno
de los plexos nerviosos principales que se ramifican desde la columna
vertebral. Los cinco primeros chakras están conectados con órganos
sensoriales específicos. Almacenan la energía psicofísica, que después
fluye hacia los siete chakras. La respiración activa esta corriente
que va de un chakra al siguiente. Además, los chakras también son
correlativos de niveles de conciencia, elementos arquetípicos, etapas
de desarrollo de la vida, colores, sonidos, funciones corporales, etc.

Los chakras están relacionados con diferentes lugares energéticos
del cuerpo humano, así como con partes del sistema endocrino.

Los chakras están hechos de prana y funcionan para asimilar las frecuencias vibratorias más elevadas de todo lo que nos rodea. Transforman cada frecuencia en una forma de energía útil para el cuerpo físico. Cada chakra principal vibra en una frecuencia diferente, y cada uno absorbe la energía que se relaciona de forma armoniosa con su propia frecuencia natural. Los chakras absorben energía del entorno. Después, las *nadis* (canales sutiles de energía) dirigen esa energía hacia los órganos.

El ayurveda considera los chakras como una parte esencial de la salud, la curación y el crecimiento espiritual. A los chakras los afectan las impresiones del sonido, el tacto, el olor, la vista y el gusto. En numerosos sistemas de curación se utilizan el sonido, la aromaterapia, los cristales y las piedras preciosas, el color (o la luz), los diapasones y otros métodos vibratorios para equilibrar los chakras. Esas terapias con los chakras se han popularizado en los sistemas de curación occidentales. Tradicionalmente, también se utilizaban mantras, yantras, yajñas y ásanas de yoga para armonizar los chakras.

Los siete chakras están situados a lo largo de la *sushumna nadi* (el canal nervioso central), y se relacionan con diferentes emociones, pensamientos y acciones. Cada chakra tiene un mantra específico y está relacionado con uno de los sentidos y uno de los órganos de acción.

Los chakras están representados por diferentes formas de flores de loto, cada una de las cuales representa un estado de conciencia alerta. La palabra chakra significa «rueda». Cuando todos los chakras están «girando», abiertos, brillantes y limpios, el sistema de los chakras está equilibrado. Cuando un chakra se bloquea, se daña o se enturbia con energía residual, la salud física y emocional se puede ver afectada. A menudo, estas alteraciones se producen a causa de sistemas de creencias negativos. Los efectos de nuestros hábitos, sentimientos, creencias, pensamientos y deseos se pueden encontrar en nuestros chakras. Estos se pueden utilizar como una vía para adquirir un sistema energético fuerte, claro y equilibrado.

Un estado de ser abierto permite un flujo de energía más eficiente por todo el sistema.

Este flujo de energía es esencial para la vitalidad, la salud y el crecimiento en todos los niveles. Lo ideal es que todos los chakras contribuyan a la totalidad de nuestro ser. Eso inspira a los instintos a trabajar junto con los sentimientos y los pensamientos para crear un equilibrio emocional y espiritual positivo.

Todos nuestros sentidos, percepciones, estados de conciencia, todo lo que podemos experimentar, se puede dividir en siete categorías. Cada categoría se puede relacionar con un determinado chakra. De este modo, cada chakra representa no solo partes específicas del cuerpo físico, sino también partes concretas de la conciencia. Algunos chakras no están suficientemente abiertos o están poco activos; para compensarlo, otros están hiperactivos. Los chakras están constantemente intentando crear un equilibrio armonioso.

Muladhara (chakra raíz)

El primer chakra, el *muladhara*, está situado en la base de la columna. *Mula* significa «raíz». Tiene cuatro pétalos y se correlaciona con el elemento tierra. Su mantra es *lam* y su color es el rojo. El muladhara es el lugar donde descansa la Kúndalini Shakti, el principio divino femenino. Cuando Se despierta, asciende hasta el *sahásrara* (el chakra de la coronilla), la morada de Shiva, el principio divino masculino.

El muladhara chakra se relaciona con los órganos de excreción. Gobierna la existencia física, el cuerpo y la salud. Rige la nariz, el sentido del olfato, el ano y la excreción. Se corresponde con el sacro y da la sensación de estar arraigado. Tiene que ver con las necesidades biológicas y la comodidad.

En el nivel psicológico, se relaciona con el miedo y la ignorancia, o maya. En estado de equilibrio, proporciona sensación de estabilidad y arraigo, y da fuerza para manifestar nuestras ideas. El muladhara también se relaciona con los instintos de supervivencia, la seguridad, la conexión con nuestro cuerpo y con el plano físico.

Idealmente, este chakra nos proporciona salud, prosperidad, seguridad y una presencia dinámica.

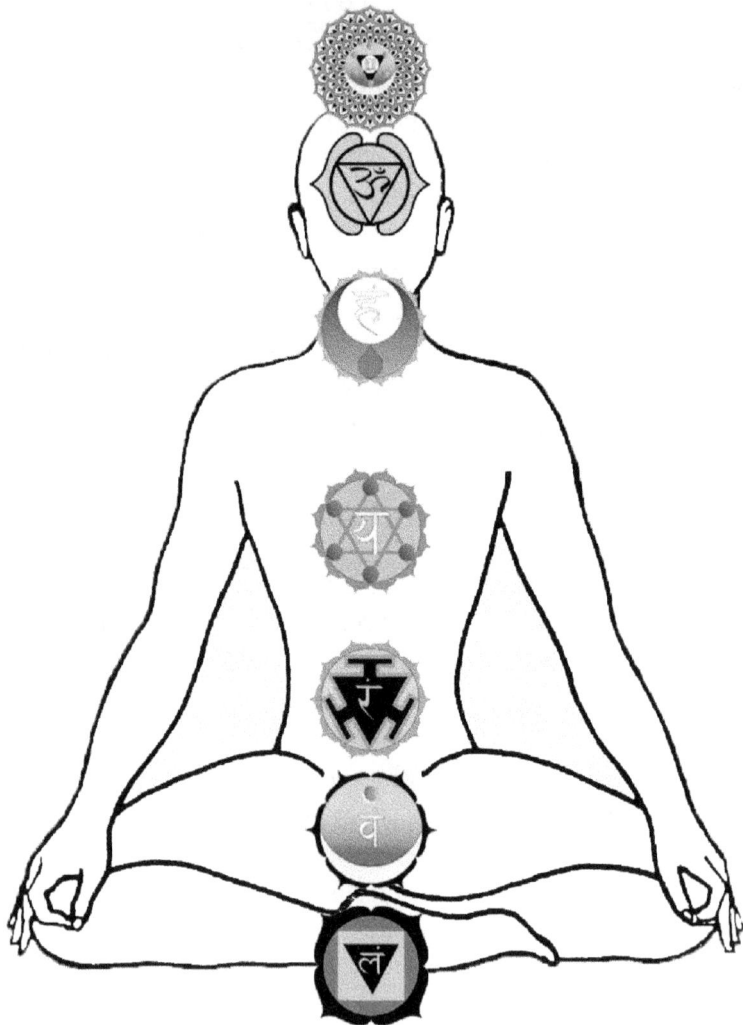

Los siete chakras

Suadishthana (chakra sacral)

El segundo chakra, el *suadishthana*, se encuentra situado en el abdomen, la parte baja de la espalda y los órganos sexuales, justo encima del centro raíz, y está relacionado con los órganos reproductivos. Suadishthana significa «la morada del Ser». Tiene seis pétalos y pertenece al elemento agua. El mantra de este chakra es *vam* y su color es el naranja. Rige la lengua, el sentido del gusto y los órganos reproductivos. El segundo chakra se relaciona con las emociones y la sexualidad. Nos vincula con los demás por medio del sentimiento, el deseo, la sensación y el movimiento. En equilibrio, este chakra da fluidez y elegancia, creatividad, profundidad emocional, satisfacción sexual y capacidad de aceptar el cambio.

Manipura (chakra del plexo solar)

El tercer chakra, el *manipura*, está situado cerca del ombligo, en el plexo solar. Manipura significa «la ciudad de las gemas». Tiene diez pétalos y rige el elemento fuego. El mantra de este chakra es *ram* y su color, el amarillo. El manipura rige el centro del ombligo y los órganos digestivos. Gobierna los ojos y la vista, así como los pies y el movimiento. También rige agni, el fuego que digiere el alimento y las experiencias vitales. El manipura es el asiento del ego y de la fuerza de voluntad. En armonía, es la capacidad de entregarse la voluntad de lo Divino. El manipura es el fuego de la disciplina personal. Rige el poder personal, la autonomía y el metabolismo. Cuando está equilibrado, el manipura da energía, eficacia, confianza en sí mismo, espontaneidad y poder sin dominio.

Anáhata (chakra del corazón)

El cuarto chakra, *anáhata*, gobierna el corazón. Anáhata significa «el sonido no golpeado». Tiene doce pétalos y rige el elemento aire. El mantra de anáhata es *yam* y su color, el verde. Este chakra rige la piel, las manos y el sentido del tacto. También crea el prana. Representa las dos polaridades del cuerpo y el espíritu interconectados en completo equilibrio. Cuando este chakra está en armonía se siente amor incondicional, empatía y devoción. Anáhata rige la experiencia de interconexión. Mediante el amor, integra los opuestos en la psique: la mente y el cuerpo, lo masculino y lo femenino, el personaje y la sombra, el ego y la unidad. Un cuarto chakra saludable permite amar profundamente, sentir compasión, tener una profunda sensación de paz y centramiento. Para abrir por completo el chakra del corazón hay que equilibrar los diferentes aspectos de la vida.

Vishuddha (chakra de la garganta)

El quinto chakra, *vishuddha*, está situado en la garganta. Vishuddha significa «puro». Tiene dieciséis pétalos y es de color azul. Vishuddha rige la garganta, los oídos y la boca, además de gobernar el sonido. Su mantra es *ham*. Un vishuddha chakra desequilibrado produce bloqueos en la comunicación y la expresión, así como represión de sentimientos. Cuando está en armonía, es una fuente de inspiración y expresión. Vishuddha está relacionado con la comunicación y la creatividad. Además, cuando está activado experimentamos el mundo por medio de vibraciones, como las vibraciones de los sonidos que representan el lenguaje.

Ajña (chakra del tercer ojo)

El sexto chakra, *ajña*, está situado detrás de la glándula pineal. Se lo conoce comúnmente como «el tercer ojo». Ajña significa «dominante» o «poder infinito». Tiene dos pétalos y es de color añil. El mantra de ajña es *ksham*, rige la mente y proporciona la percepción divina que permite ver las cosas tal como realmente son. El ajña gobierna la glándula pineal. Da las capacidades de discernimiento, creatividad, desapego, visión interior y quietud mental. Se relaciona con el acto de ver, tanto física como intuitivamente, y por eso abre nuestras facultades y capacidades psíquicas y nuestra comprensión de los arquetipos.

Sahásrara (chakra de la coronilla)

El séptimo chakra o chakra de la coronilla se llama *sahásrara*. Tiene mil pétalos y su mantra es *om*. El sahásrara es el lugar de la Conciencia Divina y de la disolución del ego. Cuando Shakti despierta, asciende para unirse con Shiva, la conciencia pura que reside en el sahásrara. El séptimo chakra está en la coronilla y es de color violeta, palideciendo hacia el blanco a medida que se aleja del cuerpo. Este chakra posibilita la conexión con nuestro yo superior y con lo Divino. Está relacionado con la sabiduría y con la integración de nuestro ser eterno y nuestro ser físico. El sahásrara es como un cordón umbilical con Dios. Cuando el chakra de la coronilla está abierto y activo nos podemos convertir en un recipiente para que Dios opere a través de nosotros. En última instancia, este chakra nos ayuda a relacionarnos con la conciencia como percepción pura. Este chakra es nuestro vínculo con un lugar de omnisciencia sin tiempo y sin espacio. Cuando está desarrollado, el sahásrara nos proporciona conocimiento, sabiduría, entendimiento, conexión espiritual y dicha.

Las nadis

Junto con los chakras, las nadis —traducido diversamente como «conductos», «nervios», «venas» o «arterias»— constituyen el cuerpo sutil o yóguico. Al igual que los meridianos chinos, las nadis son los canales o ríos que transportan el prana por todo el cuerpo. La mayor parte de las fuentes dicen que hay setenta y dos mil nadis. El texto *Shiva Sámhita* dice que hay trescientos cincuenta mil. Se está de acuerdo en que hay catorce nadis principales. El principal sistema de nadis conecta entre sí los siete chakras principales y con las otras setenta y dos mil nadis. Las setenta y dos mil nadis se dividen en dos canales principales:

1. Los canales invisibles de la mente, o cuerpo mental.
2. Los canales visibles, que son los nervios, los músculos, las arterias, las venas, el sistema cardiovascular, el sistema linfático y los meridianos del cuerpo.

De todas las nadis, las tres más importantes y principales son *sushumna, ida* and *píngala*. Este sistema de nadis está dividido en tres canales: un canal fluye hacia arriba por la columna y los otros dos se encuentran en el cerebro. Sushumna está situada en el centro y es la única nadi que pasa por la columna vertebral. Sushumna está relacionada con el río místico Sarásuati. Se dice que el río Sarásuati se manifiesta en el momento del despertar espiritual. Recorre el cuerpo desde justo debajo del chakra muladara hasta el chakra sahásrara de la coronilla. Sushumna atraviesa los chakras y es como un poste o corriente en torno al cual bailan las nadis ida y píngala.

Ida es el canal izquierdo y es blanco puro, sáttvico, femenino y frío. Representa la Luna y está relacionado con el río Ganga (Ganges). Ida nace en el muladhara y culmina su viaje en la fosa nasal izquierda.

Píngala es el canal derecho y es rojo, rajásico, masculino, caliente y representa el Sol. Está relacionado con el río Yámuna. Píngala nace en el muladhara y culmina su viaje en la fosa nasal derecha. Ida y píngala se cruzan y se encuentran en todos los chakras. Un bloqueo de las nadis se puede manifestar como bloqueo emocional, tensión nerviosa, represión de la expresión de uno mismo o sufrimiento emocional.

Los koshas

El aspirante espiritual, en la búsqueda del conocimiento de Sí Mismo y de Dios, va pasando bajo la guía del maestro por cada una de estas identidades una tras

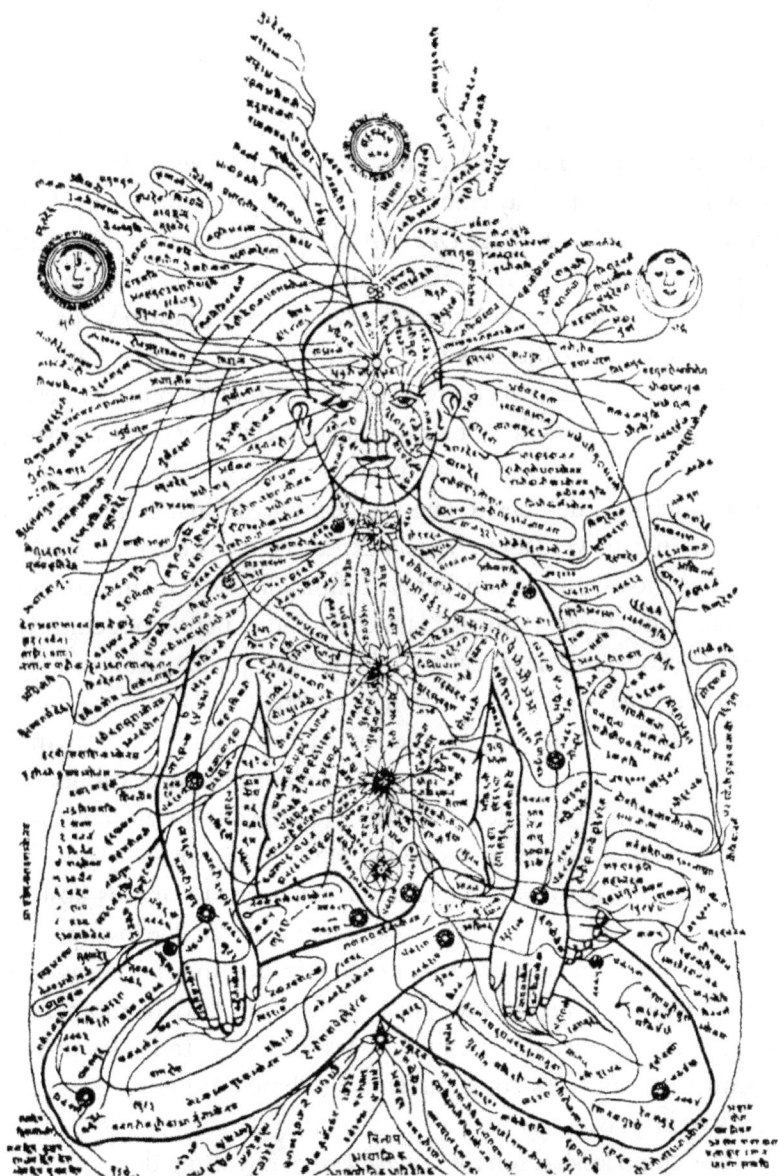

*Este diagrama tradicional muestra las
nadis junto con los chakras*

*otra, llegando finalmente al Absoluto o Brahman, que
es sinónimo del Ser más elevado, el Ser de Dicha.*

Taittiriya Úpanishad, 1.5.1-1.6.1

Los antiguos yoguis crearon un mapa para penetrar en los niveles
más profundos de nuestro ser y despertarlos. Este viaje interior es el
yoga. La idea de que hay cinco yoes en nuestro cuerpo apareció por
primera vez en la *Taittiriya Úpanishad*. Quinientos años más tarde,
el *Aduaita Vedanta* (la filosofía no dual) depuró este concepto con
los koshas, las cinco envolturas que velan la luz de nuestro Verdadero
Ser (el *Atman*). Los koshas se pueden comparar con las capas de
una cebolla. Forman una barrera que nos impide reconocer nuestra
verdadera naturaleza de dicha y unidad con el universo. El ayurveda
y el yoga son herramientas para pelar esas capas e ir profundizando
en la conciencia de nuestro cuerpo, llegando al final al núcleo más
íntimo, nuestro Verdadero Ser. La experiencia y la comprensión de
los koshas nos ayudan a conocer la profundidad de la mente humana
y, finalmente, llegar a dhyana, la meditación. Cuando podemos ver
claramente a través de las capas de los koshas, podemos alcanzar un
estado de yoga —o unidad— con el universo.

Los koshas constituyen nuestro cuerpo más sutil. Los cinco
koshas forman nuestro cuerpo sutil y determinan la calidad de
nuestros chakras. Son de naturaleza vibratoria y los afectan todas
las impresiones, incluidas las de la mente. Nuestros *samskaras*, los
patrones mentales acumulados, están almacenados en los koshas.
Son tanto conscientes como inconscientes. Se dice que los patrones
inconscientes son nuestras *vásanas*, las impresiones kármicas. Las
crean los deseos fuertes, las emociones, las heridas, los momentos
de euforia, la violencia, la envidia y las ilusiones. Todos los pensamientos y emociones contribuyen a la vibración que hace resonar
nuestros koshas.

Los cinco koshas son *ánnamaya kosha* (envoltura de alimento),
pránamaya kosha (envoltura de aliento), *manómaya kosha* (envoltura
mental), *vijñánamaya kosha* (envoltura de conocimiento o sabiduría),

y *anándamaya kosha* (envoltura de dicha). Cada kosha está oculto en el siguiente, hasta que la conciencia alcanza el cuerpo físico o tosco. Cada kosha se alimenta del anterior.

Ánnamaya kosha

La envoltura primera y más básica es ánnamaya kosha. *Anna* significa «alimento». Esta envoltura alimenta de conciencia en las otras capas y mantiene los otros cuatro koshas. Este kosha determina como es el cuerpo físico, y se crea y se mantiene a partir del alimento que tomamos. La calidad del alimento que se ingiere determina la calidad del cuerpo. Alimenta los tejidos, los músculos, la grasa y los huesos; sin embargo, no solo se ingiere la calidad nutricional del alimento. También se ingieren el cultivo, la preparación y el amor que se pone en la comida. Eso explica por qué las escrituras aconsejan comer alimentos preparados por alguien de naturaleza pura o que esté recitando mantras. Aunque la ciencia pueda ver el cuerpo físico como un conjunto de sistemas que controlan las funciones corporales, el yoga afirma que estas funciones no son más que manifestaciones de la interacción entre la energía y la conciencia. Cuando ánnamaya kosha está fuerte, favorece la buena salud, una larga vida y una juventud duradera. La calidad de ánnamaya kosha alimenta el pránamaya kosha.

Pránamaya kosha

La segunda envoltura es el pránamaya kosha. Prana significa «la energía de la fuerza vital». Esta envoltura contiene y regula el movimiento de las energías física y mental por los canales y los centros de energía. Es mucho más sutil que el primer kosha. Las nadis y los chakras se encuentran en el pránamaya kosha. El prana se desarrolla a partir del aire que respiramos y la información que entra por los sentidos. Lo que introducimos en el cuerpo y los sentidos puede alimentar o reducir nuestro prana. Pránamaya rige los cinco pranas y todas sus funciones. También constituye nuestro cuerpo etérico o áurico. Cuando el pránamaya kosha está fuerte, genera valentía, bravura, genialidad y esplendor. La personalidad se vuelve magnética y aumenta el alcance y la fuerza de la influencia personal.

Manómaya kosha

El tercer kosha es manómaya, la envoltura de la mente. Esta envoltura contiene los pensamientos y los sentimientos. El ámbito de la mente está formado por dos facultades: el manas y la *buddhi*. Manas es la mente racional, lineal, secuencial y pensante. Buddhi es la capacidad de discernir que nace después de obtener el conocimiento y de la eliminación o la ausencia de la ignorancia. Las prácticas de concentración mental (pratyahara) tienen como objetivo comprender la naturaleza de nuestro manómaya kosha. Los pensamientos positivos crean vibraciones tranquilas y satisfechas, así como un brillo espiritual que emana de ese kosha. El manómaya kosha contiene los registros subconscientes, los samskaras que controlan nuestros hábitos diarios.

El pensamiento más poderoso que podemos tener es el mantra. El mantra puede transformar por completo la mente y llevarla a un estado superior de ser y de conciencia. Rige la percepción y la cognición superiores. Eleva y despierta el Ser interior. Cuando el manómaya kosha está fuerte, aumenta la sabiduría, la capacidad de previsión y la inteligencia de la persona y la vuelve capaz de mantener el equilibrio y la paciencia en los altibajos de la vida.

Los koshas ánnamaya, pránamaya y manómaya se relacionan con el cuerpo físico y rigen sus procesos. Equilibrar el pránamaya da armonía al manómaya. Los tres primeros koshas son diferentes entre sí, pero funcionan simultánea e interdependientemente.

Vijñánamaya kosha

La cuarta envoltura es vijñánamaya kosha, la envoltura de la sabiduría y el intelecto. Vijñana significa «conocimiento». Esta envoltura contiene la intuición, la sabiduría y la conciencia testigo. Rige nuestra capacidad de percibir el conocimiento divino. Este cuerpo causal constituye nuestros patrones de pensamiento. La conciencia percibe el conocimiento desde el interior, ya que se encuentra instalada en la conciencia pura. Los aspectos de *chitta* y *ahankara* están relacionados con el vijñánamaya kosha. Chitta es la capacidad de conocer, de convertirse en el observador de lo que está sucediendo realmente, de ser capaz de vivir una realidad sin especular o fantasear sobre ella. Ahankara es el conocimiento y la conciencia de que el Ser existe. El vijñánamaya kosha se purifica mediante la seva, el sátsang, los bhajans y el *darshan* (frecuentar la compañía de personas santas). Cuando el vijñánamaya kosha es fuerte nos hace amables, generosos, francos y angélicos.

Anándamaya kosha

La quinta capa es el anándamaya kosha, la envoltura de la dicha. *Ananda* significa «dicha», que está ubicada en la capa más profunda de nuestro ser. Este atributo no solo es un sentimiento, sino un estado del ser que es inmutable y ha existido siempre, pero que ha sido cubierto por los otros koshas. Más allá de esta fina envoltura mora la conciencia pura de nuestro verdadero Ser. Este es el estado natural de existencia. Este estado original no está contaminado por los pensamientos o las fluctuaciones de la mente. Cuando el anándamaya kosha es fuerte, los pensamientos y las acciones quedan inmersos en un estado de dicha continua y paz imperturbable.

Los chakras y los koshas

Los chakras están correlacionados con los koshas. El muladhara chakra trabaja junto al ánnamaya kosha por el instinto y el objetivo de la supervivencia. El suadishthana chakra se relaciona con el pránamaya kosha en el proceso de autoidentificación del alma y el instinto de procreación o continuidad. El manipura chakra se relaciona con el manómaya kosha, porque ambos trabajan juntos para alcanzar metas por medio de la ambición y la fuerza de voluntad. El anáhata chakra se relaciona con el vijñánamaya kosha para alcanzar el estado perfecto de amor y compasión. Quien ha alcanzado la verdadera sabiduría ama naturalmente a todos los seres como su propio Ser. El vishuddha chakra se relaciona con el vijñánamaya kosha y la capacidad de expresar con claridad los anhelos del corazón. El ajña chakra se relaciona con el anándamaya kosha, pues ambos moran juntos en la quietud de la conciencia interiorizada. El sahásrara chakra está más allá de todos los koshas, porque es el Ser que habita en el propio Ser.

❧

Capítulo 8

Ama y agni

¡Oh, Agni, tráenos la luz radiante
para que sea nuestro poderoso auxilio,
porque Tú eres nuestra deidad visible!

Sama Veda, 1:1:1

Ama

El ama es un concepto exclusivo del ayurveda. Es un factor causativo fundamental de la enfermedad y del proceso de la enfermedad. El ama comienza con partículas tóxicas incorrectamente digeridas o procesadas que obstruyen los canales físicos del cuerpo. Estos canales son los intestinos, el sistema linfático, las arterias y las venas, los capilares y el conducto genitourinario. El ama se acumula dondequiera que haya una debilidad en el cuerpo y da lugar a la enfermedad. Hay cinco causas principales de ama.

Causas del ama

1. Agni-mandya: Fuego digestivo escaso

El fuego digestivo es un componente esencial para una digestión completa y correcta. Cuando el fuego digestivo es bajo, el alimento no se digiere adecuadamente y se forman toxinas. La absorción se vuelve muy lenta y el alimento mal digerido y/o las toxinas se quedan en los intestinos. Este estancamiento hace que las toxinas fermenten y se descompongan allí. El ama permanece sin absorber en los intestinos. La digestión incompleta es la causa de la que proceden la mayor parte de las enfermedades.

2. *Dhatu-agni-mandya*: Fuego de los tejidos escaso

El dhatu-agni (dhatuagni) desempeña un papel importante en el proceso de formación de los tejidos a partir de las substancias nutrientes. Cuando la fuerza del dhatuagni de un tejido en particular disminuye, sea en el hígado o en un canal, la nutrición y la formación de ese tejido será incompleta y se producirá ama. Cuando hay toxinas presentes en los tejidos, a eso se lo llama *samadhatu*, o tejidos que contienen ama. Esta clase de patología se ve en la mayor parte de las enfermedades. En la diabetes, los tejidos de grasa (*meda dhatu*) y músculo (*mamsa dhatu*) se forman como «tejidos sama» por la disminución del agni de los tejidos adiposos y musculares. Eso perturba las actividades funcionales normales de esos tejidos. En los casos de obesidad, se crea una clase de tejido adiposo semejante a causa de la debilidad del meda dhatu agni, el fuego del tejido adiposo.

3. *Mala sánchaya*: Acumulación de productos de desecho

Agni transforma las substancias alimenticias en tejidos corporales. Primero produce una substancia nutritiva, que después se convierte en tejidos en la segunda fase de la digestión. Este proceso, denominado digestión secundaria o de los tejidos, es la actividad anabólica del fuego de los tejidos. Se producen diferentes tejidos debido a la acción del fuego de los tejidos sobre las substancias nutritivas de los alimentos. Los tejidos producidos se utilizan para liberar la energía necesaria para todas las actividades corporales. Durante este proceso, las substancias de los tejidos se digieren, se transforman y se utilizan para liberar calor y energía por medio del fuego de los tejidos. Ese es el proceso catabólico. Durante esta actividad de desintegración de los tejidos, se forman productos de desecho diminutos, sutiles, que se llaman *kleda*. Pequeñas cantidades de kleda son necesarias para el cuerpo; pero los excedentes se evacúan. Si esta excreción es defectuosa o insuficiente, el kleda se acumula en el cuerpo y provoca la formación de la substancia toxica ama.

4. *Dosha sammúrchchana*: Interacción entre doshas dañados

Cada dosha tiene cualidades propias que son antagónicas de las cualidades de los otros doshas. Por ejemplo, las cualidades secas y ligeras de vata son antagónicas de las cualidades grasas y pesadas de kapha. Igualmente, la cualidad caliente de pitta es antagónica de la cualidad fría de kapha y vata. Cuando dos o tres doshas están gravemente afectados y se combinan, se producen reacciones específicas entre ellos. Esos estados dan lugar a cualidades opuestas: en lugar de anularse mutuamente, interactúan entre sí y producen ama.

5. *Krimi visha*: Toxinas bacterianas

Cuando los organismos patógenos causan una infección, liberan una sustancia tóxica. Los organismos patógenos pueden ser mohos, hongos, cándidas, lombrices, bacterias o diferentes parásitos.

Propiedades del ama

- El ama suele tener la forma de una substancia (el alimento) digerida de forma incompleta.
- No es homogénea y tiene un olor muy malo, que se aprecia cuando se combina con malas (materiales de desecho) como el sudor, la orina y las heces, o cuando se expulsa del cuerpo en forma de esputo, vómito o mucosidad.
- El ama es pegajoso.
- El ama produce apatía y tamas (oscuridad o inercia) en el cuerpo.

Señales y síntomas de ama:

- Obstrucción: La obstrucción puede darse en cualquiera de los canales (srotas). Las obstrucciones más comunes son la del hígado, el conducto urinario, las trompas de Falopio, los vasos sanguíneos y los conductos gastrointestinal y respiratorio.
- Debilidad o deficiencia de cualquier parte u órgano del cuerpo.
- Obstrucción del movimiento de vata: El ama perturba la acción de la musculatura de la parte u órgano y la transmisión de los impulsos nerviosos. La actividad de la parte afectada acaba disminuyendo o deteniéndose por completo.

- Pesadez y apatía.
- La lengua está cubierta por una película blanquecina, gruesa o grasa, especialmente al levantarse por la mañana.
- Trastornos metabólicos y digestivos como distensión abdominal, gases, estreñimiento, diarrea, heces pegajosas, que se hunden, mucosidad o sangre en las heces, fiebre, orina turbia, manchas en la piel y olor fétido de las heces, el aliento, el sudor, la orina y las flemas.
- Puede haber falta de claridad mental y de energía y sentirse una sensación de agotamiento o falta de entusiasmo. Se puede incluso padecer depresión.

Síntomas modernos de ama

Triglicéridos altos, arterioesclerosis, diabetes iniciada en la edad adulta, niveles elevados de azúcar en la sangre, depresión, factor reumatoide, proliferación de la bacteria H. pylori, leucocitosis o leucocitopenia (defecto o exceso de glóbulos blancos), exceso de anticuerpos, cándida albicans en el intestino y en el útero, urea en la sangre, gota, exceso de plaquetas, niveles altos de anticuerpos IgE procedentes de reacciones alérgicas, exceso de glóbulos rojos, cálculos biliares como síntoma de exceso de bilis, cálculos renales como síntoma de calcio y oxalatos mal metabolizados, enzimas hepáticas altas, glaucoma, infección bacteriana, fiebre, tumores.

Efectos del ama

Cuando el ama entra en contacto con los doshas, los dhatus o los productos de desecho, produce sama dosha, sama dhatus y sama mala. El ayurveda describe los síntomas de sama (presencia de ama) y *nirama* (ausencia de ama) en los doshas, los dhatus y los malas en todas las enfermedades.

La causa subyacente de cualquier enfermedad es un desequilibrio en uno o todos los doshas. Para tener éxito en el tratamiento de una enfermedad determinada, el especialista ayurvédico tiene que determinar si el dosha desequilibrado es sama o nirama.

Tratamiento del ama

Plantas

- **Calmantes de vata:** asafétida (*hinguáshtak churna*, muy eficaz para librarse de los gases, la distensión abdominal y los espasmos intestinales), pimienta negra, aceite de ricino, comino, hinojo, ajo, raíz fresca de jengibre, linaza, nuez moscada.
- **Calmantes de pitta:** áloe, ámalaki (se puede usar con otras plantas refrescantes para evacuar del organismo las toxinas del calor), cilantro, hinojo, guduchi, kalmegh, nim.
- **Calmantes de kapha:** pimienta negra, comino, jengibre, gúggulu, punárnava, pushkarmula, tríkatu (célebre por sus propiedades calentadoras que pueden literalmente digerir las toxinas), túlasi, vachá.

Terapias específicas: ejercicio intenso, ayuno, panchakarma, baños calientes, sudar, terapia de viento y sol.

Alimentación para calmar el ama

- **Sabores:** Aumentar el picante, el amargo y el astringente.
- **Fruta:** No dulce; solo frutos agrios como los arándanos, el pomelo, el limón, la lima y la granada.
- **Verduras:** Brotes y verduras al vapor. Algo de crudo es bueno para pitta. Muchas verduras verdes, microalgas como la chlorella. No tomar raíces, verduras dulces ni champiñones.
- **Cereales:** Nada de pan o repostería. Menos trigo y avena. Cebada, kichri, mijo, quinoa, arroz, centeno.
- **Legumbres:** Aduki, mung.
- Frutos secos: Ninguno.
- **Semillas:** Semillas de cáñamo y de calabaza.
- **Lácteos:** Ninguno. La leche cruda de cabra está bien, con moderación, porque es ligeramente astringente y produce menos kapha.
- **Carne:** Nada de huevos, marisco, pescado de mar, grasas, carne roja o cerdo.

- **Aceites:** Ninguno. El ghi es aceptable en pequeñas cantidades, igual que los aceites de mostaza y de linaza, que son secantes.
- **Edulcorantes:** Ninguno. El azúcar (sobre todo los azúcares blancos y artificiales) producen ama. La miel está bien (máximo de dos cucharadas al día; nunca cocinada o mezclada con nada caliente).
- **Bebidas:** Evitar las bebidas frías. Beber tés calientes de cardamomo, canela, hinojo, jengibre, túlasi y «café» de raíz de diente de león.
- **Nota:** Esto da una idea general de cómo reducir el ama. Habrá variaciones dependiendo del dosha, el dhatu, el agni y la estación. Por favor, consulta a tu médico ayurvédico para tus necesidades individuales.

Agni

Agni es el principio trasformador del fuego. Es la fuente de la luz y del amor del universo. Sin luz y sin amor no tenemos fuerza vital (prana). Sin amor, la vida está vacía y carece de sentido. En el nivel sutil agni es tejas, el aspecto iluminador de la conciencia que rige los procesos mentales. Genera ideas nuevas e inspiración, así como la energía necesaria para que se manifiesten. Cada dosha, cada dhatu, cada kosha, cada órgano y cada parte de la naturaleza tiene su propio agni. Como el aspecto fuego de los cinco grandes elementos (panchamahabhutas), existe en nuestros cuerpos como el dosha pitta. Agni es el fuego que hay dentro de nuestro cuerpo.

Agni comprende todos los cambios del cuerpo y de la mente, de lo denso a lo sutil. Estos cambios son la digestión y la absorción del alimento, las transformaciones celulares, la asimilación de las percepciones sensoriales y las experiencias mentales y emocionales. El proceso del agni abarca todas las interacciones químicas y los cambios que tienen lugar en el cuerpo y en la mente. Rige el metabolismo general del cuerpo.

De los cuarenta agnis que hay en el cuerpo humano, los principales son el *jatharagni* (el fuego digestivo del estómago), los *dhatuagnis* (los agnis de los siete dhatus) y los cinco *bhutagnis* (las enzimas hepáticas, que procesan los componentes de la comida convirtiéndolos en elementos del tejido corporal). También hay agnis de cada uno de los srotas (canales). Sin agni, los dhatus no reciben alimento y se manifiesta la enfermedad.

El agni más importante es el jatharagni, el fuego gástrico o digestivo que se encarga de la digestión de los alimentos. Este agni correlaciona el acido clorhídrico del estómago con las encimas y jugos digestivos segregados en el estómago, el duodeno y el intestino delgado. El jatharagni es el fuego principal del páchaka pitta. Es el que se ocupa de la digestión y la absorción de los nutrientes de la comida.

El proceso digestivo se divide en tres etapas: la digestión en el estómago, en el duodeno y en los intestino delgado y grueso. Cada etapa de la digestión está relacionada con los seis sabores. El sabor del primer bocado de comida inicia el proceso digestivo cuando se producen encimas digestivas en la saliva y en la parte superior del estómago. Las dos primeras horas de la digestión se relacionan con el dosha kapha y nutren las partes kapha del cuerpo. El sabor dulce y los elementos agua y tierra son los que predominan en la primera hora de la digestión. La segunda hora de la digestión es la etapa agria, dominada por los elementos fuego y tierra. Agni se encuentra en la curvatura menor del estómago como ácido clorhídrico que ayuda a continuar la digestión de los nutrientes. Las dos horas siguientes (las etapas tercera y cuarta de la digestión) se relacionan con el dosha pitta y nutren las partes pitta del cuerpo. La tercera etapa de la digestión se relaciona con el sabor salado y con los elementos agua y fuego. Esta fase de la digestión se produce en el duodeno, el comienzo del intestino delgado. La cuarta etapa se relaciona con el sabor picante y los elementos aire y fuego, y tiene lugar en el yeyuno, la segunda parte del intestino delgado. Las dos últimas horas (las etapas quinta y sexta de la digestión) se relacionan con el dosha vata y nutren las partes vata del cuerpo. La quinta etapa de la digestión está relacionada con el sabor amargo y los elementos aire y éter. Esta etapa se localiza en el íleon y es la encargada de la absorción. La sexta y última etapa se relaciona con el sabor astringente y los elementos aire y tierra. Se localiza en el ciego del intestino grueso.

El equilibrio del agni desempeña un papel esencial en el mantenimiento de una salud óptima, ya que es necesario para destruir el ama. Como el agni está presente en todos los tejidos y células del cuerpo, es un componente necesario para mantener el buen funcionamiento de la nutrición y el mecanismo autoinmunitario. Agni ayuda a conservar la salud e interrumpir el proceso de desarrollo de la enfermedad mediante la destrucción del *krmi* (los microorganismos, las bacterianas extrañas y las toxinas del estómago y los intestinos).

Agni nos protege tanto de los trastornos externos como de los internos. Una alteración o debilidad del agni significa que el equilibrio básico de los doshas se ha alterado. El desequilibrio del agni provoca un metabolismo perturbado o debilitado, pone en peligro la inmunidad y reduce la resistencia inmunitaria. Cuando el agni está débil, el alimento no se digiere adecuadamente y no se activa correctamente la cadena nutricional para la formación de los siete dhatus. En lugar de crear ojas, se crea ama y se acumula en el cuerpo, obstruyendo los canales corporales y haciendo que se manifieste la enfermedad.

El funcionamiento del agni depende de muchos factores, como la alimentación, el vestido y la vivienda. También depende de los cinco sentidos: qué vemos, oímos, olemos, saboreamos y tocamos. Los estímulos negativos o perturbadores pueden perjudicar la salud. Los estímulos sensoriales positivos y pacíficos favorecen el bienestar.

❧

Capítulo 9

La alimentación ayurvédica

El médico ayurvédico inicia la curación de la enfermedad
planificando la dieta que debe seguir el paciente. Los médicos
ayurvédicos se basan tanto en la dieta que se dice que todas
las enfermedades se pueden curar siguiendo meticulosamente
unas normas dietéticas, junto con unos suplementos adecuados
de plantas; pero si un paciente no sigue la dieta adecuada,
ni cientos de buenos medicamentos lo podrán curar.

Cháraka Sámhita, 1.41

Alimentación dhármica

La alimentación ayurvédica no solo nutre el cuerpo sino que también restablece el equilibrio de los doshas, lo que es esencial para mantener la salud. La dieta ayurvédica se basa en la constitución individual. Lo que es medicina para una persona puede ser veneno para otra. Cada persona tiene unas necesidades dietéticas propias. Según el dosha, o tipo constitucional, algunos alimentos pueden resultar beneficiosos y otros hay que evitarlos. Cuando se elige lo que se come, hay que tener en cuenta la estación, el clima, la hora del día y las características del alimento, así como el estado mental y emocional en que uno se encuentra en el momento de comer.

Cuando ingerimos el alimento, participamos en el proceso creativo de la naturaleza. La comida saludable rejuvenece las células de todo el cuerpo, especialmente el revestimiento del estómago y la piel. El modo en que comemos también determina la manera en que la comida influye en nuestro cuerpo. Si nos sentimos emocionalmente desequilibrados cuando comemos, la comida puede perturbar el orden natural del cuerpo. Si comemos en exceso o demasiado rápido, el producto final mal digerido nos predispone a la mala salud. La ingesta de comida debe contribuir a crear orden y coherencia en el cuerpo. Debe ayudarnos a permanecer equilibrados y a incrementar nuestra inmunidad general.

Todos los alimentos contienen los cinco elementos y los tres doshas en diferentes proporciones. El consumo de cada alimento afecta positiva o negativamente el equilibrio básico de nuestros doshas. Si una persona ya tiene por herencia suficiente cantidad de un elemento, debe tener cuidado de no ingerir demasiado de ese elemento, o podría producirse algún desequilibrio. Seguir una dieta ayurvédica no es difícil. Por cada alimento que perjudica el estado de los doshas, hay cantidad de alimentos alternativos, beneficiosos y sabrosos. Los hábitos alimenticios erróneos se deben a los condicionamientos creados en el pasado por la familia, los amigos y la sociedad. Creándonos nuevos patrones alimenticios podemos mejorar nuestro bienestar en todos los niveles.

La alimentación ejerce una gran influencia sobre el carácter. Hijos, debéis tener cuidado de comer solo alimentos sencillos, frescos y vegetarianos [alimentos sáttvicos]. La naturaleza de la mente la determina la esencia sutil del alimento que comemos. El alimento puro crea una mente pura. Sin renunciar al gusto de la lengua no se puede disfrutar del gusto del corazón.

Amma

Ahimsa ahara (alimentación no violenta)

Salvar la vida de los animales puede salvar nuestra propia vida. Está sobradamente demostrado que la alimentación vegetariana y vegana son, con mucho, las más saludables. La investigación científica está probando que el consumo excesivo del colesterol y las grasas saturadas que se encuentran en los productos de origen animal causan enfermedades cardíacas y numerosas clases de cáncer. El consumo de productos animales también provoca obesidad, diabetes, hipertensión, artritis, gota, cálculos renales y muchas otras enfermedades. Además, los métodos de cultivo masivo actuales utilizan hormonas, antibióticos, fertilizantes químicos y fármacos para aumentar la producción y los beneficios. Los productos comerciales de origen animal contienen altos niveles de herbicidas y pesticidas. Cuando los seres humanos consumen productos de origen animal, su cuerpo recibe esos venenos y se vuelve tóxico.

Desde los años sesenta los científicos han sospechado que la alimentación basada en la carne está relacionada con el desarrollo de la arterosclerosis y las enfermedades cardíacas. Ya en 1961, un estudio publicado en el *Journal of the American Medical Association* decía: «Del noventa al noventa y siete por ciento de las enfermedades cardíacas se pueden prevenir con una alimentación vegetariana». Desde entonces, varios estudios bien planificados han demostrado científicamente que, después del tabaco y el alcohol, el consumo de carne es la mayor causa de mortalidad en Europa, Estados Unidos, Australia y otras zonas ricas del mundo.

El cuerpo humano es incapaz de procesar y utilizar las cantidades excesivas de grasa animal y colesterol que se acumulan en las paredes internas de las arterias y restringen el flujo de la sangre hacia el corazón, provocando así un aumento de la tensión arterial, enfermedades cardíacas y derrames cerebrales. Las investigaciones de los últimos veinte años también apuntan con fuerza a que hay un vínculo entre el consumo de carne y el cáncer de colon, recto, mama y útero.

Un artículo en *The Lancet*, una revista médica del Reino Unido, informaba de que «Las personas que viven en las zonas con una incidencia registrada más alta de carcinoma de colon suelen tener una alimentación que contiene grandes cantidades de grasa y proteína animal, mientras que los que viven en zonas con una incidencia baja suelen tener una alimentación vegetariana, con poca grasa o productos de origen animal». ¿Por qué los consumidores de carne parecen más propensos a sufrir estas enfermedades? Los biólogos y nutricionistas han descubierto que el intestino humano simplemente no es adecuado para la digestión de la carne. Los animales carnívoros tienen un conducto intestinal corto, solo tres veces la longitud de su cuerpo, para que la carne en descomposición y productora de toxinas salga rápidamente del cuerpo. Como los alimentos vegetales se descomponen más lentamente que la carne, los herbívoros tienen los intestinos de por lo menos seis veces la longitud del cuerpo. Los seres humanos tienen el largo conducto intestinal de un herbívoro.

Otra gran preocupación sobre el consumo de carne es la de la contaminación química. En cuanto se sacrifica el animal, su carne empieza a pudrirse y al cabo de varios días se vuelve de un color gris verdoso pálido. La industria de la carne enmascara esta decoloración añadiendo nitritos y otros conservantes para darle a la carne un color rojo intenso. La investigación actual demuestra que la mayor parte de estos conservantes son cancerígenos.

Gary y Steven Null, en su libro *Poisons in Your Body* («Venenos en tu cuerpo»), revelan algo que debería hacer pensar dos veces a cualquier persona antes de comprar otro filete o jamón: «Los animales se mantienen vivos y se engordan bajo la continua administración de tranquilizantes, hormonas, antibióticos y otros 2.700 fármacos. El proceso empieza incluso antes del nacimiento y prosigue mucho después de la muerte. Aunque estos medicamentos estarán aun presentes en la carne cuando se consuma, las leyes no obligan a que se incluyan en la información del envase».

A muchas personas les preocupa no alcanzar la cantidad de proteína diaria necesaria en una alimentación que prescinda de los productos de origen animal. El Dr. Paavo Airola, un destacado experto en nutrición y biología natural, dijo en 1984: «La recomendación oficial de proteína por día ha disminuido de los ciento cincuenta gramos que se recomendaban hace veinte años a solo cuarenta y cinco gramos actualmente. ¿Por qué? Porque investigaciones fidedignas realizadas en todo el mundo demuestran que no necesitamos tanta proteína, que la verdadera necesidad diaria es de solo treinta y cinco a cuarenta y cinco gramos. La proteína que se consume por encima de las necesidades diarias no es solo un derroche, sino que puede perjudicar el cuerpo ya que lo somete a un esfuerzo excesivo para digerirla. Para obtener cuarenta y cinco gramos de proteína al día en nuestra alimentación no necesitamos comer carne, ya que se puede conseguir fácilmente con una alimentación cien por cien vegetariana que incluya distintos cereales, legumbres, frutos secos, verduras y frutas».

Nuestra misión debe ser liberarnos, ampliando nuestro círculo de compasión para abrazar a todos los seres vivos y toda la naturaleza y su belleza. Nada beneficiará la salud humana y aumentará nuestras posibilidades de supervivencia en la tierra tanto como la evolución hacia una alimentación vegetariana.

Albert Einstein

Por lo general, el ayurveda nos anima a tener una alimentación pura, vegetariana. Una alimentación yóguica, del mismo modo, favorece sattua (la pureza) y ahimsa (la no violencia). Matar animales para alimentarse no es solamente violencia contra los animales, sino también dañino para el medio ambiente y para todas las personas que pasan hambre en el mundo. Cuando se mata a un animal, su cuerpo segrega hormonas del miedo y otras toxinas que la persona que come la carne ingiere y absorbe en su cuerpo más tarde. Esa vibración emocional negativa penetra después en la conciencia de la persona. Además, la carne está muerta; está completamente vacía de prana. Por eso, según el ayurveda, la carne crea tamas (pesadez, oscuridad) en la mente y en el cuerpo.

En la antigua epopeya india *Mahabhárata* hay numerosas afirmaciones contra la matanza de animales. «¿Quién puede ser más cruel y egoísta que el que aumenta su carne comiendo la carne de animales inocentes? Aquellos que desean tener buena memoria, belleza, una vida larga con una salud perfecta y fortaleza física, moral y espiritual, se deben abstener de consumir alimentos de origen animal». Además de las consideraciones sanitarias y éticas, el estilo de vida vegetariano o vegano posee una dimensión espiritual más elevada que nos puede ayudar a aumentar nuestro aprecio y amor naturales a Dios.

El ayurveda vegano

Una única vaca lechera comercial produce alrededor de cincuenta y cinco kilos de estiércol húmedo al día, lo que equivale a los desechos producidos por entre veinte y cuarenta personas. Eso significa que el millón cuatrocientas mil vacas lecheras de California generan tantos desechos como veintiocho a cincuenta y seis millones de personas.

Agencia de Protección Medioambiental de EEUU,
otoño de 2001

El ayurveda tradicional utiliza los productos lácteos como alimento y como medicina. Desgraciadamente, en el estado actual del mundo, la industria láctea comercial desempeña un papel importante en la destrucción del planeta y en el hambre en el mundo. Si no es necesario para la salud personal, es imprescindible plantearse seriamente reducir al mínimo o eliminar el consumo de lácteos.

Si la agricultura industrial comercializada y el consumo de carne se eliminaran, la humanidad podría restablecer los métodos tradicionales de cultivo. En esos sistemas, las vacas y las cabras constituyen una parte esencial del ecosistema y se las honra con el amor y el respeto que merecen. En este caso, las granjas lácteas orgánicas podrían desempeñar un papel vital en la conservación del ecosistema.

El término *vegano* lo acuñó Donald Watson en 1944 y lo definió de esta manera:

El veganismo es una forma de comer y de vivir que excluye cualquier forma de explotación y crueldad con el reino

*animal, e incluye el respeto a la vida. Se aplica a la práctica
de vivir solo de productos del reino vegetal excluyendo la
carne, el pescado, las aves, los huevos, la miel, la leche animal
y sus derivados y anima a usar alternativas para todos los
productos procedentes parcial o totalmente de los animales.*

El veganismo no tiene que ver necesariamente con la pureza personal o el separarse de la sociedad, sino con aplicar una conciencia de compasión y justicia a nuestras relaciones, a menudo invisibles e ignoradas, con los animales y la Madre Naturaleza.

*Hijos, el amor puede lograr cualquier cosa y todas las cosas.
El amor puede curar enfermedades. El amor puede sanar
los corazones heridos y transformar las mentes humanas.
Por medio del amor podemos superar todos los obstáculos.*

Amma

Los alimentos orgánicos

*Trata bien a la Tierra.
No te la dieron tus padres;
tus hijos te la prestaron.
No heredamos la Tierra de nuestros antepasados;
la tomamos prestada de nuestros hijos.*

Proverbio nativo americano

Hace muchos años, la agricultura tradicional empleaba métodos que respetaban los ritmos de la naturaleza y solo utilizaban substancias proporcionadas por la propia naturaleza. Desde que el uso de fertilizantes, pesticidas y herbicidas químicos se ha generalizado en la agricultura, el equilibrio de la naturaleza se ha visto perturbado, lo que amenaza el bienestar no solo de nuestro medio ambiente exterior sino también de nuestro ambiente interior. Al haber notado estos efectos nocivos, muchos agricultores han vuelto a emplear sistemas de agricultura orgánica que aumentan la fertilidad del suelo y restablecen la armonía de la naturaleza. Entre estos sistemas se encuentran la aportación de productos naturales como el compost, el estiércol animal y los preparados biodinámicos, así como la rotación adecuada de los cultivos. Las plantas que crecen en un terreno bien equilibrado y fértil son fuertes y saludables. Resisten la enfermedad y las plagas de la misma manera que los seres humanos sanos y felices resisten la enfermedad.

Los pesticidas y los fertilizantes químicos no son necesarios para el cultivo. Son muy perjudiciales para la vida del suelo y para la salud de las plantas. Cuando los consumimos en la comida, los residuos de los pesticidas y los herbicidas tóxicos se acumulan en los tejidos de nuestro cuerpo. También llegan a los ríos, donde su efecto se extiende ampliamente por toda la naturaleza. Cada año se utilizan en todo el mundo unos dos millones y medio de toneladas de pesticidas.

Además de carecer por completo de productos químicos, los alimentos orgánicos certificados nunca son irradiados después de la cosecha. Para ser certificado como orgánico, el producto tiene que cultivarse en un terreno que se haya comprobado libre de contaminación por metales pesados. Está científicamente demostrado que la acumulación en nuestro cuerpo de las substancias tóxicas mencionadas puede acarrear una gran variedad de problemas de salud, como: deterioro del sistema inmunitario, cáncer, alergias, enfermedades autoinmunes, problemas de fertilidad y anomalías congénitas. Cada año, cerca de cinco millones de personas de todo el mundo padecen síntomas de envenenamiento por pesticidas. Además, diez mil personas llegan a morir cada año por estos venenos. Los estudios han demostrado que la media de vida de los agricultores de la industria convencional es significativamente más corta que la de los agricultores orgánicos.

En la actualidad, muchos alimentos comerciales no orgánicos son modificados genéticamente. Los organismos modificados genéticamente (OMG) constituyen un grave peligro tanto para los seres humanos como para el ecosistema. Muchas especies de animales, como la mariposa monarca y las abejas, están en peligro o se extinguen por culpa de los OMG. Para los vegetarianos, los OMG tienen otro problema, ya que a menudo se elaboran a partir de un ADN animal. Muchos expertos plantean la hipótesis de que los alimentos OMG acabarán incluso alterando el ADN humano. Como los OMG se han creado recientemente, aún no se conocen los efectos a largo plazo.

En la India y en otros países en desarrollo, las compañías occidentales productoras de OMG y pesticidas están promoviendo agresivamente el uso intensivo de productos químicos en la agricultura. Eso provoca el agotamiento del suelo y la contaminación del agua. Muchos insectos se están volviendo más resistentes a los pesticidas, por lo que a veces ni cantidades enormes de productos químicos son eficaces para proteger las cosechas. Por esa razón, muchos agricultores tienen pocos o ningunos beneficios año tras año. Los agricultores empiezan a desesperarse tras haber contraído enormes deudas con estas compañías químicas. La horrible realidad es que un gran número de granjeros indios acaban suicidándose bebiendo sus pesticidas. Amma ha expresado una gran preocupación por este problema y está dirigiendo proyectos del M.A. Math para ayudar a estos granjeros y a sus familias. Cuando elegimos comida orgánica, no OMG, estamos aportando nuestro granito de arena para acabar con esta situación tan trágica.

Los alimentos orgánicos certificados tienen un contenido nutritivo mucho mayor que los alimentos no orgánicos, por lo que el consumidor obtiene más por su dinero. Muchas personas también piensan que los alimentos orgánicos saben mejor. Los alimentos orgánicos tienen una fuerza vital más intensa que los alimentos comerciales. Comer alimentos orgánicos es un paso fundamental hacia la salud personal y global.

La naturaleza da toda su riqueza a los seres humanos.
Igual que la naturaleza nos ayuda, nosotros debemos
ayudar a la naturaleza. Solo entonces se podrá mantener
la armonía entre la naturaleza y la humanidad.

Amma

La comida como oración

Ni un grano del alimento que comemos está producido tan
solo por nuestro esfuerzo. Lo que llega a nosotros en forma
de comida es el esfuerzo de nuestros hermanas y hermanos,
la generosidad de la naturaleza y la compasión de Dios.
Aunque tengamos un millón de dólares, seguimos necesitando
alimentos para satisfacer nuestra hambre. Después de todo,
no podemos comer dólares. Por eso, nunca hay que comer
nada sin rezar antes con un sentimiento de humildad y
gratitud. Considerad que vuestro alimento es la diosa Lakshmi
[la Diosa de la Prosperidad] y recibidlo con devoción y
veneración. La comida es Brahman (el Ser Supremo). Comed
el alimento como prasad [alimento bendecido] de Dios.

Amma

Por su vida y su mensaje, Amma nos recuerda que no somos el cuerpo, que somos el Atma (el Ser Supremo). Así que, ¿por qué hemos de preocuparnos de comer saludablemente? Nuestro cuerpo es el vehículo que transporta el alma. Igual que no echamos gasolina mezclada con suciedad a nuestro coche, hay que pensar qué clase de combustible echamos en el vehículo de nuestra alma. Al mismo tiempo, hay que tener cuidado de no tomarse tan en serio la alimentación que se pierda la sensación de agradecimiento por cualquier alimento que recibamos. Somos benditos si tenemos suficiente comida que nos proporcione energía y alimento, ya que millones de personas de todo el mundo no tienen ni eso. Los pensamientos y actitudes que tenemos durante las comidas influyen en nuestra digestión y nuestra asimilación tanto como el alimento en sí.

Tenemos unas posibilidades infinitas de sanarnos a nosotros mismos y al planeta realizando algunos cambios sencillos en nuestros hábitos alimenticios. Amma nos repite una y otra vez que la Madre Naturaleza está muy desequilibrada.

Capítulo 10

La comida como medicina

Principios alimenticios ayurvédicos

Los que siguen son los principios generales que hay que seguir cuando comemos. Nos garantizarán una digestión, una asimilación y una evacuación óptimas. Nunca comáis demasiado. La mitad del estómago debe ser para la comida, un cuarto para el líquido y el resto para el movimiento del aire. Cuanto menos comas, mayor control mental tendrás. No duermas o medites justo después de comer. Si lo haces, no podrás digerir la comida correctamente. Repite siempre mentalmente tu mantra mientras comes. Eso purificará a la vez la comida y tu mente.

Amma

- Come unos tres cuartos de tu capacidad. No te levantes de la mesa ni muy hambriento ni muy lleno.
- Evita tomar una comida hasta que hayas digerido la anterior. Deja pasar aproximadamente de tres a seis horas entre comidas.
- Come en un ambiente ordenado y tranquilo. No trabajes, leas o veas la televisión durante las comidas. Evita hablar, si es posible.
- Elije los alimentos equilibrando los atributos físicos. En general, la alimentación debe ser equilibrada e incluir los seis sabores: dulce, agrio, salado, amargo, picante y astringente. Cumple las recomendaciones adecuadas para tu constitución. Todos los sabores tienen un efecto equilibrador, por lo que incluir un poco

de cada uno reduce el ansia y equilibra el apetito y la digestión. La alimentación norteamericana y europea suele tender a tener demasiado sabor dulce, agrio y salado y demasiado poco amargo, picante y astringente.

- Elige alimentos que sean sáttvicos. Elige alimentos integrales, frescos, de la estación y de la zona.
- Evitar tomar por la noche yogur, queso, requesón y suero de leche.
- Sigue las pautas de combinación de alimentos (de la lista que hay al final de este capítulo).
- Es mejor no cocinar con miel, porque se vuelve tóxica al cocinarla.
- Tómate unos minutos para sentarte tranquilamente después de cada comida antes de retomar la actividad.
- Come a las horas idóneas para la digestión: desayuno de 7 a 9 de la mañana; comida de 10 a 2; cena de 4 a 6 de la tarde.
- Lávate la cara, las manos y los pies antes de comer.
- Enjuágate la boca antes y después de comer.
- Come en un lugar aislado, ordenado y limpio. El ambiente debe ser agradable. Hay que comer sentado cómodamente.
- Come solo alimentos preparados con cariño. Esta forma de cocinar aumenta la capacidad vitalizadora de la comida.
- Mastica el alimento hasta que tenga una consistencia homogénea antes de tragarlo.
- Al comienzo de la comida hay que tomar los alimentos sólidos, seguido de los blandos y después los líquidos.
- No tomes bebidas frías justo antes o durante la comida. Tampoco tomes grandes cantidades de líquido durante la comida, ya que esta costumbre debilita la digestión. Se pueden tomar unos sorbos de agua templada en las comidas.
- No tomes sustancias pesadas, como postres sabrosos, después de las comidas.
- El consumo de alimentos demasiado calientes provoca debilidad. Los alimentos fríos y los secos retardan la digestión.

- No viajar, ejercicio enérgico o relaciones sexuales durante una hora después de comer, ya que dificultará la digestión. Caminar de diez a veinte minutos después de comer puede ayudar a la digestión.
- No comer con sed ni beber con hambre.
- No comer justo después de hacer ejercicio.
- No comer sin apetito.
- No reprimir el apetito, ya que eso provoca dolor corporal, anorexia, languidez, vértigo y debilidad general.
- No reprimir la sed, ya que eso provoca debilidad generalizada, mareo y enfermedad cardíaca.

Hábitos alimenticios que merman la salud

- Comer demasiado.
- Comer sin hambre.
- Comer impulsivamente.
- Beber zumo o demasiada agua al comer.
- Beber agua muy fría en cualquier momento.
- Comer estando estreñido o desequilibrado emocionalmente.
- Comer a la hora incorrecta del día.
- Comer demasiados alimentos pesados o no suficientes alimentos ligeros.
- Comer entre horas cualquier cosa que no sea fruta.
- Comer combinaciones de alimentos incompatibles.

Seis clases de desequilibrios nutricionales

1. Deficiencia cuantitativa: Desnutrición por insuficiente alimento.
2. Exceso cuantitativo:
   - Cantidades excesivas de cualquier alimento o de agua.
   - Alimento tomado a la hora incorrecta.
   - Alimento que no es apropiado para la propia constitución.
3. Deficiencia cualitativa: Mala combinación de alimentos, lo que se traduce en desnutrición, estados tóxicos y falta de nutrientes esenciales.

4. Exceso cualitativo: Alimentación impulsiva; comer alimentos fritos, grasos, inadecuados para la propia constitución.
5. Producción de ama: Consumir alimentos y combinaciones inadecuadas de alimentos que provocan toxemia y otros trastornos digestivos. Eso incluye comer alimentos con toxinas como pesticidas, herbicidas, hormonas y antibióticos.
6. Perturbación de la prákriti: Comer alimentos que no sean los adecuados para la propia constitución, lo que puede causar disminución de agni y de la inmunidad y enfermedad.
Estos seis factores hace que el agni se agote y se forme ama.

Alimentación sáttvica

*La persona que come siempre alimentos saludables (sáttvicos)
disfruta de un estilo de vida estable,
permanece desapegado de los objetos de los sentidos,
da y perdona,
ama la verdad y sirve a los demás sin enfermar.*

Ashtanga Hrídayam

*Cuando el alimento es puro, la mente es pura; esto crea un
oasis para el despertar y proporciona un despertar que influye
en todos los niveles de nuestra salud [cuerpo, mente y espíritu].*

Chhandoguia Úpanishad, 6.5.1-4

El ayurveda recomienda una alimentación sáttvica. Según el criterio de los rishis, esta incluye:
1. Alimentos cultivados en suelo sano y fértil.
2. Alimentos que tienen un aspecto atractivo.
3. Alimentos que están protegidos de los animales (insectos, parásitos, gusanos y bacterias dañinas).
   Incorporaciones modernas:

4. **Al**imentos cultivados sin pesticidas, herbicidas, fungicidas, fertilizantes químicos, hormonas, antibióticos, irradiaciones, OMGs, etc. Esto incluye el no dañar a la tierra o a sus habitantes (ahimsa).

5. **El** alimento debe ser integral, fresco, sin procesar y sin refinar. No debe contener aditivos químicos.

6. **El** alimento procedente de animales está muerto; es tamásico y carece de fuerza vital.

Los alimentos sáttvicos previenen los radicales libres porque son ricos en antioxidantes. Los radicales libres destruyen las encimas, los aminoácidos y bloquean la función celular. Los radicales libres son moléculas con deficiencia de electrones que se producen a partir del oxígeno y las grasas o aceites calientes que hay en el cuerpo. Destruyen la salud. La salud y la longevidad se basan en los alimentos ricos en antioxidantes y la hidratación. El alimento sáttvico contiene de un setenta a un noventa por ciento de agua. Está lleno de prana y nutre la vida.

Pautas de combinación de alimentos

Los alimentos en **negrita** están los primeros en las listas porque aumentan tanto el ama que habría que evitarlos siempre.

No comer estos alimentos	Con estos otros alimentos
Legumbres	Fruta, queso, huevos, pescado, leche, carne, yogur
Huevos	**Leche**, fruta, legumbres, queso, pescado, kichri, carne, yogur
Cereales	Fruta
Fruta	**Cualquier otro alimento**, excepto dátiles o almendras

Miel	Y la misma cantidad de **ghi** (por ejemplo, una cucharadita de miel con tres cucharadas de ghi no está bien). La misma cantidad sí está bien (por ejemplo, una cucharadita de cada uno está bien). A la miel cruda se la considera *ámrita* (néctar); pero, cuando se cuece, se adhiere a las membranas mucosas y obstruye los canales toscos y sutiles, produciendo toxinas.
Bebidas calientes	Mangos, queso, pescado, carne, féculas, yogur
Limón	Pepinos, leche, tomates, yogur
Melón	Cualquier otro alimento, incluidos otras clases de melones
Leche	**Fruta**, especialmente **plátanos**, cerezas, melones y frutas agrias; pan, pescado, kichri, carne. Los lácteos pasteurizados y homogeneizados producen ama. En su lugar, el ayurveda recomienda consumir lácteos crudos y abstenerse de lácteos producidos en granjas industriales que utilicen hormonas, antibióticos y esteroides
Plantas solanáceas (tomate, berenjena, pimiento, patata)	Pepino, productos lácteos
Rábanos	Plátanos, pasas, leche
Tapioca, yogur	**Leche**, fruta, queso, huevos, pescado, bebidas calientes, carne, solanáceas

Los seis sabores

Los seis sabores se basan en el sabor real en la boca. Cada sabor tiene propiedades terapéuticas propias. Esto se aplica a la comida, las plantas medicinales y los minerales. Equilibrar los sabores en función de los doshas es una clave de la salud. Cada uno de los sabores está regido por dos de los cinco elementos y aumenta o disminuye los doshas.

1. Dulce: Hecho de tierra y agua, disminuye vata y pitta y aumenta kapha.

- Frutas dulces: higos, uvas, naranjas, dátiles, peras
- La mayor parte de las legumbres: judías, lentejas, guisantes
- La mayor parte de los cereales: trigo, arroz, maíz, cebada, la mayor parte del pan
- Leche y productos lácteos dulces: nata, ghi y mantequilla
- Azúcar y edulcorantes: azúcar blanco refinado, edulcorantes artificiales, panela, sirope de arce. Como la miel tiene un sabor secundario astringente, disminuye vata y kapha y aumenta pitta.
- Algunas verduras cocinadas: tubérculos con fécula como la patata, la zanahoria, las batatas y la remolacha

2. Agrio: Está hecho de tierra y fuego, disminuye vata y aumenta pitta y kapha

- Productos lácteos agrios: yogur, queso, suero de leche y crema agria
- Frutas agrias: limones, naranjas agrias, etc.
- Sustancias fermentadas: salsa de soja, vinagre, vino, col agria (kimchi) y encurtidos

3. Salado: Está hecho de agua y fuego, disminuye vata y aumenta pitta y kapha

- Sal: sal marina, sal del Himalaya, sal de roca, sal de mesa, salsa de soja, tamari y cualquier otra forma de sal
- Alimentos salados: algas, encurtidos salados, patatas fritas a la inglesa y otros fritos

4. Picante: Está hecho de fuego y aire, disminuye kapha y aumenta pitta y vata

- Algunas verduras: rábano, cebolla
- Especias: jengibre, comino, ajo, chile, semillas de mostaza, pimienta negra

5. Amargo: Hecho de aire y éter, disminuye pitta y kapha y aumenta vata
- Algunas frutas: aceitunas, pomelos
- Verduras: berenjena, endibia, calabaza amarga y calabacín
- Verduras de hoja verde: espinaca, col verde, coles de Bruselas
- Algunas especias: fenogreco y cúrcuma

6. Astringente: Está hecho de aire y tierra, aumenta vata y disminuye pitta y kapha
- Edulcorante: la miel disminuye vata y kapha mientras que incrementa pitta debido a sus propiedades calefactoras
- Frutos secos: nueces, anacardos y avellanas
- Legumbres: judías, lentejas
- Verduras: brotes, lechuga, ruibarbo, la mayor parte de las verduras de hoja verde y la mayor parte de las verduras crudas
- Frutas: caquis, bayas, pomelos, fruta sin madurar y, hasta cierto punto, manzanas

Vata disminuye con los sabores dulce, agrio y salado. También lo disminuyen alimentos que sean pesados, grasos y calientes. Vata aumenta con los sabores picante, amargo y astringente, así como con alimentos ligeros, secos y fríos.

Pitta disminuye con los sabores dulce, amargo y astringente y con alimentos fríos, pesados y grasos. Pitta aumenta con los sabores picante, agrio y salado, así como con alimentos calientes, ligeros y secos.

Kapha disminuye con los sabores picante, amargo y astringente en alimentos que sean ligeros, secos y templados. Kapha aumenta con los sabores dulce, amargo y salado, así como con alimentos pesados, grasos y fríos.

La alimentación equilibrada

Los beneficios de comer según tu constitución
- Mejor salud, concentración y memoria
- Juventud
- Más energía, resistencia y fortaleza
- Disminución gradual de los desequilibrios existentes
- Prevención de desequilibrios
- Mayor capacidad de afrontar el estrés y la ansiedad
- Mejor sueño
- Mejor digestión, metabolismo y excreción
- Piel y cutis más saludables
- Descendencia más saludable
- Sistema inmunitario más fuerte.
- Perdida o aumento de peso (según haga falta) y mejor gestión del peso
- Mejora en la meditación y la práctica de yoga
- Una vida más productiva y feliz

Dieta equilibradora de vata

La estación vata es cuando el clima está frío, ventoso y seco. Según la ubicación, la estación vata suele durar de noviembre a febrero. En esa época del año las cualidades de vata aumentan naturalmente. Por eso, en ese período hay que tomar muchos alimentos y bebidas calientes, así como alimentos más pesados y aceitosos. Tomar más los sabores dulce, agrio y salado. Evitar los alimentos secos o fríos y las bebidas frías. En general, tomar menos los sabores picante, amargo y astringente.

Para equilibrar vata hay que dar preferencia a los alimentos aceitosos, pesados, calientes, dulces, agrios y salados:

- Bebidas:
  - Infusiones: ajwain, té bancha, manzanilla, clavo, consuelda, flor de saúco, eucalipto, hinojo, fenogreco, jengibre (fresco), espino, bayas de enebro, lavanda, citronela, regaliz, malvavisco, paja de avena, piel de naranja, poleo, hierbabuena, escaramujo, azafrán, salvia, zarzaparrilla, sasafrás, menta verde.
  - Zumos: zumo de áloe, sidra de manzana, albaricoque, bayas (excepto arándanos), zanahoria, cerezas, uvas, limonada, mango naranja, papaya, melocotón, piña, zumos agrios.
  - Otras: leche de almendras, bebidas de cereales, caldo de miso, leche de arroz, consomé de verduras.
- Condimentos: chutney (de mango), dulse, gomasio, hijiki, kelp, ketchup, limón, lima, encurtido de lima, encurtido de mango, mayonesa, mostaza, encurtidos, cebolletas, algas marinas, vinagre.
- Lácteos: mantequilla, ghi, leche entera (de vaca y de cabra), lassi, queso, (de vaca y de cabra), queso fresco casero, requesón, crema agria, yogur.
- Suplementos alimenticios: zumo de áloe, polen de abejas, aminoácidos, calcio, cobre, hierro, magnesio, jalea real, espirulina, algas verdeazuladas, vitaminas A, B, B12, C, D, E, y AGEs (ácidos grasos esenciales que se encuentran en los aceites prensados en frío de las semillas de cáñamo, onagra, grosella negra, semillas de lino y borraja).
- Fruta: manzana (madura y dulce, cocinada), compota de manzana, aguacate, plátano, bayas, cerezas, cocos, dátiles, higos, pomelo, uvas, kiwi, limón, mango, melón, naranja, papaya, melocotón, piña, ciruelas, granada, ciruelas pasas (remojadas), uvas pasas, ruibarbo, fresas, tamarindo.
- Cereales: amaranto integral, avena cocinada, quinoa, seitán (carne de trigo), pan de trigo germinado (estilo esenio), arroz básmati blanco.
- Legumbres: alubias mung, dal mung, dal tur, dal urad.

- Frutos secos: almendras (mejor remojadas y peladas), nueces negras, nueces de Brasil, anacardos, charoles, cocos, avellanas, nueces de macadamia, cacahuetes, nuez de pacana, piñones, pistachos, nueces.
- Aceites: ghi, aceite de oliva, aceite de girasol. Utilizar los aceites de coco, aguacate y sésamo solamente para uso externo.
- Semillas: chía, linaza, halva, cáñamo, calabaza, sésamo, girasol.
- Especias: ajwain, pimienta de Jamaica, extracto de almendra, anís, asafétida (hing), albahaca, laurel, pimienta negra, cardamomo, cayena, canela, clavo, hojas frescas de cilantro, comino, eneldo, hinojo, fenogreco, ajo, jengibre (especialmente fresco), mejorana, menta, semillas de mostaza, nuez moscada, cáscara de naranja, orégano, pimentón, perejil, hierbabuena, pippalí (pimienta alargada), semillas de amapola, romero, azafrán, ajedrea, menta verde, anís estrellado, estragón, tomillo, cúrcuma, vainilla, gaulteria.
- Edulcorantes: cebada malteada, fructosa, concentrado de zumo de fruta, miel, panela, melaza, sirope de arroz, estevia, azúcar moreno o sucanat, azúcar turbinado.
- Verduras: espárragos, remolacha, lombarda (cocida, con moderación), zanahorias, chiles verdes, cilantro, pepinos, rábanos daikon (cocidos, con moderación), hinojo (anís), ajo, judías verdes, verduras de hoja verde oscuro (cocidas, con moderación), puerros, hojas de mostaza, okra, aceitunas (negras), cebollas (cocidas), chirivías, guisantes (cocidos), batatas, calabazas, rábanos (cocidos), colinabos, raíz de malanga, berros, calabacines.

Para equilibrar vata hay que reducir el consumo de alimentos secos, ligeros, fríos, especiados, amargos o astringentes:

- Evitar todos los alimentos y bebidas frías.
- Judías: reducir el consumo de judías, ya que todas aumentan vata, excepto el dal mung
- Lácteos: reducir el consumo de leche o yogur con fruta o verdura.

- Fruta: evitar fruta seca, ligera o astringente como las manzanas, las bayas, las peras y las frutas desecadas.
- Cereales: reducir el consumo de cebada, maíz, mijo, avena, centeno.
- Especias: reducir al mínimo el uso de chiles y pimientos rojos.
- Verdura: evitar las verduras crudas, congeladas, enlatadas, fritas y sobrantes, así como las verduras crucíferas.

Dieta equilibradora de pitta

La estación pitta es cálida y seca, y suele durar desde julio hasta octubre. Eso varía dependiendo de la ubicación. En esta época da preferencia a los alimentos y bebidas que sean refrescantes; toma alimentos dulces, amargos y astringentes; incluye frutas frescas y dulces y verduras que sean de la estación pitta. Come menos alimentos picantes, agrios y salados. Evita el yogur, el queso, los tomates, los vinagres y las especias picantes, ya que todos ellos hacen que pitta aumente mucho.

Para equilibrar pitta, da preferencia a los alimentos que sean aceitosos, pesados, fríos, amargos, dulces y astringentes:

- Bebidas:
  - Infusiones: alfalfa, té bancha, cebada, zarzamora, borraja, bardana, hierba gatera, manzanilla, achicoria, consuelda, diente de león, hinojo, jengibre (fresco), flor de hibisco, lúpulo, jazmín, té kukicha, lavanda, melisa, citronela, regaliz, malvavisco, ortiga, paja de avena, pasiflora, hierbabuena, frambuesa, trébol rojo, zarzaparrilla, menta verde, fresa, violeta, gaulteria, milenrama
  - Zumos: zumo de áloe, manzana, albaricoque, bayas, cerezas, uvas, mango, combinado de verduras, melocotón, pera, granada, ciruelas
  - Otras: leche de almendras con moderación, bebidas de cereales, leche de arroz
- Condimentos: chutney, cilantro, germinados

- Lácteos: mantequilla (sin sal), queso de vaca o de cabra (suave, sin sal), ghi, leche entera de vaca y de cabra (evitar la homogeneizada), lassi
- Suplementos alimenticios: zumo de áloe, algas verdeazuladas, hojas de cebada, levadura de cerveza, calcio, magnesio, zinc, espirulina, vitaminas D, E, y AGEs (ácidos grasos esenciales que se encuentran en los aceites prensados en frío de las semillas de cáñamo, onagra, grosella negra, semillas de lino, borraja), proteína de lactosuero en polvo como suplemento proteínico (solo aislado, no concentrado o hidrolizado, lo que desnaturaliza la proteína)
- Fruta (madura y dulce): manzana, compota de manzana, albaricoques, aguacate, bayas (dulces), cerezas, coco, dátiles, higos, uvas (rojas y moradas), mango, melón, naranja, papaya, pera, piña, ciruelas, granadas, ciruelas pasas, uvas pasas, sandía
- Cereales: amaranto y cebada integrales, cereales (secos), salvado de avena, avena, pasta integral, espelta, pan de trigo germinado (estilo esenio), tapioca, arroz básmati blanco
- Legumbres: judías adzuki, frijoles negros, alubias carillas, garbanzos, alubias, lentejas (marrones y rojas), judías de Lima, judías mung, dal mung, judías blancas, guisantes (secos), judías pintas, guisantes partidos. NOTA: todas las legumbres deben estar bien cocidas
- Frutos secos: almendras (remojadas y peladas), coco
- Aceites: aceite de coco, ghi, aceite de oliva
- Semillas: lino, cáñamo, calabaza, girasol
- Especias: albahaca (fresca), pimienta negra (con moderación), jengibre fresco (moderadamente), cardamomo, canela, cilantro, comino, eneldo, hinojo, menta, hierbabuena, menta verde, azafrán, cúrcuma, sal de roca
- Edulcorantes: agave, malta de cebada, zumo de frutas, miel, sirope de arce, sirope de arroz, estevia, azúcar integral o sucanat, azúcar de roca

- Verduras: alcachofas, espárragos, remolacha, melón amargo, brócoli, coles de Bruselas, repollo, zanahorias, coliflor, apio, cilantro, pepino, hojas de diente de león, hinojo, judías verdes, col rizada, verduras de hoja verde oscuro, puerros, okra, aceitunas (negras), cebollas (cocidas), perejil, chirivías, guisantes, batatas, hojas de chumbera, calabaza, colinabo, calabaza de cabello de ángel, germinados, zapallo (de verano y de invierno), raíz de malanga, germinados de pasto de trigo, calabacín

Para equilibrar pitta, reducir el consumo de alimentos que sean secos, ligeros, calientes, salados, especiados y agrios
- Lácteos: reducir el uso de quesos, suero de leche fermentado, crema agria y yogur.
- Fruta: reducir el consumo de frutos agrios como las aceitunas, las naranjas agrias y las piñas, los caquis y los plátanos poco maduros.
- Cereales: reducir el consumo de arroz integral, maíz, mijo y centeno.
- Aceites: reducir el uso de aceite de almendra, maíz y sésamo.
- Especias: evitar los chiles y la cayena.
- Edulcorantes: evitar cantidades grandes de miel.

Dieta equilibradora de kapha

La estación kapha es la estación lluviosa y fresca que va de marzo a junio, dependiendo de la ubicación. En la estación kapha come alimentos que sean ligeros y fáciles de digerir. Toma alimentos y bebidas cálidos. Consume comida de sabor picante, amargo y astringente. Evita los alimentos dulces, salados y agrios.

Para equilibrar kapha, da preferencia a los alimentos secos, calientes, ligeros, especiados, amargos, astringentes:
- Bebidas:
  - Infusiones: alfalfa, té bancha, cebada, zarzamora, bardana, manzanilla, achicoria, clavo, canela, diente de león, fenogreco,

jengibre, flor de hibisco, jazmín, bayas de junípero, té kukicha, lavanda, melisa, citronela, ortiga, pasiflora, hierbabuena, frambuesa, trébol rojo, zarzaparrilla, menta verde, fresa, gaulteria, milenrama, yerba mate
- Zumos: zumo de áloe, sidra de manzana, albaricoque, bayas, zanahoria, cereza, arándano, uva, mango, melocotón, pera, granada, ciruela pasa
- Otras: té negro (especiado), bebidas de cereales.
- Condimentos: pimienta negra, chiles, chutney, cilantro, alga dulse, hijiki, rábano picante, limón, mostaza (sin vinagre), cebolletas, algas, germinados
- Lácteos: requesón (de leche desnatada de cabra), lassi, leche desnatada de cabra. Evitar los lácteos homogeneizados.
- Suplementos alimenticios: zumo de áloe, aminoácidos, hojas de cebada, polen de abeja, algas verdeazuladas, levadura de cerveza, calcio, cobre, hierro, magnesio, zinc, jalea real, espirulina, vitaminas A, B, B12, C, D, E, AGEs (ácidos grasos esenciales que se encuentran en los aceites prensados en frío de las semillas de cáñamo, onagra, grosella negra, semillas de lino, borraja), proteína de lactosuero en polvo (solo aislado, no concentrado o hidrolizado)
- Fruta: manzana, compota de manzana, albaricoques, bayas, cerezas, arándanos, frutas desecadas, guayaba, melocotón, pera, caqui, granada, ciruelas pasas, uvas pasas
- Cereales (integrales): cebada, trigo sarraceno, cereales (secos o hinchados), maíz (orgánico, no OMG), cuscús, granola, mijo, muesli, salvado de avena, avena, polenta, quinoa, centeno, arroz básmati, espelta, pan de trigo germinado (estilo esenio), tapioca, salvado de trigo
- Legumbres (bien cocidas y con especias): judías adzuki, judías negras, judías carillas, garbanzos, lentejas (marrones y rojas), judías de Lima, judías mung, dal mung, judías blancas, guisantes (secos), judías pintas, guisantes partidos, dal tur, alubias blancas

- Aceites: ghi, aceite de mostaza
- Semillas: chía, lino, cáñamo, palomitas de maíz, semillas de calabaza, semillas de girasol
- Especias: todas las especias excepto la sal, especialmente jengibre fresco
- Edulcorantes: zumo de frutas, miel, estevia
- Verduras: alcachofas, espárragos, hojas de remolacha, remolacha, melón amargo, brócoli, repollo, zanahorias, coliflor, apio, cilantro, maíz, rábano daikon, hojas de diente de león, berenjena, hinojo (anís), ajo, judías verdes, chiles verdes, rábano picante, col rizada, colirrábano, verduras de hoja verde (lechuga), puerros, champiñones, planta de mostaza, okra, cebollas, perejil, guisantes, pimientos picantes, chumbera, colinabo, espinacas, brotes, calabaza amarilla, tomates (cocidos), planta de nabo, nabos, berros, pasto de trigo

Para equilibrar kapha, reducir el consumo de alimentos que sean grasos, fríos, pesados, dulces, agrios:
- Lácteos: no se recomiendan la mantequilla, el queso, la nata, el helado, la crema agria, el yogur ni demasiada leche entera.
- Fruta: evitar el plátano, coco, dátiles, higos, uvas, lima, mango, melón, naranja y piña.
- Cereales: reducir el consumo de arroz y trigo.
- Frutos secos: evitarlos.
- Aceites: evitar tomar grandes cantidades de cualquier clase de aceite.
- Especias: evitar la sal y los alimentos salados (encurtidos, patatas fritas).
- Edulcorantes: evitar la mayor parte de los productos azucarados.
- Verduras: reducir el uso de pepinos, okra, batatas y tomate.

Por favor, mirar al final del libro la tabla de recomendaciones alimenticias para los tipos constitucionales básicos.

Capítulo 11

Estilo y programa de vida

Pide con un corazón sincero:
Dios, que te recuerde constantemente a lo largo del día.
Que todos mis pensamientos,
palabras y acciones me acerquen más a Ti.
Que no haga daño a nadie en pensamiento, palabra u obra.
Permanece conmigo en todo momento.

Amma

Todo lo que hay en la creación tiene una periodicidad o un ciclo. La sabiduría del ayurveda resalta la importancia de seguir programas individualizados a lo largo de nuestras vidas. La *Cháraka Sámhita* explica: «El hombre sabio interesado en disfrutar de una vida larga y saludable, que busca la felicidad, debe aplicar la máxima atención en la elección de lo que es saludable en relación con la comida, la conducta y el comportamiento». Continúa afirmando que la media de vida de un individuo saludable es de unos cien años, pero que será más corta si no se tiene una conducta adecuada. La salud perfecta es un estado de equilibrio entre la mente, el cuerpo, el espíritu y el entorno. Esta armonía se puede lograr por medio de la alimentación, el ejercicio físico, el estilo de vida, la meditación y la disciplina mental y moral. Actualmente hace falta realizar un esfuerzo mayor para mantener la salud por la influencia de una excesiva contaminación medioambiental, una alimentación adulterada, jornadas laborales intempestivas y estilos de vida poco saludables en general. Los regímenes de vida ayurvédicos son sencillos, no invasivos, no traumáticos y no suelen interferir en otras formas de tratamiento.

El *dinacharya* (programa diario) ayurvédico da instrucciones claras para la vida cotidiana. Igualmente, el *ritucharya* (programa estacional) propone formas de adaptarnos a las distintas estaciones. Cuando examinemos los programas que siguen, es importante recordar que muchas personas tienen un dosha dual. Eso hay que tenerlo en cuenta al elegir y seguir las pautas ayurvédicas de estilo de vida.

Dinacharya: hábitos diarios para la salud

Tanto una salud vibrante como el Autoconocimiento llegan por medio de la disciplina y la conciencia. Los yoguis realizan muchas prácticas ascéticas para alcanzar la liberación. Para elevar nuestro nivel de salud y conciencia es imprescindible controlar los deseos y los impulsos incontrolados. La integración de los hábitos diarios del dinacharya en nuestras vidas es un paso importante para cultivar la disciplina y la conciencia.

Din significa «día» y *acharya* significa «seguir, encontrar, cerca de». Seguir o estar cerca del día quiere decir unificar tu programa diario con el ciclo natural del Sol, la Luna, la Tierra y los demás planetas. Seguir el dinacharya es una de las mejores maneras de ponerse del lado de la naturaleza. Eso crea equilibrio y previene la enfermedad. Finalmente, se descubre que la salud y la felicidad son nuestro verdadero estado natural.

Los rishis consideraban el programa diario una fuerza curativa más fuerte que cualquier otro remedio medicinal. La sociedad actual ha perdido el contacto con la naturaleza. Por ejemplo, un día cualquiera muy pocas personas saben en qué ciclo se encuentra la Luna. Para poder sanarnos verdaderamente tenemos que volver a sintonizarnos con los ciclos de la naturaleza.

En el ayurveda, el tiempo tiene muchos significados y desempeña un importante papel causal. La palabra sánscrita que significa «tiempo» también significa «transformación». Por consiguiente, el tiempo es sinónimo de cambio y puede considerarse la principal causa del cambio. Es muy importante tener en cuenta el tiempo para entender la prevención, el desarrollo y la eliminación de la enfermedad. Algunos desequilibrios se dan a determinadas horas del día o en una estación en particular, y por eso el dinacharya tiene un papel tan decisivo.

Todos los ciclos son la interacción dinámica de los tres principios vitales: vata, pitta y kapha (movimiento, transformación y estructura, respectivamente).

Ya hemos explicado que vata y kapha son fríos mientras que pitta es caliente. Vata y pitta son ligeros y kapha es pesado. Vata y pitta son móviles mientras que kapha es estático. Vata es seco mientras que pitta y kapha son aceitosos y líquidos. Igual que el calor de pitta invierte el frío de kapha, otras cualidades aumentan o disminuyen con el paso del tiempo. Del mismo modo, una determinada cualidad del entorno se acumula y después se libera o disminuye. La naturaleza crea ese ciclo como un medio para restablecer constantemente el equilibrio y purificarse. Estas fluctuaciones también se producen continuamente en el cuerpo humano.

Los ciclos de los doshas

*Si una manera de actuar es mejor que otra,
puedes estar seguro que es la manera
de actuar de la naturaleza.*

Aristóteles

Primer ciclo

6 a 10 de la mañana - Kapha
10 de la mañana a 2 de la tarde - Pitta
2 a 6 de la tarde – Vata

Segundo ciclo

6 de la tarde a 10 de la noche - Kapha
10 de la noche a 2 de la madrugada - Pitta
2 a 6 de la madrugada – Vata

Es importante entender que los horarios marcados como las 6 de la tarde y de la mañana no son fijos. Se refieren específicamente a la hora exacta de la puesta y la salida del Sol. También varían ligeramente en función de la estación, la longitud y la latitud. A partir de los ciclos expuestos, el programa diario recomendado se divide en la mañana, el mediodía, la tarde, la hora de cenar y la hora de acostarse.

Levantarse

Lo ideal sería despertarse para meditar al amanecer o antes. Los sádhakas que aspiran a la meta del Autoconocimiento deben levantarse varias horas antes del amanecer. En la tradición védica, las horas previas al amanecer se conocen como *Brahma Muhurta*, «la hora de Dios». Ese período, aproximadamente una hora y media antes del amanecer, se considera el más beneficioso para la sádhana, ya que es el momento más tranquilo y silencioso del día. Una persona sana debería levantarse dos horas antes del amanecer. Cuando nos levantamos a esas horas, la actividad del día se realiza con menor esfuerzo y es más productiva, ya que el cuerpo y la mente están más atentos, claros, ligeros y llenos de energía. La creatividad y la claridad mental están especialmente presentes a esas primeras horas de la mañana. El ayurveda apoya el antiguo adagio: «Acostarse pronto y levantarse pronto vuelve al anciano sano, rico y sabio». Durante esas horas, por la mañana temprano, predomina vata. Al levantarnos dos horas antes del amanecer podemos experimentar en la naturaleza las cualidades positivas más elevadas de vata. La ligereza y la claridad de vata ayudan a sintonizar el cuerpo con las vibraciones sutiles de la naturaleza. Ese horario tiene el nivel más elevado de sattua en el aire. Por eso es la hora más fresca y pura del día.

Algunos que pueden prescindir de cumplir esta regla de levantarse pronto son los muy jóvenes, los ancianos, los padres y madres con niños pequeños y las personas que tengan fiebre o diarrea. Esta hora también puede variar ligeramente para personas de cada uno de los doshas. El vata tiende a necesitar dormir más. Según el ayurveda, el horario de sueño ideal para un vata es acostarse a las diez de la noche y levantarse a las seis de la mañana. Para un pitta lo mejor también es retirarse alrededor de las diez de la noche, pero le va mejor levantarse entre las cuatro y las cinco de la mañana. El kapha necesita la menor cantidad de sueño. Un kapha puede acostarse a las once de la noche y levantarse a las cuatro de la mañana sintiéndose descansado y despejado. A un sádhaka se le recomienda un máximo de cinco a seis horas de sueño independientemente de su dosha: seis para un sádhaka vata, cinco y media para un sádhaka pitta y cinco horas para un sádhaka kapha.

Las primeras horas de la mañana son muy propicias para la práctica de la meditación; son horas de silencio y calma relativos. Sin embargo, si no se puede practicar la meditación antes del amanecer, no hay que dejar de practicarla. Meditar con regularidad es esencial para mantener una buena salud. Ayuda a rejuvenecer y purificar todo el sistema nervioso y calma la mente de tal manera que se pueden experimentar una conciencia, una paz y una alegría más profundas.

Evacuación

Lo primero que hay que hacer por la mañana es eliminar los desechos del cuerpo. Eso ayuda a revitalizar el organismo y prepara el cuerpo para recibir más nutrientes. La posición en cuclillas es la mejor para evacuar los intestinos, ya que alinea el colon para liberar las heces. La posición en cuclillas también aumenta la corriente del prana descendente (apana vata).

Según el ayurveda, hay que evacuar al menos una vez al día. Si no es así, las toxinas pueden reabsorberse en los tejidos. Para evitar esta reabsorción es importante beber al menos de dos a tres litros de agua al día. La deshidratación es la principal causa de estreñimiento. También ayuda tomar suficientes alimentos ricos en fibra y aceites de buena calidad (como los de cáñamo, linaza, oliva o sésamo) y evitar el consumo excesivo de alimentos crudos y bebidas frías.

Las combinaciones tradicionales de plantas, como el tríphala, pueden ayudar a restablecer y mantener el tono del colon mientras lo limpian suavemente a diario. El tríphala incrementa la flora buena y no crea dependencia. Sin embargo, hay que tener cuidado de no abusar de otras clases de laxantes. Hasta algunos laxantes vegetales (como la cascara sagrada y el senna) pueden debilitar el tono del colon y crear dependencia.

Satisfacer los impulsos naturales

Como parte del programa diario, es esencial no reprimir determinados impulsos físicos naturales como: orinar, defecar, el hambre, la sed, el sueño, estornudar, eructar, bostezar, vomitar, la flatulencia y el jadeo. Para tener buena salud hay que satisfacer inmediatamente estos impulsos naturales. De lo contrario, se pueden producir diversas enfermedades relacionadas con ese impulso natural. Por ejemplo, la represión del impulso de orinar provoca dolor en la vejiga y en el falo, disuria y distensión abdominal. Reprimir el impulso de defecar provoca dolor de cabeza, estreñimiento, flatulencia, calambres en el abdomen y dolor punzante.

Limpieza

Los hábitos de limpieza son muy importantes para una buena salud. Entre ellos están: lavarse los dientes, rasparse la lengua, hacer gárgaras, aclarar la boca y la nariz, masajear el cuerpo con regularidad, ponerse aceite en la cabeza, bañarse, cortarse el pelo y las uñas, lavarse los pies y los orificios excretorios, órganos de excreción, ponerse ropa limpia y utilizar la aromaterapia.

197

Un baño a primera hora de la mañana es la práctica fundamental del dinacharya. En las tradiciones yóguicas el baño simboliza la purificación del alma. Desde la perspectiva del ayurveda, también elimina los restos de sudor de los poros de la piel, dejando un brillo radiante y saludable. Se pueden utilizar jabones o polvos suaves de plantas. Es importante evitar los jabones y los productos de cuidado corporal artificiales que contienen productos químicos y conservantes artificiales. Estos se absorben por la piel y producen toxicidad en el cuerpo.

La práctica diaria de frotarse el cuerpo con aceite (abhyanga) puede nutrir la piel y los tejidos más profundos. El uso de aceites adecuados también equilibra cada dosha. Los de constitución vata deben utilizar aceite de sésamo, los pitta, aceite de coco y a los kapha les va mejor el aceite de maíz o de mostaza.

Las prácticas ayurvédicas de primera hora de la mañana incluyen la higiene oral. Una gruesa capa que cubre la lengua indica la presencia de ama por alimento mal digerido en el conducto gastrointestinal. Hay que quitar esa capa raspándola varias veces con un raspador de lengua metálico después de haberse cepillado cuidadosamente los dientes.

La *neti* y el *nasya* también forman parte del programa de vida ayurvédico. Neti consiste en hacer pasar agua por la nariz con la ayuda de un recipiente especial. El nasya es la aplicación en ambas fosas nasales de gotas de un aceite tratado de una manera particular. Neti y nasya eliminan el kapha impuro de los senos nasales, aclaran la mente, facilitan la atención en la sádhana, estimulan el flujo de prana y fortalecen el cuello y los hombros. También son buenos para la tez y detienen la aparición de canas. Los beneficios físicos, mentales, emocionales y espirituales de neti y nasya son numerosos.

Otra práctica que se recomienda es *gandusha*, que consiste en mantener un rato un líquido en la boca. Ese líquido puede ser agua salada, aceite tratado o una decocción de plantas. Esta práctica fortalece los dientes, beneficia el habla y la garganta y ayuda a curar las enfermedades de la boca. El aceite de sésamo es especialmente beneficioso ya que contiene altos niveles de calcio, que nutre los dientes y las encías.

Ejercicio

El ejercicio correctamente realizado proporciona salud física y felicidad mental. Para evitar dañarse, el ejercicio debe ser personalizado según la edad y la prákriti. Para la mayor parte de las personas, los ásanas de yoga y los ejercicios respiratorios (pranayama) son ideales. (Por favor, véase el capítulo 15: «El yoga en el ayurveda»). Además, caminar, nadar, el tai chi, el chi kung y montar en bicicleta son buenos para la mayor parte de la gente. El ejercicio realizado a primera hora de la mañana es especialmente beneficioso, ya que elimina el estancamiento del cuerpo y la mente, fortalece el fuego digestivo, reduce el exceso de grasa y proporciona una sensación general de ligereza y alegría. Además, llena el cuerpo y la mente de prana.

La clase de ejercicio que se elige debe ser el adecuado para la constitución de cada uno. Las personas vata deben hacer ejercicio regularmente y con moderación. Destacan en deportes que requieren arranques rápidos de velocidad y agilidad. Los vata necesitan menos ejercicio que los pitta o los kapha. Los individuos pitta deben hacer ejercicio con moderación y abstenerse de practicarlo al mediodía y en las estaciones cálidas. Los pitta destacan en deportes competitivos que requieren fuerza, velocidad y resistencia. Deben recordar la importancia de no volverse demasiado competitivos o calentarse demasiado. Las personas kapha deben realizar ejercicio intenso. Los kapha se desenvuelven bien bajo presión en las actividades atléticas, por su naturaleza estable y relajada. Necesitan ejercicio estimulante y vigoroso, equilibrado con actividades que les motiven.

El ejercicio intenso no es recomendable para las personas demasiado débiles y demacradas, después de comidas fuertes o para alguien que tenga fiebre. También está contraindicado para personas que tienden a padecer hemorragias, tuberculosis, enfermedades cardíacas, asma o vértigo.

Abhyanga (masaje con aceite)

El abhyanga, que suele ser un automasaje, es una de las prácticas ayurvédicas más importantes para fortalecerse y evitar el envejecimiento. Es una parte esencial del dinacharya, que ayuda a limpiar el cuerpo y a regular los doshas. Una de las principales causas del envejecimiento es la desecación de los tejidos, que provoca un transporte y una asimilación más lentos de los nutrientes en las células del cuerpo. La sequedad también ralentiza la evacuación del cuerpo de los desechos tóxicos. El masaje con aceite elimina esta sequedad, el estancamiento y nutre la mente y el cuerpo. El abhyanga se puede hacer lo primero por la mañana, de media a una hora antes de bañarse o justo después del baño. Igualmente, puede hacerse por la noche antes de acostarse.

Cuando se utiliza el aceite adecuado, la piel se vuelve saludable y vibrante. El masaje con aceite de plantas es beneficioso para casi cualquier trastorno de los doshas. El aceite de sésamo va bien para las persnas de todos los doshas, aunque las vata necesitan más aceite que las pitta o las kapha.

Los individuos vata deben masajear el cuerpo entero con aceite templado de sésamo y prestar más atención a los pies, la zona lumbar, la zona abdominal, el cuello y los hombros. Aunque el de sésamo es el mejor, los vata también pueden utilizar aceites de almendras, aguacate, ricino, coco, mostaza, nuez de kukui y nuez de macadamia.

Las personas pitta deben prestar más atención al pecho, el hígado, el estómago y la cabeza. El aceite de sésamo aumenta ligeramente pitta. Por eso, los mejores aceites para los pitta son el de coco o el *brahmi tháilam* (brahmi en aceite de sésamo).

Las de tipo kapha deben masajear toda la zona del abdomen, el pecho y la garganta, y también pueden incluir los senos nasales. Los aceites de sésamo y de mostaza son adecuados para los kapha. A los kapha también les beneficia el cepillado en seco de la piel y la aplicación de polvos de plantas desecadas.

Todos los tipos pueden terminar su abhyanga diario utilizando algún aceite esencial de alta calidad, como el de rosa, sándalo, incienso o jazmín, en la zona del tercer ojo, la garganta y el corazón.

Disciplina mental y moral

Otro aspecto importante del programa diario se refiere a la salud mental. Según la *Cháraka Sámhita*, hay que tener una disciplina mental y moral que incluya:

- El respeto a Dios, los profesores, los santos y las personas mayores.
- Ayudar a otras personas en momentos difíciles.
- Tomar decisiones firmes; ser valiente, inteligente, audaz e indulgente.
- Evitar a las personas negativas, maliciosas y codiciosas.
- Evitar los lugares indeseables, el alcohol y las drogas.

La disciplina metal rigurosa y la adhesión a los valores morales son esenciales para conservar la salud mental. Uno de los conceptos claves del ayurveda demuestra que las pautas de conducta anormales producen estrés, y que los errores o la falta de juicio están en la base de todas las formas de estrés. Mejorar las pautas de conducta previene el estrés y puede liberar el cuerpo y la mente de trastornos físicos y mentales.

Disciplina espiritual

Actualmente parece que nadie tiene tiempo para ir a los templos o a los ashrams o para hacer prácticas espirituales. Pero si nuestro hijo está enfermo, estamos dispuestos a esperar todo el tiempo que haga falta sin dormir en la sala de espera de un hospital. Para conseguir un solo palmo de tierra, esperaremos a la puerta del juzgado innumerables días bajo la lluvia o el sol, sin pensar siquiera en nuestro marido, esposa o hijos. Podemos pasar horas esperando en una tienda atestada de gente para comprar una aguja por unos céntimos, pero no tenemos tiempo para rezarle a Dios. Hijos míos, quienes amen a Dios dispondrán automáticamente de tiempo para la práctica espiritual.

Amma

Hijos, cuando os sentéis a meditar no penséis que podréis aquietar la mente inmediatamente. Al principio, debéis relajar todas las partes del cuerpo. Aflojaos la ropa si está demasiado ceñida. Aseguraos de que la columna esté recta. Después cerrad los ojos y concentrad la mente en la respiración. Tenéis que ser conscientes de la inspiración y de la espiración. Normalmente inspiramos y espiramos sin ser conscientes de ello, pero no debe ser así. Hay que tomar conciencia del proceso. Entonces la mente estará despierta.

Amma

Para cualquier persona preocupada por lograr una salud óptima y crecer espiritualmente, es imprescindible realizar una sádhana (práctica espiritual) diaria. Hay infinitas clases de prácticas. Podemos meditar, cantar bhajans, hacer mantra japa, leer libros espirituales, hacer servicio desinteresado, etc. En un mundo despiadado, la práctica espiritual es la soga de amor que nos une a nuestro verdadero Ser. Sin una conexión directa con lo Divino, la vida carece de un sentido más profundo.

Existen numerosas clases de meditación. Es importante practicar de una forma coherente. Esta es una técnica sencilla: siéntate e interiorízate, volviendo la atención hacia la conciencia. Esta práctica puede durar desde unos minutos hasta dos horas. Es el aspecto más importante del dinacharya. Simplemente estate tranquilo, siéntate en paz y sé. La meditación es necesaria para disciplinar la mente y eliminar el estrés mundano. Lo mejor es meditar después del lavado matutino y por la noche antes de acostarse.

Cuando experimentamos la meditación profunda, el cuerpo, la mente y el alma se nutren completamente. Este alimento espiritual es tan sustancioso que el cuerpo necesita menos comida para conservar la salud. El control del deseo o hambre mental es la clave de la longevidad y la inmortalidad.

La IAM (Integrated Amrita Meditation Technique®: «técnica integrada de meditación Ámrita») es una poderosa técnica de meditación creada por Amma para ayudar a las personas a encontrar la satisfacción en la vida. La técnica refina la mente y produce relajación, concentración, un sentido más amplio de sí mismo y mayor conciencia. La IAM se enseña de forma gratuita en todo el mundo, no solo a individuos sino también a empresas e instituciones penitenciarias. (Para más información, visita www.iam-meditation.org)

Ocupación

El trabajo consume alrededor de un tercio de la vida de una persona media. El éxito o el fracaso en la profesión a menudo influye en la confianza en sí mismo y la sensación de ser alguien valioso. Es importante que la naturaleza del trabajo concuerde con nuestra constitución y con nuestro dharma.

Los de tipo vata tienden a preferir trabajos que requieran de explosiones repentinas de energía; pero eso suele llevar al agotamiento. Para crear un equilibrio deben establecer un programa en su trabajo. Para ellos es beneficioso un trabajo que sea algo repetitivo. El vata necesita un ambiente tranquilizador y reconfortante en casa y en el trabajo. El trabajo perfecto para un vata tiene que ser lo bastante emocionante para mantener su interés y suficientemente programado para que no se produzcan desequilibrios.

Las personas pitta, que son bastante prácticas, pueden ser buenos administradores, gerentes y directores generales. Los pitta, por naturaleza, tienden a ser más agresivos y darse más autobombo. El autoempleo y el trabajo físico son a menudo más atractivos para un pitta que un trabajo típico de oficina de nueve a cinco. Los empleos que suponen trabajar en equipo le aportan equilibrio al pitta. A menudo son adictos al trabajo. Los pitta suelen insistir en estar en el lugar donde haya más actividad, y trabajan todo lo que pueden en un día. Deben evitar los trabajos que supongan demasiado calor, como por ejemplo trabajar a pleno sol. A los pitta les va bien tener bastantes retos en el trabajo pero sin caer en el estrés de la competición extrema.

A los kapha les gusta la estabilidad y el equilibrio, pero deben esforzarse constante y conscientemente por introducir cambios o variedad en su trabajo y en su vida. De lo contrario, pueden tender al estancamiento y la depresión. Para los kapha es bueno que su trabajo tenga algún aspecto físico. La competencia y el plantearse metas también ayudan a los kapha a superar la monotonía y el estancamiento. Es especialmente importante que tengan una carrera creativa, mentalmente inspiradora y elevadora. Los kapha suelen tener una gran resistencia y paciencia en el lugar de trabajo, lo que los convierte en buenos consejeros o terapeutas. Su amor y su compasión hacen que sean muy buenos sanadores.

Hora de dormir

Meditar antes de dormir hace que el sueño sea tranquilo y profundo. Lo mejor es acostarse alrededor de las diez de la noche. Podemos darnos un masaje en las plantas de los pies con un aceite calmante de masaje o esencial antes de acostarnos. Esta acción tan sencilla proporciona calma y bienestar. Dar las gracias antes de dormirse por el día que acaba y todas las experiencias y lecciones que nos trajo también es calmante y rejuvenecedor.

Hay que intentar que el programa diario se parezca todo lo que sea posible al dinacharya recomendado. Al principio, el cuerpo y la mente pueden resistirse al cambio, pero la perseverancia llevará a una vida mucho más saludable y satisfactoria.

Como hemos perdido el contacto con la naturaleza, los estilos de vida recomendados por el ayurveda muchas veces están lejos de la forma de vida de la persona media. Hemos olvidado cómo vivir de acuerdo con nuestro propio ritmo y con los ciclos de la naturaleza. Aunque pueda parecer lejos de nuestras posibilidades, tenemos que esforzarnos por avanzar con fe y valentía. En una ocasión, George Bernard Shaw dijo: «A menudo, las opiniones nuevas parecen al principio chistes o fantasías, después blasfemias y traición, después cuestiones debatibles y, al final, verdades aceptadas». Si podemos estar dispuestos a cambiar, nos abriremos a todo un nuevo universo de posibilidades ilimitadas.

Conciencia diaria de la salud

Lo que sigue es una breve lista de comprobación de puntos importantes y fácilmente observables para ayudarte a controlar y equilibrar tu salud.

Examínate la lengua todos los días para ver si hay signos de ama. Si hay una capa blanca, el sistema digestivo está trabajando lentamente y hay que estimularlo. Eso se puede hacer por medio de un breve ayuno o con especias y alimentos digestivos. Si la capa es amarilla, ten cuidado con los alimentos que aumentan pitta, como los pimientos, el vino, el alcohol y la cayena. Si es marrón oscura o negra, puede tratarse de una invasión de hongos. Las manchas o las zonas descamadas indican que hay parásitos, cándida o giardia. Lo ideal es una lengua húmeda y rosada. Examina si hay marcas de dientes en los bordes de la lengua. Si es así, puede que el colon no esté recibiendo suficiente calcio de la alimentación o que haya mala absorción y asimilación deficiente. Comer más alimentos ricos en calcio o tomar tríphala por la noche antes de acostarse puede ayudar a solucionar esta deficiencia. Sin embargo, ten cuidado de no tomar suplementos de calcio y vitamina E juntos, ya que la vitamina E bloquea la absorción del calcio.

Si hay grietas, fisuras o arrugas en la lengua, puede que estemos comiendo demasiados alimentos secos. Plantéate la posibilidad de añadir ghi a la comida. También puede deberse a una actividad repetitiva (como escribir en un ordenador) que provoca estrés en el cuello y la columna. Cuando realices esta clase de trabajo repetitivo, descansa con frecuencia y evalúa tu entorno de trabajo, la ergonomía, la luz, la cantidad de agua que tomas y la circulación del aire.

Fíjate si se acumulan depósitos de sarro en los dientes. El sarro puede aumentar por un exceso de dulces o falta de alimentos agrios. Los dientes sensibles al frío, el cepillado y los dulces pueden deberse a una alimentación demasiado agria. Si bebes zumos de cítricos intenta sustituirlos por otros como los de uva, manzana o melocotón.

Hay que examinar la dureza, la blandura, la flotabilidad, la frecuencia, el tiempo de tránsito y el color de las heces. La dureza está relacionada con la sequedad del colon, la falta de líquidos o el exceso de alimentos secos, que pueden provocar estreñimiento y dificultad en la evacuación. Las heces blandas pueden indicar un desequilibrio en la digestión o en la movilidad intestinal, provocado a menudo por un estilo de vida irregular. Las heces deben estar bien formadas y tener forma de plátano. Hay que tener como mínimo de una a dos deposiciones diarias, dependiendo de la tipología corporal. Las heces deben flotar. Si no lo hacen, es un signo de que el cuerpo está produciendo ama, que afecta el colon y su capacidad de absorber los nutrientes. Las heces que son de un color marcadamente amarillo, rojo o incluso negro indican que la digestión está desequilibrada. El tiempo ideal de tránsito de la comida desde que se ingiere hasta que se evacúa es de dieciocho a veinticuatro horas. Lo mejor es que las heces tengan color marrón sin restos de comida sin digerir.

Examina la orina todos los días. Si es espumosa, de color amarillo oscuro o completamente clara, puede haber algún desequilibrio en el organismo. Si la orina es amarilla oscura, quizá se esté tomando demasiado poco líquido. Si es clara, puede estarse ingiriendo demasiado líquido. Una orina espumosa puede deberse a haber tomado bebidas con gas u otras sustancias productoras de vata. Hay que sentir que la orina se ha evacuado completamente.

Examina la piel para observar su color, humedad, lesiones, flexibilidad, suavidad y tono. La sequedad o la descamación indican demasiadas influencias vata en la alimentación, el estilo de vida y las emociones. El abhyanga será muy beneficioso. El enrojecimiento extremo o las irritaciones indican un exceso de pitta. Demasiada humedad o grasa indican un exceso de kapha. Las anomalías en el color, las lesiones, la pérdida de tono o de flexibilidad pueden indicar desequilibrios locales o sistémicos por la alimentación o el estilo de vida, que a veces solo son temporales. Si duran semanas hay que buscar ayuda profesional.

El examen facial también da información sobre los desequilibrios de nuestra salud. El examen facial es un sistema de diagnostico completo. A continuación enumeramos algunos de los indicadores más generales. Se recomienda consultar a un médico ayurvédico titulado para un diagnostico más completo.

Las ojeras indican debilidad de los riñones o/y las glándulas suprarrenales. Cuando la piel del mentón está cortada es señal de toxicidad en el aparato reproductor. Arrugas verticales profundas en el entrecejo indican debilidad de los órganos. Si la arruga está en el lado derecho, esto muestra que hay toxicidad en el hígado o la vesícula. Si la arruga está a la izquierda, hay debilidad del bazo o el páncreas. Si la arruga está en el centro, es que hay desequilibrio en el corazón o en la tensión arterial.

Las mujeres deben hacerse un autoexamen de mamas regularmente, cada quince días o cada mes, y los hombres deben examinarse la próstata. Hay que buscar la ayuda de un profesional si se nota cualquier anomalía.

Estas características físicas se observan fácilmente, pero no son las únicas señales de desequilibrio. Las emociones también son indicadores válidos de desequilibrios. La ira, la preocupación y los sentimientos excesivos de apego también sirven como sistema de alarma. El pensamiento excesivo provoca insomnio y es otra señal válida de desequilibrio en el estilo de vida, los hábitos o la alimentación. Hay que sentir apetito a la hora adecuada. Si se presta atención —sin preocuparse— a estos pequeños detalles se pueden evitar problemas en el futuro.

Ritucharya: programa estacional

La naturaleza no se apresura,
pero todo se lleva a cabo.

Lao Tse

Los elementos cambian con cada estación y de ese modo influyen en los doshas. Del mismo modo, con las estaciones cambian tanto la constitución corporal como su naturaleza. El clima frío y seco aumenta vata; el caliente y húmedo aumenta pitta; el frío y húmedo, kapha.

Para evitar los desequilibrios estacionales de los doshas, el ayurveda recomienda el ritucharya (programa estacional) para conservar el equilibrio de los doshas. Hay una alimentación, un modo de vida y un programa distintos para cada estación. Estas prácticas recomendadas mantienen los doshas en estado de equilibrio y ayudan a gestionar el estrés y las tensiones de los cambios de estación.

El ayurveda divide el año en seis *ritus* (estaciones): el monzón del final del verano (*varsha*), el otoño (*shárada*), el invierno (*hemanta*), el final del invierno (*shíshira*), la primavera (*vasanta*) y el verano (*grishma*). Estas son las estaciones tradicionales en la India. Las estaciones varían dependiendo de dónde se viva. Por ejemplo, en los países del norte de Europa como Finlandia, Noruega y Suecia, los meses de invierno pueden durar hasta seis a nueve meses cada año.

Dosha	Acumulación	Intensificación	Equilibrio
Vata	Verano	Monzón	Otoño
Pitta	Monzón	Otoño	Invierno
Kapha	Invierno	Primavera	Verano

Verano

El verano (grishma) y el monzón del final del verano (varsha) son momentos de calor y de fuego. Están dominados por el dosha pitta y por eso intensifican pitta mientras que apaciguan kapha. En un clima caliente y seco, vata también puede aumentar durante el verano. Para las personas de tipo vata es más adecuado un ambiente húmedo. El pitta del verano disminuye cuando se acerca el final del otoño, época en la que aumenta kapha.

En el cuerpo, pitta rige el fuego digestivo, el hígado, los ojos, el corazón y la piel. También desempeña un papel importante en nuestros procesos creativos y en el modo en que percibimos el mundo visual, mental y emocionalmente. Por consiguiente, pitta determina la manera en que digerimos tanto los nutrientes físicos de la comida como los matices de nuestras experiencias vitales.

En el verano, el fuego interno se manifiesta exteriormente, ya que la gente celebra la vida y juega alegremente al aire libre. No obstante, también es la época en la que se presentan las afecciones inflamatorias y hay que tener cuidado de no realizar sobreesfuerzos, calentarse demasiado o deshidratarse. Las enfermedades del verano son los golpes de calor, la fiebre del heno, los sarpullidos, los dolores de cabeza y las náuseas por deshidratación y la piel seca, con picores y quemada por el sol. Pueden ser más frecuentes problemas digestivos como la acidez, el ardor de estómago y las úlceras gástricas.

El verano también es una época en la que mucha gente celebra demasiadas «fiestas», bebiendo alcohol y comiendo demasiado. Este comportamiento carente de discernimiento y el mal uso de los sentidos puede hacer que enfermemos. Como las posibilidades de excesivo jolgorio son mayores en verano, es la mejor estación para practicar los principios de viveka y *vairaguia*. Viveka significa «discernimiento consciente» o «conciencia». Vairaguia significa «desapasionamiento» o «desapego». La práctica de viveka y vairaguia no significa perder el amor a la vida; simplemente significa evitar las cosas que no sirven para un objetivo más elevado en la vida. El cultivo de estas cualidades nos da libertad para vivir con conciencia en el momento presente, donde tiene lugar la verdadera celebración de la vida.

Cuando la estación del monzón comienza al final del verano, vata predomina en la naturaleza. Cuando se intensifica el vata corporal, el fuego digestivo se debilita. Por eso, hay que intentar tener una alimentación equilibradora de vata. Durante la estación de lluvias, hay que comer alimentos astringentes, amargos y picantes. Los de constitución vata deben evitar el sabor astringente incluso durante la estación de lluvias. Hay que tomar alimentos fácilmente digeribles, como sopas y verduras al vapor en abundancia. El arroz, el trigo integral y otros cereales integrales nutritivos también son excelentes para equilibrar vata. También es importante abstenerse de dormir de día, pasar largas horas al sol y hacer demasiado ejercicio. Es muy recomendable darse frecuentes baños templados y masajes de aceite templado. No excederse en la actividad sexual. Esta estación es la época perfecta para programas de desintoxicación o panchakarma.

Programa estacional de verano

- Llevar una alimentación que calme pitta. Evitar los alimentos de sabor picante, agrio y salado. Comer alimentos dulces, amargos, astringentes, refrescantes y de fácil digestión. Comer alimentos ligeros como verduras de hoja verde oscura, arroz básmati y judías mung. Los alimentos crudos como las ensaladas, las frutas y las bayas son ideales. Las ensaladas de algas crudas son una comida excelente para el verano. Los zumos de verduras crudas se pueden tomar en abundancia. Los batidos de frutas o los zumos de verduras son un estupendo desayuno en verano.

- Asegurarse de beber lo suficiente para evitar la deshidratación. El agua de coco y los zumos de frutas frescos son muy beneficiosos, en especial los de áloe, uva, papaya, sandía, piña dulce y otras bebidas dulces refrescantes. También son adecuadas las infusiones refrescantes, como la hierbabuena o el hinojo.

- Lavarse los dientes con polvos o pastas dentales vegetales refrescantes, como el nim, la hierbabuena y la gaulteria.
- Durante el verano, darse masajes con aceite de coco.
- Caminar descalzo sobre la tierra.
- Nadar en extensiones de agua naturales como lagos, ríos, mares y cascadas.
- La práctica de ásanas de yoga se debe realizar en una zona fresca, sin sol directo. La práctica debe ser suave con muchos ásanas de pie y torsiones. Se puede hacer el surya namaskar lentamente y con suavidad. Las inversiones aumentan el calor, por lo que hay que reducirlas al mínimo.
- Utilizar aceites esenciales refrescantes y calmantes, como los de jazmín, loto, rosa, sándalo, nardo y camomila azul.
- Lavarse y rociarse la cara a menudo con agua de rosas.
- El áloe y la ámalaki son plantas refrescantes para el verano.
- El pranayama *shítali* (refrescante) se puede practicar a menudo a lo largo del verano.

Otoño

El otoño (shárada) es la época en la que vata aumenta porque las cualidades del otoño reflejan las de vata. Los días se vuelven más secos y fríos. Empieza a aumentar el viento. Es una estación de cambios y, como el cambio intensifica vata, este aumenta naturalmente. Durante esta época es importante protegerse del viento excesivo, así como de las conductas irresponsables e irracionales. Vata se acumula en los pulmones, el intestino grueso, las uñas, los huesos, los nervios, la piel, las articulaciones, el pelo y el cerebro. Los trastornos de vata son los más abundantes y entre ellos suelen encontrarse el estreñimiento, el nerviosismo, la ansiedad, el insomnio, la inestabilidad mental, los trastornos del habla, los trastornos musculares y nerviosos, la indigestión, la distensión abdominal y los gases.

Programa estacional de otoño

- Los entornos relajados y sin estrés son los más adecuados, especialmente para los de constitución vata.
- La respiración alterna sin retención antes de la práctica de yoga ayuda a calmar la mente y relajar los nervios.
- La mejor norma para el sueño es acostarse pronto y levantarse pronto.
- Los masajes con aceite de sésamo templado son excelentes en otoño.
- Después de lavarse los dientes, enjuagarse la boca con aceite templado de sésamo durante unos minutos. También podemos frotarnos las encías con aceite de sésamo utilizando el dedo. Lavarse los dientes con polvo o pasta vegetal de regaliz, hinojo o menta.
- Antes de acostarse, frotarse las plantas de los pies con aceite de sésamo.
- La cúrcuma (Curcuma longa) es excelente para reducir vata y equilibrar los doshas.
- Darse baños calientes con aceites esenciales, sales minerales y bicarbonato.
- Se pueden practicar ásanas de yoga todo lo que se quiera. El surya namaskar puede realizarse lenta y conscientemente. Todas las posturas invertidas, especialmente las posturas sobre la cabeza y sobre los hombros, son sumamadamente beneficiosas para calmar vata. Se pueden practicar otras disciplinas físicas que nos arraiguen y que nos nutran (tai chi, chi gong, etc.). El baile es especialmente recomendable en otoño.
- El *chayavanprash* se puede tomar diariamente para aumentar la inmunidad. Una cucharadita por la mañana, sola o con leche especiada templada, es un tónico excelente para los vata.
- Para mantener el dosha vata controlado es imprescindible tener una alimentación que disminuya vata. Esta consta de alimentos dulces, agrios, salados y ligeramente especiados. La kichri es excelente, especialmente con verduras de raíz como la remolacha, las

zanahorias, la bardana y las chirivías. Añadir una cucharadita de ghi a la kichri la hace más digestiva y lleva los nutrientes hasta los tejidos más profundos. Las sopas templadas de verduras y los guisos con curry fortalecen el cuerpo para la siguiente estación fría. Como es la estación de la cosecha, hay disponibles abundantes alimentos nutritivos como la calabaza amarilla, la yuca, los boniatos, la calabaza, el calabacín y otras verduras. Se deben reducir o eliminar los alimentos crudos, las bebidas frías, los estimulantes y la mayor parte de las judías. Se pueden tomar lácteos orgánicos, sin homogeneizar ni pasteurizar. El ghi, el suero de mantequilla, el yogur y la leche templada con especias son tónicos excelentes para vata. Se pueden comer frutos secos y semillas, así como la leche de los frutos secos y de las semillas. Las almendras, la avena, el cáñamo, el arroz, el girasol y la quinoa son estupendos sustitutos de los lácteos. Los cereales como la avena, el arroz básmati y la quinoa son muy beneficiosos en esta época. Se pueden tomar sin restricción plantas como la asafétida (hing), el cardamomo, la canela, el cilantro, el comino, el hinojo y el jengibre.

- El otoño es muy buena época para el panchakarma o el shatkarma.
- Tomar por la noche leche templada con cúrcuma y cardamomo es una forma de terminar el día cuidándose y nutriéndose.

Invierno

De principios a mediados del invierno (hemanta) y hasta el final del invierno (shishira) son las estaciones en que los elementos se retiran naturalmente. Es una época para volverse hacia el interior y apartarse de las influencias exteriores. Es una época de descanso y rejuvenecimiento. También es la época en la que la tierra y el agua expresan sus cualidades tamásicas. Esta expresión de tamas en la naturaleza es necesaria para la acumulación de energía que más tarde se manifestará como vida nueva en primavera. Para los seres humanos, eso significa que el período de invierno favorece la introspección, lo que ayuda al desarrollo del bienestar espiritual, emocional, mental y físico; sin embargo, si tamas aumenta demasiado pueden surgir sentimientos de apatía o depresión. Las prácticas pacificadoras de kapha pueden contrarrestar el exceso de tamas.

En invierno kapha aumenta, por lo que las personas kapha deben ser especialmente cuidadosas durante esta estación. Las cualidades frías y pesadas del invierno pueden desequilibrar fácilmente kapha, dando lugar a trastornos de salud típicos del invierno como resfriados comunes, debilidad de los órganos (especialmente los riñones, los pulmones y el páncreas), perturbaciones de las mucosas, problemas de vejiga, trastornos sanguíneos, aumento de los líquidos sinoviales (y otras secreciones corporales) y aumento de peso.

A causa del frío, vata tiende a aumentar en invierno, especialmente en los climas más secos. Los vientos helados y el efecto secante de las calefacciones también intensifican fácilmente vata. Por eso, los de constitución vata también se benefician de la mayor parte de las prácticas que mencionamos a continuación.

Programa estacional de invierno

- Seguir una alimentación que calme kapha o vata, dependiendo de la constitución de cada uno.
- Está bien dormir un poco más en invierno; sin embargo, siempre es beneficioso levantarse antes de amanecer.
- Lavarse los dientes con polvos vegetales que contengan plantas estimulantes como la canela, el clavo o el jengibre. Después de lavarse los dientes, enjuagarse unos minutos con aceite templado de sésamo. También nos podemos frotar las encías con un dedo con aceite de sésamo.
- Los masajes diarios con aceite de sésamo son muy beneficiosos. Dejar que el cuerpo absorba el aceite después del masaje por lo menos durante una hora, y después darse un baño o una ducha caliente.
- Beber agua templada.

- La práctica diaria de yoga es muy beneficiosa. Realizando vigorosamente doce series de surya namaskar se mantiene kapha a raya.
- Asegurarse de disfrutar de suficiente ejercicio, aire libre y sol.
- Si ya se tiene experiencia con el pranayama, practicar *kapalabhati* o *bhastrika* para disipar el frío, la humedad y la apatía. Si no se es experto en pranayama, se puede aprender con un profesor capacitado.
- Aplicar nasya (aceite nasal) en la nariz todas las mañanas.
- Beber infusiones calentadoras hechas de jengibre, canela, cardamomo y pimienta negra.
- El chayavanprash, que es un tónico ayurvédico, es un remedio excelente para reducir vata y kapha. También ayuda al cuerpo a resistir los resfriados y favorece la inmunidad general. Tomar una cucharadita colmada todas las mañanas es una manera óptima de empezar cualquier día de invierno.

Primavera

La primavera (vasanta) es una época de despertar. Es un tiempo para volver a nacer, crecer y plantar las semillas de la creación. A medida que el calor y la luz primaverales aumentan, kapha disminuye, excepto en los lugares en que la primavera trae lluvia, que aumenta kapha. Como la primavera es una época de cambio, vata aumenta en ese período a pesar de la subida de temperatura. Pitta está equilibrado. En la primavera suelen predominar los desequilibrios de kapha, por su acumulación durante el invierno.

Tradicionalmente, la primavera es una época idónea para hacer prácticas de limpieza interna, como el panchakarma o el shatkarma. La limpieza de colon es una parte importante de estas técnicas. Los enemas de limpieza general también puede administrárselos uno mismo fácilmente en casa. Los enemas de café, aunque no pertenecen a la tradición del ayurveda, son una manera óptima de limpiar el colon y el hígado.

Programa estacional de primavera

- Levantarse pronto, varias horas antes del amanecer. Eso ayuda a disipar kapha, la fatiga y la apatía. Además, aumenta la lucidez mental, la fortaleza física y favorece la digestión.
- Es beneficioso darse masajes a menudo con aceite templado de sésamo. En primavera también se puede utilizar aceite templado de girasol.
- Darse baños y duchas calientes. Poner en el agua del baño un cuarto de taza de bicarbonato, media taza de epsomita (u otras sales minerales) y diez gotas de aceite esencial reconstituyente de grado terapéutico, como los de angélica, cardamomo, canela, clavo, eucalipto, jengibre, limón, citronela, melisa (bálsamo de limón), neroli, naranja, salvia o tomillo.
- Es muy tonificante frotarse la piel seca antes del baño con polvo de plantas o con un cepillo natural para piel seca.
- Utiliza saunas o cabinas de sudación a menudo para ayudar a quemar las toxinas acumuladas.
- Las infusiones calientes de limón y gengibre con miel o de túlasi con jengibre y pimienta negra pueden estimular el fuego digestivo y quemar las toxinas acumuladas.
- En esta época son beneficiosos los ásanas estimulantes de yoga, como las extensiones y torsiones de columna, las apertura de caderas y las posturas de pie. Hacer doce o más vueltas de surya namaskar es una estupenda práctica diaria.
- Se recomiendan otros ejercicios como el tai chi, el chi gong, el aikido, el ciclismo y el senderismo.
- Abstenerse de tomar alimentos pesados, aceitosos, salados, agrios y dulces y las bebidas que puedan intensificar fácilmente kapha y crear ama en los doshas. Los cereales integrales ligeros (como el arroz basmati, el arroz jazmín, la quinoa, el mijo y la cebada) y los alimentos astringentes, picantes y amargos son excelentes, ya que se digieren con facilidad. En esta época se pueden comer verduras de hoja oscura como la rúcula, las acelgas, las coles, las

hojas de mostaza, el diente de león, la mostaza japonesa y las coles rizadas. Las legumbres, como las lentejas rojas, las judías aduki, las judías mung y los garbanzos, son astringentes por naturaleza y un alimento excelente para tomar en primavera. El kichri (mung dal y arroz básmati) es un alimento básico excelente.

- La primavera también es una buena época para consumir plantas amargas que limpien el hígado, la vesícula, la linfa y la sangre. El áloe, la bhumiamálaki, la raíz de diente de león, la daruháridra (espino), la genciana, la guduchi, la kutkí o (kátuka), el manjishtha y la cúrcuma son excelentes plantas para la primavera.

Capítulo 12

Limpieza ayurvédica y yóguica

Para un buscador es bueno purificar el estómago
por lo menos dos veces al mes.
Las heces acumuladas en los intestinos crean agitación
y negatividad en la mente.
Mediante la purga, no solo limpiamos el cuerpo,
sino también la mente.

Amma

El cuidado del cuerpo es un deber. De lo contrario
la mente no estará firme y clara.

Buda

Uno de los aspectos más importantes del ayurveda es el programa de limpieza y rejuvenecimiento llamado panchakarma. El panchakarma es la piedra angular de la forma ayurvédica de gestionar la enfermedad. Pancha significa «cinco» y karma significa «acción». El panchakarma consta de cinco tratamientos terapéuticos o de limpieza. Son métodos específicos para eliminar de forma segura y eficaz el ama de diferentes partes del cuerpo sin dañar o debilitar el sistema. El panchakarma llega a la raíz que causa el problema y restablece el equilibrio esencial tridóshico del cuerpo. El panchakarma no solo es bueno para aliviar las enfermedades, sino que también ayuda a conservar una salud excelente. Además, el panchakarma actúa sobre el cuerpo sutil. Ayuda a quemar patrones mentales y emocionales viejos y obsoletos. A menudo, el ayurveda recomienda someterse a un panchakarma en los cambios de estación.

Hay muchos factores que desempeñan un papel en la formación del ama: mala digestión de la comida, combinación y elección inadecuadas de alimentos, beber agua de mala calidad, contaminación, pesticidas en la comida y estrés emocional y físico. El ama se acumula y se extiende por todo el cuerpo. Estas toxinas acaban penetrando en los tejidos, los órganos y los canales más profundos, provocando así disfunciones, trastornos y enfermedades.

Los beneficios del panchakarma, según la *Cháraka Sámhita*, son: aumento del agni, alivio de la enfermedad, recuperación y conservación de la salud, funcionamiento correcto de todos los órganos sensoriales, funcionamiento correcto de la mente y el intelecto, buena coloración de la piel, virilidad (capacidad de engendrar hijos saludables), retraso del envejecimiento y disfrute de una vida saludable.

El panchakarma se diseña de forma exclusiva según las necesidades de cada individuo, en función de su constitución y de los desequilibrios de sus doshas. Las terapias que se realizan en este tratamiento ablandan eficazmente el ama de los tejidos profundos para que puedan eliminarse por los canales naturales de evacuación del cuerpo. Antes de iniciarse el proceso del panchakarma, un médico ayurvédico tiene que evaluar cuáles son nuestros puntos débiles y determinar nuestra constitución y el estado actual de los doshas. Es importante establecer qué tejidos, canales y órganos están desequilibrados y requieren tratamiento. Solo entonces podrá el médico diseñar un programa de panchakarma eficaz, específicamente adaptado a nuestras necesidades.

Hay tres etapas en el panchakarma: las terapias preliminares, llamadas *purvakarma,* las cinco terapias principales del panchakarma (*vámana, nasya, virechan, raktamókshana* y *basti)* y los procedimientos posteriores al tratamiento llamados *pashchatkarma.* Tanto las terapias preparatorias como las que siguen al panchakarma son esenciales para el éxito y los efectos duraderos del tratamiento.

Purvakarma

El purvakarma prepara el cuerpo para deshacerse del ama acumulado. El *snéhana* (aceitado) es el primer paso del purvakarma y consiste en saturar el cuerpo de aceites vegetales o medicinales. El aceitado interno con ghi o aceite medicinal ayuda a soltar el ama y a trasportarlo desde los tejidos más profundos hasta el conducto intestinal. Los aceites se eligen según las necesidades y el desequilibrio dóshico particulares de cada individuo. El abhyanga es un masaje con aceite vegetal preparado individualmente, diseñado para penetrar profundamente en la piel, relajar la mente y el cuerpo, deshacer las impurezas y estimular la circulación arterial y linfática. Mejora la capacidad de los nutrientes para llegar a las células desnutridas y acelera la eliminación del ama. El resultado deseado del abhyanga es un estado más elevado de conciencia que guíe el sistema interior natural de curación del cuerpo.

Una vez terminado el masaje, se realiza el *suédana* (sudar). El suédana es un baño de vapor con unas plantas específicas para cada persona que sirve para dilatar los canales de manera que el ama se pueda eliminar más fácilmente. El suédana ayurvédico es único porque la cabeza y el corazón se mantienen muy fríos durante el baño de vapor, mientras que el cuerpo se calienta para eliminar las toxinas mentales, emocionales y físicas depositadas profundamente en los tejidos. La cabeza y el corazón fríos proporcionan una sensación de tranquilidad y apertura mientras que el vapor terapéutico penetra en el resto del cuerpo y lo limpia profundamente sin que llegue a sobrecalentarse o estresarse.

Hay varios tratamientos de suédana que pueden utilizarse como terapias complementarias durante el panchakarma, pero aquí describiremos las dos clases principales. La primera forma es una aplicación local de vapor con una decocción de plantas o aceites medicinales. Este método es sumamente eficaz para algunas clases de afecciones artríticas porque se concentra en zonas específicas del cuerpo, como las articulaciones o los músculos doloridos, para mejorar la movilidad y reducir el dolor. En la segunda clase se aplica el vapor de forma uniforme por todo el cuerpo, excepto la cabeza, utilizando una cabina de sudación. Este método se utiliza para purificar más el cuerpo después del abhyanga. Por lo general, le sigue una aplicación de emplastos y cataplasmas vegetales para ayudar a extraer las toxinas de los poros de la piel.

El purvakarma también utiliza una terapia llamada *shirodhara*. *Shiro* significa «cabeza» y *dhara* significa «goteo de aceite como un hilo». En este tratamiento un chorrito constante de aceite templado se vierte sobre la frente. Esto apacigua el dosha vata, calma y nutre el sistema nervioso central, favorece la relajación y la tranquilidad y mejora la claridad mental y la comprensión. Es especialmente rejuvenecedor para el prana vata. De hecho, el shirodhara se puede hacer al principio y/o al final del panchakarma, dependiendo de la persona, del estado de los doshas y los dhatus y de los síntomas que se manifiesten. El shirodhara se realiza tradicionalmente en el purvakarma, pero se puede aplicar por sí mismo o formando parte de otras terapias ayurvédicas.

Panchakarma

Una vez completado el purvakarma, el ama desciende hacia el conducto gastrointestinal y se puede eliminar con los tratamientos principales del panchakarma: vámana, nasya, virechan, raktamókshana y basti. Cada una de estas terapias favorece la eliminación del ama por los canales normales de evacuación.

El vámana (la emesis terapéutica) y el nasya (administración de aceites medicinales y preparados de plantas) se relacionan con kapha. El virecha (purga terapéutica) y el raktamókshana (extracción terapéutica de sangre) están relacionados con pitta. La basti (enema terapéutico de plantas) se relaciona con vata.

Durante el panchakarma es esencial tener una dieta personalizada que ayude en la eliminación de las toxinas. De hecho, el consumo de alimentos inadecuados mientras se realiza una limpieza profunda puede llevar las toxinas más hacia el interior. Tradicionalmente, el alimento básico de la dieta del panchakarma es kichri con verduras.

Vámana

El vámana se recomienda cuando hay congestión pulmonar. Es especialmente beneficioso para personas que padecen a menudo bronquitis, resfriados, tos o asma. Elimina el kapha que provoca exceso de mucosidad. El vámana normalmente se aplica después del snéhana y del suédana. Se administran tres o cuatro vasos de agua de regaliz o salada y después se induce el vómito provocando náuseas frotando la parte posterior de la garganta y la lengua. Una vez eliminado el moco, el paciente experimenta un alivio casi inmediato de los síntomas. Por lo general, la congestión, las sibilancias y la disnea desaparecen y los senos nasales quedan limpios. La preparación tradicional del vámana utiliza plantas como la nuez emética, la lobelia, el regaliz y la raíz de cálamo. Hay que realizarlo temprano por la mañana, cuando hay menos ácido clorhídrico en el estómago.

Indicaciones del vámana

Asma crónica, diabetes, resfriado crónico, congestión linfática, indigestión crónica y edema. También es excelente para liberar emociones bloqueadas.

Contraindicaciones del vámana

Personas muy jóvenes, muy mayores o muy débiles. Si hay algún trastorno cardíaco grave.

Nasya

Nasya significa «relacionado con la nariz». La nariz es la puerta tanto del cerebro como de la conciencia. El nasya elimina el ama de las vías nasales, los oídos, los senos nasales, la garganta y los ojos. El nasya purifica abriendo los canales de la cabeza y oxigenando el cerebro. Es sumamente útil en los trastornos de vata y de kapha, pero también lo pueden usar los pitta. Fortalece el prana del cuerpo y es excelente para los que practican ásanas de yoga o pranayama.

El prana entra en el cuerpo por medio de la respiración que entra por la nariz. El prana es imprescindible para mantener las funciones sensoriales y motoras. Rige todas las actividades mentales e intelectuales, la memoria y la concentración. La perturbación del prana provoca un funcionamiento defectuoso de todas las actividades neurológicas. Se manifiesta como dolor de cabeza, convulsiones, pérdida de memoria y disminución de la percepción sensorial. El nasya alivia numerosas perturbaciones del prana, como la congestión de los senos nasales, las migrañas, las convulsiones y determinados problemas de ojos y de oídos.

Hay seis clases principales de nasya:

1. *Pradhamana nasya* (nasya de limpieza): utiliza polvos secos que se soplan o se inhalan por la nariz con un tubo. Esta clase de nasya se emplea para las enfermedades del tipo kapha que conllevan dolor de cabeza, pesadez de cabeza, resfriados, congestión nasal, ojos legañosos, voz ronca debida al kapha pegajoso, sinusitis, adenitis cervical linfática, tumores, parásitos, algunas enfermedades de la piel, epilepsia, somnolencia, enfermedad de Parkinson, inflamación de la mucosa nasal, apego, codicia y lujuria. Tradicionalmente se utilizan polvos como el de brahmi o el de vachá.

2. *Brúmhana nasya* (nasya nutritivo): utiliza ghi, aceites, sal, shatávari ghi, ashuagandha ghi y leche medicinal. Se emplea principalmente para los trastornos del vata. Mejora el malestar provocado por desequilibrios de vata como dolores de cabeza de tipo vata, migraña, ronquera, mareo, pesadez en los párpados, bursitis, rigidez de cuello, sequedad en los senos nasales o la nariz, pérdida del sentido de olfato, nerviosismo, miedo, sensación de vacío y negatividad.

3. *Shaman nasya* (nasya sedativo): utiliza decocciones medicinales de plantas, infusiones y aceites medicinales. Se destina

principalmente a los trastornos de tipo pitta, como la escasez de cabello, la conjuntivitis y el zumbido de oídos.

4. *Návana nasya* (nasya de decocción): utiliza una combinación de decocciones y aceites medicinales. Trata los trastornos de vata-pitta o de kapha-pitta.

5. *Marshya nasya* (nasya de ghi o de aceite): es relativamente tridhósica y equilibra las nadis. Es excelente para reducir el estrés y aumentar la concentración mental.

6. *Prati marshya nasya* (nasya diario con aceite): ayuda a abrir los tejidos profundos. Se puede hacer todos los días y en cualquier momento para liberar el estrés. Se utilizan preparados como el *anu tháilam* o el *brahmi ghrita*.

Indicaciones del nasya

Estrés, desequilibrio emocional, rigidez de cuello y hombros, nariz seca, congestión de los senos nasales, ronquera, migrañas y convulsiones.

Contraindicaciones del nasya

Infecciones de los senos nasales, embarazo, menstruación, después de la actividad sexual, después de un baño, después de tomar alcohol o de comer. El nasya no se debe utilizar en niños menores de siete años o en adultos de más de ochenta años.

Virechan

El virechan es un proceso natural de purga provocado con plantas. Limpia el intestino delgado y los órganos relacionados con pitta (como el hígado y la vesícula). El virechan elimina del cuerpo el ama y el exceso de pitta, equilibrando todas las funciones metabólicas. Cuando el exceso de bilis (pitta) se acumula en la vesícula, el hígado y el intestino delgado, provoca con frecuencia sarpullidos, inflamación de la piel, acné, fiebre crónica, vómitos biliosos, náuseas e ictericia.

Para provocar esta limpieza se suelen utilizar plantas purgantes fuertes como la senna, el ruibarbo, el aceite de ricino, el áloe o la trívrit.

Indicaciones del virechan

Enfermedades de la piel, fiebre crónica, inflamación del hígado y del bazo, trastornos de la tiroides, parásitos, anemia, dolor de cabeza, quemazón de los ojos, inflamación de la tiroides, asma, tos, ictericia, epilepsia, edema, toxicidad en la sangre, estomatitis e hiperacidez.

Contraindicaciones del virechan

Niños, personas muy mayores, personas muy débiles, fisuras anales, hemorragia rectal, agni bajo, úlceras intestinales, prolapso de colon, diarrea y disentería, hemoptisis (esputo con sangre), embarazo, inmediatamente después del parto y enfermedad cardíaca aguda.

Basti

La basti es un enema suave pero profundamente terapéutico. La basti se realiza introduciendo aceites o líquidos medicinales en el colon, para retenerlos durante un tiempo y después expulsarlos. El principal objetivo de la basti es la purificación y el rejuvenecimiento del colon, porque el colon está conectado con todos los demás órganos y tejidos del cuerpo. Hay dos clases principales de basti: de limpieza y nutritivo. El colon es esencial para la absorción de los nutrientes y es el principal receptáculo para la evacuación de residuos. Es el asiento del dosha vata, que mueve los otros doshas y toda la actividad fisiológica. Como equilibra y nutre vata, la basti ejerce una amplia influencia en el cuerpo y afecta todos los doshas, srotas y dhatus.

El lugar predominante de vata es el colon y, aunque la basti sea el tratamiento más eficaz para los trastornos de vata, a veces son necesarios muchos enemas durante un tiempo prescrito. La basti alivia el estreñimiento, la distensión abdominal, la fiebre crónica, los resfriados, los desequilibrios sexuales, los cálculos renales, el dolor de corazón, los dolores de espalda, la ciática y otros dolores articulares.

Otros muchos trastornos de vata, como la artritis, el reumatismo, la gota, los espasmos musculares y los dolores de cabeza, también pueden tratarse con la basti.

Vata es un factor importante en la patogénesis de la enfermedad. Si vata se controla mediante el uso de la basti, se puede eliminar la causa de la mayor parte de las enfermedades. Vata es la fuerza principal que impulsa la evacuación y la retención de las heces, la orina, la bilis y otras excreciones.

Hay ocho clases generales de basti, cada una de ellas con indicaciones y contraindicaciones específicas.

1. *Anvásana* (enema de aceite): se utiliza en trastornos puros de vata y cuando una persona experimenta hambre o sequedad extremas relacionadas con los desequilibrios de vata.

2. *Niruha-ashtapana* (enema de decocción): se utiliza para la evacuación de vata, las enfermedades nerviosas, los trastornos gastrointestinales, la gota, la fiebre, la pérdida de conciencia, los trastornos urinarios, el hambre, el dolor, la hiperacidez y las enfermedades del corazón.

3. *Úttara basti* (uretral para los hombres y vaginal para las mujeres): se utiliza en determinados trastornos del semen y de la ovulación y para problemas que provoquen dolor al orinar o infección de la vejiga. Está contraindicado para personas con diabetes.

4. *Matrá basti* (enema diario de aceite): se utiliza en casos de extrema delgadez por estrés, exceso de trabajo, de ejercicio físico, de levantamiento de pesos, de caminar, actividad sexual excesiva o incorrecta y trastornos crónicos de vata. No hace falta acompañarlo de restricciones alimenticias rigurosas o de un programa diario estricto, y se puede administrar en todas las estaciones. Da fuerza, ayuda a engordar y en la evacuación de los productos de desecho.

5. *Karma basti* (programa de treinta bastis): puede incluir cualquier clase de basti, según las necesidades de la persona.

6. *Kala basti* (programa de quince bastis: diez de aceite y cinco decocciones).

7. *Yoga basti* (programa de ocho bastis: cinco de aceite y tres decocciones).

8. *Brúmhana basti* (enema nutritivo): proporciona nutrición por los intestinos. Tradicionalmente, se utilizan substancias altamente nutritivas, como leche templada, caldo de plantas y plantas como la shatávari o el ashuagandha.

Indicaciones de la basti

Estreñimiento, dolor lumbar, gota, reumatismo, ciática, artritis, autointoxicación, trastornos nerviosos, dolores de cabeza tipo vata, delgadez extrema y atrofia muscular.

Contraindicaciones de la basti

Diarrea, hemorragia rectal, indigestión crónica, disnea, diabetes, fiebre, delgadez extrema, anemia grave, tuberculosis pulmonar, obesidad, agni bajo, inflamación del hígado o del bazo, pérdida de conciencia, tos, edad avanzada o niños menores de siete años.

Las personas que padezcan las siguientes afecciones deberán evitar los enemas de decocciones: debilidad, hipo, hemorroides, inflamación del ano, diarrea, embarazo, ascitis, diabetes y algunos problemas que provoquen dolor o dificultad para respirar.

Los enemas nutritivos los deben evitar las personas que tengan las siguientes enfermedades: diabetes, obesidad, obstrucción linfática y ascitis.

Las personas con diabetes deben evitar los enemas uretrales y vaginales.

Según el ayurveda, la repetida irrigación con agua en la terapia del colon puede debilitar la membrana mucosa y secar el colon, perturbando aún más la función evacuatoria de vata. Cuando los aceites medicinales se utilizan junto con las terapias del purvakarma, todos los tejidos se nutren y se eliminan las toxinas de todo el cuerpo, ya que la basti elimina el ama que las otras terapias han arrastrado hasta el colon. La *Cháraka Sámhita* dice que la basti proporciona la mitad de los beneficios terapéuticos del panchakarma. La basti garantiza un colon saludable y un agni fuerte.

Raktamókshana

En el pasado, el panchakarma incluía el raktamokshana o sangría. Tradicionalmente se realizaba poniendo sanguijuelas en una determinada zona. Este tratamiento se utilizaba para extraer de la sangre el exceso de ama relacionado con pitta y curar determinadas dolencias relacionadas con la sangre y la piel. Actualmente apenas se utiliza este método de purificación y limpieza de la sangre.

Cuando las toxinas presentes en el conducto gastrointestinal son absorbidas en la corriente sanguínea y circulan por todo el cuerpo, provocan una afección llamada toxemia. La toxemia es la causa principal de las infecciones recurrentes, la hipertensión y muchas otras enfermedades circulatorias como las alteraciones de la piel de tipo pitta, la urticaria, los sarpullidos, el herpes, el eczema, el acné, el vitíligo o el picor crónico. El raktamókshana está indicado, junto con medicación interna, para el tratamiento de estos desequilibrios y en caso de inflamación del hígado o el bazo o de gota.

Los expertos ayurvédicos occidentales están creando ahora nuevas variantes de esta terapia. Una manera de hacerse el raktamókshana es donar sangre. Aunque la donación de sangre no garantiza que se vaya a eliminar la sangre tóxica, sin duda ayuda a producir nuevas células sanguíneas. La extracción de una pequeña cantidad de sangre alivia la tensión creada por las toxinas de tipo pitta en la sangre. La sangría estimula el bazo para producir sustancias antitóxicas. Eso estimula el sistema inmunitario, lo que neutraliza las toxinas y permite una cura más rápida en muchos trastornos de la sangre. La sangría, o donar sangre, está contraindicado si hay señales de anemia, edema, debilidad extrema, diabetes y en niños y ancianos.

En nuestra época es más corriente el uso de plantas purificadoras de la sangre. Esta clase de plantas purifican la sangre, eliminan las toxinas y poseen propiedades antibacterianas y antiinfecciosas. Son excelentes para el tratamiento de tumores, cánceres, heridas, úlceras y muchas enfermedades de la piel y relacionadas con la sangre. Estas plantas purificadoras también son excelentes para protegernos de las enfermedades infecciosas o contagiosas y las epidemias. Las que se utilizan más comúnmente son el áloe, la ámalaki, la bhumiamálaki, la bardana, el chaparral, el diente de león, la equinácea, la manjishtha, el nim, el trébol rojo, el sándalo, la shállaki, el shilájit, la cúrcuma y la romaza. Las mujeres tienen la bendición de su menstruación mensual, que les proporciona una purga natural de las toxinas por medio de la sangre.

Indicaciones del raktamókshana

Trastornos de pitta, urticaria, erupciones, acné, eczema, sarna, vitíligo, picor crónico, hemorroides, inflamación del hígado o del bazo, gota.

Contraindicaciones del raktamókshana

Anemia, edema, debilidad, niños pequeños, ancianos, embarazo, durante la menstruación.

Pashchatkarma

El pashchatkarma comprende las terapias posteriores al panchakarma: ajustes y regímenes dietéticos, con plantas y de estilo de vida. Después del panchakarma hay que llevar una alimentación y un estilo de vida que estén en armonía con el dosha, además de *rasáyanas* (plantas rejuvenecedoras) y suficiente descanso. Los rasáyanas son preparados de plantas y minerales con efectos específicos para el restablecimiento del cuerpo y de la mente. Los rasáyanas aumentan la vitalidad general del cuerpo. Nutren y rejuvenecen todo el organismo y son una componente esencial de los métodos del pashchatkarma.

Hay muchas plantas regeneradoras específicas para los doshas, los dhatus y los órganos de cada uno. Tienen que administrarse adecuadamente junto con una dieta rejuvenecedora. También es importante tratar de equilibrar la mente y las emociones. El dinacharya es una parte esencial de este proceso. Y los ásanas de yoga, los mantras y la meditación resultan especialmente beneficiosos.

Además, respirar aire fresco y limpio y pasar tiempo en la naturaleza es extremadamente rejuvenecedor para el cuerpo, el corazón, la mente y el espíritu.

El pashchatkarma desempeña un papel clave para ayudar al cuerpo a restablecer un metabolismo saludable y una inmunidad fuerte. Si estos tratamientos ulteriores se descuidan, es posible que la digestión no se normalice y se vuelva a producir ama. Las recomendaciones dietéticas para después del panchakarma consisten en comer alimentos ligeros y nutritivos, como sopa de mung dal, arroz básmati y verduras cocinadas. Gradualmente se van volviendo a incluir alimentos en la dieta. También se recomienda volver lentamente a la actividad normal para no agotar el sistema nervioso, ya que después del panchakarma el cuerpo y la mente se encuentran en un estado sensible y, en ocasiones, vulnerable.

Más allá del panchakarma

Hay otros muchos métodos de limpieza, purificación y rejuvenecimiento que se pueden utilizar en conjunción con el panchakarma y el ayurveda. También se pueden utilizar por sí mismos aparte del panchakarma. Entre estos tratamientos están: el *avagaha sueda,* el *élakiri* o *kiri* (el nombre varía según la zona de la India), el *karnapurna,* la *katí basti,* el *lépana,* el *návakiri,* la *netra basti* o *tárpana,* el *pírichil,* la *shiró basti,* el *shirodhara thala,* el *uduártanam* y la *uró basti.*

El avagaha sueda es un baño de caderas en una decocción de plantas medicinales. Se hace después del abhyanga, y se utiliza para el tratamiento de dolores de espalda, trastornos urinarios, trastornos reproductivos y durante el embarazo.

El élakiri o kiri consiste en la aplicación de hojas medicinales que han sido preparadas con aceite medicinal. Este método se utiliza para combatir la osteoartritis, la artritis inflamatoria, la espondilosis, los dolores de espalda, las lesiones deportivas, el estrés y la tensión.

El karnapurna es el uso del humo de plantas medicinales para limpiar los oídos. Se utiliza para aliviar cualquier trastorno de los oídos.

En la katí basti se mantiene una cantidad de aceite medicinal templado sobre la parte baja de la espalda dentro de una especie de presa hecha con pasta de harina de garbanzo negro. Por lo general, el tratamiento dura entre cuarenta y cinco y setenta y cinco minutos, dependiendo del estado y el dosha de la persona. Es especialmente beneficioso para tratar el dolor lumbar, los espasmos musculares, la rigidez, la lordosis y cualquier clase de afección espinal. También fortalece el tejido óseo.

El lépana es la aplicación de emplastos de plantas medicinales sobre las zonas afectadas del cuerpo. Esta terapia es útil en las enfermedades de la piel, las afecciones inflamatorias, la debilidad muscular, las lesiones en los tendones y las malformaciones óseas y de la columna vertebral.

La návakiri es un tratamiento de fomento (medicamente líquido aplicado exteriormente con paños) profundamente purificador. Se cuece arroz con leche y plantas medicinales y después se envuelve en un «bolo» (envoltorio de tela). Este bolo se utiliza para masajear profundamente los tejidos y las articulaciones. La návakiri va a menudo acompañada de un masaje de aceite y es excelente para aliviar el reumatismo, los dolores articulares y musculares, la tensión alta, el colesterol alto y determinadas enfermedades de la piel. El tratamiento es profundamente relajante, rejuvenecedor e intensamente desintoxicante.

La netra basti o tárpana consiste en mantener ghi medicinal sobre los ojos utilizando una presa de pasta de plantas hecha de harina de garbanzos negros. Es útil en todas las afecciones de los ojos porque nutre los ojos y elimina la tensión a la vez que mejora la visión. Se puede utilizar también de modo preventivo.

El pírichil es una corriente ininterrumpida de aceite medicinal templado vertido sobre el cuerpo por dos terapeutas ayurvédicos mientras masajean el cuerpo simultáneamente. El calor del aceite y la sincronización del masaje se combinan para provocar una limpieza profunda de los tejidos y un estado elevado de conciencia. El pírichil se realiza según pautas específicas en función del tipo corporal durante sesenta a noventa minutos. Es excelente para tratar la tensión mental, el estrés físico o emocional, la debilidad muscular, los trastornos del sistema nervioso, la artritis, el reumatismo, la parálisis, la hemiplejia, la debilidad sexual y la infertilidad.

La shiro basti es una terapia rejuvenecedora con unas propiedades similares a las de la shirodhara. Se realiza manteniendo un aceite medicinal tibio sobre la parte superior de la cabeza afeitada, fijando firmemente una gorra tubular alrededor de la cabeza. El aceite se mantiene durante quince a sesenta minutos, dependiendo del estado y del dosha de la persona. Este tratamiento es excelente para la pérdida de memoria, los trastornos neurológicos, la esquizofrenia, el trastorno obsesivo compulsivo, la desorientación, el glaucoma, la ansiedad, el estrés, la parálisis, el dolor de cabeza, la sequedad del cuero cabelludo, los problemas de visión y el insomnio.

El thala consiste en la aplicación de polvos medicinales mezclados con aceite medicinal en la parte superior de la cabeza durante veinte a cuarenta y cinco minutos. Este método ayuda a tratar trastornos neurológicos, dolor de cabeza, insomnio, migraña, pérdida de memoria y a mejorar la inteligencia.

El uduártanam es un masaje que emplea una pasta o polvo vegetal profundamente penetrante que nutre el sistema linfático. Se aplica por todo el cuerpo (excepto la cabeza) en dirección ascendente. Es muy bueno para la obesidad, el agni bajo, la debilidad, la parálisis y los síntomas reumáticos. Este poderoso tratamiento exfoliante acondiciona la piel mientras expulsa del cuerpo las toxinas linfáticas estancadas.

La uró basti utiliza el mismo procedimiento que la katí basti, pero el aceite se pone sobre el pecho. Esta técnica se utiliza para tratar el asma, los problemas respiratorios, el dolor muscular en el pecho, las enfermedades del corazón y para corregir las perturbaciones del prana.

Shatkarma

Por medio de los seis karmas [shatkarma] uno se libera
de los excesos de los doshas.

Hatha Yoga Pradípika, estrofa 36

Tanto el yoga como el ayurveda insisten en la limpieza del cuerpo para la salud y como ayuda para las prácticas espirituales. Sus métodos son parecidos, y ambos funcionan expulsando el exceso de los doshas y el ama por las vías naturales de evacuación del cuerpo. El método yóguico es conocido en la tradición clásica del ashtanga como *shatkarma* o seis métodos de limpieza. Estos son: *basti, dhauti, kapalabhati, nauli, neti* y *trátaka*. Estos procesos ejercen un efecto muy intenso tanto sobre los cuerpos (koshas) físico y energético como sobre los doshas.

La basti se aplica como en el ayurveda, pero utilizando solo agua. A veces se emplea aceite vegetal o una infusión medicinales, aunque por lo general se dice que el agua con sal es lo mejor porque limpia en profundidad los intestinos. La basti genera energía, elimina el calor, desarrolla la fortaleza y el control de los músculos abdominales y masajea y tonifica los órganos y los nervios.

La dhauti es la limpieza del conducto gastrointestinal bebiendo gran cantidad de agua con sal y realizando unos ásanas específicos. Este procedimiento se realiza varias veces a lo largo de muchas horas para limpiar a fondo el conducto gastrointestinal. Es muy parecido al virechan del panchakarma. Otro método se llama *vámana dhauti*. Es como el vámana del panchakarma, pero usando solamente agua con sal. También se emplean otros métodos, pero requieren capacidades yóguicas muy avanzadas.

La kapalabhati, que significa «brillo del cráneo», influye principalmente en los chakras del tercer ojo y la coronilla y el manipura chakra (del plexo solar). Limpia la zona de los senos nasales (con sus espiraciones rápidas y forzadas por la nariz), los pulmones, la sangre, los tejidos y el abdomen. Además, baja la tensión alta y es útil en el tratamiento de la colitis, de todos los trastornos digestivos y reproductivos y de la obesidad. Aparte de ser una técnica de purificación, la kapalabhati es una clase de pranayama que se encuentra tanto en el hatha yoga como en el ayurveda. La kapalabhati es más purificante y menos estimulante que la bhastrika, ya que solo calienta ligeramente.

La nauli es un lavado intestinal o una ondulación abdominal. Esta técnica yóguica exige cierta práctica y destreza. La ondulación, la rotación y la sacudida de todo el abdomen durante la nauli da un masaje profundo y tonifica intensamente los músculos y los órganos abdominales. Produce calor en el cuerpo, aumentando el agni digestivo y equilibrando las funciones endocrinas. Esta práctica también provoca cambios en los trastornos emocionales, la apatía y la diabetes. En el nivel sutil, ejerce una influencia profunda en los koshas pránamaya y manómaya, creando claridad y poder mental y aumentando el prana.

La neti es el proceso de limpieza nasal. Hay dos formas principales de realizar la neti. En la *jalaneti* se utiliza un pequeño recipiente de barro o de cobre lleno de agua salada para irrigar los senos nasales. La *sutraneti* consiste en usar un cordón recubierto de ghi que se pasa por el canal nasal y se saca por la boca. La neti tiene efectos semejantes al nasya. Se pueden utilizar juntos para mejorar la acción limpiadora.

Tátaka significa «concentración» o «mirada». Lo mejor es hacerlo utilizando una lámpara de ghi o una vela natural colocada a un metro de distancia delante de nosotros. Sin parpadear o moverse, se mira fijamente la llama durante quince o veinte minutos. Observar la respiración. Se pueden recitar mantras en silencio con la respiración. Si los ojos se fatigan, visualizar una luz que se mueve desde el centro del ajña chakra (el del tercer ojo) a través de los ojos hasta la vela. El trátaka relaja los ojos y descansa la mente, ayuda a aumentar la concentración y a reducir el estrés y la tensión. Relaja y calma el sistema nervioso.

El ayurveda y el yoga se complementan mutuamente y comparten muchos principios fundamentales. La práctica de ambos nos lleva a la salud óptima, la paz y la longevidad.

Nota: No hay que intentar hacer ninguna de las prácticas o técnicas por nuestra cuenta, ya que requieren la guía de un profesional con experiencia. Este capítulo tiene solamente una finalidad informativa. No pretende ser una instrucción para la realización de estos métodos.

෬᎒᎐

Capítulo 13

Terapias sutiles (alquimia ancestral)

Sólo Él es el Fuego, Él es el Sol,
Él es el viento, Él es la Luna,
Él es la estrella brillante, solo Él es Brahma.

Yajurveda 32.1

Le damos las gracias a nuestra madre, la Tierra,
que nos sostiene.
Les damos las gracias a los ríos y a los arroyos,
que nos proveen de agua.
Les damos las gracias a todas las plantas,
que nos proporcionan medicinas para curar nuestras
enfermedades.
Les damos las gracias a la Luna y a las estrellas,
que nos han dado su luz cuando el Sol se había ocultado.
Le damos las gracias al Sol,
que ha mirado la Tierra con un ojo benefactor.
Por último, le damos las gracias al Gran Espíritu,
en Quien está encarnada toda la bondad
y que dirige todas las cosas por el bien de sus hijos.

Oración iroquesa

Desde antes que existiera un registro de la historia, muchas civilizaciones han confiado en las piedras preciosas, los cristales, los colores y las fragancias para curarse y elevarse espiritualmente. Los antiguos rishis comprendieron la interconexión de todas las cosas que hay en la creación. Vieron que todo lo que oímos, olemos, vemos, tocamos y gustamos influye en nuestra salud y nuestra conciencia. Entendieron la frecuencia vibratoria exclusiva de cada planeta, color, aceite esencial y piedra preciosa. Utilizando esta información, establecieron correlaciones profundas entre todos ellos y los usaron para el progreso físico y espiritual. La terapia con piedras preciosas, la terapia con colores o cromoterapia y la aromaterapia constituyen, cada una de ellas, un sistema de sanación completo que requeriría muchos libros de explicación. Esta sección dará un breve resumen de cada sistema y del modo en que se aplica en el marco del ayurveda.

Piedras preciosas

Los Vedas contienen descripciones detalladas de los beneficios terapéuticos de las piedras preciosas. También tratan sobre sus potencias y dan indicaciones para un uso seguro y efectivo. Los Vedas afirman que tanto los desequilibrios planetarios como los de la salud se pueden armonizar llevando piedras preciosas en contacto con la piel o utilizándolas como ingredientes de medicamentos. En el ayurveda, las piedras preciosas se toman internamente en forma de *bhasmas* (preparados de cenizas purificadas), *pisthis* (polvos), aguas de piedras preciosas, tinturas, elixires o esencias.

Las piedras preciosas, cuando se llevan puestas, trasmiten determinadas frecuencias vibratorias al cuerpo. Crean un campo de protección y regulan las fuerzas sutiles que se absorben. Con el tiempo, las piedras preciosas en contacto con la piel producen cambios en el dosha de la persona.

En el ayurveda y el jyótish (la astrología védica), las principales gemas que se utilizan con fines curativos son piedras preciosas o semipreciosas de alta calidad; no obstante, todas las piedras preciosas tienen algún efecto curativo. Llevar piedras preciosas para aumentar los efectos beneficiosos de las influencias planetarias lleva miles de años formando parte de la cultura védica.

El ayurveda y el jyótish hacen hincapié en que es muy importante conocer la idoneidad de las piedras preciosas para la persona que las usa. En el ayurveda, cada piedra preciosa rige unos doshas, unos órganos y unos dhatus corporales diferentes, y también tienen efectos curativos específicos para los diferentes trastornos. En el jyótish, cada piedra es un reflejo de un determinado planeta y sus movimientos. En la mayoría de los casos, los planetas, los doshas, las enfermedades y las piedras preciosas se correlacionan. El jyótish correlaciona los dedos con los diferentes elementos y planetas. Por eso es importante saber en qué dedo hay que poner cada piedra preciosa y en qué montura (de oro o de plata) con el fin de obtener el máximo beneficio. Para una recomendación personalizada sobre piedras preciosas, se aconseja consultar a un jyótishi (astrólogo védico) experto.

Las piedras preciosas y los planetas

Para determinar qué piedras preciosas utilizar con fines emocionales, psicológicos o espirituales, tenemos que mirar a las estrellas. Numerosos textos védicos, como la *Bríhat Sámhita,* el *Agni Purana,* el *Gáruda Purana,* la *Ratnapariksha* y el *Devi Bhágavata,* tratan sobre el origen y los efectos de las piedras preciosas. Cada uno de los planetas se relaciona con piedras preciosas primarias (enumeradas en negrita a continuación) así como con piedras secundarias o alternativas, que se pueden utilizar además de las piedras primarias o en lugar de ellas. Tradicionalmente, cuando se utiliza una piedra secundaria esta debe ser más grande que la piedra primaria. Las piedras preciosas que se llevan en anillos deben tener un mínimo de dos quilates y, en colgantes, cinco quilates. Las piedras alternativas llevadas como anillo deben tener como mínimo cuatro quilates y, como colgante, siete o más quilates. Por ejemplo, si se lleva un anillo de peridoto en lugar de una esmeralda, el peridoto debe tener unos cuatro quilates, mientras que puede bastar que la esmeralda sea de dos o tres quilates.

Los planetas y sus piedras

Sol: rubí, granate, espinela roja, circonita roja, turmalina roja, cuarzo rosa o rubí estrella.

Luna: perla, feldespato, cuarzo trasparente.

Marte: coral rojo, cornalina, jaspe rojo.

Mercurio: esmeralda, peridoto, aguamarina, circonita verde, turmalina verde, moldavita, jade verde, ágata verde.

Venus: diamante, zafiro blanco, circonita blanca, turmalina blanca, danburita.

Júpiter: zafiro amarillo, topacio, citrino, circonita amarilla, turmalina amarilla.

Saturno: zafiro azul, espinela azul, circonita azul, amatista, turmalina azul, lapislázuli.

Rahu: granate de hesonita (gomeda), toda clase de granates dorados, ámbar.

Ketu: ojo de gato, ojo de tigre.

Las piedras preciosas y los doshas

Piedras preciosas para armonizar vata: rubí, perla, coral rojo, esmeralda, zafiro amarillo, diamante, gomeda, ojo de gato.

Piedras preciosas para armonizar pitta: zafiro azul, perla, coral rojo, esmeralda, diamante, rubí.

Piedras preciosas para armonizar kapha: rubí, zafiro amarillo, ojo de gato.

Las propiedades curativas de las piedras preciosas

• **Rubí:** El rubí proporciona gran calidez, por lo que es excelente para el dosha vata. Tiene la capacidad de aumentar el agni. El rubí aumenta pitta, lo que es útil cuando hay falta de pitta en nuestros doshas. Alivia el exceso de vata y de kapha. El rubí es una de las piedras más preciosas y puede tener fácilmente el mismo valor que un diamante. En la India y en China, el rubí se lleva para favorecer la salud y la felicidad. Se le atribuye el poder de predecir el peligro cuando pierde color y brillo. Se dice que llevar un rubí proporciona buena salud y longevidad. El rubí también mejora la circulación, la vitalidad y la inmunidad. Es estupendo para aumentar la energía de los órganos pitta como el hígado, la vesícula, el corazón y el intestino delgado. Esta piedra preciosa ayuda a fortalecer la sangre y contrarresta la fragilidad, la debilidad y la fatiga. Es un potente rejuvenecedor y tónico cerebral. El rubí se utiliza en el jyótish para fortalecer el corazón, mejorar la digestión, favorecer la circulación, reavivar el fuego y aumentar la energía. El rubí también fortalece la voluntad personal, promueve la independencia, da intuición y aumenta la fuerza. El bhasma de rubí cura enfermedades de la sangre como la anemia y las infecciones de piel y fomenta la producción de nuevas células sanguíneas. El rubí mejora la circulación y es un poderoso tónico para el corazón.

• **Perla:** La perla aumenta kapha, armoniza vata y reduce pitta. La perla es una de las mejores piedras para reforzar la inmunidad y aumentar el ojas. Actúa sobre la nutrición de todos los dhatus. Esta valiosa piedra, gran purificadora de la sangre, ayuda en todos los trastornos con hemorragia. Armoniza el sistema reproductor femenino y aumenta la fertilidad, el vigor y la vitalidad. Las propiedades alcalinas de la perla ayudan a tratar la hiperacidez, las úlceras y la indigestión. Como la perla viene de la calma profunda del suelo marino, produce un efecto calmante sobre la mente, las emociones y el sistema nervioso. Es relajante para el corazón y ayuda a regular el flujo del prana. Llevar perlas nos vuelve más receptivos, abiertos, pacíficos y compasivos. El bhasma de perla fortalece los dhatus asthi (hueso) y majjá (nervios y médula ósea)

• **Coral rojo:** Como el coral rojo procede del mar, contiene el elemento agua. Es un purificador de la sangre excelente, y por eso ayuda a pitta. Sin embargo, aumenta el agni y, si se utiliza en exceso, aumenta pitta. También es una piedra excelente para los doshas vata y kapha. Se dice que el coral rojo aporta la influencia beneficiosa de Marte. Da vitalidad, vigor, valentía y resistencia. Esta piedra aumenta el agni y fortalece los dhatus rakta (sangre), majjá (nervios y médula ósea), mamsa (músculo), asthi (hueso) y los dhatus reproductivos (shukra, ártava). Es excelente para debilitar las enfermedades y alivia la apendicitis, la artritis y la impotencia si se usa junto con labradorita. También fortalece los pulmones y constituye un tratamento eficaz para la tos y el asma. El coral rojo mejora la energía, calma las emociones, da valentía y mejora la capacidad de trabajo. Favorece el apetito, la vitalidad sexual, la fuerza de voluntad, la disciplina y la inteligencia. El bhasma de coral rojo es muy bueno como afrodisíaco (vajíkarana).

• **Esmeralda:** En conjunto, la esmeralda es una piedra tridóshica. La esmeralda tiene una gran capacidad para neutralizar vata y aliviar pitta, aunque si se utiliza en exceso puede intensificar kapha. Calma la inquietud mental, regula el sistema nervioso, ayuda a eliminar el dolor de nervios y mejora el habla y la inteligencia. La esmeralda favorece la curación, energiza la respiración y fortalece los pulmones. Es una piedra capaz de estimular intensamente el sistema inmunitario y es buena para el cáncer y otras enfermedades degenerativas. Esta piedra mejora la memoria, la concentración, la creatividad (para escribir, hablar y cantar), el crecimiento y el desarrollo. Mejora los trastornos pulmonares, como el asma y la bronquitis, alivia el estancamiento y elimina la apatía. La esmeralda también favorece las prácticas espirituales (sádhana) como el mantra, el japa, los bhajans, el hatha yoga y el estudio de las escrituras. La esmeralda también se utiliza en el tratamiento de la depresión, la psicosis, la hiperacidez, la dispepsia, la estomatitis y la obesidad. Se puede utilizar junto con otras piedras para favorecer la curación de tumores, quistes, cánceres y otros trastornos relacionados con vata. El bhasma de esmeralda se utiliza para tratar toda clase de enfermedades del hígado y de los huesos. También es un nervino potente y se utiliza durante las convalecencias.

• **Diamante:** El diamante aumenta levemente kapha, armoniza vata y calma y nutre pitta. Es un tónico excelente para el corazón y el prana. El diamante se considera la mejor de las piedras y ha sido venerada a lo largo de los siglos por su gran belleza y dureza, así como por su poderosa influencia positiva, espiritual y física. Se dice que esta piedra preciosa aumenta el encanto y la belleza de quien la lleva. Físicamente, fortalece los órganos reproductores y los riñones y protege contra las enfermedades graves. El diamante es excelente para regular la menstruación. Es beneficioso para el sistema nervioso y las glándulas suprarrenales, al tiempo que fortalece ojas. El diamante da vitalidad, longevidad y aumenta la energía divina femenina. Como el diamante rige Venus, aumenta la pasión, el deseo y la creatividad y da una sensación de comodidad o nutrición. En un nivel más elevado confiere amor divino, gracia y devoción. El bhasma de diamante se utiliza para tratar toda clase de enfermedades crónicas, debilitantes y de desgaste ayudando a aumentar la inmunidad, la vitalidad y el ojas. Es muy caro y tradicionalmente solo lo usaban los reyes y las reinas para favorecer la longevidad.

• **Zafiro amarillo:** El zafiro amarillo es una piedra relativamente tridóshica. Sus propiedades calefactoras la convierten en una piedra excelente para reducir vata. Esta piedra trae bendiciones, prosperidad, benevolencia, rectitud, piedad y veracidad. Es excelente para adquirir inmunidad, fortaleza y longevidad. Esta piedra está considerada por muchos como la más efectiva para fomentar una salud y un bienestar generales. El zafiro amarillo también regula el sistema hormonal. Es una de las mejores piedras para la diabetes y el edema. Este zafiro en concreto armoniza pitta por su capacidad de aumentar ojas y las cualidades sáttvicas. Es una piedra muy buena para quienes tienen un guru y están haciendo seva, porque ayuda al buscador espiritual en el camino. El zafiro amarillo no se utiliza como bhasma.

• **Zafiro azul:** Los textos tradicionales dicen que el zafiro azul hay que llevarlo con precaución. Cuando se utiliza correctamente puede ejercer una influencia curativa espectacular, pero si se utiliza de forma incorrecta puede traer desgracias. Utilizado correctamente, tiene la capacidad de ayudar en la desintoxicación y la inmunidad. También es útil en muchos trastornos de vata, como la debilidad de huesos, los trastornos nerviosos, la falta de vitalidad, así como en el estreñimiento, la epilepsia, la parálisis, el cáncer, las enfermedades inmunitarias como el VIH y el SIDA, la psicosis, el alcoholismo, la ira, la hipertensión, el dolor corporal, la artritis, el reumatismo, el vértigo y las enfermedades cardíacas. El zafiro azul despeja las infecciones y mantiene a raya las energías negativas. Combate los tumores y el exceso de grasa, y es bueno para intensificar todo el proceso metabólico. El zafiro azul fortalece los huesos, aumenta la longevidad y ayuda a calmar los nervios y las emociones. Promueve la paz y el desapego. A menos que se conozcan las influencias específicas del zafiro azul en la persona, es más seguro y razonable utilizar alguna de las piedras sustitutivas, como la amatista o la zirconita azul. El zafiro azul no se utiliza como bhasma.

• **Gomeda / hessonita:** El gomeda contiene los elementos éter y fuego. En conjunto, el gomeda es tridóshico. Calma todas las clases de desequilibrios vata. El gomeda es el color dorado de la orina de las vacas y es una clase de granate dorado. El gomeda es una piedra buena para mantener el equilibrio, calma los nervios, aquieta la mente y alivia la depresión y los trastornos mentales. Esta piedra se recomienda para casi todos, porque neutraliza las influencias, emociones y pensamientos negativos y la contaminación. Da fortaleza y resistencia, y es excelente para la inmunidad y las enfermedades sin diagnosticar. El gomeda es también beneficioso para el sistema endocrino, la respiración, el nerviosismo, la indigestión y la pérdida de coordinación. Esta piedra reduce el estrés a la vez que fomenta la inteligencia y da talento artístico. Se utiliza para evitar calamidades imprevistas. Se dice que protege a las personas que están en el campo de las artes curativas. También aumenta la conciencia y la creatividad. El gomeda no se utiliza como bhasma.

- **Ojo de gato:** El ojo de gato tiene propiedades parecidas a las del rubí. Aunque el ojo de gato en conjunto es tridóshico, aumenta ligeramente pitta y calma vata y kapha. En el jyótish, el ojo de gato es regido por Ketu. A Ketu se lo considera un segundo Marte, por tener muchos atributos astrológicos comunes. Esta piedra es buena para promover la percepción psíquica y espiritual. Es un excelente estimulante digestivo. El ojo de gato es un buen nervino y es favorable para los trastornos mentales. Incluso se dice que ayuda en el crecimiento del cabello. Esta piedra se utiliza en las alergias, los cánceres cerebrales y de pecho y en las enfermedades relacionadas con el estrés y las toxinas medioambientales. Ayuda a mejorar la circulación y fortalece el poder cerebral, los sentidos y el sistema nervioso. El ojo de gato aumenta la inmunidad general y ayuda a combatir los gérmenes patógenos, y también ayuda en la meditación y las prácticas espirituales. El ojo de gato no se utiliza como bhasma.

Propiedades de las principales piedras secundarias

- **Amatista:** La amatista es una de las mejores piedras para reducir el exceso de pitta. La amatista es sumamente refrescante y ayuda a equilibrar emociones pitta como la ira, la lujuria y la impaciencia cuando son excesivas. Favorece la fe, la compasión y el valor. La amatista equilibra las energías de la mente, el cuerpo y las emociones y da estabilidad, vigor y paz. Esta piedra también actúa como un escudo contra la negatividad; además, es excelente contra la embriaguez por alcohol y drogas.

- **Jaspe rojo:** El jaspe rojo es excelente para reducir pitta. Purifica y oxigena la sangre y fortalece el sistema inmunitario destruyendo los radicales libres. Esta piedra semipreciosa es excelente para los desarreglos menstruales. También es buena para utilizarla durante el parto, ya que evita las hemorragias. El jaspe rojo va bien para la debilidad o toxicidad del hígado y el bazo, así como para la anemia.

• **Citrino:** Al citrino se lo conoce como «la piedra de la luz del Sol». Calienta el organismo y reduce vata y kapha. Estimula la intuición y los estados superiores de inteligencia. Esta piedra aumenta la circulación y el fuego digestivo. Se puede utilizar para aumentar el metabolismo y combatir la obesidad. El citrino también ayuda a crear abundancia material.

• **Fluorita:** Las propiedades de la fluorita son parecidas a las del zafiro azul, pero sin riesgo de efectos secundarios. Como puede ser refrescante, alivia pitta pero puede intensificar kapha. La fluorita emite una energía relajante y calmante. Da estabilidad mental, por lo que armoniza vata. Esta piedra aumenta la capacidad de concentración al tiempo que favorece la claridad y el entendimiento. Calma y rejuvenece el sistema nervioso. La fluorita también protege de las vibraciones negativas, como la radiactividad de los microondas, los teléfonos móviles, las líneas eléctricas y el smog. Esta piedra es excelente para los que trabajan con ordenadores o hablan mucho por el móvil. Es beneficioso tener fluorita cerca del ordenador, en especial junto con una planta.

• **Labradorita:** La labradorita es buena para reducir kapha, porque es una piedra muy activa. Estimula la actividad mental productiva y reduce la ansiedad y el estrés. Inspira la creatividad y el cambio con sus colores que parecen danzar vibrando. Este cristal ayuda a eliminar los bloqueos y a superar las limitaciones. Ayuda a atravesar el cambio y a moverse en una dirección positiva. La labradorita también es beneficiosa para proteger de las frecuencias electromagnéticas procedentes de ordenadores, televisores, teléfonos móviles, microondas y otros factores medioambientales parecidos.

• **Lapislázuli:** El lapislázuli puede aliviar el estrés de la hiperactividad mental. El lapislázuli es una piedra excelente para todos los doshas, pero es especialmente bueno para el dosha vata. Ayuda a tener claridad mental y capacidad de respuesta emocional. El lapislázuli aumenta la serenidad y la autoaceptación, y atrae el éxito en las relaciones. Los egipcios lo utilizaron para facilitar la visión profunda de Sí Mismo y de las esferas astrales de la conciencia. Se utiliza para aumentar la vibración espiritual y la intuición.

• **Piedra de Luna:** La piedra de Luna aumenta kapha incrementando ojas. Irradia la energía divina femenina de la Luna. Esta piedra tiene la capacidad de reducir el exceso de calor en el cuerpo y la mente. La piedra de Luna también calma el sistema nervioso y reduce las perturbaciones mentales. Es una de las mejores piedras para contrarrestar el estrés y la tensión.

• **Ópalo:** El ópalo es tridóshico, pero es especialmente bueno para kapha, por ser una fuente de inspiración y creatividad. Es conocido como la piedra de la belleza y el encanto. El ópalo estimula la curiosidad y la iniciativa. Aumenta la energía física y la claridad mental, y protege del miedo, la ira y la tristeza. También promueve las cualidades de una perspectiva mental clara y despertar interior. Llevar ópalo ayuda a aliviar los problemas de alergias causados por una función inmunitaria baja. También se puede utilizar para aumentar la fe, la compasión y la devoción.

• **Cuarzo rosa:** El cuarzo rosa alivia vata, calma pitta y, en exceso, aumenta kapha. El cuarzo rosa aumenta el prana, regula la presión sanguínea y beneficia el sistema circulatorio, lo que lo hace excelente para las enfermedades del corazón. También mejora la calidad de los dhatus linfa (rasa) y sangre (rakta). En el aspecto emocional, provoca sentimientos de tranquilidad, calidez, compasión y comprensión, amor, paciencia y claridad mental. Ayuda a armonizar las relaciones.

Cromoterapia

Los colores que vemos son ondas lumínicas, que son absorbidas o reflejadas por todo lo que nos rodea. En la naturaleza, el arco iris es luz refractada por la humedad del aire. Los colores del espectro de luz visible son el rojo, el naranja, el amarillo, el verde, el azul, el índigo y el violeta. El color blanco es la mezcla de todos los colores juntos. El color de un objeto depende de cómo absorbe y/o refleja la luz. Si un objeto absorbe todas las longitudes de onda de la luz, aparecerá negro. Si las refleja todas, aparecerá blanco.

Los colores producen cambios significativos en nuestras emociones. Cada color tiene su propia zona de influencia en el cuerpo y produce respuestas físicas y mentales en relación con esa zona.

La luz se absorbe tanto los ojos como por las terminaciones nerviosas sensoriales de la piel. Los efectos del color hacen que sea adecuado para la sanación sutil o espiritual. Los chakras y los koshas son el primer lugar donde tiene lugar la sanación por medio de colores. Cada chakra y cada kosha rige órganos del cuerpo, emociones y aspectos de la mente específicos. Conociendo qué color opera por medio de qué chakra y su compleja interacción, se puede equilibrar el chakra, corrigiendo de ese modo la enfermedad arraigada en un órgano o emoción específicos asociados con ese chakra.

Este principio es igualmente cierto para los planetas. Así como cada planeta está regido por piedras preciosas y cristales, también está regido por determinados colores. Los colores de los planetas son los de la piedra que lo rige. El Sol está relacionado con el rojo; la Luna, con el blanco; Mercurio, con el verde; Marte, con el rojo oscuro; Venus, con un aguamarina algo trasparente; Júpiter, con el amarillo; Saturno, con el azul oscuro o el negro; Rahu, con el ultravioleta, el marrón oscuro o el gris; y Ketu está relacionado con el infrarrojo o es multicolor.

Los colores y los doshas

Cualquier cosa que emite un color tiene valor terapéutico. La utilización consciente del color en nuestra vida puede ayudar a crear mayor paz y armonía. Hay muchas maneras de utilizar el color de forma terapéutica. El uso de lámparas de color es uno de los métodos más eficaces. Eso se puede hacer fácilmente poniendo un cristal coloreado sobre una bombilla o utilizando bombillas coloreadas. Actualmente hay empresas que venden juegos de lámparas coloreadas con transparencias de distintos colores. Vestir prendas de diferentes colores es beneficioso porque aportan las propiedades curativas de cada color. El color de nuestra propia casa u oficina también puede influir en nuestra salud. La naturaleza contiene un espectro completo de color, y por eso es muy beneficioso visitar con frecuencia jardines de flores, ríos, bosques, montañas, desiertos o incluso simplemente mirar el cielo despejado. La cromoterapia se puede aplicar incluso al alimento que comemos.

Colores vata: Para equilibrar vata, utilizar colores que sean cálidos, calmantes y húmedos como el rojo, el anaranjado, el amarillo y el dorado. También son útiles los que van desde el blanco y los colores claros a los tonos verdeazulados muy claros (como el aguamarina). Los colores de neón lo intensifican porque son demasiado estimulantes. Los colores oscuros reprimen vata.

Colores pitta: Los colores que tienen una naturaleza refrescante y calmante equilibran pitta. El blanco, el azul, el violeta y el verde son sumamente propicios. Por esa razón para las personas pitta es muy bueno pasar mucho tiempo en la naturaleza con árboles y agua corriente. Cualquier color brillante o estimulante intensifica pitta.

Colores kapha: Para equilibrar kapha, utilizar colores estimulantes y cálidos. Los colores brillantes ayudan a energizar el kapha lento y estancado. De forma semejante a vata, son muy beneficiosos los rojos, los naranjas, los amarillos y los dorados. Los colores deben ser brillantes y claros.

Propiedades de cada color

- **Rojo:** El rojo es un color caliente y estimulante. Aumenta pitta y reduce al mínimo el exceso de vata y de kapha. El rojo tiene un efecto vitalizador y una energía magnética positiva. En exceso, o cuando no combina bien con el dosha de una persona, puede provocar lujuria, ira, cólera, hostilidad o violencia. El rojo saca las toxinas del cuerpo, pero también puede producir demasiado calor, causando dolores de cabeza, inflamaciones, fiebre, tensión alta y sofocos. Rige la médula ósea, los capilares y los vasos sanguíneos. Aumenta la circulación. Como es revitalizante e incita a la acción, el rojo puede ser sumamente beneficioso para el kapha estancado o el agotamiento de vata. Está relacionado con el chakra raíz y ayuda a despertar la energía espiritual dormida.

• **Naranja:** El naranja es muy cálido. El naranja calma vata y kapha. Si se utiliza en exceso, intensifica pitta. Estimula los órganos reproductivos y tiene un efecto alentador e inspirador que nos vuele más optimistas. El naranja también es magnético en un sentido positivo. Da energía y aumenta la actividad mental positiva. Ilumina y da sensación de pureza. Se lo considera el color de la renuncia y, por esa razón, los monjes budistas e hindúes llevan túnicas de color naranja o azafrán. Aumenta la inteligencia celular, el apetito, la digestión y el resplandor. Está relacionado con el plexo sacro y ayuda a trascender los deseos limitados.

• **Amarillo:** El amarillo es cálido. Al igual que el rojo y el naranja, el amarillo calma vata y kapha y aumenta ligeramente pitta. Es un color de alegría, actividad, inspiración y comunicación. Fortalece agni, estimula el cerebro y los nervios e inspira para adquirir conocimiento y optimismo. En el budismo tradicional, el amarillo es el color de la muerte del ego o de la esfera trascendente. El amarillo puede ser reconfortante y tranquilizador. Protege contra las infecciones, los venenos y los contaminantes. Es el color relacionado con el plexo solar y ayuda a sintonizarse con la voluntad divina.

• **Verde:** El verde es revigorizante y refrescante y produce sensación de armonía y vitalidad. Aunque en general es tridóshico, en exceso aumenta kapha. Dependiendo del tono de verde que sea, puede armonizar kapha o enfriar demasiado. Los verdes brillantes armonizan, pero los verdes oscuros disminuyen kapha. Todos los tonos de verde causan serenidad y tienen un efecto relajante sobre los ojos. El verde es un color de optimismo, reconfortante y purificador del cuerpo y de la mente. Alivia los dolores de cabeza, la fiebre y los trastornos por exceso de calor. Este color también es bueno para regular el metabolismo y para mejorar el funcionamiento del hígado, la vesícula y el bazo (ya que estos regulan la bilis y la sangre, que son formas de pitta). El verde tiene un tremendo poder curativo, porque es el color de todas las plantas y del chakra del corazón. Fortalece el sistema inmunitario y vigoriza la sangre.

• **Azul:** El azul es frío y distante. Es el color de la mente pura o conciencia. También es el color del chakra de la garganta y del prana. El azul calma y alimenta pitta, mientras que intensifica vata y es neutro para kapha. Da serenidad y paz y lleva hacia el interior, hacia la meditación. Muchos centros de retiro pintan las paredes de azul para dar una sensación de sanación, soledad y pureza. Es sabido que los azules oscuros e intensos ayudan en los problemas de la columna vertebral, las quemaduras y los problemas inflamatorios. Además, se han utilizado para reducir la ansiedad, los ataques de pánico y la histeria. El azul puede beneficiar a quien sufre de alergia y tos crónicas, ya que reduce la flema. También es bueno para reducir los tumores y los quistes.

• **Índigo:** El índigo es refrescante y ejerce un efecto calmante sobre el sistema nervioso. Es el color de la conciencia superior y de ajña, el chakra del tercer ojo. Mitiga el exceso de pitta y de kapha. Vata puede usar este color con moderación. Reduce el calor y puede ser muy reconfortante para los dolores de cabeza, la inflamación y la fiebre. Se sabe que el índigo ha curado quemaduras y mordeduras venenosas, y también puede reducir las palpitaciones del corazón. Produce efectos calmantes tanto en el cuerpo como en la mente y en el entorno exterior. Ayuda en la meditación, y en muchas tradiciones místicas el índigo es el color del guru.

• **Violeta:** El violeta es el color de la Trinidad hindú: Brahma, Vishnu y Shiva. Representa el proceso de creación, mantenimiento y transformación. Es el color de la dicha o de la conciencia superior. El violeta es un color refrescante, pero también le da una suave calidez al cuerpo. Este color reduce pitta y kapha. Con moderación, es adecuado para vata. El violeta estimula el sistema inmunitario, crea anticuerpos y tiene cualidades germicidas. El violeta incluye los tonos claros de la lavanda así como el morado oscuro. El violeta es un color espiritual porque inspira generosidad, compasión, desapego y devoción a Dios. El violeta es el color del chakra de la coronilla, y nos ayuda a funcionar desde estados superiores de conciencia.

• **Blanco:** El blanco es el color de la pureza, el contento y la espiritualidad. El blanco tiene una naturaleza tridóshica, por lo que armoniza todos los doshas. El blanco contiene la unión de todos los colores. Es refrescante y nutricio. Es excelente para calmar el sistema nervioso, las emociones y la mente; puede aliviar la inflamación y aumentar la percepción mental y la inteligencia. Promueve el despertar de las cualidades sáttvicas. El blanco refuerza la energía del amor, la pureza, la compasión y la divinidad.

Aromaterapia ayurvédica

La aromaterapia es una de las modalidades más antiguas de medicina natural. Los aceites esenciales —la fuerza vital de las plantas muy concentrada— se han utilizado en todo el mundo durante más de seis mil años para curar enfermedades físicas y psicológicas. En el espíritu de la conservación ecológica, es importante entender la potencia de los aceites esenciales. Para hacer una sola gota de aceite esencial hacen falta enormes cantidades de plantas. Una gota de aceite esencial tiene la misma concentración que treinta tazas de infusión. Debido a esta potencia, el mero oler o difundir los aceites es una forma muy eficaz por la que pueden penetrar en el cuerpo.

Al oler aceites de grado terapéutico permitimos que su esencia atraviese la barrera que hay entre el cerebro y la sangre y pasen directamente al cerebro límbico, donde se asientan las emociones, la memoria y las funciones reguladoras. Esta acción provoca un cambio inmediato en todo el cuerpo físico y también produce una transformación profunda de la mente.

Los aceites esenciales son la fuerza vital de las plantas. Son una de las mayores fuentes de antioxidantes y protegen del daño que provocan los radicales libres. También ayudan a introducir nutrientes en nuestro cuerpo. Los aceites esenciales hacen más accesible el oxígeno a los tejidos y a las células. Esta cualidad es muy valiosa, ya que están aumentando los niveles planetarios de contaminación del aire, de pesticidas y de productos químicos.

Los aceites esenciales de grado terapéutico poseen por naturaleza numerosas propiedades curativas como antivírico, antimicótico, antibacteriano, antiséptico, antidepresivo, antiinflamatorio, antiparasitario, inmunoestimulante, rejuvenecedor celular, oxigenante, desintoxicante y purificante.

Tengamos en cuenta que los aceites son constituyentes de plantas muy concentrados que poseen propiedades medicinales muy fuertes. Hay que utilizarlos conscientemente y con el máximo respeto. Cuando se utilizan en niños se recomienda diluir los aceites por lo menos a la mitad en un aceite base. Para el uso con bebés y niños pequeños, se diluyen una o dos gotas en un algodón que se coloca cerca del bebé para su absorción gradual. Las mujeres embarazadas no deben utilizar aceites esenciales durante el primer trimestre de embarazo. Algunos aceites están contraindicados durante todo el embarazo y la lactancia.

Cuando se aplican directamente sobre la piel, los aceites penetran a través de los poros, entran en la corriente sanguínea, afectan a los órganos adyacentes y circulan instantáneamente hacia donde más se necesiten en el cuerpo. Si eliges utilizar los aceites directamente sobre la piel con una finalidad curativa o cualquier otra, se recomienda utilizarlos con moderación y/o diluir el aceite esencial en aceite orgánico de almendra o de jojoba. Utiliza los aceites esenciales en el cuerpo, mézclalos con aceite de masajes, utiliza una compresa, viértelo en agua de baño, quémalo en un difusor o simplemente huélelos en el bote para recibir abundantes beneficios terapéuticos. Mantén siempre los aceites esenciales fuera de la luz solar y almacénalos en un lugar fresco y oscuro.

Aceites esenciales para los doshas

• **Vata:** Vata necesita aceites cálidos, fragantes, calmantes, dulces y relajantes para mantenerse equilibrado. Los mejores aceites para vata son: manzanilla azul, cardamomo, canela, clavo, eucalipto, incienso, gálbano, jengibre, jazmín, nardo, lavanda, limón, loto, melisa, neroli, naranja, pachuli, zumaque, rosa, sándalo y túlasi.

• **Pitta:** Necesita aceites esenciales refrescantes y calmantes que nutran y sostengan el cuerpo y la mente. Los aceites que equilibran pitta son: manzanilla, champaca, siempreviva, madera de cedro del Himalaya, jazmín, nardo, lavanda, limón, azucena, loto, menta (todas las variedades), neroli, madera de agar, rosa, sándalo, hierba de San Juan, gaulteria y milenrama.

• **Kapha:** Kapha necesita aceites esenciales calientes y especiados. Las personas de tipo kapha se benefician de los aromas cálidos, secantes y estimulantes. Los aceites que ayudan a ajustar kapha son: ajwan, ámbar, angélica, albahaca, alcanfor, cardamomo, canela, clavo, ciprés, eucalipto, incienso, gálbano, jengibre, siempreviva, aleña, jazmín, enebro, kava kava, citronela, azucena, artemisa, mirra, neroli, orégano, pachuli, ravensara, rosa, salvia, sándalo, tomillo, túlasi, violeta y gaulteria.

Las propiedades curativas de los aceites esenciales

• **Abedul (Betula lenulta):** Disminuye pitta y kapha y aumenta vata. El abedul es bueno para el reumatismo, el dolor muscular, la tendinitis, la artritis, los calambres, la hipertensión, contrarresta la inflamación, las ulceras, la celulitis y la acumulación de toxinas y de líquido. Actúa como antiespasmódico, estimulante hepático, desinfectante, analgésico, antiinflamatorio, antirreumático y antiséptico.

• **Albahaca (Ocimum basilicum):** Disminuye vata y kapha y aumenta pitta. La albahaca puede relajar los músculos, incluso los músculos lisos (los que no dependen de nuestro control voluntario, como el corazón y el sistema digestivo). También se puede utilizar tópicamente para calmar las picaduras de mosquito. La albahaca es beneficiosa para la fatiga mental y puede ayudar a estimular y agudizar el sentido del olfato. El aceite de albahaca es antiséptico, antiespasmódico, antibacteriano, antiviral, antiinflamatorio, antidepresivo, estimulante suprarrenal y calmante. La albahaca tiene la capacidad de estimular el crecimiento del cabello.

• **Árbol de té (Melaleuca):** El aceite del árbol de té es tridóshico y, por eso, curativo en muchos niveles. Es uno de los mejores inmunomoduladores disponibles. El árbol de té se puede utilizar en casi cualquier enfermedad de la piel. Por consiguiente, se utiliza ampliamente para tratar el pie de atleta, la Candida albicans, las infecciones vaginales por hongos, la tiña, las infecciones fúngicas y las picaduras de insectos venenosos. El árbol de té es excelente para afecciones pulmonares como la bronquitis, el asma, la tuberculosis, el enfisema y la congestión. El árbol de té tiene propiedades antibióticas, antibacterianas, antimicóticas, antivirales, expectorantes, antiparasitarias, antiinfecciosas, descongestionantes y antipiréticas.

• **Canela (Cinnamomum zeylancium):** El aceite esencial de canela aumenta pitta mientras que reduce vata y kapha. Es ideal como estimulante digestivo y bueno para las afecciones pulmonares y la congestión. Este aceite especiado se utiliza para tratar la infertilidad y la impotencia. Es diaforético, antihelmíntico, afrodisíaco, antiespasmódico, expectorante, analgésico, diurético, alterativo y carminativo, todo en uno.

• **Cardamomo (Elettaria cardamomum):** El aceite de cardamomo es ideal para reducir vata y kapha, especialmente de los pulmones y el intestino grueso. Aumenta pitta y el fuego digestivo. Este aceite se puede utilizar para tratar la tos, los resfriados, la debilidad del sistema inmunitario, la indigestión, el asma, la bronquitis y otros desarreglos de vata. Es estimulante, expectorante, carminativo, estomacal, diaforético y afrodisíaco.

• **Cedro del Himalaya (Ceodora deodara):** La madera del cedro del Himalaya es tridóshica, y es buena para los dolores de cabeza, el insomnio, las infecciones del conducto urinario y de los riñones, la artritis y los trastornos del hígado y del bazo. Es antiséptico, diurético, expectorante, nervino y rejuvenecedor.

• **Clavo (Syzygium aromaticum):** El clavo alivia vata y kapha mientras que aumenta pitta. Es bueno para todas las toses, los resfriados y los problemas pulmonares. Este aceite esencial también es bueno para los dolores dentales, la tensión baja y la debilidad reproductiva. Es antiséptico, antiinflamatorio, antirreumático, analgésico, expectorante, afrodisíaco y estimulante del sistema inmunitario.

• **Eucalipto (Eucalyptus globus, citrodora):** El eucalipto es uno de los mejores aceites para aliviar vata y kapha, mientras que estimula suavemente pitta. Es excelente para tratar el asma, la bronquitis, el exceso de mucosidad, la congestión, las infecciones de riñón y de vejiga, el reumatismo, la artritis y otros muchos trastornos relacionados con vata. El eucalipto tiene muchas propiedades: es analgésico, antiséptico, antiespasmódico, descongestivo, diurético, expectorante, antiviral, estimulante de la circulación, antimicótico y antibacteriano.

• **Gaulteria (Gaultheria procumbens):** La gaulteria disminuye pitta y kapha y neutraliza vata. Este extraordinario estimulante ayuda en toda clase de trastornos pulmonares. El aceite de gaulteria también ayuda a aliviar los espasmos, la inflamación y las lesiones musculares, la inflamación y el dolor de articulaciones y nervios. Por vía interna, es un buen aceite para el estancamiento de la linfa, la sangre, los edemas, la irritación de garganta y las infecciones por hongos. Como contiene aspirina natural, es bueno para los dolores de cabeza. La gaulteria tiene propiedades como agente carminativo, astringente, analgésico, antiespasmódico, expectorante y diurético. Se utiliza con frecuencia en las pastas de dientes y los enjuagues bucales por sus propiedades antisépticas.

- **Geranio (Pelargonium graveolens):** El geranio reduce pitta y kapha y, si se utiliza demasiado, aumenta ligeramente vata. Es excelente para regular el ciclo menstrual y calmar el sistema nervioso, y es inspirador y equilibrador emocionalmente. Es efectivo para combatir el estrés, la fatiga y la depresión. El geranio puede sanar los trastornos de la piel. Tiene propiedades antimicóticas, analgésicas, antidepresivas, antisépticas, astringentes, desodorantes y antibacterianas.

- **Hierbabuena (Mentha piperita):** La hierbabuena es refrescante, reduce pitta y kapha y ejerce un efecto neutro sobre vata. Es buena para tratar los dolores de cabeza y los dolores en general. La hierbabuena es un estimulante y revitalizante que incrementa el flujo de prana. Calma la acidez de estómago y la indigestión y alivia la tos y la congestión. Este aceite es excepcional para el conducto respiratorio y a menudo se combina con la gaulteria, el eucaliptus y el alcanfor como un tratamiento integral de los pulmones. Muchas veces se incluye la hierbabuena en las formulas de las pastas de dientes y los champús, por su naturaleza purificadora, antiséptica y refrescante. Tiene cualidades analgésicas, antisépticas, antiespasmódicas, astringentes, expectorantes, descongestionantes, antiinflamatorias, antipatogénicas, antimicóticas, digestivas y vigorizantes.

- **Incienso (Boswelia thurifera, serrata):** Como la mayor parte de las resinas, el incienso aumenta pitta mientras que reduce vata y kapha. Es excelente para limpiar la sangre y las heridas, así como para calmar el sistema nervioso. El incienso también es bueno para trastornos pulmonares como la bronquitis, los resfriados y la congestión. Actúa como antiséptico, astringente, expectorante, sedante, antiinflamatorio, antidepresivo, estimulante del sistema inmunitario y calmante. Eleva la mente y vuelve más profunda la respiración. Aumenta la pureza y está relacionado con las cualidades espirituales. El incienso se utilizaba como dinero por los egipcios y los indios. Fue uno de los regalos que se le ofrecieron a Cristo cuando nació.

• **Jazmín (Jasmine grandiflorum):** El jazmín es calmante de pitta y kapha. Aunque es beneficioso para vata por su naturaleza dulce, si se utiliza en exceso puede aumentarlo ligeramente por su aroma divinamente embriagador. En general, este aceite eleva el espíritu y proporciona una sensación de calma, satisfacción, paz, bienestar, valor y confianza. El jazmín puede reducir las perturbaciones emocionales. Se utiliza para tratar la debilidad inmunitaria, la mala circulación, la fiebre, las quemaduras, los trastornos de la piel, el cáncer, las infecciones bacterianas o virales y otras afecciones relacionadas con la inmunidad. Es especialmente bueno para el sistema reproductor femenino.

• **Lavanda (Lavendula angustifolia, officinalis):** La lavanda es uno de los aceites esenciales más ampliamente utilizados. Debido a la cantidad de propiedades medicinales que posee, es uno de los mejores aceites para llevar siempre consigo. Disminuye pitta y kapha y equilibra vata. La lavanda es excelente para problemas externos de la piel como quemaduras, erupciones, eccema, psoriasis, ampollas, acné, enfermedades de trasmisión sexual, hemorroides externas y cortaduras. Se puede utilizar para prevenir la formación de escaras. También se usa para tratar el pie de atleta, los hongos, las candidiasis y las infecciones bacterias. Funciona estimulando el sistema inmunitario. También puede utilizarse para las enfermedades propias de vata, como el reumatismo, la artritis, el lumbago, la gota, la ciática, el párkinson y las alteraciones cardíacas. Entre su amplia gama de propiedades se incluyen las de ser analgésico, anticonvulsivo, antidepresivo, antirreumático, antiséptico, antiespasmódico, antiviral, descongestionante, desodorante y reconstituyente. También es un agente sedante que alivia la tensión nerviosa, el insomnio y la irritabilidad. Es uno de los regalos más valiosos que nos ha dado la Madre Naturaleza.

• **Limón (Citrus limonum):** El limón armoniza pitta, vata y kapha. Mejora la circulación y agudiza la atención, la concentración y la claridad mental. El limón es un aceite excelente para llevar cuando hay que conducir distancias largas porque es refrescante y revitalizante. Es útil para mantenerse despierto y atento. También es bueno para la debilidad digestiva, las enfermedades infecciosas, las infecciones virales y bacterianas, la enfermedad de Lyme, los trastornos hepáticos, como la ictericia y la hepatitis, el tifus, el paludismo, la anemia, los trastornos de la sangre y la hipertensión. El limón es uno de los aceites esenciales antibacterianos más fuertes.

• **Loto (Nelumbo nucifera):** Hay tres clases principales de loto: el azul, el rosa y el blanco. Son escasos y muy caros. El azul es el más escaso y la variedad más costosa. En la India el loto se considera una de las plantas más sagradas. Aumenta las cualidades sáttvicas e infunde fe y devoción. El loto disminuye pitta y vata y aumenta kapha. Es un excelente estimulante del sistema inmunitario y es muy bueno para el corazón y la sangre. Este aceite esencial ayuda a aliviar el dolor de cabeza y la náusea. Se puede utilizar para meditar y para aumentar el amor, la paciencia, la quietud y la compasión. El loto es el mejor aceite para aumentar ojas.

• **Manzanilla azul (Matricaria chamomilla):** La manzanilla azul reduce vata y pitta, mientras que aumenta kapha y ojas. Es ideal para las inflamaciones, los trastornos del sistema nervioso, el estrés, la artritis, los dolores de cabeza, la musculatura dolorida, los desarreglos del hígado y del bazo, los trastornos menstruales, la ira, el insomnio y la confusión. Es antiespasmódico, analgésico, antiséptico, digestivo, sedante y estimulante del sistema inmunitario.

• **Melisa (Melissa officinalis):** La melisa disminuye pitta y kapha y equilibra vata. La melisa es excelente para el sistema inmunitario, las alergias, la debilidad general, la apatía, los trastornos de la sangre, las infecciones bacterianas y virales y como estimulante digestivo. Entre sus muchas cualidades se encuentran las de ser antidepresiva, antihistamínica, antiespasmódica, bactericida, repelente de insectos, nervina, estimulante del sistema inmunitario, sedante y estomacal.

• **Mirra (Commiphora myrrh):** La mirra, como el incienso, es uno de los aceites esenciales y resinas más antiguos y más apreciados. La mirra disminuye vata y kapha y estimula pitta. Es uno de los mejores purificadores de la sangre y estimulantes del sistema inmunitario, bueno para todos los trastornos del sistema reproductivo femenino y equilibrador hormonal. Este aceite esencial también sirve para tratar trastornos pulmonares como el asma, la bronquitis y la tos convulsiva. Además, es bueno para desequilibrios de vata como la artritis, los trastornos reumáticos, la gota y el insomnio. La mirra tiene propiedades antiinflamatorias, antisépticas, astringentes, alterativas, rejuvenecedoras, expectorantes, revitalizantes y sedantes.

• **Neroli (Citrus aurantium):** El neroli se extrae del azahar, la flor del naranjo. A causa de su divino aroma embriagador se cree que ayuda a conectarse con la Divinidad que está en nuestro interior. Es excelente para la concentración mental. El neroli armoniza los doshas. Es bueno para la circulación y para el corazón, y se utiliza para curar la depresión, la ansiedad y el nerviosismo. Este aceite esencial es un fantástico antiséptico, antiespasmódico, afrodisíaco, carminativo, tónico, estimulante, antimicótico y antibacteriano.

• **Pachuli (Posgotemom cablim):** El pachuli disminuye vata y pitta y es ligeramente estimulante de kapha. Es un fungicida excelente, útil contra las bacterias, las amebas y los parásitos. Este aceite también es bueno para problemas de piel como la sarna, la tiña, la dermatitis, el eccema, la caspa, la piel agrietada y seca, las arrugas y las infecciones. Es un fuerte afrodisíaco y un tónico del sistema nervioso e inmunitario. El pachuli es muy bueno para eliminar el estrés y la tensión nerviosa, ya que eleva el espíritu. Tiene cualidades antidepresivas, antiinflamatorias, antimicrobianas, afrodisíacas, bactericidas, desodorantes y nervinas.

• **Pimienta negra (Piper nigrum):** Disminuye vata y kapha y aumenta pitta. El aceite esencial de pimienta negra es bueno para la indigestión, la falta de apetito, el fuego digestivo débil y para eliminar toxinas del colon y de los pulmones. También se puede utilizar para combatir la obesidad. Este aceite es anticatarral, antiinflamatorio, expectorante, analgésico y bueno para la circulación sanguínea.

- **Rosa (Rose damascena):** La rosa es un símbolo universal del amor. El aceite esencial de rosa abre el corazón, equilibra todos los doshas y los dhatus y aumenta la inmunidad haciendo crecer el amor y la compasión. La rosa se utiliza en toda clase de trastornos de la sangre y reproductivos porque tiene una frecuencia vibratoria más elevada que cualquier otro aceite esencial. Ayuda a equilibrar las hormonas y las funciones neurológicas y alivia la depresión, la tristeza, la ansiedad, la preocupación, el miedo, la tristeza y el nerviosismo. La rosa se puede usar exteriormente para tratar los trastornos de la piel. Tiene un amplio rango de acción como antidepresiva, antiséptica, antiespasmódica, alterativa, refrescante, nervina, laxante, astringente, afrodisíaca y rejuvenecedora.

- **Salvia esclarea (Salvia sclarea):** La salvia esclarea disminuye kapha y tiene un efecto neutro sobre vata y pitta. Es un buen estimulante digestivo, así como un tónico para los problemas reproductivos de las mujeres, en especial para equilibrar las hormonas, los calambres, el síndrome premenstrual y la regulación de la menstruación. La salvia esclarea tiene propiedades anticonvulsivas, antidepresivas, antisépticas, antiespasmódicas, afrodisíacas, desodorantes, nervinas y sedantes.

- **Sándalo (Santalum album):** el sándalo es el mejor aceite esencial para la mente y la meditación, porque despierta el tercer ojo y a la vez calma el sistema nervioso. Se dice que es el aceite más espiritual, excepcional para equilibrar los doshas vata y pitta porque sirve para tratar todos los trastornos neurológicos. El sándalo aumenta ligeramente el dosha kapha. Este aceite ejerce una influencia excepcional sobre los órganos vitales, estimula las glándulas pineal y pituitaria y nutre el corazón. Estas propiedades hacen que cuando se utiliza este aceite el prana y el ojas se armonicen. El sándalo es extraordinario para el tratamiento de la fiebre, la toxicidad de la sangre, el golpe de calor (o insolación), las erupciones de piel, los forúnculos, el acné, la psoriasis, las enfermedades de trasmisión sexual, la debilidad inmunitaria, la depresión, el miedo y la debilidad reproductiva tanto del hombre como de la mujer. Es antiséptico, antiespasmódico, afrodisíaco, astringente, diurético, expectorante, tónico, descongestionante, sedante, nervino, alterativo, antibacteriano, insecticida y antimicótico.

• **Siempreviva (Helichrysum angustifolia):** A la siempreviva se la llama a menudo «inmortal». Equilibra los tres doshas, y es uno de los mejores aceites esenciales de aplicación tópica para aliviar el dolor, las distensiones musculares, los cardenales, la inflamación y los músculos cansados y doloridos. Es especialmente beneficiosa para las lesiones de huesos y músculos, porque acelera la regeneración celular. Este aceite también ayuda a los sistemas linfático, endocrino y nervioso. La siempreviva tiene propiedades curativas que actúan sobre todos los órganos, especialmente el hígado, la vesícula, el estómago, el bazo y el páncreas. Es antiespasmódico, expectorante, anticoagulante, antiviral, antiinflamatorio y regenerador de los tejidos. Además, ayuda a combatir las adicciones.

• **Túlasi (Ocimum sanctum):** El aceite esencial de túlasi disminuye vata y kapha y aumenta ligeramente pitta si se utiliza en exceso. La túlasi es sáttvica por naturaleza y purifica y armoniza la mente. Nos ayuda a deshacernos de las emociones y los pensamientos viejos, estancados. Aumenta la fe, la devoción y el desapego. La túlasi eleva y ayuda a superar la tristeza y la depresión. Se utiliza en el tratamiento de las dolencias pulmonares, especialmente el asma y la bronquitis. Alivia los dolores de cabeza, la fiebre, la congestión de los senos nasales, la artritis, el reuma y la confusión mental. Es diaforético, febrífugo, nervino, antiespasmódico, antibacteriano, antiséptico, antimicótico y emenagogo.

• **Ylang Ylang (Cananga odorata):** El ylang ylang disminuye vata y pitta y aumenta kapha y ojas debido a su naturaleza dulce. Es uno de los mejores aceites para equilibrar el ciclo menstrual y las hormonas femeninas. Reduce los calambres, la tensión, las emociones reprimidas o negativas y los dolores de cabeza. El ylang ylang es un afrodisíaco que rejuvenece el sistema reproductivo, por lo que es bueno para la infertilidad y la impotencia. Su acción sedante es buena para la tensión alta, el estrés, la ansiedad y la tensión nerviosa. Este aceite también es bueno para reparar la piel avejentada, agrietada y arrugada. Es antidepresivo, sedante, antiinfeccioso, antiséptico, euforizante y regulador hormonal.

Capítulo 14

El poder curativo de los mantras

*En el principio existía la Palabra. Y la Palabra
estaba con Dios, y la Palabra era Dios.*

La Biblia, Juan 1:1 (Versión King James)

*En la presente edad oscura del materialismo, la repetición
constante de un mantra es el modo más sencillo de obtener
purificación y concentración internas. Puedes recitar tu
mantra en cualquier momento o lugar, sin cumplir ninguna
otra regla relacionada con la pureza del cuerpo o de la
mente. Se puede hacer mientras desarrollas cualquier tarea.
La pureza mental llega mediante la recitación constante del
nombre divino. Es la forma más sencilla. Estás intentando
cruzar el mar de la trasmigración, el ciclo del nacimiento
y la muerte. El mantra es el remo de la embarcación. Es el
instrumento que utilizas para cruzar el samsara de la mente
inquieta, con sus interminables ondas de pensamiento. El
mantra también se puede comparar con una escalera que
subes para alcanzar las alturas del conocimiento de Dios.*

Amma

¿Qué es un mantra?

Om mantra-sarayéi namahá

Me postro ante La que es la esencia de todos los mantras.
Shri Lálita Sahasranama, estrofa 846

Los *mantras* entonan sonidos en sus formas más puras y esenciales. El *mantra japa* (la repetición de un mantra) es extraordinariamente poderoso porque nos conecta con la energía divina original. Cuando nos conectamos con la energía nos liberamos del sufrimiento. Por eso, el significado de la palabra sánscrita *mantra* es «liberar la mente del sufrimiento y la enfermedad».

Según el ayurveda, los mantras invocan la energía divina para que fluya hacia nosotros. La manera en que esto sucede es muy sencilla. Todas las formas sensibles y no sensibles del universo están compuestas de diferentes energías, y todas las energías del universo están relacionadas con una vibración sonora. La física moderna lo confirma: todas las formas del universo se componen de vibraciones sonoras que emiten energía tangible. De igual forma, cuando recitamos sonidos relacionados con la energía divina, también nosotros empezamos a vibrar en la misma frecuencia que lo Divino.

Históricamente, el hinduismo y el budismo han utilizado mantras para el crecimiento espiritual y la sanación. Por ejemplo, la tradición chamánica del ayurveda del Tíbet tiene un detallado sistema de sanación utilizando mantras para tratar numerosas enfermedades. En la India ancestral, el dominio de la recitación de mantras formaba parte de la formación ayurvédica. Solo el que dominaba la ciencia de los mantras podía llamarse un *acharya* (experto) en ayurveda. Los textos védicos dicen: «Por la recitación de mantras podemos vencer el deterioro, la aversión, la pérdida del apetito (dispepsia), la lepra, los trastornos del estómago, la tos y el asma. El que recita el mantra obtiene un gran mérito y en su próximo nacimiento alcanzará la salvación, que es lo que les corresponde a los seres más nobles». Por lo tanto, con el mantra japa se puede conseguir todo, desde la salud y la riqueza hasta la liberación.

Históricamente, los mantras se trasmitían verbalmente del maestro al alumnos cuando este estaba listo. Amma, una de las más grandes maestras vivientes, da mantras a quienes se muestran interesados, e insiste en que hay que estar dispuesto a esforzarse cuando se haya recibido el mantra. Así describe el proceso: «Hijos, cuando Amma os da un mantra, siembra una semilla de espiritualidad en vosotros. Trasmite una parte de Ella a vuestro corazón. Pero vosotros tenéis que trabajar con ello. Tenéis que nutrir esa semilla meditando, rezando y recitando vuestro mantra con regularidad, sin falta. Tenéis que estar completamente comprometidos». Si nos comprometemos a recitar nuestro mantra, toda nuestra vida mejorará. Amma explica: «Recitando vuestro mantra, todo vuestro ser se trasformará y conoceréis vuestra naturaleza divina».

Si aún no se ha entrado en contacto con un Maestro Perfecto (Sátguru) que pueda trasmitir directamente un mantra, es posible elegir entre numerosos mantras que se pueden recitar con resultados excelentes. Son profundamente efectivos para todos los seres humanos, independientemente de la herencia cultural, el bagaje espiritual o religioso, la edad o el género. Amma dice: «Siempre es recomendable obtener un mantra de un Maestro del Conocimiento. Hasta entonces, podemos usar uno de los mantras de nuestra deidad amada como *Om Námah Shivaya, Om Namó Bhagavaté Vasudevaya, Om Namó Naráyanaya, Haré Rama Haré Rama Rama Rama Haré Haré Haré Krishna Haré Krishna Krishna Krishna Haré Haré, Hari Om, Om Parashaktyéi Namahá, Om Shivashaktyaikya Rupiniéi Namahá,* o los nombre de Cristo, Alá o Buda».

Para tratar de alcanzar nuestras metas espirituales, es de vital importancia que practiquemos mantra japa con regularidad. Para que cualquier empresa tenga éxito hace falta esfuerzo, y el camino del Autoconocimiento no es diferente. Mientras pongamos un esfuerzo amoroso en la práctica de nuestro mantra japa, la gracia fluirá hacia nosotros. Cuanta más gracia nos llegue, encontraremos la fuerza necesaria para esforzarnos más. Amma dice: «La etapa de la sádhana es como escalar una montaña elevada. Necesitáis mucha fuerza y energía. Los montañeros utilizan una cuerda para impulsarse hacia arriba. Para vosotros, la única cuerda es el japa. Por eso, hijos, intentad repetir constantemente vuestro mantra. Cuando hayáis llegado a la cumbre, podréis relajaros y descansar para siempre».

Hay que intentar recitar nuestro mantra constantemente. Los mantras se pueden recitar en cualquier lugar, en cualquier momento. Mientras nos bañamos, cocinamos, comemos, conducimos, caminamos, hacemos ejercicio o las compras, el mantra japa puede fluir incesantemente, sea en voz alta o en silencio en la mente.

Es importante entender que, mientras recitamos, hay que intentar practicar mantra japa con la actitud correcta. Es así porque la eficacia de un mantra depende de la disposición mental y emocional de la persona que lo está repitiendo. Es como el dicho: «La dulzura depende de la cantidad de azúcar que pongamos»: cuanto mayores sean la fe y la devoción, mayor será el poder del mantra. Si lo recitamos con una disposición interior adecuada, nuestra práctica tendrá éxito. La vibración física unida a la intención mental adecuada aumenta la influencia del mantra. De ahí el gran dicho metafísico: «La energía fluye hacia dónde va la intención».

Amma propone: «Haced japa con atención, nunca mecánicamente. Cada repetición debe ser como saborear un caramelo. Al final, llegaréis a un estado en el que aunque dejéis el mantra, el mantra no os dejará a vosotros». Por esa razón, es muy beneficioso reservar un tiempo cada día para sentarse a repetir mantras y después meditar en silencio un rato para sentir las vibraciones resonando en tu interior.

Los mantras pueden y deben recitarse en cualquier lugar y en cualquier momento, pero es bueno saber que hay determinados lugares que se consideran los más favorables para adquirir concentración. Cualquier lugar en que haya estado un ser iluminado está santificado y, por tanto, es un lugar ideal para la recitación. Los Vedas también mencionan los siguientes entornos naturales como los mejores para la meditación y el mantra japa:

- Jardines de flores
- Parajes naturales solitarios
- En medio de un bosque
- Cualquier lugar donde nunca haya habido una guerra
- Cualquier lugar santo o de peregrinación
- Cuevas de montaña
- Debajo de un baniano, un árbol bilva o un árbol pípal
- Al lado de una planta de túlasi
- A orillas de un río
- Cerca de un estanque de agua fresca o de un manantial

Otros lugares favorables para concentrarse en la recitación son cerca de vacas, arroyos, una lámpara de ghi o un templo. También es mejor recitar por la mañana temprano o al atardecer, bajo la Luna llena o en presencia de un Maestro Perfecto. Se dice que practicar mantra japa sentado en un río o arroyo donde el agua nos llegue hasta el ombligo o el pecho es muy purificador. Recitar en la orilla del mar es sáttvico y tranquilizante, y también recibimos los beneficios curativos de los iones negativos que vienen del mar.

Hay muchos mantras que se pueden recitar para equilibrar el cuerpo, los elementos y los chakras. La repetición de mantras puede mejorar el crecimiento espiritual, la paz y la alegría. Algunos mantras están relacionados especialmente con unos determinados planetas. Se recomienda consultar a un jyótishi antes de usar mantras planetarios. A continuación tenemos algunos de los mantras divinos que se pueden recitar regularmente.

Mantras divinos

Hay que recitar el mantra con gran atención. Concentraos en el sonido del mantra o en el significado; o podéis concentraros en cada sílaba del mantra mientras lo recitáis. También podéis visualizar la forma de vuestra deidad amada mientras recitáis. Decidid el número total de veces que vais a recitar el mantra cada día. Eso os ayudará a hacer japa con determinación. Pero no lo recitéis con dejadez solo por llegar al número fijado. Lo más importante es que la mente esté concentrada en una sola dirección. Utilizar una mala os ayudará a contar y también a mantener la concentración.

Amma

Hasta el momento en el que sea posible recibir un mantra personal de un Maestro Perfecto, como Amma, aquí tenéis algunos mantras generales con su significado. Se pueden recitar regularmente.

Om (Aum): Es el sonido primordial, la manifestación original de la conciencia. Se puede recitar por sí mismo, y también se utiliza al principio de cualquier mantra para darle más shakti (poder espiritual). *Om* es el sonido que precede a la creación y que perdura más allá de la disolución final. Es el sonido que conecta y contiene a todos los seres vivos.

Ma: Representa a la Madre Divina, y se puede repetir por sí mismo. *Ma* encarna la vibración del Amor divino, la Madre de la Creación.

Jey Ma: «Victoria a la Madre Divina» o «Alabanza a la Diosa del Universo».

Om Námah Shivaya: Este mantra es una de las muchas maneras de alabar al Señor Shiva. Significa «Me postro ante la Conciencia Divina».

Om Shivashaktyaikya Rupiniéi namahá: «Me postro ante La que es la unión de Shiva y Shakti en una sola forma». Este mantra es para la unión de Shiva y Shakti, o púrusha y prákriti. La Conciencia Divina y la Energía Divina trabajan juntas para crear y conservar el universo.

Om Shri Mata Amritanándamayi Devyéi namahá: Este es un mantra de Amma, y significa «Me postro ante Amma, la Diosa de la Dicha Inmortal».

Om Amriteshuaryéi namahá: Otro mantra de Amma, que significa «Me postro ante la Diosa de la Inmortalidad».

Om Parashaktyéi namahá: «Saludamos a la Diosa que es la Energía Suprema». Este mantra es para la Diosa de la Creación.

Om Gam Ganapatayéi namahá: «Saludamos al señor Ganapati». Ganapati es otro nombre de Ganesha, el que elimina todos los obstáculos y es hijo de Shiva y Párvati.

Om Gam Ganeshaya namahá: «Saludamos al Señor Ganesha». Otro mantra de Ganesha, que ayuda a eliminar obstáculos y obtener su Gracia.

Om Shri Hanumaté namahá: «Saludamos al Bienaventurado Señor Hanumán, servidor del Señor Rama». Este mantra invoca la gracia de Hanumán, el Hijo del Viento, que nos proporciona el prana. Otorga fortaleza, devoción y fe.

Om Shri Mahá Lakshmyéi namahá: «Saludamos a la Gran Diosa Lakshmi». Este mantra es de la Diosa Lakshmi, la diosa de la riqueza, la belleza y todas las formas de prosperidad que hay en el mundo.

Om Dum Durgaya namahá: «Saludamos a la Diosa Durga». Este mantra es de la Diosa Durga, que destruye los obstáculos interiores creados por el ego. Recitarlo ayuda con los problemas físicos, mentales, emocionales y espirituales y da protección.

Om Aim Sarasuatyéi namahá: «Saludamos a la Diosa Sarásuati». La Diosa Sarásuati concede buena memoria, mayor capacidad de aprendizaje, creatividad, conocimiento, capacidad de hablar y talento en las artes, incluidas la danza y la música.

Om namó Bhagavaté Vasudevaya: «Saludamos al Señor Supremo Vasudeva». Vasudeva es el nombre del Señor Vishnu, el sustentador de toda la vida del mundo. Recitarlo protege al devoto de muchas dificultades y le otorga paz y prosperidad.

Om Klim Krishnaya namahá: «Saludamos al divino Señor Krishna». Este mantra es del Señor Krishna, el avatar o encarnación del Señor Vishnu. Recitarlo da amor y devoción y puede resolver todos los problemas que se le presenten al devoto.

Om Shri Ramaya namahá: «Saludamos al Señor Rama». Este mantra es del Señor Rama, otra encarnación del Señor Vishnu, el que conserva el universo. Concede bendiciones en todos los aspectos de la vida. El nombre *Ram* también se puede recitar solo.

Om Krim Kaliéi namahá: «Saludamos a la Gran Diosa Kali, La que elimina la oscuridad». Este mantra es de la Diosa Kali, que elimina la oscuridad del ego de sus devotos.

Om Mani Padme Hum: Un mantra budista que significa «Om, saludamos a la Joya de la Conciencia [la mente], que reside en el loto del corazón».

Om Tare tut Tare turé suaha: «Saludamos a la Diosa Suprema Tara». Un mantra para la diosa budista Tara, un aspecto de Kali o la Madre divina. Concede gracia y compasión.

Om Ah Hum Vajra Guru Padma Siddhi Hum: «Invoco al Vajra Guru, Padmasambhava. Que tu bendición me conceda el Conocimiento Supremo». El mantra de Padmasambhava invoca la bendición que ayuda a superar todos los obstáculos. Padmasabhava fue un maestro budista tibetano histórico que se dice nació en una flor de loto. Fue un reconocido estudioso, meditador, sanador y guru.

Haré Rama, Haré Rama, Rama Rama, Haré Haré, Haré Krishna, Haré Krishna, Krishna Krishna, Haré Haré: Este mantra es del Señor Vishnu, el conservador, bajo las formas de Rama y Krishna.

Mahamritúnjaya Mantra, «Om Tryámbakam Yajámahe Sugándhim Pushtivárdhanam urvárukam iva bandhanam mrityor mukshiya mamritat»: «Adoramos al de los Tres Ojos, Shiva, que tiene un aroma divino y que alimenta a todos los seres. Que nos libere de la muerte y nos dé la inmortalidad, igual que un pepino se separa de la atadura de la enredadera». *Mrityu* significa «muerte» y *jaya* es «victoria». Por tanto, el mantra significa «concédenos la victoria tanto sobre el ego como sobre la muerte». Este poderoso mantra se puede recitar para obtener buena salud, liberarse de la esclavitud y resolver muchos otros problemas. Se le ha denominado el remedio más grande de todos los males y se puede recitar en cualquier momento como cualquier otro mahá-mantra (gran mantra).

Gáyatri Mantra «Om bhur bhuvá suaha, Tat Sávitur varenyam, bhargo Devasya dhímahi, dhiyó yo na prachódayat»: «Meditamos en el resplandor espiritual de esa adorable y suprema Realidad Divina. Por favor, concédenos la liberación». El Gáyatri mantra es la oración universal ensalzada en los Vedas. Es uno de los mantras que se recitan más comúnmente. Se traduce así: «*Om*, meditamos *(dhímahi)* en el resplandor espiritual *(bhargó)* de esa adorable y suprema Realidad Divina *(varényam Devasya)*, la fuente *(sávitur)* de las esferas de la existencia física *(bhur)*, astral *(bhuvá)* y celestial *(suaha)*. Que Ese *(Tat)* ser divino supremo ilumine *(prachódayat)* nuestro *(nah)* intelecto *(dhiyó)* (para que podamos conocer la Verdad Suprema).

Mantras de los chakras

Cada chakra tiene un mantra *bija* (semilla) que activa el poder de ese chakra. Estos mantras bija ayudan a sanar los aspectos físicos, emocionales, mentales y espirituales relacionados con los chakras. Se pueden recitar solos o todos juntos.

Muladhara: Lam. Se corresponde con el chakra raíz. Está relacionado con el elemento tierra. Da arraigo, calma y sentimientos de alegría, contento, paz y bienestar.

Suadishthana: Vam. Se corresponde con los órganos reproductivos. Se relaciona con el elemento agua, el néctar y *ojas*. Inspira la creatividad, la fertilidad y la imaginación.

Manipura: Ram. Se corresponde con el plexo solar, la fuerza de voluntad y la motivación. Se relaciona con el elemento fuego. Aumenta el agni (fuego digestivo).

Anáhata: Yam. Se corresponde con el corazón y da entusiasmo y energía para expresar nuestra inspiración. Se relaciona con el elemento aire y el prana. El prana rige la respiración y el corazón.

Vishuddha: Ham. Se corresponde con la garganta y la respiración. Se relaciona con el elemento éter/espacio. Rige el prana y el habla.

Ajña: Ksham. Se corresponde con el tercer ojo. Aumenta la concentración y la conciencia, por lo que mejora la meditación.

Sahásrara: Om. Se corresponde con el Ser iluminado. La recitación de *om* nos lleva a la Conciencia Divina.

Es una buena práctica escribir al menos una página de vuestro mantra cada día. Muchas personas se concentran mejor escribiendo que cantando. También hay que intentar enseñar a los niños la costumbre de recitar y escribir cuidadosamente un mantra. Eso también les ayudará a mejorar su caligrafía. No hay que tratar descuidadamente el libro en el que se escribe el mantra. Hay que guardarlo cuidadosamente en la sala o el santuario de meditación.

Amma

Capítulo 15

El yoga en el ayurveda

*Por mucho vedanta que estudiemos, sin hacer sádhana
no podremos experimentar la Realidad. Aquello que
buscamos está en nuestro interior, pero para alcanzarlo
tenemos que hacer sádhana. Para convertir la semilla
en un árbol, tenemos que plantarla en el suelo, regarla
y abonarla. No basta con sostenerla en las manos.*

Amma

*No hay nada que iguale el gozo supremo que siente
el yogui de mente pura que ha alcanzado el estado
de conciencia pura y ha vencido la muerte.*

Yoga Vasishtha Sara, estrofa 4.25

Tener una sádhana personal de hatha yoga es sumamente útil en el camino del Autoconocimiento. Como ya hemos explicado, el ayurveda y el yoga están profundamente de acuerdo. El yoga es importante para disolver la tensión mental y calmar la mente antes de la meditación. Es el ejercicio perfecto para el ayurveda porque rejuvenece el cuerpo, mejora la digestión y elimina el estrés. Lo puede hacer cualquier persona de cualquier edad. Los ásanas de yoga pueden equilibrar los tres doshas. El yoga tonifica todas las zonas del cuerpo y limpian de toxinas los órganos internos, que es una de las metas del ayurveda. De la misma manera, los practicantes de yoga pueden beneficiarse de los dinacharyas ayurvédicos (como el abhyanga y el masaje ayurvédico), que ayudan a eliminar las toxinas del cuerpo y a relajar los músculos para la práctica de yoga.

Veamos algunas de las semejanzas entre el yoga y el ayurveda:

- Ambos son ciencias védicas ancestrales. El yoga tiene su origen en el Yájur Veda. El ayurveda se origina en el Atharva Veda y el Rig Veda.
- Ambos reconocen que mantener la salud del cuerpo y de la mente es absolutamente necesario para el cumplimiento de las cuatro metas de la vida (artha, kama, dharma y moksha).
- Ambos comparten la misma anatomía y fisiología espiritual, que consta de setenta y dos mil nadis, siete chakras principales, cinco koshas, los doshas y los dhatus.
- Ambos reconocen que el equilibrio de los doshas, los dhatus y los malas es esencial para mantener la salud.
- Ambos incorporan la dieta, las plantas, los ásanas, el pranayama, la meditación, los mantras, la oración, las pujas y los rituales para sanar el cuerpo, la mente y las emociones.
- Ambos hacen hincapié en la salud física como una buena base para el bienestar mental, emocional y espiritual.
- Ambos se esfuerzan por aumentar el sattua y mantener el equilibrio del prana, el tejas y el ojas.
- Ambos incorporan la misma psicología espiritual. El ayurveda adopta los shad darshan (las seis escuelas principales de filosofía), incluyendo los *Yoga Sutras* de Patánjali y el vedanta. Ambos entienden que los apegos son la causa de todo sufrimiento y que el máximo estado de salud se experimenta cuando permanecemos en nuestra verdadera naturaleza, el Ser, que está en paz independientemente del estado del cuerpo físico.
- Ambos utilizan formas específicas de limpieza del cuerpo para favorecer la eliminación de productos de desecho y toxinas por sus vías naturales de evacuación. El ayurveda utiliza el panchakarma y el yoga utiliza los shatkarmas.

Yoga personalizado

Actualmente hay muchas clases de hatha yoga disponibles en todo el mundo. El hatha yoga es una categoría amplia que contiene la mayor parte de las escuelas contemporáneas de yoga, como el Ánusara Yoga, el Ashtanga Yoga (tal como lo enseñaba Páttabhi Jois), Yoga Integral, Yoga Iyengar, Yoga Shivananda y Vinyasa Yoga. Las clases modernas suelen impartirse a grupos grandes. Aunque son beneficiosas, este enfoque no trata en profundidad las necesidades individuales. El yoga se ha enseñado durante miles de años de forma individual, con la conciencia de que cada persona tiene necesidades diferentes. Las prácticas de yoga aportan los máximos beneficios cuando se adaptan para apoyar el dosha, el estado de salud y el estilo de vida de la persona. Los ásanas se deben practicar bajo la guía de un profesor experimentado.

Para una práctica de yoga personal equilibrada, es importante tener en cuenta la estructura corporal de la persona, su *prákriti* (constitución original) y su *víkriti* (el desequilibrio constitucional actual). Tradicionalmente, el hatha yoga se practicaba de forma individual con un maestro, que también aconsejaba la dieta, las plantas medicinales, el pranayama y los mantras. El yoga ayurvédico es mucho más que solo ejercicio físico. Su meta es enseñar a la persona a vivir en armonía consigo misma, con la naturaleza y con el universo.

Beneficios de los ásanas

> *La sádhana debe volverse parte de nuestra*
> *naturaleza, como lavarse los dientes o bañarse.*
>
> *Amma*

Según el ayurveda, hay tres razones principales para hacer ásanas de yoga: como ejercicio para un régimen de vida saludable; como terapia para tratar trastornos específicos del cuerpo y la mente; y como medio para restituir los doshas a su estado natural. El objetivo final del yoga es el crecimiento y el progreso espiritual.

La investigación científica está demostrando que el hatha yoga puede ayudar a curar diversas enfermedades como la artritis, el asma, el dolor de espalda, el estreñimiento, la diabetes, la diarrea, los trastornos digestivos, los trastornos mentales y emocionales, las enfermedades del corazón, los desequilibrios hormonales, la hipertensión, la debilidad inmunitaria, el insomnio, las migrañas, los dolores de cuello, la fatiga mental y física, la escoliosis, el estrés, las alteraciones tiroideas y muchas otras afecciones.

El hatha yoga mejora la salud física utilizando múltiples métodos. Fortalece los músculos, mantiene la flexibilidad y la integridad de las articulaciones y la columna vertebral y equilibra la anatomía sutil (los chakras, las nadis y los koshas). Además, el yoga relaja, rejuvenece, fortalece y da energía a todo el cuerpo y la mente tonificando y nutriendo todos los sistemas corporales. El yoga ayuda a limpiar en todos los niveles de existencia. En los niveles mental y emocional, armoniza y aquieta los pensamientos y crea autoconciencia de los procesos emocionales. La práctica de yoga se convierte en un espejo para profundizar en nosotros mismos.

La *chikitsa* (terapia) del yoga se utiliza a menudo junto al ayurveda o como una forma complementaria de cuidar la salud. Un médico ayurvédico o un terapeuta yóguico intenta restaurar el equilibrio identificando las causas subyacentes de la enfermedad. Después, el médico ayuda al paciente a desarrollar un régimen ayurvédico y yóguico adecuado. La base y la premisa fundamental de la yoga chikitsa es el tratamiento integral de la persona y llevar el equilibrio a los doshas.

La yoga chikitsa incluye: análisis individual de los doshas, recomendaciones dietéticas para restaurar el equilibrio, gestión del estilo de vida, ásanas de yoga para equilibrar los doshas y recomendaciones ayurvédicas y de sádhana yóguica que ayudan a la persona a recuperar el estado de integración. Junto con las plantas medicinales, la alimentación y el pranayama, los ásanas pueden ayudar a tratar casi cualquier enfermedad.

La información que se presenta aquí tiene fines didácticos, no está destinada a sustituir la enseñanza formal de un profesor. Todos los ásanas hay que realizarlos solo bajo la guía de un profesor de yoga con experiencia. En Occidente hay muchos cursos de yoga de fin de semana y de un mes de duración que dan un certificado para enseñar yoga. Ese no es el sistema tradicional de formación y a menudo da lugar a profesores poco preparados. Se recomienda que los profesores de yoga tengan una sádhana personal sólida y constante. Tienen que llevar una vida dhármica y dedicarse a la mejora de la humanidad y de la creación. Deben cumplir todos los yamas y níyamas lo mejor que puedan, y deben tener un carácter excelente, carente de orgullo. Es importante encontrar a un profesor de yoga con el que uno se sienta bien. Lo que le va bien a una persona puede no ser lo mejor para otra. Recuerda el viejo dicho: «La medicina de una persona es el veneno de otra». Confía en tu intuición y deja que te guíe el corazón.

Ásanas ayurvédicos según los doshas

Sthira súkham ásanam.

Una postura de yoga es una posición firme y cómoda.
Yoga Sutras de Patánjali, II.46

Con el ásana se evita la enfermedad,
con el pranayama se evita el adharma
y con el pratyahara el yogui controla
su actividad mental.

Yoga Chudámani, estrofa 109

Mediante una práctica ininterrumpida de yoga durante tres meses, se purifican las nadis. Cuando las nadis se han purificado, aparecen unos determinados signos externos en el cuerpo del yogui. Son: ligereza de cuerpo, tez luminosa, aumento del agni y esbeltez de cuerpo, y, junto a todo esto, ausencia de inquietud en el cuerpo.

Yoga Tattua, estrofas 44-46

La mayor parte de los ásanas equilibran los tres doshas; pero hay distintos ásanas y secuencias de estos que específicamente proporcionan un equilibrio más profundo a los doshas. Las secuencias que se ofrecen a continuación están concebidas para ayudar a empezar. Por favor, recuerda que los ásanas siempre hay que realizarlos conociendo la posición, la respiración, la secuenciación y la compensación correctas.

Ásanas para vata

Las personas en las que predomina vata deben recordar centrarse en la quietud, el arraigo, el fortalecimiento y el equilibrio mientras realizan su práctica. Esta atención les ayuda a calmar la mente, fortalecer el sistema nervioso y regular el prana. Los vata deben concentrarse profundamente en la respiración mientras practican ásanas. Eso les ayuda a aumentar el prana, la conciencia y la fortaleza general. El lugar para la práctica debe estar libre de distracciones, en una atmosfera tranquila y acogedora. Cuando los vata realizan una práctica armoniosa de ásanas de yoga, tienen músculos fuertes y estables y sus articulaciones se mueven a voluntad, sin dolor ni rigidez. Se sienten calmados, arraigados y centrados.

Ásanas para calmar vata

Adho mukha shuanásana (el perro boca abajo)
Anantásana (postura de la serpiente)
Ardha chandrásana (postura de la media Luna)

Baddha konásana (postura del ángulo ligado)
Bharaduajásana (torsión espinal sentada con las piernas a un lado)
Chaturanga dandásana (postura de la plancha)
Dandásana (postura del bastón)
Halásana (postura del arado)
Janu shirshásana (postura de la cabeza en la rodilla)
Játhara parivartanásana (postura de rotación del abdomen)
Konásana (flexión hacia delante sentado con piernas abiertas)
Marichyásana I, II y III (torsión del sabio)
Padahastásana (postura de las manos en los pies)
Padangushthásana (postura del pulgar del pie)
Padottanásana (flexión hacia adelante con piernas abiertas)
Parivritta trikonásana (postura del triangulo invertido)
Paripurna navásana (postura del barco)
Parshuakonásana (postura del ángulo lateral en extensión)
Parshuottanásana (estiramiento lateral)
Sarvangásana I, II y III (posturas sobre los hombros)
Setu bandha (postura del puente)
Shavásana (postura del cadáver)
Siddhásana (la postura perfecta sentada)
Shirshásana (postura sobre la cabeza)
Supta padangushthásana (postura supina del pulgar del pie)
Supta virásana (postura reclinada del héroe)
Surya namaskar (saludos al Sol)
Tadásana (postura de la montaña)
Trikonásana (postura del triangulo)
Upavishtha pashchimottanásana (postura sentada con flexión hacia adelante; incluyendo todas las variaciones)
Urdhua prasárita ekapadásana (postura de flexión hacia adelante con una pierna hacia arriba)
Utkatásana (postura de la silla)
Uttanásana (postura de extensión)
Vasishthásana (postura de la plancha lateral)
Virabhadrásana I, II y III (posturas del guerrero)

Virásana (postura del héroe)
Vrikshásana (postura del árbol)
Yoga mudrásana (postura del sello yóguico).

Secuencia para vata

1. *Surya namaskar* (saludo al Sol), de seis a doce repeticiones
2. *Adho mukha shuanásana* (el perro boca abajo)
3. *Tadásana* (postura de la montaña)
4. *Utkatásana* (postura de la silla)
5. *Trikonásana* (postura del triángulo)
6. *Parivritta trikonásana* (postura del triangulo invertido)
7. *Virabhadrásana* I (postura del guerrero)
8. *Parshuakonásana* (postura del ángulo lateral en extensión)
9. *Padangushthásana* (postura del pulgar del pie)
10. *Padottanásana* (flexión hacia delante con piernas abiertas)
11. *Balásana* (postura del niño)
12. *Sarvangásana* I (postura apoyada sobre los hombros)
13. *Halásana* (postura del arado)
14. *Dandásana* (postura del bastón)
15. *Janu shirshásana* (postura de la cabeza en la rodilla)
16. *Virásana* (postura del héroe)
17. *Marichyásana* I y III (torsión del sabio)
18. *Játhara parivartanásana* (postura de rotación del abdomen)
19. *Uttanásana* (postura de extensión)
20. *Surya namaskar* (saludo al Sol), de seis a doce repeticiones
21. *Shavásana* (postura del cadáver)

Ásanas para trastornos relacionados con vata

Asma (sequedad de las vías respiratorias, opresión y sibilancias): *Adho mukha shuanásana* (el perro boca abajo), *bhujangásana* (postura de la cobra), *dhanurásana* (postura del arco), *halásana* (postura del arado), *matsyásana* (postura del pez), *paschimottanásana* (flexión completa hacia delante), *shalabhásana* (postura de la langosta), *sarvangásana* (postura sobre los hombros), *shirshásana* (postura sobre la cabeza) y *vajrásana* (postura del rayo)

Ciática: Todas las flexiones hacia adelante, *adho mukha shuanásana* (el perro boca abajo), *bhujangásana* (postura de la cobra), *eka pada apanásana* (postura para la liberación del aire), *halásana* (postura del arado), *játhara parivartanásana* (postura de rotación del abdomen), *sarvangásana* (postura sobre los hombros), *shirshásana* (postura sobre la cabeza), *suastikásana* (flexión hacia adelante con las piernas cruzadas), *supta padangushthásana* (postura supina del pulgar del pie), *vajrásana* (postura del rayo) y *yoga mudrásana* (sello yóguico)

Debilidad sexual: Posturas de equilibrio sobre las manos, *bakásana* (postura de la grulla), *halásana* (postura del arado), *sarvangásana* (postura sobre los hombros*)*, *útthita padmásana* (postura elevada del loto) y *vajrásana* (postura del rayo)

Depresión (con miedo, ansiedad y nerviosismo): *Balásana* (postura del niño), *halásana* (postura del arado), *padmásana* (postura del loto), *shavásana* (postura del cadáver), *vrikshásana* (postura del árbol) y *yoga mudrásana* (sello yóguico)

Dolor de espalda: Todas las posturas de pie, especialmente *virabhadrásana* (postura del guerrero), *bhujangásana* (postura de la cobra), *dhanurásana* (postura del arco), *halásana* (postura del arado), *játhara parivartanásana* (postura de rotación del abdomen), *shalabhásana* (postura de la langosta), *vajrásana* (postura del rayo) y la mayor parte de las torsiones de columna realizadas suavemente

Estreñimiento: Todas las posturas de pie, *eka pada apanásana* (postura para la liberación del aire), *navásana* (postura del barco), *sarvangásana* (postura sobre los hombros), *shirshásana* (postura sobre la cabeza), *úttana padásana* (postura de las piernas estiradas), *yoga mudrásana* (postura del sello yóguico) y flexiones hacia adelante (de pie y sentado)

Flatulencia: Estiramientos hacia adelante de pie, *adho mukha vrikshásana* (postura sobre las manos), *ardha baddha padma pashchimottanásana* (postura del medio loto ligado con la cabeza en la rodilla), *dhanurásana* (postura del arco), *janu shirshásana* (postura de la cabeza en la rodilla), *játhara parivartanásana* (postura de rotación del abdomen), *mayurásana* (postura del pavo real), *padahastásana* (postura de las manos en los pies), *padangushthásana* (postura del pulgar del pie), *paripurna navásana* (postura del barco), *shalabhásana* (postura de la langosta), *sarvangásana* (postura sobre los hombros), *setu bandha sarvangásana* (postura del puente apoyado sobre los hombros), *shirsásana* (postura sobre la cabeza) y *uttanásana* (postura del estiramiento intenso)

Insomnio: *Adho mukha shuanásana* (el perro boca abajo), *balásana* (postura del niño), *bhujangásana* (postura de la cobra), *shavásana* (postura del cadáver) y *vajrásana* (postura del rayo)

Trastornos menstruales (para regular el ciclo menstrual): *Bhujangásana* (postura de la cobra), *chakrásana* (postura de la rueda), *halásana* (postura del arado) y *yoga mudrásana* (postura del sello yóguico)

Varices: *Adho mukha vrikshásana* (postura del árbol boca abajo o sobre las manos), *ardha chandrásana* (postura de la media Luna), *bhekásana* (postura de la rana), *eka pada sarvangásana* (postura sobre los hombros con una pierna), *salamba sarvangásana* (postura sobre los hombros con apoyo), *sarvangásana* (postura sobre los hombros), *shavásana* (postura del cadáver), *shirshásana* (postura sobre la cabeza), *supta virásana* (postura supina del héroe), *vajrásana* (postura del rayo) y *virásana* (postura del héroe)

Ásanas para pitta

Las personas pitta tienen que mantenerse tranquilas y frescas y tener una intención relajada al practicar ásanas. A los de tipo pitta les beneficia cultivar una actitud de perdón y entrega y ofrecer los frutos de su práctica a lo Divino. La práctica de ásana genera calor en el cuerpo, por lo que para los pitta es mejor hacer los ásanas de yoga en las horas más frescas del día, como al amanecer o al atardecer. También es beneficioso dar importancia a los ásanas que ayudan a eliminar el exceso de calor del cuerpo. Entre ellos se encuentran las posturas que compriman el plexo solar y posturas que abren el pecho. Cuando los pitta practican los ásanas con armonía experimentan firmeza, tolerancia, paciencia y una profunda sensación de amor y compasión. Sienten el cuerpo fresco y la mente tranquila.

Ásanas para calmar pitta

Adho mukha shuanásana (el perro boca abajo)

Anantásana (postura de la serpiente)

Bandha sarvangásana (postura sobre los hombros hacia el puente)

Bhujangásana (postura de la cobra)

Chandra namaskar (saludo a la Luna)

Eka pada sarvangásana (postura sobre los hombros con una pierna estirada)

Halásana (postura del arado)

Játhara parivartanásana (postura de rotación del abdomen)

Kraunchásana (postura de la garza)

Kurmásana (postura de la tortuga)

Makarásana (postura de cocodrilo)

Marichyásana (torsión del sabio, todas las variaciones)

Parivrittaikapada shirshásana (postura sobre la cabeza con torsión de piernas)

Paschimottanásana (flexión completa hacia adelante y todas las variaciones)

Sarvangásana (postura sobre los hombros)

Setu pada hastásana (postura de la mano en el pie)

Shavásana (postura del cadáver)

Siddhásana (postura sentada perfecta)

Shirshásana (postura sobre la cabeza)

Supta konásana sarvangásana (postura sobre los hombros en ángulo abierto)

Surya namaskar (saludo al Sol, realizado lentamente con conciencia de la respiración)

Urdhva dhanurásana (postura del arco hacia arriba)

Virásana (postura del héroe)

Yoga mudrásana (postura del sello yóguico)
Yoga nidrásana (postura de sueño yóguico)

Secuencia para pitta

1. *Shavásana* (postura del cadáver)
2. *Surya namaskar* (saludo al Sol), de seis a doce repeticiones
3. *Tadásana* (postura de la montaña)
4. *Vrikshásana* (postura del árbol)
5. *Padottanásana* (flexión hacia adelante con las piernas abiertas)
6. *Adho mukha shuanásana* (el perro boca abajo)
7. *Bidalásana* (postura del gato)
8. *Balásana* (postura del niño)
9. *Janu shirshásana* (postura de la cabeza en la rodilla)
10. *Paschimottanásana* (flexión completa hacia adelante)
11. *Parivritta janu shirshásana* (postura de la cabeza en la rodilla en rotación)
12. *Anantásana* (postura de la serpiente)
13. *Supta padangushthásana* (postura supina del pulgar del pie)
14. *Játhara parivartanásana* (postura de rotación del abdomen)
15. *Sarvangásana* III (postura completa sobre los hombros)
16. *Halásana* (postura del arado)
17. *Adho mukha vrikshásana* (postura sobre las manos)
18. *Balásana* (postura del niño)
19. *Baddha konásana* (postura sentada del ángulo ligado)
20. *Siddhásana* (postura perfecta)
21 *Shavásana* (postura del cadáver)

Ásanas para trastornos relacionados con pitta

Acidez: Todas las posturas de pie, *bhujangásana* (postura de la cobra), *dhanurásana* (postura del arco), *paripurna navásana* (postura del barco), *shalabhásana* (postura de la langosta), torsiones de columna sentadas y *virabhadrásana* I, II, III (posturas del guerrero)

Colitis: *Apanásana* (postura para la liberación del aire), *bhujangásana* (postura de la cobra), *dhanurásana* (postura del arco), *matsyásana* (postura del pez) y *paripurna navásana* (postura del barco)

Ira/odio: *Balásana* (postura del niño), *dhanurásana* (postura del arco), *padmásana* (postura del loto), *sarvangásana* (postura sobre los hombros) y *shavásana* (postura del cadáver)

Hipertensión: Todas las flexiones hacia adelante, *bhujangásana* (postura de la cobra), *halásana* (postura del arado), *padmásana* (postura del loto), *paripurna navásana* (postura de la barca), *sarvangásana* (postura sobre los hombros), *shavásana* (postura del cadáver) y *siddhásana* (la postura sentada perfecta)

Hipertiroidismo: *Eka pada apanásana* (postura de liberación del aire sobre una pierna), *karna pidásana* (postura de la oreja en la rodilla) y *sarvangásana* (postura sobre los hombros)

Mala asimilación alimenticia: *Apanásana* (postura para la liberación del aire), *matsyásana* (postura del pez), *parivritta trikonásana* (postura del triangulo invertido) y *shalabhásana* (postura de la langosta)

Migrañas: *Balásana* (postura del niño), *matsyásana* (postura del pez), *salamba sarvangásana* (postura sobre los hombros con apoyo) y *sarvangásana* (postura sobre los hombros)

Trastornos del hígado: Flexiones hacia adelante, todas las torsiones de columna, *apanásana* (postura para la liberación del aire), *ardha godha pítham* (postura de medio caimán), *janu shirshásana* (postura de la cabeza en la rodilla), *matsyásana* (postura del pez), *padmásana* (postura del loto), *shalabhásana* (postura de la langosta) y *sarvangásana* III (postura sobre los hombros)

Ásanas para kapha

La práctica de las personas kapha tiene que ser enérgica, que caliente y estimule el cuerpo. El estilo vinyasa (un estilo de yoga en movimiento) es bueno para kapha, ya que es dinámico y se mueve con fluidez de una postura a la siguiente. De esta manera, se suda y aumenta el ritmo cardíaco. El surya namaskar es una serie vinyasa perfecta para las personas kapha. Las señales de una práctica correcta de ásanas son la normalización del peso corporal, la tonificación de la masa muscular, el libre fluir del prana (falta de congestión), equilibrio energético y una sensación general de satisfacción.

Ásanas para calmar kapha

Adho mukha shuanásana (el perro boca abajo)
Baddha konásana (postura del ángulo ligado)
Bhujangásana (postura de la cobra y todas las variaciones)
Ekapadásana (flexión hacia adelante con una pierna hacia arriba)
Eka pada rajakapotásana (postura de la paloma)
Paripurna navásana (postura del barco)
Parivritta janu shirshásana (postura de la cabeza en la rodilla en rotación)
Purvottanásana (postura de estiramiento frontal)
Shalabhásana (postura de la langosta)
Sarvangásana (postura sobre los hombros)
Shirshásana (postura sobre la cabeza)
Supta padangushthásana (postura supina del pulgar del pie)
Surya namaskar (saludo al Sol)
Tadásana (postura de la montaña)
Trikonásana (postura del triángulo)
Urdhva dhanurásana (postura del arco hacia arriba)
Vasishthásana (postura de la plancha lateral)
Virabhadrásana I, II and III (posturas del guerrero)
Vrikshásana (postura del árbol)

Secuencia para kapha

1. *Surya namaskar* (saludo al Sol), de doce a veinticuatro repeticiones
2. *Tadásana* (postura de la montaña)
3. *Vrikshásana* (postura del árbol)
4. *Virabhadrásana* I, II, III (posturas del guerrero)
5. *Trikonásana* (postura del triangulo)
6. *Parivritta trikonásana* (postura del triangulo invertido)

7. *Shirshásana* (postura sobre la cabeza)

8. *Balásana* (postura del niño)

9. *Adho mukha vrikshásana* (postura sobre las manos)

10. *Tadásana* (postura de la montaña)

11. *Ardha chandrásana* (postura de la media Luna)

12. *Virabhadrásana* I (postura del guerrero)

13. *Chaturanga dandásana* (postura de la plancha)

14. *Vasishthásana* (postura de la plancha lateral)

15. *Sarvangásana* III (postura completa sobre los hombros)

16. *Setu bandha sarvangásana* (postura del puente desde la postura sobre los hombros)

17. *Navásana* (postura del barco)

18. *Eka pada rajakapotásana* (postura de la paloma)

19. *Dhanurásana* (postura del arco)

20. *Surya namaskar* (saludos al Sol), seis, doce o dieciocho repeticiones

21. *Shavásana* (postura del cadáver)

Ásanas para trastornos relacionados con kapha

Todos los desequilibrios de kapha —asma, congestión de los senos nasales, bronquitis, diabetes, digestión lenta o débil, garganta irritada, dolor de cabeza por sinusitis, obesidad— se pueden equilibrar con los mismos ásanas. Los desequilibrios de kapha se rectifican mediante todas las posturas de pie y todas las flexiones hacia adelante:

Adho mukha shuanásana (el perro boca abajo)

Bhujangásana (postura de la cobra)

Dhanurásana (postura del arco)

Dvípada víparita karaní (postura invertida)

Gomukhásana (postura de la vaca)

Halásana (postura del arado)

Játhara parivartanásana (postura de rotación del abdomen)

Matsyásana (postura del pez)

Mayurásana (postura del pavo real)

Paripurna navásana (postura del barco)

Shalabhásana (postura de la langosta)
Sarvangásana (postura sobre los hombros)
Simhásana (postura del león)
Shirshásana (postura sobre la cabeza)
Ushtrásana (postura del camello)
Vajrásana (postura del rayo) y *vrikshásana* (postura del árbol)

Propiedades terapéuticas de cuarenta ásanas comunes

Cuando la mente mantiene la conciencia,
sin mezclarse con los sentidos,
ni los sentidos con las impresiones sensoriales,
florece la Autoconciencia.

Yoga Sutras de Patánjali, II. 54

A medida que nos entregamos más profundamente a nuestra práctica espiritual, empezamos a despertar a nuevos niveles de la realidad. Eso se puede comparar con pelar una cebolla: debajo de cada capa hay otra capa hasta que llegamos al centro y nos damos cuenta de que está vacío. Por medio de ese vacío es como nos sentimos llenos. Hasta que nos vaciemos completamente (eliminando las capas de ignorancia), tenemos que seguir con diligencia nuestra práctica espiritual. Conocer los beneficios de los ásanas y de por qué los practicamos puede servirnos de inspiración para profundizar en nuestra práctica de yoga.

Esta es una guía de muchas de las propiedades terapéuticas de los ásanas de yoga:

Adho mukha shuanásana (el perro boca abajo). Tridóshica. Este ásana calma el cerebro, mitiga el estrés y la depresión leve y energiza el cuerpo. Estira los hombros, las corvas, las pantorrillas, los arcos de los pies y las manos y fortalece los brazos y las piernas. Ayuda enormemente a aliviar los síntomas de la menopausia y el malestar menstrual. Aunque, cuando la menstruación es intensa, hay que evitar realizar esta postura y, en su lugar, hacer posturas supinas y sentadas. Adho mukha shuanásana puede ayudar a prevenir la osteoporosis y otros trastornos de huesos relacionados con vata. Mejora la digestión aumentando el agni y alivia el dolor de cabeza, el insomnio, el dolor de espalda y la fatiga. Este ásana es sumamente terapéutico para la tensión alta, el asma, los pies planos, la ciática y la sinusitis. También se dice que alivia las resacas.

Adho mukha vrikshásana (**postura sobre las manos**). Tridóshico. Este ásana fortalece los hombros, los brazos y las muñecas y estira los músculos abdominales. Mejora el sentido del equilibrio, calma el cerebro y alivia el estrés y la depresión leve.

Ardha chandrásana (**postura de la media Luna**). Tridóshico. Este ásana fortalece el abdomen, los tobillos, los muslos, las nalgas y la columna. Estira las ingles, las corvas, las pantorrillas, los hombros y el pecho. Puede mejorar la coordinación y el equilibrio, así como aliviar el estrés y mejorar la digestión.

Ardha matsyendrásana (**media postura del Señor de los Peces**). Tridóshico. Este ásana aporta numerosos beneficios para la salud. Estimula muy eficazmente el hígado y los riñones. Estira los hombros, las caderas y el cuello y energiza la columna. Mejora la digestión y la asimilación por la estimulación del agni. Alivia el malestar menstrual, la fatiga, la ciática y el dolor de espalda. Sus cualidades terapéuticas alivian el asma y aumentan el flujo de prana. Es excelente para promover la fertilidad. Los textos tradicionales de yoga dicen que ardha matsyendrásana mejora el apetito, destruye la mayor parte de las enfermedades mortales y despierta la Kúndalini Shakti.

Baddha konásana (**postura del ángulo ligado**). Tridóshico. Este ásana estimula los órganos abdominales, los ovarios, la próstata, la vejiga, los riñones y el corazón. Mejora la circulación en general. Estira los muslos internos, las ingles y las rodillas. Este ásana mitiga la depresión leve, la ansiedad y la fatiga. Disminuye el malestar menstrual y los síntomas de la menopausia. Alivia la ciática, la tensión alta, la infertilidad y el asma. Se puede practicar incluso durante el embarazo avanzado, y se sabe que ayuda a facilitar el parto. Los textos tradicionales de yoga dicen que baddha konásana destruye la enfermedad y elimina la fatiga y el agotamiento.

Bakásana (**postura de la grulla**). Tridóshico. Bakásana fortalece los brazos y las muñecas a la vez que estira la parte superior de la espalda. Estira los músculos abdominales y abre las ingles. También tonifica los órganos abdominales y aumenta el fuego digestivo.

Balásana (**postura del niño**). Tridóshico. La postura del niño estira suavemente las caderas, los muslos y los tobillos, a la vez que calma el cerebro y alivia el estrés y la fatiga mental y física. También alivia el dolor de cuello y espalda cuando se hace con la cabeza y el torso apoyados.

Bharaduajásana (**torsión de Bharaduaja**). Tridóshico. Esta torsión de columna estira la columna, los hombros y las caderas, a la vez que masajea los órganos abdominales. Ayuda a aliviar el dolor lumbar, el de cuello y la ciática, así como el estrés profundamente asentado. Mejora mucho la digestión y es especialmente buena en el segundo trimestre de embarazo para fortalecer la parte baja de la espalda. También se dice que alivia el dolor relacionado con el síndrome del túnel carpiano.

Bhujangásana (**postura de la cobra**). Tridóshico. Aumenta pitta. La postura de la cobra fortalece la columna y estira el pecho, los pulmones, los hombros y el abdomen. Tonifica y da firmeza a las nalgas, a la vez que estimula los órganos abdominales y aumenta el agni. Esta acción contrarresta el estrés y la fatiga abriendo el corazón y los pulmones para aumentar el flujo de prana, por lo que también tiene un gran efecto terapéutico en el asma. Los textos tradicionales de yoga dicen que bhujangásana aumenta el calor corporal, destruye las enfermedades y despierta la Kúndalini.

Chaturanga dandásana (**postura del bastón con cuatro miembros**). Aumenta pitta, disminuye vata y kapha. En esta acción se fortalecen los brazos y las muñecas y se tonifica el abdomen. Esta postura también es buena para aumentar el fuego digestivo.

Dhanurásana (**postura del arco**). Aumenta vata y pitta, disminuye kapha. El dhanurásana estira toda la parte frontal del cuerpo, los tobillos, los muslos, las ingles, el abdomen, el pecho, la garganta y el psoas. También fortalece los músculos de la espalda y mejora la postura corporal. Además, tonifica y estimula los órganos del abdomen y del cuello.

*Eka pada rajakapot*ásana (**postura del rey paloma sobre una pierna**). Aumenta vata y pitta, disminuye kapha. Este ásana estira los muslos, las ingles, el psoas, el abdomen, el pecho, los hombros y el cuello, a la vez que estimula los órganos abdominales. Abre los hombros y el pecho, aumentando el prana.

*Garud*ásana (**postura del águila**). Tridóshico. La postura del águila fortalece y estira los tobillos, las pantorrillas, los muslos, las caderas, los hombros y la parte superior de la espalda. También mejora la concentración y el equilibrio.

*Gomukh*ásana (**postura de la cara de la vaca**). Tridóshico. Aumenta pitta. Este ásana estira los tobillos, las caderas, los muslos, los hombros, las axilas, los triceps y el pecho. Aumenta el prana abriendo el pecho.

*Hal*ásana (**postura del arado**). Tridóshico. Este ásana tan sencillo produce muchos beneficios. Calma el cerebro y la mente reduciendo el estrés y la fatiga, a la vez que estimula los órganos abdominales y la tiroides (lo que aumenta la inmunidad). Estira los hombros y la columna y es beneficioso terapéuticamente en los dolores de espalda, de cabeza, la infertilidad, el insomnio y la sinusitis. También reduce los síntomas de la menopausia.

*Janu shirsh*ásana (**postura de la cabeza en la rodilla**). Disminuye vata y pitta, aumenta kapha. Janu shirshásana calma el cerebro, ayuda a aliviar la depresión leve y estira la columna, los hombros, las corvas y las ingles. Estimula el hígado y los riñones, mejora la digestión y ayuda a aliviar los síntomas de la menopausia y el malestar menstrual, la ansiedad, la fatiga y el dolor de cabeza. Ejerce efectos terapéuticos sobre la tensión alta, el insomnio y la sinusitis. Como fortalece los músculos de la espalda, es excelente durante el embarazo (a partir del segundo trimestre).

*Kraunch*ásana (**postura de la garza**). Tridóshico. Esta postura estira las corvas y estimula los órganos abdominales y el corazón, lo que incrementa el flujo de prana.

*Marichy*ásana *I, II, y III* (**postura dedicada al sabio Marichi**). Tridóshico. Este ásana calma el cerebro y reduce la tensión, a la vez que estira la columna y los hombros y estimula el hígado, el estómago, el bazo, el páncreas y los riñones. Al estimular los órganos abdominales, aumenta el agni, lo que alivia el estreñimiento. También ayuda con la ciática, el dolor en la parte baja de la espalda y las caderas y los cólicos menstruales.

*Matsy*ásana (**postura del pez**). Tridóshico. Se dice que matsyásana es el destructor de todas las enfermedades. Estira y estimula los flexores profundos de las caderas (los psoas), los músculos que hay entre las costillas (intercostales), los órganos y los músculos abdominales y la parte delantera del cuello y la garganta. Mejora la postura fortaleciendo los músculos de la parte superior de la espalda y de la parte posterior del cuello.

*Nataraj*ásana (**postura del Señor de la Danza**). Tridóshico. Este ásana estira los hombros, el pecho, los muslos, las ingles y el abdomen. Fortalece las piernas y los tobillos, y mejora el equilibrio.

*Nav*ásana (**postura del barco**). Tridóshico. La postura del barco fortalece el abdomen, los flexores de las caderas y la columna. Estimula los riñones, la tiroides, la próstata y los intestinos. Aumenta el fuego digestivo y ayuda a aliviar el estreñimiento, el estrés y la tensión nerviosa.

*Padm*ásana (**postura del loto**). Tridósica. La *Yoga Chikitsa* dice que el padmásana destruye toda clase de enfermedades y despierta la Conciencia Divina. Calma el cerebro, reduce el estrés y alivia la tensión del cuerpo y de la mente. Estimula la pelvis, la columna, el abdomen y la vejiga. Este ásana también estira los tobillos, las caderas y las rodillas. Otros beneficios son la reducción del malestar menstrual y la ciática. Se dice que la práctica diaria de esta postura hasta bien avanzado el embarazo ayuda a facilitar el parto.

*Padottan*ásana (**flexión hacia delante con piernas abiertas**).
Tridóshico. Esta postura fortalece y estira la parte interior y posterior
de las piernas y la columna. Además, tonifica los órganos abdominales. La mente se calma, reduciéndose así el estrés, y se alivia el
dolor leve de espalda.

*Parivritta trikon*ásana (**postura del triangulo invertido**).
Tridóshico. Esta postura fortalece y estira las piernas, las caderas y
la columna. Mientras se permanece en el ásana, el pecho se abre,
lo que mejora la respiración y el flujo de prana. Puede aliviar los
dolores leves de espalda si no hay inflamación. Estimula los órganos
abdominales y mejora la fuerza y el equilibrio.

*Parshuakon*ásana (**postura del ángulo lateral en extensión**).
Disminuye vata y kapha, aumenta pitta. Este ásana fortalece y estira
las piernas, las rodillas, los tobillos, las ingles, la columna, el pecho,
los pulmones y los hombros. Estimula los órganos abdominales,
aumenta la resistencia y mejora la digestión y la evacuación. También
mejora el equilibrio y la concentración.

*Paschimottan*ásana (**flexión completa hacia delante**). Disminuye vata y pitta y aumenta kapha. Los múltiples efectos terapéuticos
de este ásana incluyen: calma el cerebro, alivia el estrés y la depresión
leve y estira la columna, los hombros y las corvas. Estimula el hígado,
los riñones, los ovarios y el útero y mejora la digestión. Es excelente
para aliviar los síntomas de la menopausia y el malestar menstrual,
además de calmar los dolores de cabeza, la ansiedad y la fatiga. Este
ásana tiene efectos curativos sobre la tensión alta, la infertilidad, el
insomnio, la obesidad, la falta de apetito y la sinusitis.

*Salamba sarvang*ásana (**postura sobre los hombros con apoyo**).
Tridóshico. Es uno de los ásanas más antiguos y curativos. Las
escrituras yóguicas afirman que puede aliviar las alergias y el asma,
estimular la tiroides y calmar y rejuvenecer el sistema nervioso. Se
usa para mitigar casi todos los trastornos de vata. Además, estimula
el sistema inmunitario, fortalece el corazón, calma la mente, ayuda
a aliviar el estrés y la depresión leve y estimula la tiroides, la próstata
y los órganos abdominales. Estira los hombros y el cuello, a la vez

que tonifica las piernas y las nalgas. Esta práctica mejora la digestión, reduce la fatiga y alivia el insomnio. Con este ásana se puede tratar la infertilidad, la sinusitis y los trastornos de la menopausia.

*Shav*ásana (**postura del cadáver**). Tridóshico. El shavásana es la postura de yoga más importante. Parece fácil, pero en realidad puede ser el ásana más difícil de dominar. Requiere una absoluta relajación y entrega. Eso puede parecer fácil, pero en el mundo actual la mayor parte de las personas no saben relajarse de verdad. Shavásana significa «postura del cadáver», y el objetivo de este ásana es entregarlo todo. Cuando nos hemos entregado o relajado por completo, Dios puede venir y bailar con libertad en nuestros corazones. Las tensiones mantienen a lo Divino alejado. El shavásana calma el cerebro y ayuda a aliviar el estrés y la depresión leve mediante la relajación profunda. Tiene los siguientes efectos: reduce el dolor de cabeza, la fatiga, el insomnio y la tensión. El shavásana se debe practicar siempre después de hacer ásanas de yoga. Hay que practicarlo con conciencia de la respiración. Tiene la capacidad de aliviar todas y cada una de las tensiones que pueda haber en el cuerpo. Las personas de tipo vata pueden permanecer en shavásana de veinte a treinta minutos, las de tipo pitta de quince a veinticinco minutos y las de tipo kapha de cinco a quince minutos. Esta práctica posibilita que la energía que se ha generado y liberado en la práctica de yoga pueda fluir libremente por todo el cuerpo, permitiéndole sanarse y nutrirse. El shavásana es una parte esencial de cualquier sádhana de yoga.

*Simh*ásana (**postura del león**). Tridóshico. Esta postura es excelente para aliviar la tensión del pecho y de la cara. Un gran beneficio de esta postura es que estimula el platisma, un músculo rectangular, plano y delgado que está situado en la parte delantera de la garganta. El platisma, cuando se contrae, tira hacia abajo de las comisuras de la boca y crea arrugas en la piel del cuello. El simhásana ayuda a mantener el platisma tonificado mientras envejecemos. Este ásana también aumenta el agni y tonifica el estómago, el bazo y el páncreas.

*Shirsh*ásana (**postura sobre la cabeza**). Reduce vata y kapha, aumenta pitta. El shirshásana calma el cerebro y ayuda a aliviar la depresión leve. Vigoriza las glándulas pituitaria y pineal y tiene las mismas propiedades y efectos curativos que el sarvangásana. Además, fortalece los pulmones, el prana, los brazos, las piernas, los abdominales y la columna.

*Supta padangushth*ásana (**postura supina del pulgar del pie**). Tridóshico. Esta postura estira las caderas, los muslos, las corvas, las ingles y las pantorrillas y fortalece las rodillas. Estimula la próstata, mejora la digestión, calma el dolor de espalda y la ciática, alivia el malestar menstrual y ayuda con la tensión alta, los pies planos y la infertilidad.

*Tad*ásana (**postura de la montaña**). Tridóshico. Este ásana mejora la postura corporal, fortalece los muslos, la rodillas y los tobillos y tonifica el abdomen y las nalgas. Alivia la ciática y los pies planos. Es buena para centrarse, especialmente entre otros ásanas.

*Urdhva dhanur*ásana (**postura del arco boca arriba**). Disminuye kapha, aumenta vata y pitta. Este ásana fortalece las arterias del corazón y previene la arterioesclerosis. También fortalece y tonifica la columna, los músculos abdominales y los de la espalda. Regula las glándulas pituitaria, pineal y tiroides y aumenta el agni. En las mujeres, protege contra el prolapso uterino y ayuda con el flujo menstrual y los cólicos.

*Ushtr*ásana (**postura del camello**). Tridóshico. Es excelente para abrir el pecho y el sistema respiratorio. Ayuda en todas las dolencias bronquiales. Es sumamente beneficioso para la ciática. Elimina la rigidez de la espalda y los hombros y fortalece la musculatura de la parte baja y media de la espalda y la de la columna. Todos los órganos reciben un aumento de flujo sanguíneo, lo que beneficia sus funciones específicas. El ushtrásana alivia los calambres abdominales y ayuda a regular el flujo menstrual.

*Utkat*ásana (**postura de la silla**). Disminuye vata y kapha, aumenta pitta. Esta postura fortalece los tobillos, las pantorrillas, los muslos y la columna. También estira los hombros y el pecho, a la vez que vigoriza los órganos abdominales, el diafragma y el corazón. Este ásana aumenta el flujo del prana y el fuego digestivo.

*Uttan*ásana (**postura de flexión intensa hacia adelante**). Tridóshico. Esta flexión hacia delante tiene innumerables beneficios para la salud. Calma la mente, lo que ayuda a aliviar el estrés y la depresión leve. Esta postura energiza intensamente el hígado y los riñones y mejora la digestión. Tiene efectos curativos sobre los dolores de cabeza, el insomnio, el asma, la tensión alta, la infertilidad, la osteoporosis y la sinusitis. Además, alivia la fatiga y los síntomas de la menopausia.

*Trikon*ásana (**postura del triangulo estirado**). Tridóshico. Este ásana estira y fortalece los tobillos, las pantorrillas, las corvas, las rodillas, los muslos, las caderas, las ingles, los hombros el pecho y la columna. Tonifica los órganos abdominales, mejorando de ese modo la digestión. Ayuda enormemente a aliviar el estrés, la ansiedad y la tensión nerviosa. Produce efectos intensos contra la infertilidad, la osteoporosis, la menopausia y la ciática.

*Virabhadr*ásana (**postura del guerrero**). Disminuye vata y kapha, aumenta pitta. La postura del guerrero y todas sus variaciones fortalecen y estiran los tobillos, las piernas, las ingles, el pecho, los pulmones, los hombros y los órganos abdominales. Esta dinámica acción aviva el fuego digestivo, la resistencia y la inmunidad. La práctica de este ásana alivia los dolores de espalda, especialmente durante el segundo trimestre de embarazo. Esta postura también produce beneficios terapéuticos para el síndrome del túnel carpiano, los pies planos, la infertilidad, la osteoporosis y la ciática.

*Vir*ásana (**postura del héroe**). Tridóshico. Esta postura abre y estira los muslos, las rodillas, los tobillos y los arcos de los pies, mejora la digestión y mitiga los gases. La postura del héroe tiene propiedades curativas excelentes para la tensión alta, el asma y los desequilibrios del prana. También ayuda a aliviar los síntomas de la menopausia, así como las piernas hinchadas durante el embarazo.

*Vriksh*ásana (**postura del árbol**). Tridóshico. La postura del árbol ayuda en gran medida a recuperar la salud del hígado, el bazo y los riñones. Fortalece los muslos, las pantorrillas, los tobillos y la columna, a la vez que estira la ingle, los muslos internos, el pecho y los hombros. Mantenerse en esta postura aumenta la concentración y el equilibrio mentales. Además, contribuye a aliviar la ciática y mejora los pies planos.

෫෨

Capítulo 16

El estrés y la enfermedad

*Hijos, el amor puede lograr cualquier cosa. El amor puede
curar enfermedades. El amor puede sanar el corazón
herido y trasformar la mente humana. Por el amor
se pueden superar todos los obstáculos. El amor puede
ayudar a abandonar todas las tensiones físicas, mentales
e intelectuales y de ese modo crear paz y felicidad.*

Amma

La humanidad ha intentado siempre alcanzar la paz y la felicidad por
todos los medios posibles. Actualmente, la necesidad de conseguir
paz mental es más urgente dado el tremendo aumento del estrés en
la vida moderna. El cuerpo, la mente, el corazón y el espíritu están
sometidos a los estragos del estrés diario, que es la causa de muchas
enfermedades. La industrialización acelerada, la masificación de las
ciudades, el exceso de competitividad y de prisas son algunos de los
principales factores que contribuyen a llevarnos hacia el estrés y la
enfermedad. También la salud y la longevidad pagan un alto precio
por las preocupaciones respecto a la seguridad física y las dificultades
económicas.

   El cuerpo reacciona al estrés físico o emocional aumentando
la producción de hormonas como el cortisol y la epinefrina. Estas
hormonas incrementan el ritmo cardíaco, la tensión y el metabolismo
para ayudar al cuerpo a reaccionar rápidamente ante una situación
estresante. En efecto: el cuerpo en estado de estrés crea energía extra
para protegerse. Este proceso es el mecanismo natural del cuerpo

de «luchar o huir», y es extraordinariamente útil en situaciones de verdadero peligro.

Desgraciadamente, la clase de estrés que la mayor parte de las personas experimentan actualmente no es un incidente pasajero en una situación dañina sino un estado permanente que muchos aceptan como una parte natural de la vida cotidiana. De hecho, muchas personas no son conscientes de lo estresadas que están realmente. Como la energía extra que produce el cuerpo en situación de estrés no se puede destruir, produce un desequilibrio en todo el sistema cuerpo - mente cuando no se gestiona adecuadamente. Este desequilibrio es lo que causa la enfermedad.

Al principio, el estrés crónico se puede manifestar como irritabilidad, nerviosismo, insomnio, dolor de cabeza y estreñimiento. Si estos síntomas no se controlan, la persona puede mostrar otros nuevos como palpitaciones del corazón o de las venas o tensión alta. Si se permite que el estrés continúe, se puede padecer de hipertensión, cardiopatía isquémica, diabetes, asma bronquial, migrañas, artritis reumatoide, numerosas enfermedades de la piel como la psoriasis, el eccema, la urticaria y el acné. Otras dolencias corrientes debidas al estrés son: trastornos del sistema digestivo, como la colitis ulcerosa, las úlceras pépticas, los dolores de estómago y la diarrea. Como el estrés crónico agota y debilita el sistema inmunitario, nos deja más susceptibles a los resfriados y a otras infecciones.

El estrés crónico crea continuamente un nivel elevado de cortisol, lo que provoca aumento de apetito y, por tanto, aumento de peso. El sobrepeso crea un serio riesgo de padecer muchas enfermedades, especialmente las cardíacas. Además, el cortisol también aumenta el ritmo cardíaco, aumenta la tensión y aumenta el nivel de lípidos (colesterol y triglicéridos) en la sangre, todo lo cual nos vuelve mucho más susceptibles a los infartos y las apoplejías.

Emocionalmente, cuando el cuerpo se encuentra en un estado constante de «luchar o huir», aumentan los sentimientos de ansiedad, impotencia y depresión. Esa es la razón por la cual se ha relacionado el estrés crónico con la depresión profunda.

Enfermedades relacionadas con el estrés

La Asociación Psicológica de América afirma que el cuarenta y tres por ciento de los adultos sufren efectos adversos del estrés sobre la salud; y que entre el setenta y cinco y el noventa por ciento de las visitas al médico son por enfermedades relacionadas con el estrés. El estrés se relaciona con las siete causas principales de muerte: enfermedades cardíacas, cáncer, trastornos pulmonares, cirrosis hepática, suicidio, alzheimer y diabetes.

A continuación enumeramos algunas de las afecciones que se sabe están desencadenadas directamente por el estrés. No es una lista completa de todas las enfermedades relacionadas con el estrés. Recuérdese que estas enfermedades no están provocadas solo por el estrés, pero que el estrés es una de las causas principales de su aparición.

- Adicciones
- Alcoholismo
- Alteraciones de la función inmunitaria
- Asma
- Bronquitis
- Cáncer
- Cardiopatía isquémica
- Cirrosis
- Depresión: aguda y crónica
- Diabetes
- Disfunción sexual: infertilidad, impotencia, esterilidad, etc.
- Dolores de cabeza: tensional y migraña
- Enfermedades de la piel: eccema, psoriasis, dermatitis, etc.
- Estomatitis
- Fatiga
- Indigestión
- Insomnio
- Psiconeurosis
- Síndrome de intestino irritable

- Tendencias suicidas
- Trastornos autoinmunes
- Úlceras pépticas
- Violencia

Clases de estrés

Entre lo factores estresantes externos están las condiciones físicas adversas, como la exposición a temperaturas extremas de calor o frío y los cambios drásticos de temperatura. Otros factores estresantes corrientes son los entornos psicológicos, como las condiciones desagradables de trabajo, la presión escolar, las relaciones insanas y tener que cumplir con plazos de trabajo difíciles. Los acontecimientos traumáticos en la vida, como la muerte de un ser querido, la pérdida de un trabajo, un descenso o un ascenso o el final de una relación, son importantes factores estresantes externos.

Los factores estresantes internos pueden ser físicos, como las infecciones del cuerpo o un dolor continuo o insoportable. Hay muchos factores que pueden provocar estrés, como la elección de estilo de vida, los pensamientos negativos, la rigidez mental y los ideales autoimpuestos. La elección de estilo de vida comprende la alimentación, el uso de drogas, alcohol y estimulantes, los patrones de sueño, el programa diario y las relaciones. Los pensamientos negativos incluyen la falta de confianza en uno mismo, el pesimismo, la autocrítica, el análisis excesivo y las preocupaciones. La rigidez mental incluye las expectativas poco realistas sobre nosotros mismos, la vida y las situaciones en las que nos vemos implicados. También incluye el tomarse las cosas de manera personal, la exageración, el pensamiento inflexible y una autolimitación innecesaria. El idealismo autoimpuesto incluye el ser un perfeccionista o un adicto al trabajo e intentar complacer a todo el mundo todo el tiempo.

El estrés también se crea cuando no estamos en armonía con las cuatro metas de la vida. Cuando nos esforzamos excesivamente por alcanzar alguna de las cuatro metas, el equilibrio se altera y se experimenta estrés. Este desenlace es especialmente cierto en aquellos que buscan en exceso kama y artha. Con demasiada frecuencia el placer y la riqueza son las motivaciones principales de la vida, porque suele pensarse equivocadamente que son la fuente de una felicidad duradera. Estos deseos se pueden utilizar para el crecimiento espiritual si se aprovechan adecuadamente. Con conciencia, el deseo de encontrar una fuente de felicidad perdurable nos puede hacer mirar hacia el interior, meditar y reflexionar sobre la verdadera naturaleza de las cosas.

Estrés mental

La causa del estrés mental, según el ayurveda, es un uso excesivo o equivocado de las facultades mentales. Si se realiza un trabajo mental intenso durante muchas horas diarias, o si se trabaja muchas horas en el ordenador, se puede producir un desequilibrio del prana vata, el conductor entre el cuerpo y la mente que se encarga de la actividad mental, la energía y la mente. El primer síntoma de un desequilibrio de prana vata es la pérdida de la capacidad de aguantar el estrés diario básico. A medida que la persona se estresa más, la mente se vuelve hiperactiva y la persona pierde la capacidad de adoptar decisiones claras, pensar positivamente, sentirse entusiasmado y dormir bien.

Para reducir el estrés mental crónico, se puede controlar la actividad mental supervisando las datos sensoriales que se dejan entrar en la mente procedentes de la televisión, la radio, los periódicos y los ordenadores. Por ejemplo, si a menudo uno se siente alterado después de ver las noticias de la noche, quizá sea buena idea reducir la cantidad de televisión que se ve.

- Calmar el prana vata es otra manera de reducir el estrés mental. Las siguientes medidas equilibran el prana vata:
- Irse de vacaciones a algún lugar apacible y tranquilo.
- Tener una dieta calmante de vata con alimentos de sabor dulce, agrio y salado.
- Tomar leche templada y otros productos lácteos ligeros, siempre que sean puros y orgánicos.

- Aplicarse todos los días abhyanga con aceites templados pacificadores de vata.
- Descansar lo necesario.
- Evitar los estimulantes (como la cafeína, especialmente si resulta difícil dormir) y beber infusiones calmantes.
- La meditación y la aromaterapia adecuadas para el dosha también ayudan a relajar la mente.

Estrés emocional

El estrés emocional se puede desencadenar por dificultades en una relación, en el ambiente laboral o cualquier clase de estrés del corazón emocional. El estrés emocional se manifiesta como irritabilidad, ira, lujuria, depresión e inestabilidad emocional. Afecta el sueño de una manera distinta que el estrés mental, porque puede hacer que uno se despierte de noche, generalmente a la hora de pitta (de las diez de la noche a las dos de la madrugada), y que no pueda volver a dormir.

El estrés emocional perturba el sádhaka pitta, el conductor entre el cuerpo y la mente que se encarga de las emociones y el funcionamiento del corazón. Para equilibrar el estrés emocional hay que llevar un estilo de vida y una dieta que calmen pitta. Las siguientes prácticas también son útiles:

- Tomarse unas vacaciones relajantes (como un retiro de yoga o meditación).
- Pasar un tiempo en la naturaleza.
- Comer frutas dulces y jugosas, en especial arándanos, mangos y uvas negras.
- Llevar una dieta que calme pitta, con alimentos de sabor dulce, amargo y astringente.
- Beber una taza de leche templada con media a una cucharadita de ghi antes de irse a dormir.
- Cocinar con especias refrescantes como cardamomo, cilantro en polvo, cilantro fresco y menta.
- Hacerse abhyanga todos los días con un aceite refrescante como el de coco o el de sándalo.

- Irse a dormir antes de las diez de la noche.

Estrés físico

El estrés físico lo causa el uso equivocado o excesivo del cuerpo, como al hacer demasiado ejercicio o trabajar mucho tiempo, más allá de nuestra capacidad. Este esfuerzo hace que la persona se sienta físicamente fatigada y mentalmente estancada.

La excesiva tensión física puede hacer que los subdoshas se desequilibren. El shléshaka kapha es el subdosha que se encarga de lubricación de las articulaciones y del equilibrio de la humedad de la piel. Vyana vata es el responsable de la circulación, los impulsos nerviosos y el sentido del tacto. El tárpaka kapha rige los procesos neurológicos. Todos estos subdoshas se ven afectados por la tensión física y la falta de ejercicio. Además, la falta de ejercicio provoca un fuego digestivo flojo y débil y la formación de ama (toxinas) en el colon. En ambas clases de fatiga física, la regeneración celular se ralentiza y las células se agotan físicamente.

El objetivo en esos casos es armonizar vata y fortalecer kapha, haciendo de ese modo que el cuerpo se encuentre más estable. Las siguientes prácticas son útiles:

- Tomarse unas vacaciones largas y relajantes en la naturaleza (no de tipo turístico).
- Descansar lo suficiente y hacer ejercicio moderado (yoga, qigong, tai chi, etc).
- Tener una alimentación que calme vata / kapha.
- Darse con regularidad baños templados con sales minerales y aceites esenciales.
- Hacer todos los días abhyanga con aceite templado de sésamo o de mostaza.

Afrontar el estrés

Reconocer el estrés continuo y ser consciente de sus efectos en nuestra vida es el aspecto más importante de la gestión del estrés. Hay muchas causas de estrés, e igualmente hay muchas posibilidades de aliviarlo. Hay que plantearse el objetivo de eliminar las causas del estrés y de cambiar nuestras reacciones antes las situaciones que lo provocan. Se puede hacer eso poniendo en práctica respuestas meditadas a esas situaciones en lugar de reaccionar automáticamente. A continuación damos unas pautas útiles para aplicar este método de aliviar el estrés:

• Sé consciente de los factores que te estresan y de tus reacciones emocionales y físicas ante ellos.
• Reconoce qué es lo que se puede cambiar y cámbialo.
• Reducir la intensidad de tus reacciones emocionales al estrés.
• Aprende a moderar tus reacciones físicas al estrés.
• Aumenta tus reservas físicas (ojas).
• Conserva tus reservas emocionales (prana).

Las siguientes son sugerencias prácticas del ayurveda y del yoga para reducir el estrés en la vida diaria:

• *Yoga nidra* (sueño yóguico, una técnica sencilla de meditación guiada)
• Meditación
• Yoga
• Oración
• Ejercicio físico
• Pasar tiempo en la naturaleza
• Escuchar música relajante y apacible
• Masaje
• Pranayama (respiración suave, relajada, consciente)
• Seva (servicio desinteresado) a los pobres y los necesitados
• Dieta

La liberación del estrés empieza con la comprensión de lo que te presiona, las dificultades más importantes, el modo de ponerlas en perspectiva y la manera de tomar decisiones claras sobre las acciones adecuadas que hay que llevar a cabo. Aunque la sociedad moderna contribuye a una peor salud de una manera alarmante, se pueden emplear métodos sencillos para compensar las influencias negativas y mejorar de forma significativa la salud y la vitalidad. A menudo, unos ajustes sencillos en la alimentación y el estilo de vida pueden mejorar drásticamente nuestra capacidad de hacer frente al estrés. Además, hacer seva es una de las maneras más eficaces de apartar la mente de los problemas personales, aliviando así el estrés. La mayor parte de las personas que tienen trabajos de jornada completa y todavía encuentran tiempo para hacer trabajo voluntario todas las semanas tienen una vida más satisfactoria y con menos estrés.

Uso de plantas para combatir el estrés

Actualmente, las compañías farmacéuticas ganan miles de millones de dólares al año con nuevos fármacos para el tratamiento del estrés y las enfermedades relacionadas con el estrés. Estos medicamentos solo enmascaran los síntomas del estrés y a menudo producen muchos efectos secundarios. El ayurveda ofrece un abordamiento mucho más holístico. Además de la dieta, hay muchas plantas y preparados de plantas disponibles que pueden ayudar a afrontar el estrés de una manera equilibrada.

En la mayor parte del mundo es fácil disponer de plantas para calmar la mente, reducir el estrés y fortalecer el sistema nervioso. El beneficio de usar plantas medicinales es que se pueden utilizar de forma segura por un tiempo prolongado sin efectos secundarios. Muchas de estas plantas no solo ayudan a aliviar el estrés, sino que también ayudan a purificar el cuerpo de toxinas.

Aquí tenemos una lista de las mejores plantas ayurvédicas para utilizar en las enfermedades, afecciones y desequilibrios relacionados con el estrés. La descripción terapéutica detallada de estas plantas se encuentra en el siguiente capítulo, «Plantas medicinales».
• Ashuagandha
• Brahmi
• Jatamansi
• Kapikachchu
• Mandukaparni

- Shankhapushpí
- Shatávari
- Vachá

Aum sarvésham svástir bhávatu.
Sarvésham shántir bhávatu.
Sarvésham púrnam bhávatu.
Sarvésham mángalam bhávatu.

Que la perfección prevalezca en todos.
Que la paz prevalezca en todos.
Que la satisfacción prevalezca en todos.
Que los buenos augurios prevalezcan en todos.

Capítulo 17

Medicina a base de plantas

—Doctor, no me encuentro bien.
La respuesta del médico:
2000 AC —Aquí tienes, tómate esta raíz.
1000 AC —Esa raíz es pagana, reza esta oración.
1850 DC —Esa oración es superstición, tómate esta poción.
1940 DC —Esa poción es aceite de serpiente, tómate esta pastilla.
2000 DC —Ese antibiótico es artificial.
Aquí tienes, tómate esta raíz.

El uso de las plantas medicinales

No podemos conocer la finalidad de todo. La naturaleza
es un misterio para nosotros. Por eso, actuamos
como necios y destruímos los árboles, las plantas y los
animales. Muchas hierbas y plantas ayurvédicas nos
parecen malas hierbas inservibles. Las destruímos
por ignorancia, pero un médico ayurvédico con
conocimiento sabe lo útiles e importantes que son.

Amma

Desde el origen de los tiempos, todas las culturas tradicionales y las
tradiciones de sanación han visto el mundo de las plantas como la
principal fuente de salud, riqueza y bienestar. En todas las culturas
del mundo, las plantas se han utilizado como fuentes de alimento, nutrición y medicina para el cuerpo, la mente y el espíritu. El

ayurveda, el sistema de sanación más antiguo y desarrollado, se basa en las plantas en muchas de sus ramas de tratamiento.

Las plantas producen una amplia gama de efectos sobre nuestro cuerpo. Algunas plantas funcionan como tónicos generales que purifican, nutren y reconstituyen. Otras se pueden usar para tratar desequilibrios o síntomas relacionados con un sistema u órgano específico. Las plantas, por sus componentes químicos exclusivos, suelen ser eficaces en dosis pequeñas y producen pocos o ningún efecto secundario.

El ayurveda utiliza las plantas como medicina preventiva antes de que la enfermedad se manifieste. Las plantas medicinales ayurvédicas previenen la aparición de muchas enfermedades e infecciones fortaleciendo el agni (fuego digestivo) y el sistema inmunitario. Las medicinas naturales también pueden mejorar o estimular el sistema inmunitario cuando lo atacan virus o bacterias. Los tratamientos con plantas pueden ser una terapia alternativa o complementaria muy eficaz para el tratamiento alopático en enfermedades graves como el cáncer, el SIDA y otros trastornos autoinmunes. Las plantas pueden aportar nutrición y apoyo al cuerpo mientras se somete a formas de tratamiento más intensas que pueden mermar la fuerza vital.

Los tratamientos con plantas están disponibles en diferentes formas, tanto para uso interno como externo. Las formas internas son las tinturas, las infusiones, las plantas en capsulas o píldoras, las plantas frescas, las plantas secas, las esencias florales, las diluciones en aceites esenciales y los vinos, las pastas, la miel y el ghi medicinales. Los tratamientos externos son las mezclas, linimentos, polvos, pastas, bálsamos y lociones de plantas y aceites esenciales. Estos se pueden utilizar de forma tópica como compresas calientes o frías, como aceites de masaje o como envolturas corporales. Muchos aceites esenciales son magníficos para ponerlos en el baño o sencillamente inhalarlos.

Los beneficios medicinales de las plantas

El ayurveda tradicional saca todos sus medicamentos de la Madre Naturaleza. Entiende que las plantas son seres vivos conscientes que están aquí para ayudar a la humanidad. Según el ayurveda, el valor medicinal de las plantas depende en gran medida de cómo y cuándo se han cultivado y recogido. Por esta razón, los médicos ayurvédicos de la antigüedad plantaban y cosechaban las plantas según la situación de las estrellas. También utilizaban mantras específicos durante la siembra, el cultivo y la cosecha. Todas estas prácticas aumentan el valor medicinal de las plantas.

Después de una observación, experimentación y documentación intensas sobre cientos de plantas durante un período de varios miles de años, el ayurveda ha llegado a conclusiones exactas sobre su eficacia. Aunque la efectividad del ayurveda es bien conocida en toda la India, los beneficios de esta sabiduría ancestral todavía son relativamente desconocidos en la mayor parte del mundo.

El uso de plantas orgánicas

En estos momentos, desgraciadamente, las medicinas hechas de plantas a menudo contienen pesticidas, herbicidas y metales pesados. Amma nos recuerda a menudo que lo que antes era un medicamento ahora se ha convertido en veneno por culpa de la contaminación medioambiental causada por los seres humanos. Se ha probado que los pesticidas, los herbicidas y los metales pesados causan gran variedad de enfermedades como el cáncer, los daños cerebrales, la caída del cabello y el deterioro del sistema nervioso, por nombrar solo algunas.

Muchas personas padecen problemas de salud en gran parte por la presencia de esos productos químicos en el aire, la comida, el agua, el hogar y el lugar de trabajo. Es difícil curarse de una enfermedad causada por productos químicos y metales pesados mientras se toman medicinas que también están llenas de esas toxinas. Si se compra un producto de plantas no orgánicas del que se dice que favorece la circulación sanguínea o a la claridad mental, no hay ninguna garantía de que no sea también un neurotóxico cancerígeno por la tierra y el agua contaminadas que sirvieron para cultivarlas.

Amma nos recuerda constantemente que la Madre Naturaleza se encuentra en un estado de gran desequilibrio por culpa de la falta de respeto que Le tienen los seres humanos. Cuando compramos medicinas orgánicas, apoyamos la agricultura sostenible y así contribuimos a sanar la tierra. Por esas razones se recomienda encarecidamente utilizar siempre plantas orgánicas y libres de metales pesados y de productos químicos. Aunque las plantas cultivadas correctamente pueden ser más caras, a largo plazo merece la pena, porque es beneficioso tanto para la salud como para la Tierra.

Las propiedades de las plantas

Las plantas medicinales ayurvédicas se clasifican según sus propiedades y sus funciones, por lo que es importante que el médico ayurvédico tenga una comprensión adecuada de qué planta utilizar para cada enfermedad determinada. Una única planta puede tener muchas propiedades y una propiedad en particular puede estar presente en muchas plantas.

Mediante el análisis de los síntomas y la constitución del paciente, el médico determina los desequilibrios de los doshas y selecciona las plantas o las fórmulas vegetales que sirven para equilibrarlos basándose en las características de las plantas. Del mismo modo, el médico ayurvédico tiene que ser capaz de determinar la verdadera fuente del desequilibrio del paciente para aplicar el tratamiento correcto. Desgraciadamente, la herbología ayurvédica se practica a menudo como la alopatía. Por ejemplo, una determinada planta puede suministrarse para la diarrea sin determinar antes la causa de la diarrea. Hay docenas de causas y numerosas fórmulas para curar la diarrea. Por ejemplo: si la diarrea es causada por lombrices pero se trata sin eliminar simultáneamente las lombrices, está destinada a aparecer de nuevo. Es esencial entender y tratar la raíz del problema si se quiere corregirlo definitivamente.

Todas las plantas y las hierbas incluidas en la inmensa farmacopea ayurvédica están compuestas de los mahabhutas (los cinco elementos básicos) y se han clasificado según los derivados de esos elementos. Estos son el sabor (rasa), las propiedades (gunas), la potencia (virya), el sabor del producto digerido (vipaka), las propiedades específicas (prabhavas) y las acciones (karmas).

Hay seis rasas: dulce, agrio, salado, agudo/picante, amargo y astringente. Cada sabor está compuesto de dos de los cinco elementos. Los efectos de cada uno de los grupos de sabor son los siguientes:

- **Dulce** (mádhura): Este rasa consta de tierra y agua. Mejora la tez, fortalece el cuerpo, cura las heridas y las úlceras, purifica la linfa y la sangre.
- **Agrio** (amla): Este rasa consta de tierra y fuego. Es carminativo y digestivo. Acumula los materiales de desecho que se segregan en los tejidos, ayudando en el proceso de evacuar los desechos del cuerpo.
- **Salado** (lávana): Este rasa consta de agua y fuego. Es digestivo y relajante. Purifica los tejidos, separa las impurezas, acumula las excreciones del organismo, despeja las vías de expulsión del organismo y suaviza todas las estructuras del cuerpo.
- **Picante** (tikta): Este rasa consta de fuego y aire. Aumenta el poder digestivo, purifica el cuerpo, previene la obesidad, relaja los ligamentos y el organismo en general y reduce la formación de leche materna, semen y grasa.
- **Amargo** (katu): Este rasa consta de aire y éter. Es aperitivo, digestivo y purificante. Separa y limpia los doshas, mejora la producción de leche materna y reduce la cantidad de heces, orina, sudor, grasa, médula ósea y pus.
- **Astringente** (kashaya): Consta de aire y tierra. Cura las úlceras, despeja todas las secreciones, separa las impurezas de los tejidos y reduce la obesidad y el exceso de humedad.

Los gunas están agrupados en diez pares complementarios: pesado y ligero, frío y caliente, húmedo/aceitoso y seco, lento y agudo, estable y móvil, blando y duro, claro y pegajoso/turbio, suave y áspero, sutil y tosco, denso y líquido.

Virya es la energía, el poder o la potencia de las plantas, definida como calorífica o como refrescante, lo que significa que o calienta o refresca el cuerpo. El virya de las plantas sigue los principios de los sabores de los alimentos. Los sabores picante, agrio y salado aumentan el calor. Los sabores amargo, astringente y dulce refrescan el cuerpo. Las plantas caloríficas aumentan el agni y el pitta, mientras que disminuyen kapha y vata. Las plantas refrescantes disminuyen pitta purificando la sangre y generalmente aumentan vata y kapha.

Vipaka es el efecto postdigestivo que tienen las plantas sobre el cuerpo. El efecto postdigestivo se expresa en términos de sabor; sin embargo, solo puede ser dulce, agrio o penetrante/picante. Eso se debe a que, después de completarse el proceso digestivo, los seis sabores se convierten en tres: el dulce y el salado se convierten en dulce; el agrio se queda como agrio; y el amargo, el astringente y el picante se convierten en picante.

Prabhava es la propiedad específica de una planta o de una sustancia (cómo actúa sobre el cuerpo aparte del rasa, el virya y el vipaka). Esto a menudo se refiere a la afinidad del material con un determinado órgano o sistema corporal. Distintas plantas pueden tener el mismo rasa, virya y vipaka y aun así tener prabhavas diferentes. Normalmente, las plantas con prabhava producen efectos únicos que influyen en el cuerpo sutil y la mente más que otras plantas. Tienen capacidades exclusivas que pueden curar en muchos niveles.

El karma es la acción de una planta sobre el cuerpo, expresada en términos de los tres doshas. Una planta puede aumentar o disminuir cualquiera de los doshas.

Las propiedades terapéuticas de las plantas

El tratamiento con plantas es un método suave, eficaz y no invasivo que funciona mejor en situaciones en que la vida no está en peligro. Por favor, téngase en cuenta que la información que se ofrece a continuación solo tiene una finalidad educativa e informativa. No tiene en absoluto el objetivo de diagnosticar, tratar o curar ninguna enfermedad, afección o desequilibrio. Lo mejor es consultar con un médico ayurvédico cualificado sobre las plantas adecuadas para cada uno.

Todas las plantas tienen propiedades terapéuticas específicas que determinan su uso. Lo que sigue es una descripción de las propiedades que pueden acompañar a determinadas plantas.

- **Afrodisíacas:** Estimulan y rejuvenecen los órganos reproductivos. Aumentan la virilidad y el ojas. Ejemplos: ámalaki, ashuagandha, balá, damiana, epimedium, ginseng, gókshura, kapikachchu, muira puama, pasiflora, pippalí, shatávari, tongkat ali (ginseng malayo), vidari, camote silvestre, yohimbe.
- **Alterativas:** Limpian y purifican la sangre. Eliminan las toxinas y tienen efectos antibacterianos y antiinfecciosos. Ayudan a devolver el cuerpo a su funcionamiento normal. Ejemplos: áloe, bardana, ajo, guduchi, manjishtha, nim, ortiga, trébol rojo, cúrcuma y acedera.
- **Analgésicas:** Alivian la tensión y el dolor musculares. Ejemplos: árnica, jengibre, siempreviva, musta, hierbabuena, sello de Salomón, tágara, valeriana, sauce blanco.
- **Antiácidas:** Neutralizan la acidez y corrigen el equilibrio del pH en el estómago, la sangre y las heces. Ejemplos: chandan, guduchi, kámadudha, moti bhasma, praual bhasma, shankha bhasma, shatávari.
- **Antibacterianas:** Destruyen o frenan el crecimiento de las infecciones bacterianas. Ejemplos: uña de gato, ajo, harítaki, mahasudarshan, nim, lapacho, cúrcuma.

- **Antibióticas:** Destruyen los virus y las bacterias e inhiben su crecimiento. Estimulan el sistema inmunitario del propio cuerpo. Ejemplos: asha, astrágalo, clorella, ginkgo biloba, sello de oro, equinácea, mahasudarshan, jalea real y tanto cúrcuma como nim en dosis grandes.

- **Antiespasmódicas:** Alivian los espasmos involuntarios. Ejemplos: hierba cimicífuga, brahmi, jatamansi, kava kava, toronjil, musta, pasiflora, salvia, shankapushpi, casida, tágara, túlasi, cálamo (vachá), valeriana.

- **Antiinflamatorias:** Reducen la inflamación. Ejemplos: bhringaraj, chandan, kamadudha, kumari, nim, praual, shankha bhasma y shatávari.

- **Antiparasitarias/antihelmínticas:** Eliminan del cuerpo los parásitos, las lombrices, las bacterias, los mohos, los hongos y las levaduras. Son excelentes para tratar las cándidas y otros clases de infecciones por levaduras. Ejemplos: semilla de albaricoque, nuez negra, comino, kútaja, nim, nuez moscada, extracto de semillas de papaya, vidanga, ajenjo.

- **Antipiréticas:** Reducen el calor del cuerpo, la fiebre y las infecciones con fiebre. Ejemplos: chandan, chaparral, pamplina, daruháridra, kutkí (kátuka), mahasudarshan, manjishtha, nim, túlasi, cúrcuma.

- **Astringentes:** Dan firmeza y compacidad a los tejidos y los órganos. Reducen los flujos y las secreciones del cuerpo. Ejemplos: árjuna, ashoka, ashuagandha, balá, arrayán, galio, clavo, diente de león, eucalipto, bayas de espino blanco, romero, bolsa de pastor, tríphala, uva de oso, vidari, hamamelis, milenrama.

- **Carminativas:** Ayudan a expulsar el gas de los intestinos. Promueven la peristalsis, lo que alivia el dosha vata. Ayudan en la digestión y mejoran la absorción. Ejemplos: angélica, anís, cardamomo, hierba gatera, semillas de apio, eneldo, hinojo, jengibre, hinguáshtak, perejil, hierbabuena, pippalí, menta verde, tomillo, tríkatu.

- **Colagogas:** Son plantas o sustancias que promueven el flujo de la bilis desde el hígado y la vesícula biliar. Tienen un efecto purgante descendente. Ejemplos: áloe, bhringaraj, bhumiámalaki, guduchi, karavella (melón amargo), kutkí, musta, sándalo, cúrcuma.

- **Demulcentes:** Son plantas que suavizan los tejidos corporales. La palabra inglesa «demulcent» viene del verbo latín *demulcere*, que significa «acariciar». Algo que es demulcente es algo que acaricia. Un demulcente es un agente que, como el aceite, forma una película suavizante cuando se aplica sobre la superficie de una membrana mucosa. Alivia la irritación de las membranas mucosas inflamadas.

- **Diaforéticas:** Estimulan la traspiración y la circulación. Ayudan a evacuar las toxinas por la piel. Ejemplos: bilva, ajo, gúggulu, pippalí, punárnava, zarzaparrilla.

- **Diuréticas:** Aumentan la micción estimulando los riñones y la vejiga. Ayudan a reducir y a eliminar las toxinas del cuerpo. Ejemplos: balá, bhumiámalaki, hoja de diente de león, dashamula, hinojo, gókshura, háridra, cola de caballo, kumari, perejil, punárnava, shankhapushpí, túlasi, vanga bhasma, vidanga, yashthi madhu.

- **Emenagogas:** Promueven y regulan la salud menstrual. Tratan muchos trastornos reproductivos femeninos. Ejemplos: sauzgatillo (Vitex), chítraka, háridra, manjishtha, pippalí, tríkatu, tríphala.

- **Eméticas:** Provocan el vómito. Ayudan a limpiar el organismo de toxinas. Ejemplos: nuez emética, vachá, yashthi madhu.

- **Emolientes:** Confortan, tersan, suavizan y protegen la piel. Ejemplos: ámalaki, balá, consuelda, ginseng, miel, musgo irlandés, jatamansi, regaliz, malvavisco, olmo, vidari kanda.

- **Estimulantes:** Aumentan el calor interno, la circulación y el metabolismo. Eliminan el frío interno y mejoran todas las funciones naturales del cuerpo. Ejemplos: balá, cálamo (vachá), chítraka, ginseng, jengibre, kutkí, hierbabuena, pippalí, yerba mate, yohimbe.

- **Expectorantes:** Promueven la expulsión del cuerpo de la flema, el moco y el kapha. Ayudan a limpiar la cavidad nasal, los pulmones y el estómago. Ejemplos: mahasudarshan, pippalí, púshkarmula, sitopaladi, talisadi, vachá, corteza de cerezo silvestre, yerba santa.

- **Hemostáticas:** Detienen las hemorragias internas. Se parecen a las plantas alterativas en que purifican la sangre. Ejemplos: cayena, sello de oro, hibisco, manjishtha, malvavisco, gordolobo, ortiga, banano, cúrcuma, consuelda menor.
- **Hepáticas:** Fortalecen y tonifican el hígado. Ejemplos: áloe, bhumiámalaki, bhringaraj, bupleurum, raíz de bardana, diente de león, guduchi, háridra, kumari, kutkí, manjishtha, cardo mariano, nim, hojas de shankhapushpí.
- **Laxantes:** Promueven una peristalsis saludable, combaten el estreñimiento y eliminan las obstrucciones del colon. Ejemplos: corteza de bardana, cáscara sagrada, bayas de sauco, kumari, kutkí, pippalí, semillas de psyllium, ruibarbo, sat ibsabgol, senna, sitopaladi, tríphala, yashthi madhu.
- **Nervinas:** Fortalecen y rejuvenecen el sistema nervioso. Dependiendo de cada planta, puede tener propiedades estimulantes o sedantes. Armonizan y nutren la mente y las emociones. Ejemplos: brahmi, manzanilla, lúpulo, jatamansi, citronela, mandukaparni, avena, pasiflora, shankhapushpí, hierba de San Juan, tágara, valeriana, túlasi, verbena.
- **Purgantes:** Limpian profundamente el colon, normalmente provocando diarrea. Ejemplos: áloe, avipáttikar churna, aceite de ricino, ruibarbo, senna.
- **Rejuvenecedoras:** Fortalecen y restauran el cuerpo, revitalizando los órganos para evitar el deterioro. En ayurveda hay toda una rama de medicamentos dedicados al rejuvenecimiento, que se llaman *rasáyanas*. Ejemplos: ámalaki, ashuagandha, balá, bibhítaki, brahmi, cálamo (vachá), consuelda, ginseng, gókshura, gotu kola, gúggulu, harítaki, kapikachchu, makaráduaja bhasma, malvavisco, punárnava, púshkarmula, shring bhasma, shatávari, vidari kanda.
- **Sedantes:** Calman y tranquilizan el cuerpo reduciendo las funciones del órgano o la parte del cuerpo de que se trate. Reducen el nerviosismo. Ejemplos: lúpulo, jatamansi, kava kava, sandalia de la Virgen, nuez moscada, pasiflora, tágara, valeriana.

- **Tónicas:** Son nutritivas para el cuerpo. Ayudan a ganar peso y fuerza y nutren los órganos y los dhatus. Ejemplos: chayavanprash, brahmi rasáyana, ashuagandha, brahmi, rasa sindur, ámalaki, shilájit, shatávari, balá, ghi, yashthi madhu, púshkarmula, kapikachchu, muira puama, paja de avena y tongkat ali (ginseng malayo).
- **Tónicas amargas:** Estimulan la digestión. Son de naturaleza secante y ayudan a regular el fuego del cuerpo. Casi todas las plantas amargas son las mismas que las antipiréticas. Ejemplos: chandan, chaparral, pamplina, daruháridra, kutkí (kátuka), mahasudarshan, manjishtha, nim, túlasi, cúrcuma.
- **Tónicas cardíacas:** Fortalecen el corazón y regulan su función. Ejemplos: árjuna, gókshura, guduchi, espino blanco, punárnava.
- **Vulnerarias:** Ayudan a sanar las heridas. Protegen de las infecciones y estimulan la regeneración celular. Se suelen utilizar para cortes, arañazos y quemaduras. Ejemplos: áloe, árjuna, bhringaraj, nim, ortiga, rakta chandan, corteza de olmo, hamamelis.

La farmacia de la naturaleza

Las plantas tienen una anatomía, igual que los seres humanos. Cada una de las partes de la planta actúa sobre uno de los tejidos del cuerpo humano. El jugo de las hojas actúa sobre el plasma (rasa dhatu). La resina o la savia de la planta trata la sangre (rakta dhatu). La madera de coníferas actúa sobre los músculos (mamsa dhatu). La resina pegajosa o la savia endurecida de las plantas trata la grasa (meda dhatu). La corteza de las plantas y de los árboles actúa sobre los huesos (asthi dhatu) del cuerpo humano. Las hojas de las plantas tratan la médula ósea y el tejido nervioso (majjá dhatu). Las flores y los frutos de las plantas actúan sobre el sistema reproductivo (shukra/ ártava dhatu) del cuerpo humano.

Partes de la planta	Dhatu
Jugo de las hojas	Rasa / Plasma y linfa
Resina, savia, raíces	Rakta / Sangre
Madera de conífera	Mamsa / Músculo
Resina pegajosa, savia endurecida	Meda / Grasa
Corteza	Asthi / Hueso
Hojas	Majjá / Médula ósea y tejido nervioso
Flores, frutos	Shukra - Ártava / Órganos reproductivos

Las plantas contienen los cinco elementos en sus diferentes partes. Las raíces y la corteza contienen los elementos tierra y agua. Las flores son del elemento fuego. Las hojas y los frutos de la planta son de los elementos aire y éter. Cada planta también contiene sus ojas, tejas y prana propios y exclusivos y trasmiten propiedades específicas cuando se toman internamente.

Algunas personas se curan simplemente tocando las plantas o respirando en sus vibraciones sutiles. La túlasi es una de esas plantas; se dice que es tan potente que purifica la atmosfera allá donde crece.

El dosha vata lo rigen plantas de hojas escasas, corteza áspera y agrietada, ramas torcidas y nudosas y con muy poca savia. El pitta lo rigen plantas de colores brillantes, con flores resplandecientes, savia, una fuerza moderada y que están llenas de calor. Las plantas de kapha son de crecimiento amplio y copioso, tienen hojas y savia abundantes y son pesadas con gran contenido de agua.

Plantas curativas comunes

Áloe (*Aloe indica*): La palabra en sánscrito para áloe es *kumari,* que significa «joven, mujer virgen». Como sugiere su nombre, aporta abundante energía juvenil. Tradicionalmente, se utilizan el jugo y las hojas. Esta hierba es amarga, astringente, picante y dulce (rasa), dulce (vipaka) y refrescante (virya). Calma los tres doshas, además de ser excelente para el dolor, la inflamación y los trastornos de la piel. Actúa sobre todos los dhatus y ejerce efectos curativos especiales sobre los sistemas circulatorio, digestivo, reproductivo femenino y excretor. Es un tónico alterativo y amargo que actúa como rejuvenecedor, emenagogo y purgante. Además, tiene efectos vulnerarios y es un tónico especialmente bueno para el hígado y el bazo. El áloe es uno de los mejores purificantes de la sangre y dobla su potencia cuando se combina con cúrcuma (*háridra*). Juntos son sumamente valiosos en el tratamiento de tumores, quistes y cánceres.

Ámalaki/Amla (*Phyllanthus embilca/Embilca officinalis*): La ámalaki (grosella silvestre india) se denomina a menudo *dhatri*, que significa «enfermera». Su capacidad curativa se compara con la de una enfermera o una madre, y funciona como un tónico y un rejuvenecedor completo. Las raíces, las semillas y las hojas tienen valor medicinal, pero la fruta es lo que se usa principalmente. La ámalaki contiene todos los sabores, excepto el salado. Es principalmente agria, dulce (vipaka) y refrescante (virya). Calma los tres doshas, aunque es especialmente buena para los trastornos de pitta. La ámalaki actúa sobre todos los dhatus. Es antiácida, antiinflamatoria, antipirética, alterativa, adaptógena, digestiva, estimulante, ligeramente laxante, protectora hepática, astringente, hemostática, antioxidante, cardiotónica, nutritiva, tónica y afrodisíaca.

En la *Cháraka Sámhita* se dice que la ámalaki da vida larga, inteligencia, memoria, inmunidad, salud, juventud, brillo y vigor. Realza la voz, la tez y el vigor sexual. La ámalaki se usa para curar innumerables trastornos. Aumenta el apetito, mejora la digestión, alivia el estreñimiento, contrarresta la hiperacidez, nutre el cabello y trata las enfermedades del hígado y del bazo. La ámalaki es una de las tres frutas que forman la fórmula tradicional ayurvédica *tríphala* (que significa «tres frutas»).

Árjuna (*Terminalia arjuna*): El árjuna es conocido principalmente por su capacidad de tratar las enfermedades cardíacas. Tradicionalmente se utiliza la corteza. Es astringente (rasa), picante (vipaka) y refrescante (virya). Calma los doshas kapha y pitta. Actúa sobre los dhatus rasa, rakta, mamsa, asthi y majjá, así como sobre los sistemas circulatorio, digestivo y nervioso. Actúa directamente sobre el prana corporal, y tiene cualidades únicas para fortalecer los músculos del corazón. Se utiliza como tónico cardíaco, estimulante circulatorio, alterativo, astringente y hemostático. Esta planta es una de las mejores para detener las hemorragias tanto internas como externas. Aumenta la longevidad y trata las enfermedades cardíacas, la diabetes, la diarrea, la disentería y la obesidad.

Asafétida (*Ferula asafetida*): La asafétida se llama *hing* o *hingu* en sánscrito. Es una de las mejores plantas para el sistema digestivo, ya que elimina el ama del conducto gastrointestinal. Es picante y salada (rasa), picante (vipaka) y calorífica (virya). Calma vata y kapha. Esta planta atraviesa todos los dhatus excepto el sistema reproductivo (shukra). Es beneficiosa para los sistemas digestivo, nervioso, respiratorio, excretor y circulatorio. Es estimulante, carminativa, antiespasmódica, analgésica, antihelmíntica, afrodisíaca y antiséptica.

La asafétida es excelente para el tratamiento de las lombrices y los parásitos. También alivia los gases y la distensión abdominal, el dolor de cólico intestinal, el estreñimiento, la artritis, el reumatismo, el asma, la tos, las convulsiones y otros trastornos del sistema nervioso. Esta planta es muy eficaz para aumentar el agni. Funciona especialmente bien junto con el chítraka y el tríkatu como uno de los mejores estimulantes digestivos. Es una planta muy común que se utiliza a menudo para cocinar, por lo que se encuentra en la mayoría de las cocinas indias y ayurvédicas.

Ashoka (*Saraca indica*): Ashoka significa «que elimina todas las penas». Es uno de los tónicos uterinos más ampliamente utilizados, y es famoso por su capacidad de detener el dolor y la hemorragia excesiva. Se utilizan como medicina la corteza, las semillas, las flores y los frutos de este árbol. Es amargo (rasa), picante (vipaka) y refrescante (virya). Reduce los doshas pitta y kapha. Actúa sobre los dhatus rakta, mamsa, meda y asthi. El ashoka es astringente, alterativo, analgésico, diurético y tónico cardíaco y uterino.

Ejerce un efecto excepcional sobre los canales reproductivos femeninos y el sistema circulatorio. Ayuda a aliviar toda clase de enfermedades hemorrágicas, como la menorrea y la menorragia. Es excelente contra los espasmos uterinos y el dolor que provocan. También ayuda a regular la menstruación. El ashoka actúa sobre el sistema digestivo aliviando las hemorroides sangrantes y también puede ser beneficioso contra la colitis y las úlceras sangrantes. Como actúa sobre el sistema circulatorio, es beneficioso para la debilidad cardíaca y la arritmia. El ashokarishtam es una formula popular que se utiliza para tratar todas las clases de debilidad reproductiva.

Ashuagandha (*Withania somnifera*): Ashuagandha significa «olor a caballo» y se dice que da el vigor de un caballo. Es uno de los principales rejuvenecedores y afrodisíacos de la medicina ayurvédica. La raíz de esta planta se utiliza por sí sola y en numerosas fórmulas tradicionales. Su rasa es dulce, astringente y amargo; tiene un vipaka dulce y un virya caliente. Nutre todos los dhatus. Específicamente, tiene propiedades curativas de los sistemas reproductor, nervioso y respiratorio. Esta planta aumenta el ojas y el prana y tiene propiedades nervinas, sedantes, tónicas y astringentes. Es un buen agente analgésico y antiinflamatorio, por lo que se utiliza en tratamientos de trastornos reumáticos.

Ademas de todos estos beneficios, también tiene excelentes efectos calmantes y fortalecedores sobre la mente, actuando como adaptógeno para ayudar al cuerpo a hacer frente al estrés y la fatiga. También se utiliza en dosis grandes como afrodisíaco. El ashuagandha se puede utilizar para cualquier trastorno que implique estrés general, convalecencia o debilidad.

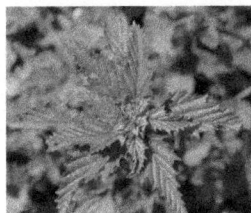

Balá (*Sida cordifolia*): Bala significa «fortaleza» o «lo que fortalece». Junto al ashuagandha, es uno de los principales rejuvenecedores del mundo de las plantas. Tradicionalmente se utilizaban las hojas, las raíces y las semillas, aunque el ayurveda moderno utiliza principalmente la raíz. La balá es dulce (rasa y vipaka) y refrescante (virya). Calma los doshas pitta y vata. Aunque actúa sobre todos los dhatus, en la *Cháraka Sámhita* se dice que tiene propiedades especiales como rejuvenecedor de los músculos (mamsa dhatu). Es tónico, rejuvenecedor, afrodisíaco, demulcente, diurético, estimulante, nervino, analgésico y vulnerario. También es extremadamente beneficioso para la debilidad sexual y la infertilidad. El uso de la balá alivia todas las clases de trastornos del vata. También produce un aceite medicinal excelente para el tratamiento de la artritis, el reuma, la gota, la debilidad muscular, el agotamiento, la delgadez extrema y la convalecencia.

Bhringaraja *(Eclipta alba)*: Bhringaraja en sánscrito se traduce como «lo que concede un cabello que tiene el espléndido color de un colibrí». También se llama *kesharaja* o «rey del cabello», *márkava* o «lo que previene las canas prematuras» y *kesharánjana* que significa «lo que da un bello matiz al cabello». Toda la planta, incluso las semillas, se incorpora a las fórmulas ayurvédicas. El bhringaraja es de sabor (rasa) picante y amargo, picante (vipaka) y caliente (virya). Calma los doshas vata y kapha y es un excelente rejuvenecedor y tónico. Actúa sobre los dhatus rasa, rakta, asthi y majjá, así como sobre los sistemas circulatorio, nervioso y digestivo.

Las propiedades que posee el bhringaraja son: alterativa, hemostática, antipirética, nervina, laxante y vulneraria. Además de mejorar la calidad del cabello es muy beneficioso para los ojos y la piel. Evita el envejecimiento y favorece un crecimiento y un funcionamiento saludable de los huesos, los dientes, el cabello, la visión, la audición y la cognición mental. Es un rejuvenecedor potente del hígado y el bazo, especialmente cuando se toma junto con brahmi.

Bhumiámalaki (*Phyllanthus niruri*): Se dice que la bhumiámalaki es una de las mejores plantas para todos los trastornos del hígado. Es especialmente beneficioso para la hepatitis viral B, la ictericia, el paludismo y la cirrosis (agrandamiento del hígado y del bazo). Las hojas y el jugo de toda la planta se emplean medicinalmente. Es amarga, astringente y dulce (rasa), dulce (vipaka) y refrescante (virya). Actúa sobre los dhatus rasa, rakta y asthi, así como los sistemas circulatorio, digestivo y esquelético.

Los beneficios de esta planta son que es alterativa, colagoga, antiinflamatoria, vulneraria y diurética. Además de ser útil para el hígado, se puede utilizar para las enfermedades de los ojos, las enfermedades venéreas, la diabetes, la diarrea, la menorragia, la leucorrea, las infecciones del conducto urinario, la fiebre y la debilidad sanguínea. La bhumiámalaki y la ámalaki son una combinación excelente para el tratamiento de los trastornos de pitta y del hígado.

Bibhítaki (*Terminalia belerica*): Bibhítaki significa «la que te mantiene alejada de la enfermedad». La fruta de este árbol se utiliza para hacer un laxante y tónico intestinal extremadamente eficaz. Es astringente (rasa), dulce (vipaka) y caliente (virya). Tiene la potencia (prabhava) especial de un laxante que calma los tres doshas. Actúa específicamente sobre los dhatus rasa, mamsa y asthi, así como en los sistemas respiratorio digestivo, excretor y nervioso. Tiene propiedades rejuvenecedoras que son beneficiosas para el cabello, la garganta y los ojos. Además de ser laxante y rejuvenecedor, actúa sobre el cuerpo como astringente, tónico, expectorante, antihelmíntico y antiséptico. Es excelente para las acumulaciones de tipo kapha en el colon, los pulmones y el conducto urinario. Esta planta es un excelente astringente y tónico para el estómago y aumenta el apetito. También ha demostrado su valor en el tratamiento de las hemorroides y las lombrices. Es una de las tres frutas que componen la fórmula ayurvédica tríphala.

Bilva (*Aegle marmelos*): El bilva está consagrada a Shiva, y se lo conoce como *shivadruma* o «el árbol de Shiva». Se utiliza en *pujas, homas, yajñas* y otras ceremonias tradicionales. Esta planta se menciona en todos los textos ayurvédicos antiguos, así como en el *Rig Veda* y el *Yájur Veda*. Tradicionalmente se utilizan como medicamento las raíces, la piel, las hojas y los frutos. La fruta sin madurar es la que posee propiedades curativas más beneficiosas. Su sabor (rasa) es astringente y amargo y es picante (vipaka) y caliente (virya). Aunque calma los tres doshas, si se toma en exceso puede aumentar pitta por su naturaleza cálida. Actúa sobre los dhatus rasa, rakta, meda y majjá, así como en los sistemas digestivo, excretor y nervioso. Es un estimulante astringente y digestivo. Es una de las mejores plantas para tratar la diarrea crónica y aguda. Corrige la digestión débil y la mala absorción, aumentando así el agni y mejorando las funciones del intestino delgado. Esta planta es muy eficaz contra las lombrices y los parásitos, especialmente cuando se toma con nim y vidanga. Se pueden añadir las raíces y las hojas al fruto para utilizarlos en el tratamiento de fiebres bacterianas, tifoideas y otras.

Brahmi (*Bacopa monnieri*): La palabra *brahmi* viene de la palabra sánscrita *Brahma*, «el Creador del Universo». En la *Cháraka Sámhita*, a la brahmi sa le llama *samjña sthápana*, que significa «la que restaura la conciencia». Hay mucha confusión sobre la auténtica brahmi. Se dice que la especie *Bacopa monnieri*, que se encuentra en el Sur de la India, es la verdadera brahmi. En el Norte de la India, la especie *Centella asiática* (mandukaparni) se utiliza a menudo como brahmi. Aunque tiene propiedades muy similares, es diferente e inferior a la variedad *Bacopa*. La brahmi es de sabor (rasa) amargo y astringente, dulce después de la digestión (vipaka) y de efecto (virya) frío. Tiene el prabhava de aliviar la epilepsia, la histeria y los doshas vata y pitta. Actúa sobre los dhatus sangre (rakta) y médula ósea y nervios (majjá). La planta entera se utiliza como medicina. Las hojas son excepcionalmente buenas, especialmente en forma de jugo. Sus principales propiedades son que es rejuvenecedor y da longevidad, memoria e inteligencia.

Este tónico cerebral natural también actúa como agente sedante, antiespasmódico, alterativo y diurético. La brahmi se utiliza para tratar un amplio abanico de trastornos, como la ansiedad, el pánico, el miedo, los trastornos del sistema nervioso, la debilidad, los espasmos musculares, la parálisis, las infecciones del conducto urinario y para estimular el sistema inmunitario. Cuando se toma junto con bhringaraja es excelente para el cabello. Habría que tener brahmi en todos los botiquines caseros. Se puede utilizar brahmi táilam en la práctica diaria de nasya, así como en el panchakarma.

Canela (*Cinnamomum zeylanica*): En sánscrito a la canela se la llama *tuak,* que significa «piel». Es un nombre muy adecuado, ya que la parte que se utiliza para cocinar es la piel o corteza del árbol. Esta especie tiene sabor (rasa) picante, amargo y dulce, es picante después de la digestión (vipaka) y tiene efecto calorífico (virya). Como es muy calorífica, ayuda a calmar los doshas vata y kapha. La canela actúa sobre los dhatus plasma (rasa), sangre (rakta), músculo (mamsa) y médula ósea y nervios (majjá), y sobre los sistemas circulatorio, digestivo, respiratorio y urinario. Se comporta como agente estimulante, digestivo, diaforético, carminativo, alterativo, expectorante, diurético y analgésico. Esta planta se suele elegir para tratar enfermedades causadas por ama, problemas de corazón, hemorroides, lombrices, sinusitis, asma, tos y trastornos del conducto urinario. Es excelente para aumentar el agni y, combinada con jengibre, es una excelente infusión digestiva.

Cardamomo (*Elettaria cardamomum*): En sánscrito el cardamomo se conoce como *ela*. La semilla y la hierba se utilizan como medicina. Tiene sabor (rasa) dulce y picante, es dulce después de la digestión (vipaka) y con efecto (virya) cálido. Es una de las mejores plantas para aliviar los trastornos de vata y kapha. El cardamomo es sumamente efectivo contra la tos, el asma, la tuberculosis y las hemorroides. Actúa sobre los dhatus plasma (rasa), sangre (rakta) y médula ósea y nervios (majjá), así como sobre los sistemas digestivo, respiratorio, circulatorio y nervioso. Esta especia tan corriente actúa como estimulante, expectorante, carminativo, estomacal y diaforético. Es uno de los mejores estimulantes digestivos, ya que activa el agni y destruye el kapha del estómago y los pulmones. El aceite de cardamomo es muy beneficioso para combatir los dolores de dientes. El cardamomo mezclado con jengibre, túlasi y miel ayuda a disolver la flema que provoca tos.

Chandan (*Santalum album*): Esta planta, conocida comúnmente como sándalo, se puede utilizar interna y externamente. La madera y los aceites volátiles que se obtienen de ella se pueden utilizar como medicamento. El polvo se puede utilizar internamente; el aceite esencial se aplica externamente. El chandan se utiliza ampliamente con finalidad cosmética, ya que rejuvenece la piel y mejora la tez. En los hogares y los templos de toda la India y Asia el sándalo se utiliza para el culto (puja) tradicional porque crea sattua e incrementa la calidad de la meditación.

Esta planta es de sabor (rasa) amargo y dulce, es picante después de la digestión (vipaka) y de efecto (virya) refrescante. Disminuye pitta y vata y es neutra para kapha, excepto cuando se toma en exceso. Actúa sobre los dhatus plasma (rasa), sangre (rakta), músculo (mamsa), médula ósea y nervios (majjá) y reproductivo (shukra), así como sobre los sistemas circulatorio, nervioso y digestivo. El sándalo es alterativo, hemostático, antiséptico, antibacteriano, carminativo, sedante y refrigerante.

Es muy útil en las enfermedades de pitta, especialmente en los trastornos de la sangre y de la piel. Detiene las hemorragias, alivia los dolores corporales, alivia la sed y contrarresta las toxinas. Es eficaz en las siguientes enfermedades: trastornos del hígado, ictericia, disentería, quemaduras, gastritis aguda, hiperacidez, trastornos de la vista, cistitis, vaginitis, acné, delirios, vómitos, menorragia, hematuria, gonorrea, enfermedades de trasmisión sexual y muchas otras afecciones. Esta planta es una de las mejores para refrescar y calmar la mente, el cuerpo y el sistema nervioso.

Chítrak (*Plumbago zeilanica*): Al chítrak se le llama también agni (fuego), *juala* (llama) y *áruna* (Sol) debido a sus atributos caloríficos. Tradicionalmente, se utiliza la raíz con fines medicinales. El sabor (rasa) del chítrak es picante y amargo, picante después de la digestión (vipaka) y con un efecto (virya) muy calorífico. Calma los doshas vata y kapha disolviendo las toxinas y aumenta enormemente el dosha pitta. Para poder tomarlo internamente primero hay que purificarlo en zumo de lima, porque de lo contrario puede ser tóxico. Esta planta actúa especialmente bien sobre los dhatus grasa (meda) y sangre (rakta) y sobre el sistema digestivo. Por eso, es una de las mejores plantas ayurvédicas para aumentar el agni del hígado, el bazo y el intestino delgado, todos ellos órganos pitta. El chítrak es excelente para combatir la falta de apetito, el estreñimiento, la urticaria, la indigestión, la distensión abdominal, las hemorroides, las hemorroides sangrantes, los parásitos, el edema, la artritis y muchos otros trastornos de vata y kapha. Hay que evitarla durante el embarazo, ya que se sabe que es un abortivo.

Clavo (*Syzygium aromaticum*): En sánscrito el clavo se llama *lavanga*. Las yemas florales secas se utilizan como medicina interna y como aceite esencial. El sabor (rasa) del clavo es picante y amargo, después de la digestión (vipaka) es picante y en su efecto final (virya), frío. Calma kapha y pitta. El clavo actúa sobre los dhatus plasma (rasa), músculo (mamsa), médula ósea y nervios (majjá) y reproductivo (shukra). Actúa como estimulante, expectorante, carminativo, analgésico y afrodisíaco. Se utiliza principalmente en dolencias pulmonares como los resfriados, la tos, el asma, la bronquitis y el hipo. Además, mejora los desarreglos digestivos como la indigestión o la digestión débil. Frotar aceite de clavo sobre las encías es muy eficaz para el dolor de dientes y la gingivitis. Como infusión o mezclado con otras plantas tónicas, ayuda a contrarrestar la impotencia. El clavo es una de los ingredientes principales de la fórmula tradicional ayurvédica *avipáttikar churna*, que es muy eficaz para la indigestión y la hiperacidez.

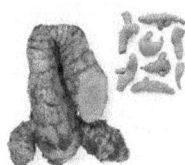

Cúrcuma/Háridra (*Curcuma longa*): *Háridra* es el nombre sánscrito de esta raíz. En muchas partes de la India se la llama «*haldí*» que significa «la que mejora el aspecto de la piel». Tiene sabor (rasa) amargo y astringente, es picante después de la digestión (vipaka) y de efecto (virya) caliente. Debido a su virya caliente, calma vata y kapha y, por su rasa amargo, alivia pitta.

La cúrcuma actúa sobre todos los dhatus y los sistemas digestivo, circulatorio y respiratorio. Su principales propiedades son que es astringente, antidermatítico, antidiabético, carminativo y antibacteriano. También estimula la digestión. Es excelente contra todas las enfermedades de la piel, como los esguinces, los cardenales, las heridas, el acné, los sarpullidos, las varices y las afecciones inflamatorias de las articulaciones. Se utiliza para tratar los pulmones, la tos, los resfriados, el asma, la congestión, el estreñimiento, la mala absorción, la distensión abdominal, el fuego digestivo débil, el metabolismo, los trastornos de la sangre, la diabetes, la artritis, la anemia, la amenorrea y la debilidad de los riñones. La cúrcuma no hay que utilizarla en casos de ictericia o hepatitis. Es unos de los mejores antibióticos naturales y mejora la flora intestinal. La cúrcuma y la túlasi son fantásticas juntas, ya que se dice que ambas aportan la energía de la Madre Divina. Además, la cúrcuma es excelente para mantener los miembros y las articulaciones de los yoguis fuertes y flexibles.

Daruháridra: (*Beberis aristata*): En la herbología occidental esta planta se llama espino. Su prabhava específico es la eliminación del ama. Todas las partes de la planta se utilizan con fines medicinales, tanto interna como externamente. Es de sabor (rasa) amargo y astringente, picante después de la digestión (vipaka) y de efecto general (virya) caliente. Como purificadora de la sangre, es excelente para calmar los doshas pitta y kapha. Actúa sobre los dhatus plasma (rasa), sangre (rakta) y grasa (meda), y sobre los sistemas circulatorio y digestivo. El espino es un tónico fuerte y amargo y una sustancia antiamebiana. Es alterativo, diaforético, rejuvenecedor, antipirético, laxante, antihelmíntico y antibacteriano. Esta planta se utiliza para la curación de heridas, la debilidad general, la hemorroides, la fiebre, las infecciones, la inflamación del hígado y del bazo, la disentería amebiana, el acné, los forúnculos, los trastornos relacionados con la sangre, la ictericia, la hepatitis, las úlceras cervicales, la diabetes y la obesidad.

Dhanyaka (*Coriandrum sativum*): Conocido como cilantro en Occidente, el dhanyaka se encuentra a menudo en las cocinas indias. Además de ser excelente para cocinar, también produce grandes beneficios medicinales. La planta entera se utiliza como medicina. Calma los tres doshas porque ayuda a digerir el ama y es beneficioso para el corazón y la mente. Actúa sobre los dhatus plasma (rasa), sangre (rakta) y músculo (mamsa), y sobre los sistemas digestivo, respiratorio y urinario. El cilantro es una sustancia de acción alterativa, diaforética, diurética, carminativa y estimulante. En la *Cháraka Sámhita* se dice que mejora el gusto y el apetito. Su sabor (rasa) es astringente, amargo y dulce, es dulce después de la digestión (vipaka) y su efecto (virya) es calorífico. Su prabhava es estimulante del apetito. Es especialmente eficaz para aliviar los trastornos de pitta en el conducto digestivo, el sistema urinario, la inflamación glandular, la adenitis cervical, el edema y la estomatitis. El cilantro, cuando se usa en forma de pasta, alivia la inflamación y el dolor. Se puede utilizar para tratar las alergias, la fiebre del heno y la debilidad inmunológica debida a la acumulación de ama.

Eranda (*Ricinus communis*): El eranda se llama ricino en Occidente. Se utilizan sus semillas, raíces, hojas y aceite con fines medicinales. El sabor (rasa) del ricino es dulce, picante y astringente, es dulce después de la digestión (vipaka) y tiene un efecto calorífico (virya). Calma los doshas vata y kapha. Esta planta es magnífica para tratar los trastornos de vata relacionados con el ama. Tiene una naturaleza catártica, demulcente, analgésica y nervina. El aceite de ricino se aplica externamente para el dolor y la inflamación en casos de artritis, ciática, reumatismo, gota, mastitis y muchas otras enfermedades de la piel. Cuando se aplica sobre el abdomen ayuda a aliviar el gas y la distensión. Se puede aplicar internamente para una serie de enfermedades relacionadas con vata, como la artritis, la ciática, la parálisis facial, la parálisis, los dolores corporales, los temblores, los dolores de cabeza y el estreñimiento. Suministrado con jengibre y/o tríphala, constituye un poderoso purgante. El jugo de las hojas es útil para tratar la hepatitis y otros trastornos de pitta y relacionados con la sangre.

Garcinia (*Garcinia cambogia, Mangostana*): Esta planta es excelente para el metabolismo de los lípidos, como estimulante digestivo y para perder peso. La raíz y el fruto se utilizan medicinalmente. Su sabor (rasa) es picante y amargo, después de la digestión (vipaka) es picante y produce un efecto (virya) refrescante. Esta planta actúa directamente sobre el sistema digestivo y secundariamente sobre los sistemas muscular y nervioso. También es útil como agente sedante y antiespasmódico. La garcinia, cuya capacidad de quemar grasa es comúnmente aceptada, es una planta medicinal muy eficaz para controlar la obesidad y el colesterol. Actúa directamente sobre los dhatus grasa (meda) y músculo (mamsa). Se sabe que modera el apetito, ralentizando la conversión en grasa del exceso de carbohidratos.

Esta planta contiene un compuesto biológicamente activo que se sabe inhibe la síntesis de lípidos y de ácidos grasos y disminuye la formación de LDL y triglicéridos. La garcinia también contiene cantidades significativas de vitamina C y se utiliza como tónico inmunitario y cardíaco. Provoca termogénesis, un proceso por el cual el calor corporal interior quema la grasa y las toxinas no deseadas. También ayuda en las dolencias catarrales de garganta. Tiene un efecto purificador del sistema urinario y el útero. La garcinia también sirve para tratar el insomnio, la ansiedad, la inquietud y otros trastornos del sistema nervioso. Reduce la acidez y aumenta la defensa de la mucosa de las zonas gástricas, lo que justifica su uso como agente antiulceroso.

Gókshura (*Tribulis terrestris*): *Go* significa «vaca» y *kshura* se define como «raspador». El gókshura elimina y raspa las obstrucciones de los tejidos. El fruto de esta planta se encuentra en numerosas fórmulas ayurvédicas. El gókshura es una de las mejores plantas para sanar los sistemas urinario, reproductivo, nervioso y respiratorio. Es dulce en el sabor inicial y en el postdigestivo (rasa y vipaka) y su efecto es frío (virya). Calma los tres doshas. Actúa sobre los dhatus plasma (rasa), sangre (rakta), médula ósea y nervios (majjá) y reproductivo (shukra/ártava). Actúa como medicina diurética, rejuvenecedora, afrodisíaca, tónica, nervina y analgésica.

El gókshura se utiliza para tratar los siguientes trastornos: impotencia, infertilidad, debilidad seminal, enfermedades venéreas, cálculos de riñón y de vejiga, cistitis, micción difícil o dolorosa, edema, hemorroides y otros muchos. Tiene excelentes propiedades rejuvenecedoras para el sistema reproductivo femenino. Cuando se mezcla con gúggulu (una resina medicinal de un árbol), se conoce como gókshuradi gúggulu y es una de las mejores fórmulas para tratar la diabetes, la gota y la debilidad sexual tanto de los hombres como de las mujeres.

Guduchi *(Tinospora cordifolia):* Guduchi significa «la que protege el cuerpo». Otro nombre de la guduchi es *ámrit* o «néctar». La guduchi es una de las plantas rejuvenecedoras más utilizadas, porque actúa sobre todos los dhatus del cuerpo. Es uno de los estimulantes inmunitarios más fuertes y armoniza las funciones de todos los órganos. La guduchi también se conoce con los nombres de *vyastha*, que significa «la que promueve la longevidad» y *rasáyani*, que significa «la que rejuvenece». La guduchi equilibra todos los doshas. Las raíces, los tallos y las hojas se utilizan como medicamento. Su sabor (rasa) es amargo, picante y astringente, después de la digestión (vipaka) es dulce y su efecto (virya) es calorífico. La guduchi tiene el prabhava especial de antioxidante. También actúa como agente sedante y antiespasmódico. Esta planta multiusos aumenta la inmunidad y la longevidad, mejora la memoria y la salud general, le da lustre a la piel, mejora la voz, la visión y la audición e incrementa la energía. También ayuda a corregir trastornos digestivos como la hiperacidez, la colitis, las lombrices, los parásitos, la pérdida de apetito y los vómitos. Además, ayuda en todos los trastornos de hígado. La guduchi es excelente para los desequilibrios de pitta como las fiebres y los trastornos de la sangre.

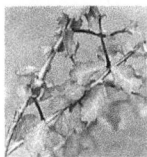

Gúggulu *(Commiphora mukul):* Gúggulu significa «el que protege de la enfermedad». El gúggulu tiene sabor (rasa) amargo, picante, dulce y astringente, es picante después de la digestión (vipaka) y tiene efecto calorífico. El gúggulu es una resina que calma los tres doshas. Es especialmente beneficioso para los trastornos de vata y kapha como la artritis, el reumatismo, la gota, el lumbago, todos los trastornos del sistema nervioso, la epilepsia, la hemorroides, la piorrea, las enfermedades de la piel, las úlceras, la endometriosis, los tumores y los cánceres. Puede aumentar pitta cuando se toma en exceso.

Esta planta actúa sobre todos los dhatus y sobre los sistemas nervioso, circulatorio, respiratorio y digestivo. Actúa como rejuvenecedora, alterativa, antiséptica, analgésica, antiespasmódica, nervina, expectorante y estimulante. El gúggulu es eficaz en los regímenes de limpieza y curativos. Hay numerosas fórmulas ayurvédicas que tienen gúggulu como base, como el tríphala gúggulu, el yogaraj gúggulu, el rasnadi gúggulu, el gókshuradi gúggulu, el kaishore gúggulu, el amrutadi gúggulu, el kanchanar gúggulu, el maharogaraja gúggulu y el chandraprabhá vatiká. Mezclado con guduchi, gókshura y shunti, el gúggulu alivia los dolores relacionados con vata.

Gurmar (*Gymnema sylvestre*): La gurmar también es conocida como *madhuvináshini*, la destructora de lo dulce. Es una de las plantas más utilizadas para tratar los desequilibrios del azúcar en la sangre. Trata una amplia variedad de síntomas relacionados con la diabetes. Se utiliza para tratar las secreciones pancreáticas, entre ellas la producción de insulina. Tiene sabor (rasa) amargo y astringente, es refrescante (virya) y picante (vipaka). La gurmar se utiliza para calmar los doshas pitta y kapha. Actúa sobre los dhatus rasa, rakta, meda y shukra y ártava. Actúa como hipoglucémico, antidiabético, diurético e hipocolesterolémico. La gurmar también alivia el ansia de dulces y reduce el apetito. Por eso, es muy beneficioso para perder peso.

Harítaki (*Terminalia chebula*): Harítaki significa «la que se lleva la enfermedad». Está consagrada a Shiva (también llamado Hara), el que destruye la muerte. La harítaki tiene otros varios nombres:

ábhaya (sin miedo), *divyá* (divina), *jivaniya* (vitalizadora), *vayahstha* (el que promueve la longevidad y mantiene la juventud). La harítaki es uno de los tres ingredientes del tríphala. El rishi *Vágbhata* elogia la harítaki como la planta más adecuada para tratar todas las enfermedades relacionadas con vata y kapha. La harítaki tiene todos los sabores (rasa) excepto el salado. Es dulce después de la digestión (vipaka) y su efecto (virya) es calorífico. Su prabhava es equilibrar y armonizar los tres doshas. Este fruto también actúa sobre todos los dhatus. Tiene propiedades laxantes, rejuvenecedoras, purgantes, expectorantes, astringentes, tónicas y antihelmínticas.

Se utiliza como medicina en numerosas fórmulas y para una gran variedad de enfermedades. Para las enfermedades de vata se recomienda tomarla con ghi. Para las enfermedades de pitta se recomienda tomarla con panela, miel o con azúcar orgánico de caña. Para las enfermedades de kapha se recomienda tomarla con sal de roca. Trata casi todos los trastornos gastrointestinales, como el estreñimiento, las lombrices, los parásitos, la hiperacidez, la colitis, las hemorroides, el ama, la inflamación del hígado y del bazo, el asma, las enfermedades cardíacas, los vómitos, la ictericia, la hepatitis, las enfermedades de la piel, el edema, los tumores y el cáncer.

Jatamansi (*Nardostachys jatamansi*): La palabra *jata* significa «raíz» o «nudo enredado», como el pelo de un *sadhu* o mendicante errante. Como su nombre indica, la raíz de esta planta se utiliza como medicamento. La jatamansi está relacionada con la valeriana. En la *Cháraka Sámhita* está clasificada como una planta que restablece la conciencia y calma la mente. Se dice que tiene un efecto beneficioso sobre cualquier enfermedad que sea de origen psicológico.

La jatamansi tiene sabor (rasa) amargo, astringente y dulce, es dulce después de la digestión (vipaka) y efecto (virya) frío. Esta planta calma los tres doshas, aunque es especialmente beneficiosa para los trastornos de kapha y pitta. Tiene un prabhava antipsicótico. La jatamansi actúa sobre los dhatus sangre (rakta) y médula ósea y nervios (majjá), así como sobre los sistemas nervioso, muscular y circulatorio. Se caracteriza por ser un agente colagogo, sedante, antiespasmódico, analgésico, antiinflamatorio y emenagogo, y actúa como tónico cerebral. Además, aumenta el apetito y mejora la digestión. Esta planta no solo es muy útil en trastornos de pitta, como las fiebres, la hepatitis y la cirrosis, sino que también alivia trastornos de kapha como los catarros y el asma. Otros trastornos que trata la jatamansi son el vértigo, las convulsiones, la epilepsia, la debilidad sexual, la infertilidad y la impotencia. Es una planta de naturaleza sáttvica, excelente para mejorar la meditación y la sádhana. Si se toma en cantidad excesiva, la jatamansi puede provocar vómitos y diarrea con calambres abdominales.

Jengibre *(Zingiber officinale):* En la India al jengibre se le llama *shunti,* que significa «seco», y *árdraka,* que significa «fresco». También se le llama *maháushadhi,* que significa «gran medicina», y *vishuabhéshaja,* que significa «medicina universal». Esta raíz es picante tanto en el sabor inicial como en el postdigestivo (rasa y vipaka) y su efecto (virya) es cálido. Calma el vata y el kapha y controla la corrupción del pitta. El prabhava de la shunti es afrodisíaco, porque mejora la circulación. Actúa sobre todos los dhatus y sobre los sistemas digestivo y respiratorio. El jengibre es un medicamento estimulante, afrodisíaco, expectorante, carminativo, antiemético y diaforético. Funciona bien contra la dispepsia, la anorexia, las náuseas, los resfriados y la gripe, el asma, la tos, las enfermedades cardíacas y las hemorroides. La combinación de shunti, panela y sésamo es una panacea excelente para los trastornos reumáticos.

Es muy útil que el jengibre se emplee tanto para cocinar, ya que es muy favorable para la digestión. El jengibre también es uno de los tres ingredientes de la famosa fórmula ayurvédica tríkatu. Mezclado con el vidanga elimina las lombrices intestinales. Tampoco puede faltar en ningún botiquín por la gran variedad de usos que tiene.

Kapikachchu (*Mucuna pruriens*): La kapikachchu es uno de los afrodisíacos (*vajíkaranas*) ayurvédicos más eficaces e importantes. Tiene sabor (rasa) dulce y amargo, es dulce después de la digestión (vipaka) y tiene efecto calorífico (virya). La kapikachchu nutre todos los dhatus, especialmente el shukra. La semilla de la planta se utiliza como medicina, y tiene un delicioso sabor a nuez. Esta planta actúa sobre los sistemas nervioso, reproductivo y respiratorio. Es una planta poderosa como tonificante, rejuvenecedor y astringente. La kapikachchu produce muchos intensos beneficios medicinales, como el tratamiento de la debilidad general, la debilidad sexual, la impotencia, la infertilidad, la leucorrea, la espermatorrea, el asma, la debilidad del sistema nervioso, la parálisis, la espondilosis cervical y la esclerosis múltiple. Además, se utiliza en el tratamiento de la enfermedad de Parkinson, ya que contiene cantidades considerables de L-dopa, que, como percusor de la L-dopamina, es importantísimo en su tratamiento.

Kátphala (*Myrica nagi*): En la herbología occidental se llama arrayán al kátphala. Es una de las mejores plantas para eliminar kapha. El kátphala está consagrado a Shiva y Shakti por su naturaleza sáttvica. Purifica las nadis y permite que el prana fluya sin obstáculo por ellas. Tiene sabor (rasa) picante, amargo y astringente, es picante después de la digestión (vipaka) y tiene efecto (virya) calorífico. Calma kapha y vata y aumenta pitta. Esta planta actúa sobre los dhatus rasa, rakta y majjá, así como sobre los sistemas respiratorio, nervioso, circulatorio y linfático. Es una de las mejores plantas para limpiar el sistema linfático. El kátphala es un agente diaforético, expectorante, astringente, emético, antiespasmódico y alterativo. Se utiliza principalmente para la tos, el asma bronquial, la fiebre, la diabetes, la falta del sentido del gusto, los tumores, la laringitis, el tifus, la congestión nasal y la debilidad cardíaca. Hay que evitar esta planta si se tienen enfermedades del hígado o del bazo.

Kátuka / Kutkí: (*Picrorhiza kurroa*): Esta planta es la reina de los tónicos amargos. Se dice que es igual o mejor que la planta occidental llamada «sello de oro». El kátuka se lleva utilizando durante siglos en la India para tratar la fiebre, la indigestión, la ictericia y otras enfermedades bacterianas o infecciosas. También se conoce como *maháushadhi* o «la gran medicina» y *dhanuántarigrasta*, la planta «recetada por Dhanuántari», el dios del ayurveda. Tiene sabor (rasa) amargo, es picante después de la digestión (vipaka) y efecto (virya) frío. Reduce el exceso de los doshas pitta y kapha, y en exceso intensifica vata. El kátuka actúa sobre los dhatus plasma (rasa), sangre (rakta) y grasa (meda), así como sobre los sistemas digestivo, circulatorio y urinario.

La raíz de esta planta se utiliza como medicamento, ya que tiene intensas propiedades como tónico fuerte y amargo, antipiréticas, alterativas, laxantes y antibióticas. Es una de las mejores plantas que se conocen para desintoxicar la sangre. También es un excelente tónico para el hígado, el bazo, el intestino delgado y todos los desequilibrios relacionados con pitta. El kátuka también produce efectos extraordinarios en el tratamiento de la diabetes, la hepatitis viral, la obesidad, los parásitos, las lombrices, los trastornos digestivos y las enfermedades infecciosas.

Kútaja (*Holarrhena antidysenterica*): Como indica su nombre en latín, el kútaja es una de las mejores plantas para tratar la disentería, así como la diarrea, las amebas, los parásitos y las lombrices. La corteza, la raíz y las semillas de esta planta son de uso común. El kútaja tiene sabor (rasa) picante, amargo y astringente, se vuelve picante después de la digestión (vipaka) y tiene efecto (virya) frío. Calma pitta y kapha y aumenta vata. Actúa sobre los dhatus sangre (rakta) y músculo (mamsa), así como sobre los sistemas digestivo, excretor y circulatorio. Esta planta tiene propiedades astringentes, antihelmínticas y amebicidas. También es buena en el tratamiento de las hemorroides sangrantes, la mala absorción, la colitis y la menorragia.

 **Manjishtha** (*Rubia cordifolia*): La manjishtha se considera una de las plantas ayurvédicas más valiosas. La raíz de esta planta se utiliza para limpiar la sangre y detener la diarrea. Esta planta tiene sabor (rasa) amargo, astringente y dulce, se vuelve picante después de la digestión (vipaka) y tiene un efecto final (virya) caliente. Calma los tres doshas. La manjishtha actúa sobre los dhatus rasa, rakta y mamsa, así como sobre los sistemas circulatorio y reproductor femenino. Actúa como alterativa, hemostática, emenagoga, astringente, diurética y litotrópica. Además, ayuda en la prevención y disolución de tumores.

Esta planta es especialmente beneficiosa en trastornos gastrointestinales como la pérdida de apetito, la dispepsia y la infestación por lombrices, además de ser un estimulante digestivo. Es una de las mejores plantas para paliar el ama de los doshas kapha y pitta y de los dhatus plasma (rasa) y sangre (rakta). La manjishtha también trata las hemorroides, el eccema, la psoriasis, los trastornos del hígado y del bazo, las inflamaciones, las enfermedades de trasmisión sexual, las irregularidades en la menstruación, la amenorrea, la dismenorrea, la hepatitis y los trastornos de la sangre. Se usa externamente en pastas, pomadas, emplastos y cremas para una gran variedad de afecciones de la piel.

 **Músali** (*Asparagus adscendens*): Hay dos clases de músali, blanco (*safed* en hindi) y negro (*kali* en sánscrito). La parte de la planta que se utiliza medicinalmente es la raíz. El músali blanco tiene sabor dulce inicial y postdigestivo (rasa y vipaka) y efecto (virya) frío. Calma pitta y vata e intensifica kapha. Esta planta es rejuvenecedora, demulcente, afrodisíaca, litotrópica y un tónico nutritivo. Penetra en todos los dhatus. La de clase safed trata principalmente todas las debilidades sexuales, la

infertilidad, la impotencia y la espermatorrea. La músali negra tiene sabor (rasa) dulce y amargo, es dulce después de la digestión (vipaka) y de efecto final (virya) caliente. Tiene las mismas propiedades medicinales que el músali blanco, y además se utiliza para tratar la debilidad general.

Musta (*Cyperus rotundus*): El musta era muy alabado por los rishis por su capacidad de tratar gran número de enfermedades. Es una de las mejores plantas para tratar casi todos los trastornos del sistema reproductor femenino. El musta hace maravillas en la regulación de la menstruación. Tiene sabor (rasa) picante, amargo y astringente, es picante después de la digestión (vipaka) y tiene un efecto global (virya) frío. Esta planta curativa calma kapha y pitta. La raíz es la parte de la planta que se utiliza medicinalmente. Es un estimulante digestivo excelente para el dosha pitta. El musta también actúa sobre el hígado y el intestino delgado aumentando la absorción. Esta planta es estupenda para curar problemas de cándidas, parásitos, lombrices, bacterias, fiebre crónica y gastritis. Actúa sobre los dhatus plasma (rasa), sangre (rakta), músculo (mamsa) y médula ósea y nervios (majjá), así como sobre los sistemas digestivo y circulatorio. El musta digiere y destruye el ama. Se puede preparar como una pasta y utilizarlo externamente para aliviar la inflamación de la piel, los picores, la sarna, la psoriasis y el eccema.

Nagakésar (*Mesua ferrea*): Los antiguos textos ayurvédicos afirman que no hay prácticamente ningún trastorno digestivo que no pueda mitigar el nagakésar. Se utiliza para las hemorroides sangrantes, la disentería, la pérdida de apetito, la indigestión, la sed excesiva, la infestación por parásitos, la diarrea y los vómitos. El nagakésar se puede utilizar también para tratar la menorragia, las mordeduras de serpientes, la debilidad sexual, la tos, el asma y el hipo. Tiene sabor (rasa) astringente y amargo, es picante después de la digestión (vipaka) y su efecto final (virya) es caliente. El nagakésar actúa calmando los doshas kapha y pitta; para pitta es excelente en el tratamiento de las enfermedades de la piel y de las fiebres. Toda la planta se utiliza con objetivos medicinales. Debido a sus propiedades hemostáticas y hematopoyéticas ayuda en la debilidad cardíaca y en trastornos relacionados con los vasos sanguíneos.

Nim (*Azadirachta indica*): A menudo, al nim se lo llama en sánscrito *nimba,* que significa «el que da buena salud». Es uno de los purificadores y desintoxicantes de la sangre más poderosos de la farmacopea ayurvédica. El nim tiene sabor (rasa) amargo y astringente, es picante después de la digestión (vipaka) y frío en su efecto global (virya). Calma los doshas pitta y kapha. Esta planta actúa sobre los dhatus plasma (rasa), sangre (rakta) y grasa (meda), así como sobre los sistemas digestivo, circulatorio, respiratorio y urinario. Es un tónico muy amargo antipirético, alterativo, antihelmíntico, antiséptico y antiemético. Se usa a menudo para el tratamiento de parásitos, lombrices e infecciones bacterianas.

Todas las partes de la planta se utilizan interna y externamente para el tratamiento de enfermedades de la piel. Las hojas, el polvo y el aceite son especialmente buenas para su aplicación externa en casos de picores, quemazón, abscesos, inflamación glandular, heridas, inflamación de las articulaciones, trastornos reumáticos, tiña, eccema, psoriasis y sarna. Las hojas se utilizan externamente para las heridas, incluso las heridas abiertas, porque las hojas de nim son un excelente agente limpiador y curativo. El nim también reduce la fiebre a la vez que estimula la inmunidad.

Nuez moscada (*Mirystica fragancs*): A la nuez moscada se la conoce como *jatiphala* en la India. Es una de las mejores especias para aumentar la absorción en el intestino delgado. También se utiliza en fórmulas afrodisíacas porque tiene una capacidad especial para evitar la eyaculación precoz. La parte de la planta que se utiliza como medicina son las semillas. Tiene sabor (rasa) picante, astringente y amargo, es picante después de la digestión (vipaka) y su efecto final (virya) es caliente. La nuez moscada calma vata y kapha mientras que estimula pitta. Actúa sobre los dhatus linfa (rasa), músculo (mamsa), médula ósea y nervios (majjá) y reproductivo (shukra), así como en el sistema digestivo. Esta especia tiene propiedades de agente astringente, carminativo, sedante, nervino, afrodisíaco y estimulante. Es magnífica para la digestión y se utiliza con frecuencia en la cocina india en combinación con el jengibre, el fenogreco, la canela, el cardamomo y la pimienta negra. Como nervino y sedante funciona de maravilla con el estrés y la tensión. La nuez moscada también funciona bien como analgésico y, junto a la corteza del sauce blanco, que es una planta medicinal occidental, puede aliviar mucho los dolores de cabeza.

Pimienta negra (*Piper nigrum*): Por su poder calorífico, a la pimienta negra se la llama *marich*, que es otro nombre del Sol en sánscrito. La pimienta negra tiene muchas propiedades curativas y se utiliza tanto interna como externamente. La pimienta negra tiene sabor picante (rasa), sensación picante (vipaka) y efecto caliente (virya). Disminuye vata y kapha, mientras que aumenta enormemente pitta y el fuego digestivo. Actúa sobre los dhatus plasma (rasa), sangre (rakta), grasa (meda) y médula ósea y nervios (majjá), así como los sistemas digestivo, circulatorio y respiratorio. Es estimulante, expectorante, carminativa, febrífuga y antihelmíntica. Mezclada con aceite de sésamo tiene propiedades curativas en enfermedades de la piel como la sarna y el vitíligo. Su aplicación en forma de pasta ayuda a reducir la inflamación, la quemazón y el picor. La pimienta negra ha demostrado ser excelente para tratar la indigestión crónica, el ama del colon, el metabolismo débil, la congestión, la fiebre y las extremidades frías.

Una fórmula ayurvédica llamada tríkatu, que se utiliza para aumentar el fuego digestivo y el metabolismo, contiene pimienta negra como uno de sus principales ingredientes. La pimienta negra es una panacea para la anorexia, la dispepsia, la inflamación del hígado y del bazo, y es beneficiosa para toda clase de enfermedades de la piel. La mezcla de pimienta negra con túlasi y miel es un tratamiento excelente para las fiebres.

Pippalí (*Piper longum*): La pippalí se menciona en todos los textos ayurvédicos. Es un pariente cercano de la pimienta negra, y una de las tres plantas que componen la fórmula digestiva tríkatu. La fruta desecada se utiliza con fines medicinales. Esta planta tiene sabor (rasa) picante cuando no es fresca, en cuyo caso es dulce y picante. Es dulce después de la digestión (vipaka) y de efecto (virya) caliente. Si es fresca, el virya es frío. La pippalí es aperitiva, digestiva, rejuvenecedora, afrodisíaca, antipirética, estimulante, antihelmíntica y tónica cerebral. Minimiza los doshas vata y kapha y estimula pitta.

Esta planta afecta todos los dhatus excepto los músculos y los huesos, así como los sistemas digestivo, respiratorio y reproductivo. La pippalí trata la tos, los resfriados, el estreñimiento, el asma, la bronquitis, la artritis, la gota, el reumatismo, la debilidad digestiva, la distensión abdominal, las lombrices, el flato, los tumores, la impotencia, la infertilidad, el lumbago, la ciática, la epilepsia y la parálisis. Su uso más común es para rejuvenecer el agni y eliminar el ama. Si se toma con otras plantas, aumenta su efectividad al mejorar su asimilación.

Punárnava (*Boerhaavia diffusa*): Punárnava significa «la que renueva el cuerpo» o «la que restaura la juventud». Las hojas y la raíz de esta planta las utilizaban tradicionalmente los sabios y los yoguis para promover la salud, la longevidad y la juventud. Esta planta tiene un sabor inicial (rasa) picante, amargo, astringente y dulce, se vuelve picante (vipaka) y tiene un efecto (virya) caliente. La punárnava calma los tres doshas, pero puede aumentar pitta si se toma en exceso. Actúa principalmente sobre los dhatus plasma (rasa) y sangre (rakta), y sobre los sistemas circulatorio y urinario. Esta planta medicinal es uno de los mejores rejuvenecedores de los riñones y el sistema urinario. Alivia el edema y la disuria. La punárnava se utiliza con frecuencia en el panchakarma durante el suédana (terapia del sudor). Es un tónico magnífico para la sangre, con propiedades alterativas, diuréticas y rejuvenecedoras. Esta planta puede disolver fácilmente los cálculos de riñón y funciona bien en casos de enfermedad cardíaca, hepatitis, hemorroides, dificultad o ardor al orinar y anemia. La punárnava se combina a menudo con rasna y shunti como una panacea para las afecciones reumáticas con inflamación y dolor. Es bastante buena para la debilidad general.

Púshkarmula (*Inula racemosa*): En la herbología occidental al púshkarmula se lo conoce como helenio. En algunas partes de la India se lo llama *shuasari*, que significa «el enemigo de la respiración difícil». Como su nombre indica, es una de las mejores plantas medicinales para rejuvenecer y tonificar los pulmones. Las raíces y las flores se emplean para equilibrar el prana en el cuerpo. El púshkarmula tiene sabor (rasa) amargo y picante, es picante después de la digestión (vipaka) y de efecto (virya) caliente. Esta planta actúa sobre todos los dhatus, excepto el tejido reproductivo (shukra). Ayuda a los sistemas respiratorio, nervioso y digestivo, y es excelente contra la tos, el asma, la bronquitis, los trastornos cardíacos y los trastornos del sistema nervioso. Se considera la mejor elección para la pleuresía. El púshkarmula es bueno para la anorexia y la dispepsia, porque estimula el agni y destruye el ama. Además, ayuda a curar las enfermedades de la piel y las heridas y da fuerza para combatir la debilidad mental.

Shállaki (*Boswelia serata*): La shállaki es una de las plantas que más se mencionan en todos los textos ayurvédicos. Es la resina gomosa de un árbol y está estrechamente relacionada con el gúggulu y la mirra. Esta medicina tiene sabor (rasa) amargo, dulce y astringente, es picante después de la digestión (vipaka) y de efecto (virya) frío. Aporta armonía a los doshas vata y kapha. La shállaki actúa sobre los dhatus plasma (rasa), músculo (mamsa), grasa (meda) y reproductivo (shukra), así como sobre los sistemas circulatorio, muscular y esquelético. Es un agente alterativo, antiespasmódico y analgésico.

Esta planta es excelente para curar las heridas y tratar la diarrea, las hemorroides y los trastornos de la sangre. Se puede utilizar externamente, en forma de pasta, para los dolores reumáticos, la adenitis cervical y para aliviar el dolor y la inflamación.

Shankhapushpí (*Evolvulus alsinodes*): Shankhapushpí significa «flores en forma de concha». Se dice que entre todos los nervinos la shankhapushpí es la mejor. A menudo se utiliza con brahmi, vachá y jatamansi. La planta entera se utiliza como medicina. Tiene sabor (rasa) astringente, picante y amargo, es dulce después de la digestión (vipaka) y produce un efecto (virya) caliente. Calma los tres doshas y tiene un prabhava que alivia los trastornos psicosomáticos. La shankhapushpí actúa principalmente sobre el dhatu médula ósea y nervios (majjá) y sobre el sistema circulatorio. Es un tónico cerebral que se utiliza para promover la memoria y la inteligencia. Como relaja el sistema nervioso, a menudo se incluye con otras plantas afrodisíacas y se dice que ella misma es afrodisíaca. La shankhapushpí favorece la concepción en las mujeres. Se combina con bhringaraja y brahmi para estimular el crecimiento del cabello. Se utiliza para tratar todos los trastornos mentales. El zumo de sus hojas mejora el apetito y es un suave laxante.

Shatávari (*Asparagus racemosus*): Shatávari significa «la que posee cien maridos». Este tónico general se le puede dar a cualquier persona de cualquier constitución. A menudo se le llama el «rasáyana universal». Lo que se utiliza como medicina es la raíz. La shatávari tiene sabor (rasa) dulce y amargo, es dulce después de la digestión (vipaka) y fría de efecto (virya). Actúa sobre todos los dhatus y sobre los sistemas circulatorio, reproductivo, respiratorio y digestivo. Esta planta es un agente rejuvenecedor, galactógeno, afrodisíaco, anabólico, espermatogénico y tónico *vajíkarana* (que da vigor sexual). Hay muy pocos trastornos para los que no se pueda utilizar. Trata la debilidad de los órganos reproductivos femeninos, la debilidad sexual general, la infertilidad, la impotencia, la menopausia, la diarrea, la disentería, las úlceras, la hiperacidez, la deshidratación, las enfermedades pulmonares, la convalecencia, el cáncer, el herpes, la leucorrea, la fiebre, la epilepsia, la histeria, la hipoplasia uterina, el lumbago, la ciática, la inflamación de las articulaciones y la parálisis.

Shilájit (*Asphaltum bitumen*)*:* En los textos ayurvédicos clásicos a esta planta se la llama *shilájatu,* pero se la conoce más comúnmente como shilájit. En sánscrito significa «conquistador de montañas y destructor de la debilidad». El shilájit es un compuesto mineral orgánico que solo se encuentra en el Himalaya, donde las rocas exudan una sustancia resinosa de color entre marrón oscuro y negro. Es la descomposición de la materia vegetal de hace cientos de años en las rocas. Las presiones geotérmicas filtran hacia el exterior de las rocas la materia vegetal biotrasformada. El shilájit se suele encontrar a mil o mil quinientos metros de altitud a lo largo de la cordillera del Himalaya.

El shilájit tiene un rasa amargo y picante, vipaka amargo y virya calorífico. Disminuye vata y kapha y aumenta pitta. Esta planta se utiliza sobre todo para los dhatus médula ósea y nervios (majjá) y reproductivo (shukra/ártava), y para el sistema urinario. Es un potente purificador de la sangre, litotrópico, antiséptico, diurético y tónico rejuvenecedor.

Esta medicina vegetal se ha utilizado durante miles de años para tratar todos los estados de debilidad porque tiene inmensos poderes rejuvenecedores. Se dice que tiene la capacidad de parar o incluso revertir el proceso de envejecimiento. Muchos yoguis utilizan esta planta porque da fuerza, vitalidad y longevidad.

El shilájit ayuda a reducir el colesterol de la sangre, el colesterol del hígado, los triglicéridos y los fosfolípidos de la sangre. También aumenta la capacidad curativa de otras plantas realzando su biodisposición. Ayuda a transportar los nutrientes a lo más profundo de los tejidos y elimina las toxinas muy arraigadas. El shilájit mejora la memoria y la capacidad de afrontar el estrés. También reduce el tiempo de recuperación de las lesiones de músculos, huesos y nervios. El shilájit estimula el sistema inmunitario y reduce la fatiga crónica. Tradicionalmente se utiliza como inmunomodulador y para enfermedades relacionadas con el estrés, como la tensión alta y la fatiga mental y física.

Conjuntamente con la cúrcuma y el fenogreco, ha demostrado un gran éxito en el tratamiento de la diabetes. Sus propiedades antioxidantes y antiinflamatorias ayudan a reducir y aliviar la inflamación y el dolor de tipo vata en las articulaciones. El efecto del shilájit sobre los neurotransmisores parece que también ayuda a aliviar el dolor articular. El shilájit también es un poderoso antioxidante capaz de atravesar la barrera hematoencefálica. Es excelente para cualquiera que realice una práctica regular de yoga o utilice mucha energía mental.

Tágara (*Valeriana wallichi*): En la herbología occidental al tágara se lo llama valeriana. Es un pariente cercano de la jatamansi y a menudo se utilizan juntos. El tágara es una de las mejores plantas para el sistema nervioso central. Tiene sabor (rasa) amargo, picante y dulce, es picante después de la digestión (vipaka) y de efecto (virya) caliente. Esta planta alivia los tres doshas. Actúa sobre los dhatus plasma (rasa), músculo (mamsa) y médula ósea y nervios (majjá), así como los sistemas digestivo y respiratorio. La raíz de la planta se utiliza medicinalmente. El tágara es un nervino con cualidades antiespasmódicas, antiepilépticas, analgésicas, sedantes y carminativas. Se emplea en la epilepsia, la histeria, los dolores de cabeza, los delirios, la intoxicación, la neuralgia, la esclerosis múltiple, las convulsiones, las migrañas, el vértigo, las palpitaciones, la flatulencia, el dolor abdominal, los cólicos, la tosferina, el asma y muchos otros trastornos.

Trívrit (*Operculina turpethum*): La *Cháraka Sámhita* dice que la trívrit es el mejor laxante que hay. Esta raíz se utiliza mucho por los yoguis y en las técnicas limpiadoras del panchakarma, como el

virechan (purga). La trívrit es picante, amarga, astringente y dulce (rasa), picante después de la digestión (vipaka) y de efecto (virya) caliente. Calma los doshas pitta y kapha y aumenta vata. Esta planta tiene propiedades laxantes, antipiréticas, antihelmínticas, vermicidas y litotrópicas. Actúa especialmente bien sobre los dhatus plasma (rasa), sangre (rakta) y grasa (meda). La trívrit se utiliza para tratar el estreñimiento, la fiebre, la infestación de lombrices, la obesidad, los trastornos del hígado y del bazo, el edema, la flatulencia, la ictericia, la ascitis, la gota, las fiebres reumáticas, la tos y el asma. Para los trastornos de la piel, a menudo se combina con tríphala, vidanga y panela. En combinación con guduchi, shunti y tríphala es una medicina excelente para la anemia. También se puede utilizar para los trastornos ginecológicos y mentales.

Túlasi (*Ocimum sanctum*): La túlasi es considerada por muchos la planta más sagrada de la India. Muchos preceptos de las escrituras alaban la gloria de los poderes curativos de la túlasi. Se la considera la encarnación de la Madre Divina en forma de planta, y por eso se la llama Túlasi Devi. Muchas escrituras cantan sus alabanzas.

Todos estos beneficios se dan porque la túlasi presenta la cualidad del sattua puro y abre el corazón y la conciencia. Libera iones negativos en el aire, purificando así el ambiente de cualquier lugar donde crezca. La túlasi tiene sabor (rasa) picante y amargo, es picante después de la digestión (vipaka) y de efecto (virya) caliente. La túlasi minimiza vata y kapha y solo intensifica pitta si se consume en exceso. Actúa sobre los dhatus rasa, rakta, majjá y shukra, así como sobre los sistemas nervioso, respiratorio y digestivo. Se ha dicho que la túlasi armoniza el ojas, el tejas y el prana. La túlasi tiene propiedades nervinas, antiespasmódicas, febrífugas, antisépticas, diaforéticas y antibacterianas.

Las semillas, las hojas y las raíces producen inmensos beneficios medicinales. Se utiliza a menudo para reducir el estrés y contra la inmunidad y el cáncer. Es sumamente curativa para las enfermedades de la piel, incluso para la tiña. La túlasi aumenta la potencia de cualquier otra medicina con la que se tome. Sirve para tratar el exceso de flema, la tos, el asma, la bronquitis y el hipo. Disuelve el ama, por lo que actúa sobre el sistema digestivo. Esta planta también aumenta el agni y alivia la distensión abdominal. La túlasi también se puede utilizar para aliviar el dolor de cabeza y mejorar la circulación. Es imprescindible para los practicantes de yoga o meditadores serios, ya que favorece la claridad mental, el valor, la devoción y la fe.

Vachá (*Acorus calamus*): A esta planta también se la llama cálamo o ácoro aromático. Vachá significa «hablar». Favorece la autoexpresión y la inteligencia. La raíz de la planta se utiliza medicinalmente para rejuvenecer el cerebro y el sistema nervioso y aumentar la sensibilidad y la conciencia. Esta planta actúa limpiando de toxinas los canales nerviosos sutiles. También aumenta el fuego metabólico del sistema nervioso. La vachá tiene sabor (rasa) amargo y picante, es picante después de la digestión (vipaka) y de efecto (virya) caliente. Tiene el prabhava de ser un tónico muy fuerte para los nervios. Esta planta calma vata y kapha, y aumenta ligeramente pitta. Posee intensas propiedades antimicrobianas, especialmente contra el *E. coli*, el *Staphylococcus aureus* y el *Aspergillus niger*. La vachá actúa sobre los dhatus rasa, rakta, meda, majjá y shukra, así como sobre los sistemas nervioso, respiratorio, digestivo, circulatorio y reproductivo. Es un estimulante con propiedades rejuvenecedoras, expectorantes, descongestionantes, nervinas, eméticas y antiespasmódicas.

Esta planta se utiliza con éxito en la India para el tratamiento del reumatismo, las fiebres reumáticas, la inflamación de tendones y articulaciones, el dolor y la inflamación, la tos, el asma, la bronquitis, la sinusitis, las contracciones uterinas, las úlceras, las heridas, los dolores de cabeza, el dolor de oídos, el tinnitus, la artritis, la epilepsia, la sordera, la histeria y la neuralgia.

Se puede utilizar como agente en forma de polvo, jugo, pasta, fumigación y nasya. Para la epilepsia y otros trastornos graves de vata funciona muy bien la mezcla de vachá, brahmi y jatamansi con miel. A los niños se les puede dar vachá, regaliz (yashthi madhu) y miel como rejuvenecedor y tónico nervioso general.

Vidanga (*Embelia ribes*): En los textos ayurvédicos se afirma que el vidanga es la planta más potente contra las lombrices. Como su principal propiedad es la antihelmíntica, se usa sobre todo para el tratamiento de las lombrices y los parásitos. También tiene cualidades carminativas, laxantes y expectorantes, y se utiliza en muchas fórmulas ayurvédicas para los pulmones. La fruta de la planta es lo que se utiliza más comúnmente, pero las hojas, la raíz y la corteza también tienen valor medicinal. Tiene sabor (rasa) picante, es picante después de la digestión (vipaka) y ejerce un efecto (virya) caliente. El vidanga actúa principalmente sobre los dhatus rakta y meda y los sistemas digestivo y excretor.

Se utiliza para casi todos los trastornos gastrointestinales, incluidos el dolor abdominal y la ascitis. Esta planta ayuda enormemente a eliminar el ama del colon, y se puede incluso utilizar en la pérdida de apetito, la dispepsia y la flatulencia. Si se toma vidanga en una dosis grande (diez gramos del polvo seco) temprano por la mañana, seguido de un laxante como tríphala por la noche, se pueden destruir y eliminar toda clase de lombrices, incluidas la triquina, la solitaria, la ascáride y los parásitos. Como infusión, el vidanga se puede utilizar para reducir la fiebre y aliviar la sed excesiva y los vómitos.

Yashthi madhu (*Glycyrrhiza glabra*): El yashthi madhu, o regaliz, se llama «palo de miel» en sánscrito. En la *Cháraka Sámhita* se dice que es una planta vitalizadora, una planta para lubricar, para la longevidad y para las heridas, beneficiosa para la garganta y rejuvenecedora general. La raíz de la planta se utiliza médicamente. Tiene sabor dulce inicial y final (rasa y vipaka) y efecto (virya) frío. El regaliz alivia los trastornos de vata y de pitta. Actúa sobre todos los dhatus y sobre los sistemas digestivo, respiratorio, nervioso, reproductivo y excretor.

Esta planta se comporta como un tónico demulcente, expectorante, rejuvenecedor, laxante, sedante, nervino y emético. Se puede utilizar para la tos, los resfriados, la bronquitis, el dolor de garganta, el asma, la laringitis, las úlceras, la hiperacidez, el dolor abdominal, la micción escasa o dolorosa y la debilidad general. Aunque es pesado, el uso a corto plazo puede aliviar kapha en el estómago y los pulmones. También es bueno para las hemorroides sangrantes. El regaliz facilita la curación de las úlceras, la gastritis y la hiperacidez. Mejora la tez y restaura la juventud, por lo que es ideal para aumentar ojas.

Fórmulas ayurvédicas

Los textos ayurvédicos mencionan numerosas fórmulas basadas en plantas medicinales. De todas las plantas que crecen en la India, se dice que las más importantes son seiscientas, y a partir de ellas se elaboran todas las fórmulas ayurvédicas: infusiones, decocciones, polvos, píldoras, pastas, emplastos, aceites y linimentos.

Hay cinco métodos básicos de prepararlas: suárasa (jugo), kalka (pasta vegetal), churna (polvo vegetal), kuatha (decocción vegetal), phanta (infusión caliente) y hima (infusiones frías). Hay otros muchos métodos muy conocidos para elaborar preparados de uso común, como decocciones en leche, léham o avaléham (mermelada medicinal), ásava y arishta (vinos medicinales), vatí y gutí (pastillas y píldoras vegetales), táilam (aceite medicinal) y ghrita (ghi medicinal). Hay numerosos métodos para hacer los preparados medicinales y cada uno tiene un valor terapéutico especial. Por ejemplo: los aríshtam son extractos de plantas fermentados naturalmente y que sirven para tratar una gama muy amplia de enfermedades, como: alergia, anemia, trastornos neurológicos, síntomas de reumatismo y artritis y problemas gastrointestinales. Las plantas preparadas como aríshtam mejoran su asimilación y su potencia.

Estas son algunas de las fórmulas más utilizadas:
• **Avipáttikar:** El avipattikar es una de las mejores fórmulas para aliviar el dosha pitta viciado. Reduce la hiperacidez. Actúa como un laxante suave y elimina las toxinas del conducto gastrointestinal. Tiene sabor (rasa) amargo, picante y astringente, efecto (virya) refrescante y es dulce después de la digestión (vipaka). Actúa principalmente sobre los dhatus linfa (rasa), sangre (rakta) y músculo (mamsa). Las principales propiedades del avipáttikar son: antiácidas, antieméticas, carminativas, colagogas, laxantes y neurálgicas. Alivia pitta equilibrando el játhara agni (el fuego digestivo del estómago).
• **Chandraprabhá:** «La que da el resplandor de la Luna». Tiene sabor amargo, dulce, picante y astringente, virya calorífico y vipaka picante. Ayuda a reducir el exceso de todos los doshas. Sin embargo,

si se utiliza demasiado aumenta pitta debido a sus propiedades seca, ligera y calorífica. Actúa sobre los dhatus rasa, rakta, meda y shukra/ártava. Se compone de gúggulu, bhasma de hierro, cardamomo, hoja de laurel, shilájit, canela, bambú, guduchi, cedro del Himalaya, cúrcuma, pippalí, pimienta negra, chítrak, tríphala, vidanga, cálamo, jengibre, gókshura, sándalo, sal y otras numerosas plantas de apoyo.

Hace disminuir kapha quemando el exceso de ama y reduciendo los niveles altos de azúcar en la sangre. Tiene un fuerte efecto sobre la diabetes. Es un rejuvenecedor reproductivo y aumenta ojas. El chandraprabhá también está indicado para los desequilibrios relacionados con los canales portadores de agua. Entre ellos se encuentran las alteraciones emocionales, los problemas menstruales (amenorrea), los problemas reproductivos (como el síndrome de ovarios poliquísticos) y los problemas del conducto urinario.

• **Chayavanprash:** El rejuvenecedor llamado chayavanprash probablemente sea la fórmula más popular de todas. Es excelente para mantener la juventud, el vigor y la vitalidad. Sus beneficios medicinales parecen interminables. La fórmula tradicional del chayavanprash mejora la tez y combate las infecciones dérmicas bacterianas. Contribuye al nacimiento de cabello nuevo y ayuda a la absorción del calcio, lo que provoca huesos y dientes fuertes. Esta mezcla de plantas agudiza los sentidos y aumenta el fuego digestivo. Se puede utilizar para debilidades reproductivas como la impotencia y la esterilidad. Además, es especialmente bueno para aliviar la tos y el asma, la disnea, la fiebre, las enfermedades cardíacas, la gota, las enfermedades de la orina y del semen y los trastornos del habla. Sus grandes propiedades antioxidantes curan las heridas y fortalecen a los demacrados. El chayavanprash aumenta la fertilidad y regula la menstruación. Aumenta el tono muscular mejorando la síntesis de las proteínas y favorece el desarrollo de los niños.

El chayavanprash es un potente neutralizador de radicales libres y un adaptógeno. Tomarlo con regularidad favorece la inmunidad, contribuye a mejorar la capacidad digestiva y a mantener la mente y los pulmones despejados. También es beneficioso para reducir el estrés, la ansiedad y la depresión.

El ingrediente principal de esta fórmula es el amla, la grosella espinosa india. El amla es el pequeño fruto de un árbol cítrico, y cada fruto contiene más de tres mil mg de vitamina C, todos ellos completamente biodisponibles. Como hemos dicho antes, el amla es una de las plantas rejuvenecedoras más potentes que se utilizan en el ayurveda.

Otros ingredientes son el ghi, el aceite de sésamo, la miel, el azúcar de caña sin refinar, la pimienta larga, la canela, el cardamomo, el sándalo, los clavos, el boniato gigante, las bayas de invierno, la esparraguera, la balá, la guduchi, el gókshura, la bhumiámalaki, la punárnava, el bilva y el vadarikand. Se pueden añadir otros ingredientes, ya que hay numerosas recetas domésticas de distintos linajes familiares, y cada receta se basa en la disponibilidad local de las plantas. La miel y el azúcar actúan como *anupán,* o vehículo, para que las plantas penetren profundamente en los tejidos. Los sabores dulces se asimilan rápidamente en el torrente sanguíneo y atraviesan las paredes celulares, trasportando los constituyentes activos del chayavanprash.

• **Gókshuradi gúggulu:** El gókshuradi gúggulu es un compuesto tradicional ayurvédico que se utiliza para apoyar el funcionamiento correcto del conducto genitourinario. Fortalece y tonifica los riñones, la vejiga y la uretra, así como los órganos reproductivos. El ingrediente principal, el *gókshura,* es conocido por su acción rejuvenecedora sobre los riñones. También ayuda a conservar el tamaño y el funcionamiento correctos de la próstata. Combinado con *gúggulu,* tríphala y *tríkatu,* desintoxica el sistema urinario y mantiene saludable la composición de la orina, reduciendo así los factores de riesgo que pueden provocar la formación de cálculos. Tiene rasa agrio, dulce, picante, amargo y astringente, virya refrescante y vipaka dulce. Como equilibra todos los doshas, revitaliza los riñones debilitados por vata, calma las inflamaciones de pitta y reduce los cálculos y la hinchazón por exceso de kapha.

Es una fórmula alterativa, antibiliosa, antiemética, antiinflamatoria, antipirética, antiviral, aperitiva, astringente, carminativa, demulcente, depurativa, digestiva, diurética, laxante, nutritiva, oftálmica, purgante, refrigerante, rejuvenecedora, estomática, tónica y vulneraria.

• **Kaishore gúggulu:** El kaishore gúggulu alivia numerosos trastornos de pitta. Es excepcional para la artritis de tipo pitta con dolor, inflamación, quemazón e inflamación. Trata la inflamación de los músculos, los tendones y los ligamentos. El kaishore gúggulu también trata la gota, las erupciones e infecciones de la piel, los nódulos y los tumores. Como purifica las toxinas, se utiliza en el tratamiento de las cirrosis y el cáncer, especialmente de hígado y de mama. Tiene sabor (rasa) amargo, astringente, dulce y picante, efecto (virya) calorífico y es picante después de la digestión (vipaka). Es tridhósico y actúa sobre los dhatus linfa (rasa), sangre (rakta), músculo (mamsa), grasa (meda) y hueso (asthi).

• **Kanchanara gúggulu:** El kanchanara gúggulu es una de las mejores plantas para reducir la inflamación glandular. Es afín al sistema linfático y se utiliza para tratar los nódulos linfáticos inflamados, la adenitis cervical, la escrófula, la enfermedad de Hodgkin y las glándulas inflamadas. El kanchanara gúggulu ayuda a disolver los tumores y la acumulación de fluidos en los dhatus. Es una de las mejores plantas para tratar las afecciones de tiroides, como el híper o el hipotiroidismo y el bocio. También es útil en temas relacionados con el peso, como la obesidad y el colesterol alto. El sabor (rasa) es amargo, picante, astringente y dulce. Su energía (virya) es calorífica y el efecto postdigestivo (vipaka), picante. Aunque es equilibrador para todos los doshas, es más afín para reducir los desequilibrios de kapha. Actúa sobre todos los dhatus.

• **Mahasudarshan:** Esta es una de las mejores fórmulas alterativas que hay. Contrarresta la fiebre y las afecciones inflamatorias purificando la sangre. Reduce enormemente kapha y pitta, limpiando el exceso de pitta de la linfa, el hígado y la piel. Es amargo, picante y astringente. Actúa específicamente sobre los dhatus rasa y rakta. El mahasudarshan aumenta la inmunidad, neutralizando las infecciones virales y bacterianas. Su rasa es amargo, picante y astringente, su virya refrescante y su vipaka, picante. Al ser amargo, tiene un efecto muy beneficioso en el hígado.

• **Punarnavadi gúggulu:** El punarnavadi gúggulu es una de las mejores plantas para reducir los trastornos de vata relacionados con el dolor y la inflamación. También se utiliza para reducir kapha debido a sus propiedades ligera y seca. Su energía (virya) es calorífica y la post digestión (vipaka), picante. Su sabor (rasa) es amargo, picante, dulce y astringente. Es una fórmula vegetal maravillosa para los trastornos del corazón al actuar como cardiotónico, hipotensivo y litogogo. Elimina el exceso de fluido del dhatu linfa (rasa), lo que alivia la sobrecarga del corazón. Su cualidad calorífica también ayuda a destruir el exceso de grasa y contribuye a la pérdida de peso. El punarnavadi gúggulu tiene propiedades antiinflamatorias que mejoran la inflamación, el agarrotamiento y la rigidez, ayudando así a aliviar los trastornos artríticos. Esta fórmula también alivia la micción difícil y dolorosa y los cálculos renales.

• **Sitopaladi churna:** La fórmula «tos dulce» es excelente contra la tos y los resfriados que se manifiestan debido a un exceso de los tres doshas. Elimina el asma y las alergias y alimenta el agni. Es expectorante, antialérgeno, diaforético y broncodilatador. Su rasa es dulce y picante y el vipaka dulce con un virya calorífico. Se utiliza principalmente para los sistemas digestivo y respiratorio.

Contiene pippalí, canela, vamsha lóchana (maná de bambú, la parte interior del bambú), cardamomo y azúcar de roca. Se puede combinar con tríkatu para reducir el exceso de mucosidad, y con mahasudarshan para aliviar la fiebre y las afecciones inflamatorias.

• **Tríkatu:** El tríkatu es una de las fórmulas más utilizadas en la medicina ayurvédica. Se utiliza para alimentar el agni. Este remedio está hecho de pimienta larga (pippalí), jengibre (shunti) y pimienta negra a partes iguales. Como es muy calorífico, reduce vata y kapha. Al tríkatu se lo conoce como «el de los tres picantes» y se dice que es cien veces más poderoso que cualquiera de las tres plantas por sí sola. Esta fórmula es expectorante, descongestionante y estimulante. También se utiliza en numerosas fórmulas pulmonares para aliviar el asma, la bronquitis, la congestión y los resfriados. El tríkatu elimina el ama del cuerpo. Es muy eficaz en el tratamiento de muchos trastornos de vata y de kapha.

• **Tríphala:** Al tríphala se lo conoce como «las tres frutas», y se utiliza ampliamente en el ayurveda. Se dice que alivia literalmente miles de enfermedades del cuerpo. En la India hay este dicho: «Si no tienes madre, pero tienes tríphala, todo irá bien».

El tríphala armoniza todos los doshas y cura todos los dhatus. Limpia el ama del colon, da fortaleza y rejuvenece el estómago y el conducto digestivo, aumenta y restaura la inmunidad, aumenta el apetito, fortalece el corazón, los nervios y el cerebro, restaura el prana, reduce el calor y ayuda en la diabetes. El tríphala se utiliza a menudo en el panchakarma como purgante. Las personas de todos los tipos dóshicos pueden utilizar esta fórmula con seguridad.

• **Yogaraj gúggulu:** Esta es una de las mejores fórmulas que hay para reducir vata. Reduce rápidamente el vata de las articulaciones, los nervios y los músculos. El yogaraj gúggulu favorece el movimiento cómodo de las articulaciones y los músculos y rejuvenece y fortalece los sistemas esquelético y neuromuscular. Favorece la eliminación saludable de las toxinas. Es alterativo, antiinflamatorio, antiespasmódico, astringente, carminativo, demulcente, depurativo, digestivo, relajante muscular, nervino, rejuvenecedor, estimulante y tónico.

Su rasa es amargo, picante, astringente y dulce. Su virya es calorífico, con un vipaka picante. Reduce y equilibra vata, pero en exceso puede aumentar pitta. Es especialmente útil para la acumulación de vata en las articulaciones y los músculos, que se puede manifestar como crujido o chasquido de las articulaciones, tics, espasmos o temblores (La acumulación crónica puede provocar afecciones graves como el reumatismo y la artritis). En la artritis de tipo vata, las articulaciones pueden estar frías al tacto y, aunque no necesariamente inflamadas, pueden estar secas y doloridas, especialmente al moverlas. El yogaraj gúggulu contiene una combinación sinérgica de plantas desintoxicantes —incluídas tríphala, chítrak y vidanga— que actúa en conjunción con el gúggulu para eliminar el exceso de vata de las articulaciones, los nervios y los músculos.

Plantas para los doshas y los subdoshas

A continuación exponemos una lista de plantas que se suelen utilizar para armonizar los doshas y los subdoshas.

Vata

• Ashuaganda, ricino (eranda), canela, fenogreco, hing, sésamo (tila), tágara, vachá, músali blanco, yashthi madhu.
• *Subdoshas de vata*
• *Prana*: brahmi, ashuaganda, shatávari, ginseng, jatamansi, shankhapushpí.
• *Udana*: jengibre, túlasi, vachá, jatamansi, yashthi madhu, ashuaganda, nasya con aceite de sésamo, compresas de ricino.
• *Samana*: jengibre, cardamomo, hinojo, clavo, túlasi, píldoras de kasturi.
• *Apana*: tríphala, plántago ovata (sat ibsabgol), vidanga, áloe.
• *Vyana*: ashuaganda, nirgundi, gúggulu, jatamansi, tágara.

Pitta

• Ámalaki, chairetta, daruháridra, kutkí, citronela, manjishtha, musta, nim, hierbabuena, ruibarbo (*amlavétasa*).
• *Subdoshas de pitta*
• *Páchaka:* shatávari, ámalaki, áloe, daruháridra, yashthi madhu, avipáttikar churna, malvavisco, cilantro.
• *Bhrájaka:* áloe, manjishtha, banano, ortiga, trébol rojo, cúrcuma, diente de león, kutkí, bhumiámalaki.
• *Ránjaka:* bhumiámalaki, guduchi, daruháridra, gúggulu, áloe, gotu kola, manjishtha, sello de oro, amlavétasa, cilantro.
• *Alóchaka:* eufrasia, áloe, sello de oro, sándalo, tríphala, manzanilla.

• *Sádhaka:* brahmi, gotu kola, jatamansi, yashthi madhu, escutelaria, pasiflora.

Kapha

• Bibhítaki, cardamomo, chítraka, jengibre, gúggulu, mirra, pippalí, túlasi, cúrcuma.
• *Subdoshas de kapha*
• *Avalámbaka*: Bibhítaki, pippalí, púshkarmula, gúggulu, azafrán, tomillo, jengibre, cayena, miel, canela, ajo, yashthi madhu, tusílago.
• *Klédaka*: jengibre, canela, pimienta negra, pippalí, cayena, mostaza, vachá, cardamomo, hinojo, túlasi, tríkatu.
• *Bódhaka*: arrayán, canela, cardamomo, jengibre, harítaki, hierbabuena, vachá, salvia.
• *Shléshaka*: jengibre, cayena, gúggulu, mirra, shállaki, nirgundi, angélica, cúrcuma, chaparral, ajo.
• *Tárpaka*: pippalí, shilájit, vachá, shankhapushpí, somalatá (ma huang / efedra), harítaki, bibhítaki, brahmi, gotu kola, salvia.

Plantas para los dhatus

Esta lista es muy general. El uso adecuado de las plantas varía dependiendo de si hay exceso o falta de los dhatus y de si el dhatu está sama (con ama) o nirama (sin ama). Para determinar el uso adecuado hay que consultar a un especialista en ayurveda.

Rasa

• Vata en el dhatu rasa: pimienta negra, jengibre, mahasudarshan churna, túlasi.
• Pitta en el dhatu rasa: áloe, nim, hierbabuena.
• Kapha en el dhatu rasa: jengibre, tríkatu.

Rakta

• Vata en el dhatu rakta: ámalaki, loha bhasma, shatávari, yashthi madhu.

- Pitta en el dhatu rakta: ámalaki, ashoka, guduchi, manjishtha, nim.
- Kapha en el dhatu rakta: ashoka, daruháridra, kutkí, manjishtha, mirra.

Mamsa

- Vata en el dhatu mamsa: ashuagandha, balá.
- Pitta en el dhatu mamsa: guduchi, kaishore gúggulu, cúrcuma.
- Kapha en el dhatu mamsa: árjuna, kanchanar gúggulu, cúrcuma.

Meda

- Vata en el dhatu meda: ashuagandha, shatávari, vidari kanda, yashthi madhu.
- Pitta en el dhatu meda: manjishtha, nim, shankhapushpí, cúrcuma.
- Kapha en el dhatu meda: kutkí, shilájit, tríphala.

Asthi

- Vata en el dhatu asthi: ashuagandha, shilájit, yogaraj gúggulu.
- Pitta en el dhatu asthi: brahmi, kaishore gúggulu.
- Kapha en el dhatu asthi: gókshuradi gúggulu, punarnava gúggulu.

Majjá

- Vata en el dhatu majjá: ashuagandha, jatamansi, vachá.
- Pitta en el dhatu majjá: bhringaraja, brahmi, jatamansi.
- Kapha en el dhatu majjá: brahmi, shállaki, vachá.

Shukra

- Vata en el dhatu shukra: ashuagandha, balá, kapikachchu, tongkat ali (ginseng malayo).
- Pitta en el dhatu shukra: ashoka, guduchi, shankhapushpí, músali blanca, shatávari.
- Kapha en el dhatu shukra: ashuagandha, gókshura, kapikachchu, shilájit.

Ártava

- Vata en el dhatu ártava: ashoka, vadarikand.
- Pitta en el dhatu ártava: ashoka, shatávari.
- Kapha en el dhatu ártava: ashoka, chandraprabhá.

Capítulo 18

El dharma y la Tierra

Mira profundamente la naturaleza y entenderás todo mejor.

Albert Einstein

Porque en la verdadera naturaleza de las cosas,
si lo pensamos bien,
cada árbol verde es mucho más espléndido
que si estuviera hecho de oro y de plata.

Rev. Martin Luther King, Jr.

Hace miles de años, los seres humanos vivían en perfecta armonía con la naturaleza. Con el paso del tiempo esta armonía se ha perdido. Es imposible no respetar a la Madre Naturaleza y a la vez encarnar la verdadera salud y conciencia. Las metas del yoga y del ayurveda no se pueden alcanzar sin amor y respeto a la Madre Naturaleza.

La edad moderna ha experimentado tal decadencia del dharma que el medio ambiente necesita ayuda desesperadamente. El planeta y la humanidad están en un punto frágil de ruptura en que cualquier cosa puede suceder. Los recursos están disminuyendo rápidamente mientras que la guerra y la enfermedad van en aumento. La población humana está creciendo a una velocidad alarmante. La distancia entre los ricos y los pobres cada vez es mayor. Estamos destruyendo los bosques, las junglas, los ríos, los lagos, el aire puro y el alimento nutritivo. La polución, la desertificación y la extinción de plantas y animales están aumentando a gran velocidad. El ego de los seres humanos es la causa de este caos y destrucción. Debido a la ignorancia y al orgullo, el frágil equilibrio de la vida en el planeta Tierra está siendo amenazado. Todas las demás especies vivas del planeta viven en equilibrio con la naturaleza. Los humanos son los responsables del caos y de la destrucción. Si seguimos explotando a la Madre Tierra, pronto se volverá inhabitable para los seres humanos.

Pero, por fortuna, no es demasiado tarde. Aún hay esperanza. Si nos acercamos ahora como una familia mundial, unida por el amor, podemos restaurar la armonía perdida. Podemos sanar las heridas infligidas unos a otros y a la Madre Tierra. Todos podemos comer alimentos saludables, nutritivos y dadores de vida. Es posible que todos los seres vivan juntos felices y en paz con la Tierra. Igual que la salud de una madre lactante afecta enormemente la salud de su bebé, la salud y la felicidad de la Madre Tierra afecta directamente la salud y la felicidad de sus hijos, nosotros. Nuestro dharma es sanar a nuestra Madre Tierra, sanándonos así a nosotros mismos. Nuestro dharma es sanarnos a nosotros mismos, sanando así a la Madre Tierra.

Como dijo Walt Whitman: «Ahora veo el secreto para hacer las mejores personas. Es crecer al aire libre y comer y dormir con la Tierra». La verdad es que los seres humanos solo tienen que cumplir un único dharma: buscar la liberación o unión con Dios, o el Ser. Cualquier otro dharma lleva a este. Sin embargo, sin un planeta habitable esta meta no es posible. Podemos poner nuestras prioridades en orden preguntándonos lo que Henry David Thoreau preguntó una vez: «¿Para qué sirve una casa si no tienes un planeta donde ponerla?». La Madre Tierra es nuestro hogar y se encuentra en un estado de emergencia. Lleva tiempo gritando y no hay demasiada gente que la esté escuchando. Nuestra responsabilidad actual es conservar la Tierra.

Como dijo el Jefe Seattle: «La Tierra no nos pertenece, nosotros pertenecemos a la Tierra». Tenemos una obligación tanto con nuestros antepasados como con nuestros hijos: proteger lo que nuestros antepasados cultivaron y conservar lo que los hijos de nuestros hijos heredarán.

La unificación global es necesaria para restaurar la armonía perdida. Siguiendo los principios del ecodharma, adquirimos más conciencia de el modo en que influimos en el medio ambiente con los productos que compramos y utilizamos. La antigua profecía de los Cree dice: «Solo cuando haya sido talado el último árbol, solo cuando el último río haya sido envenenado, solo cuando el último pez haya sido pescado comprenderemos que el dinero no se puede comer». A menudo el dinero es nuestra primera prioridad, mientras que descuidamos el medio ambiente. Es hora de volver a evaluar seriamente nuestras motivaciones y nuestras acciones.

El 27 de septiembre de 2012, en la celebración del cincuenta y nueve cumpleaños de Amma, Abrazando al Mundo lanzó la Iniciativa Campaña en Favor de la Naturaleza llamada InDeed. La Campaña InDeed en Favor de la Naturaleza es una llamada a ayudar a restablecer el equilibrio perdido entre la humanidad y la naturaleza mediante seis sencillos compromisos. La Campaña InDeed en Favor de la Naturaleza de Abrazando al Mundo ha sido reconocida oficialmente por la UNESCO como un proyecto de la Década de la Educación para el Desarrollo Sostenible de las Naciones Unidas. La Campaña InDeed en Favor de la Naturaleza de Abrazando al Mundo es pura acción. Consiste en poner en práctica en nuestra vida y nuestra comunidad las propuestas prácticas de Amma sobre la forma en que debemos utilizar los recursos que quedan en la Tierra y la manera en que interactuamos con el mundo natural. Trata sobre lo que cada uno de nosotros puede hacer, ahora mismo, en nuestra propia casa, para ayudar a restablecer la armonía perdida entre la humanidad y la naturaleza. Para saber más sobre esta campaña y lo que puedes hacer para ayudar a conservar la naturaleza para las generaciones futuras, visita, por favor, www.embracingtheworld.org/indeed.

No debemos vernos forzados a explorar el universo en busca de un nuevo hogar por haber vuelto la Tierra inhóspita, incluso inhabitable. Porque, si no resolvemos

*los problemas medioambientales y los problemas sociales
relacionados con aquellos que nos acosan en la tierra (la
polución, la contaminación tóxica, el agotamiento de
los recursos, los prejuicios, la pobreza, el hambre), esos
problemas sin duda nos acompañarán a otros mundos.*

*Donald G. Kaufman y Cecilia M Franz,
Biosfera 2000: Proteger nuestro entorno global, 1996*

*Descubrir que nos basta con los elementos universales,
encontrar estimulantes el aire y el agua,
renovarse con un paseo matutino o una caminata por la tarde,
emocionarse con las estrellas nocturnas,
entusiasmarse con un nido o con una flor silvestre en
primavera:
esas son algunas de las recompensas de la vida sencilla.*

John Burroughs, naturalista (1837-1912)

Ciento ocho consejos para ayudar a salvar el medio ambiente

1. **Re**za por la paz.
2. **Com**pra aparatos y coches energéticamente eficientes.
3. **Sel**la y pon burletes a puertas y ventanas.
4. **In**stala ventanas aislantes.
5. **Ci**erra las partes de la casa que no se usan, para conservar la calefacción y el aire acondicionado.
6. **Ví**stete con ropa de abrigo y baja la calefacción en invierno.
7. **Cam**bia a bombillas de bajo consumo o a tubos fluorescentes.
8. **Ap**aga todas las luces que no sean necesarias.
9. **U**tiliza agua fría en lugar de caliente siempre que puedas.

10. **Cu**ando prepares comidas pequeñas utiliza un horno pequeño o una placa de cocción.

11. **Cu**ando uses el lavavajillas o la lavadora, realiza cargas completas en lugar de cargas parciales o demasiado llenas. Las lavadoras utilizan de ciento quince a doscientos treinta litros de agua por ciclo.

12. **La**va la ropa solo cuando sea necesario.

13. **Li**mpia el filtro de la secadora de ropa.

14. **U**sa detergentes y lavavajillas biodegradables y sin fosfatos, y en cantidades moderadas.

15. **In**stala una cuerda para tender la ropa en tu patio y deja la ropa secarse naturalmente. Si tienes que hacerlo, seca la ropa en la secadora durante diez minutos, saca las piezas que se puedan colgar en perchas y cuélgalas en la barra de la cortina del baño. El resto de la ropa se secará más rápido y la secada al aire no tendrá arrugas y durará más.

16. **In**stala un inodoro asistido por aire o de compostaje.

17. **A**ísla el calentador de agua. Instala cabezales de ducha que ahorren agua y grifos con aireadores que reduzcan la cantidad de agua.

18. **Da**te duchas rápidas en lugar de baños.

19. **A**segúrate de que los grifos de agua no goteen.

20. **Bo**icotea a los fabricantes que exploten a los trabajadores, utilicen mano de obra infantil o usen productos químicos tóxicos en el proceso de manufactura. Averigua de dónde vienen la ropa y los tejidos, cómo se han fabricado y por quién.

21. **Re**coge el agua de la lluvia y el agua no potable para regar.

22. **U**tiliza pilas reciclables y recargables. Las pilas desechables contienen productos químicos tóxicos y su fabricación consume unas cincuenta veces más energía que la que produce la pila.

23. **Pl**anta árboles de hoja caduca que dan sombra en verano pero dejan pasar el calor del Sol en invierno.

24. **In**tenta conseguir un calentador solar de agua para tu casa.

25. **A**prende a reciclar todos los artículos de tu casa, desde la ropa hasta el aceite de motor y los aparatos.

26. **A**justa los frigoríficos a 3º C y los congeladores a -15º como poco.

27. Anima a tu centro o programa local de reciclaje a que empiece a aceptar toda clase de plásticos.

28. Insta a los funcionarios locales a iniciar un programa de recogida de basura reciclable y materiales peligrosos de los arcenes de las carreteras.

29. Anima a los amigos, los vecinos, las organizaciones y los negocios de tu zona a reciclar y a patrocinar programas de reciclaje.

30. Utiliza productos reciclados, en especial el papel.

31. Reutiliza los sobres, los botes, las bolsas de papel y de plástico, los trozos de papel, etc.

32. Lleva tus propias bolsas de tela cuando vayas a la tienda de comestibles.

33. Anima a los negocios y autoridades locales a comprar papel reciclado.

34. Inicia un programa de reciclaje en tu lugar de trabajo.

35. Utiliza menos o deja de usar productos «desechables».

36. Evita utilizar envases de comida para llevar. Lleva una taza y un envase de plástico en la bolsa, la mochila o el coche. Muchos lugares hacen descuentos en las bebidas si llevas tu propia taza.

37. Evita usar cualquier cosa hecha de espuma. A menudo está hecha de clorofluorocarburos (CFC), que contribuyen al agotamiento del ozono y no son biodegradables.

38. Desenchufa los aparatos electrónicos, como los reproductores de DVD, los estéreos, etc., que tienen un reloj o una luz aunque no se estén utilizando. Cuando están enchufados consumen electricidad constantemente.

39. Mantén y pon a punto tu vehículo con frecuencia, para aprovechar mejor el combustible. Mantén las ruedas con la presión correcta para mejorar el aprovechamiento del combustible y alargar la vida de los neumáticos.

40. Hazte miembro de un grupo de coches compartidos o usa el trasporte público para ir al trabajo.

41. Escribe a los fabricantes de coches para comunicarles que vas a comprar el coche que consuma menos combustible del mercado.

42. Reduce el uso del aire acondicionado.

43. Anima a los centros de mantenimiento de automóviles a instalar equipos de reciclaje de CFC para el aire acondicionado de los autos. El freón que se libera durante su funcionamiento se convierte en un gas de efecto invernadero y un destructor de la capa de ozono.

44. Quita los artículos innecesarios de tu automóvil. Cada cuarenta y cinco kilos de peso aumenta un uno por ciento el gasto de combustible.

45. No corras; acelera y disminuye la velocidad poco a poco.

46. Camina o ve en bicicleta siempre que puedas.

47. Insta al gobierno local a promulgar restricciones en la utilización del automóvil en las zonas congestionadas de la ciudad.

48. Practica deportes y actividades de ocio en las que utilices los músculos en lugar de gasolina y electricidad.

49. Compra productos duraderos.

50. Alquila o toma prestados los artículos que no utilices a menudo.

51. En la planificación de celebraciones que supongan dar regalos, ¿por qué no practicar la reutilización y el reciclaje? Pide a los invitados que traigan artículos usados o un regalo reciclado de casa.

52. Utiliza ropa, ropa de cama y toallas de fibras naturales. Utiliza más ropa de color para no necesitar lejía. Utiliza la ropa y las sábanas viejas para hacer trapos de limpieza.

53. La reutilización es una buena parte de la solución del problema de los residuos. Mantén y repara tus cosas. Por ejemplo, plantéate reparar los zapatos, la bicicleta y la mochila en lugar de comprar unos nuevos.

54. No compres aerosoles, extintores de gas halón u otros productos que contengan CFC. Evita el uso de pesticidas de uso domestico.

55. Escribe a los fabricantes de chips informáticos y pídeles que dejen de usar el CFC-113 (un clorofluorocarburo que penetra en la atmosfera y destruye rápidamente la capa de ozono).

56. Invierte el dinero en negocios con conciencia social y medioambiental.

57. Adquiere conocimientos sobre los productos que adquieres, conoce cómo influyen en el medio ambiente.

58. Utiliza el e-mail en lugar del correo de papel.

59. Hazte vegetariano. La producción de carne utiliza una cantidad enorme de terreno, suelo, agua y energía, y una vaca emite entre doscientos y cuatrocientos litros de metano al día.

60. Compra productos locales. Evita comprar alimentos que haya que transportar desde muy lejos.

61. Lee las etiquetas. Consume más alimentos orgánicos y menos procesados.

62. Planta un jardín; que sea un jardín orgánico en lugar de uno de césped.

63. Riega tu jardín con un sistema de goteo subterráneo. Riega por la noche para reducir la evaporación.

64. Planta árboles. Los árboles colocados estratégicamente reducen la factura de calefacción y de aire acondicionado, ayudan a prevenir la erosión del suelo y reducen la contaminación del aire.

65. Haz compost con los residuos de la cocina y el jardín o dáselos a algún amigo que pueda hacerlo.

66. Informa a los colegios, los hospitales, las líneas aéreas, los restaurantes y los medios de comunicación de tu preocupación por el medio ambiente y la alimentación.

67. Mantente informado sobre la situación de la Tierra.

68. Habla con amigos, familiares y compañeros de trabajo sobre la prevención del cambio climático global.

69. Lee y apoya las publicaciones que eduquen sobre la sostenibilidad a largo plazo.

70. Inicia un grupo de estudio sobre el cambio climático global.

71. Educa a los niños sobre las prácticas de vida sostenibles.

72. Fotocopia esta lista (en papel reciclado o hecho sin talar árboles, o envíala por email) y envíasela a todos tus conocidos.

73. Compra productos eficientes energéticamente en compañías que ayuden a proteger el medio ambiente.

74. Involúcrate en programas locales para plantar árboles.

75. Hazte miembro de una organización medioambiental. Si aún no están afrontando el cambio climático, consigue que lo hagan.

76. Apoya el crecimiento cero de la población.

77. Adáptate al clima local todo lo que puedas en lugar de intentar aislarte de él.

78. Dona dinero a organizaciones medioambientales.

79. Apoya programas y productos que intenten salvar las selvas tropicales.

80. Apoya el desarrollo de la energía solar y renovable.

81. Actúa para proteger las cuencas locales.

82. Pavimenta lo menos posible.

83. Aprende más sobre agricultura biodinámica y sostenible.

84. Anima a las plantas de aguas residuales a hacer compost con sus lodos.

85. Anima a tus compañías eléctricas a suministrar energía eólica (está disponible en la mayor parte de los Estados de EEUU).

86. Acorta tu tiempo de ducha en uno o dos minutos y ahorrarás más de quinientos cincuenta litros de agua al mes.

87. Apoya el desarme y el redireccionamiento de los fondos militares hacia la restauración del medio ambiente.

88. Escribe cartas a los editores de los periódicos locales expresando tu preocupación sobre el cambio climático y los problemas medioambientales.

89. Apoya a los candidatos electorales que tienen plataformas medioambientales.

90. Asiste a las reuniones del ayuntamiento de tu ciudad y habla en favor de las acciones para afrontar los problemas del cambio climático.

91. Utiliza un filtro de agua en lugar de agua potable embotellada.

92. Nunca dejes correr el agua innecesariamente. Lava la vajilla en un fregadero con agua en lugar de hacerlo debajo del grifo abierto. Cierra el grifo mientras te lavas los dientes. Si solo mojas y aclaras el cepillo de dientes en lugar de dejar correr el agua, ahorrarás treinta y cinco litros de agua cada vez que te laves los

dientes. Cuando te afeites, si llenas el lavabo en lugar de dejar correr el agua, ahorrarás cincuenta y dos litros de agua.

93. Haz compost con las hojas y desechos de tu jardín, lo que mejorará el suelo del jardín. Reduce al mínimo el uso de productos químicos de jardinería arrancando las malas hierbas.

94. En lugar de ver la televisión o escuchar el equipo de música, dedica el tiempo a leer, escribir, contar historias y hacer música.

95. Utiliza un cabezal de ducha que ahorre agua. Son baratos, fáciles de instalar y pueden ahorrar hasta dos mil ochocientos litros de agua al mes.

96. Esfuérzate por establecer una buena comunicación con los amigos, los vecinos y la familia. Incluye el aprendizaje de destrezas para la resolución de conflictos.

97. Pasa el tiempo viendo, oyendo y disfrutando de la belleza de la Tierra. Siente tu amor a la Tierra. Haz del servicio a la Tierra tu primera prioridad.

98. Aprende de los estilos de vida más sencillos y con menos necesidad de recursos de los aborígenes y los pueblos nativos.

99. Pasa tiempo con niños disfrutando y apreciando la naturaleza.

100. Piensa en la clase de Tierra que te gustaría ver para los nietos de tus nietos.

101. Piensa en grande mientras haces cosas pequeñas. Piensa cómo rediseñar las ciudades, reestructurar la economía, volver a concebir el papel de la humanidad en la Tierra.

102. Planta túlasi y otras plantas medicinales.

103. Visualiza un planeta saludable.

104. Respira.

105. Medita.

106. Despierta.

107. Sirve.

108. Ama.

Quien planta un árbol es un siervo de Dios,
da su bondad a muchas generaciones
y se expone a que el que no lo ha visto lo bendiga.

Henry Van Dyke

Estudia la naturaleza, ama la naturaleza, permanece
cerca de la naturaleza. Nunca te fallará.

Frank Lloyd Wright

❧

Capítulo 19

La Madre Naturaleza

Dios está en todo, no solo en los seres humanos.
Dios está en las montañas, en los ríos y los
árboles, en los pájaros y los animales, en las
nubes, el Sol, la Luna y las estrellas.

Amma

Sabemos una cosa: nuestro Dios también es vuestro Dios.
La Tierra es preciosa para Él.

Jefe Seattle

Actualmente, el mundo entero se encuentra en medio de una enorme crisis ecológica y espiritual. Esta crisis se manifiesta como la destrucción creciente de nuestro entorno natural, el abrumador estrés de nuestra vida cotidiana, los conflictos y guerras interminables entre las naciones y la infelicidad y el descontento que la mayor parte de las personas sienten en su vida diaria. El terrorismo y los desastres naturales, que infestan el mundo, son un reflejo de un problema mucho más profundo: la humanidad está fuera del equilibrio consigo misma y con su medio ambiente.

Es indudable que la humanidad ha experimentado muchos grandes avances tecnológicos y científicos. Sin embargo, los recursos naturales de nuestro planeta, el aire, el agua y la comida, se están agotando. El 25 de mayo del 2010, Amma dio un discurso en la State University de Nueva York, en Buffalo, en el que explicó que es absolutamente necesario unificar la ciencia, la tecnología y la espiritualidad:

«El conocimiento es como un río. Su naturaleza es fluir constantemente. Donde quiera que pueda fluir, lo hace, alimentando la cultura. Por otro lado, el mismo conocimiento desprovisto de valores se convierte en una fuente de destrucción para el mundo. Cuando los valores y el conocimiento se convierten en uno, no puede haber un instrumento más poderoso para el bien de la humanidad. Actualmente, los físicos han empezado incluso a investigar la posibilidad de que el substrato esencial del universo manifiesto y el individuo sean lo mismo. Estamos en el umbral de una nueva era en la que la ciencia material y la espiritualidad avanzarán de la mano. Amma reza pidiendo que ampliemos la mente para aceptar tanto el conocimiento científico como la sabiduría espiritual. Ya no podemos permitirnos que estas dos corrientes de conocimiento fluyan en direcciones opuestas. En realidad, se complementan mutuamente. Si fusionamos estas corrientes, descubriremos que somos capaces de crear un río muy poderoso, un río cuyas aguas pueden eliminar el sufrimiento y llevar la vida a toda la humanidad».

La especie humana ha superpoblado tanto la Tierra que toda la vida del planeta padece las consecuencias. Hemos acaparado y consumido tantos recursos del planeta que la propia Madre Tierra está sufriendo. Gran número de especies han perdido sus hogares o incluso se han extinguido por culpa de nuestras acciones. Tenemos que dar fin a esta destrucción sin sentido. Amma nos dice: «La corriente incesante de amor que fluye de un verdadero creyente hacia toda la Creación ejerce una influencia apacible y calmante sobre la naturaleza. Nuestro amor es la mejor protección de la naturaleza. Hijos míos, conservar la naturaleza debe ser una de nuestras prioridades. Debemos acabar con la práctica de destruir el medio ambiente por culpa de nuestras necesidades egoístas a corto plazo».

Seguimos sin entender las leyes de la naturaleza y la interdependencia de todas las criaturas. Actualmente estamos yendo a toda velocidad en dirección a una colisión destructiva, en lugar de caminar suavemente por un camino de amor y compasión. Estamos devorando nuestro mundo con una codicia y un ansia de poder sin precedentes. Por esta codicia estamos terminando rápidamente con los pocos recursos disponibles que quedan en la Tierra. Hasta el momento, no hemos conseguido comprender que el resultado final de todo esto es la destrucción. Amma también nos dice: «Cuando nuestro egoísmo crece es cuando empezamos a perder la inocencia. Cuando eso sucede, nos separamos de la naturaleza y empezamos a explotarla. No sabemos la terrible amenaza en la que nos hemos convertido para ella. Dañando la naturaleza, estamos allanando el camino hacia nuestra propia destrucción. En realidad, el progreso y la prosperidad de la humanidad solo dependen del bien que las personas hagan a la naturaleza».

Si la crisis medioambiental y espiritual en la que nos encontramos sirve como un despertar, puede ayudarnos a alcanzar un nivel más elevado de potencial humano, unificando la ciencia y la tecnología con la naturaleza y la espiritualidad. Sin ese despertar, nos enfrentamos a una catástrofe medioambiental global que devastará tanto la humanidad como el entorno natural del que depende toda la vida. Lo que suceda dependerá de cada uno de nosotros y del amor y la compasión que pongamos en nuestros pensamientos, palabras y acciones.

Amma dice: «La vida está llena de la luz de Dios; pero esa luz solo se puede experimentar por medio del optimismo. Mirad el optimismo de la naturaleza. Nada puede detenerlo. Todos los aspectos de la naturaleza hacen incansablemente su contribución a la vida. La participación de un pajarito, un animal, un árbol o una flor siempre es completa. Sean cuales sean las dificultades, ellos siguen intentándolo de todo corazón».

En este momento, nuestra conciencia colectiva es como una luz cubierta por una oscuridad inacabable, lo infinito enjaulado en lo finito. Necesitamos escapar urgentemente de nuestras limitaciones autoimpuestas. Nuestro corazón y nuestra mente tienen una capacidad ilimitada para abrirse a los más elevados niveles de conciencia. La verdadera finalidad del yoga, del ayurveda y de este precioso nacimiento humano es unir nuestra conciencia con lo Divino. Que podamos seguir adelante con verdadera conciencia, en la luz del amor, llenos de compasión por la naturaleza, la humanidad y todos los seres sensibles.

Sutras sobre la naturaleza

Esta es una recopilación de poesía y enseñanzas sobre la Madre Naturaleza. Es una llamada a recuperar la armonía perdida entre la humanidad y la naturaleza. Que sirva de inspiración para despertar el amor interior a la naturaleza.

Recuerdo cien lagos maravillosos y evoco el aliento fragante de los pinos y los abetos, de los cedros y los álamos. La senda se ha enhebrado en él, como en un hilo de seda, amaneceres opalescentes y puestas de Sol de azafrán. Me ha dado la bendita liberación de las preocupaciones e inquietudes y del pensamiento turbado de nuestros días. Ha sido una vuelta a lo primitivo y lo pacífico. Siempre que la presión de nuestra compleja vida en la ciudad me diluye la sangre y me entumece la mente, busco alivio en la senda. Y, cuando oigo al coyote llorarle al amanecer amarillo, mis preocupaciones me abandonan. Soy feliz.

Hamlin Garland

Solo salí para dar un paseo y al final decidí quedarme fuera hasta la puesta de Sol, porque me di cuenta de que estar fuera era en realidad ir hacia adentro.

John Muir

Igual que la naturaleza crea las circunstancias favorables para que un coco se convierta en un cocotero, y para que una semilla se transforme en un enorme árbol frutal, la naturaleza crea las circunstancias necesarias

por las que el alma individual puede alcanzar el Ser
Supremo y fundirse con Él en una unión eterna.

Amma

El color de las montañas es el cuerpo de Buddha.
El sonido del agua que corre es su gran palabra.

Dogen.

La naturaleza es el arte de Dios.

Dante Alighieri

El corazón del hombre, lejos de la naturaleza, se vuelve duro.

Standing Bear

¡Que espectacular saludo les ofrece el Sol a las montañas!

John Muir

Ve al ritmo de la naturaleza: su secreto es la paciencia.

Ralph Waldo Emerson

Trepa las montañas y recibe sus buenas nuevas. La
paz de la naturaleza fluirá hacia ti como la luz del
Sol fluye entre los árboles. Los vientos llevarán hacia
ti su frescor y las tormentas su energía, mientras
las preocupaciones caen como hojas de otoño.

John Muir

Dios escribe el evangelio no solo en la Biblia, sino en
los árboles y las flores y las nubes y las estrellas.

Martín Lutero

Creo que hay un magnetismo sutil en la naturaleza,
que, si nos abandonamos a él inconscientemente,
nos guiará acertadamente.

Henry Davis Thoreau

Cuando vivamos en armonía con la naturaleza,
en amor y en unidad, tendremos la fuerza
necesaria para superar cualquier crisis.

Amma

No olvides que la tierra se deleita sintiendo tus pies
descalzos y los vientos anhelan jugar con tu pelo.

Kahlil Gibran

Te doy las gracias, Dios, por todo en este día
increíble: por el espíritu verde saltarín de los árboles
y un sueño verdadero de cielo azul; y por todo lo
que es natural, que es infinito, que es un sí.

E. E. Cummings

La naturaleza es nuestra primera Madre. Nos cría a lo largo
de nuestra vida. Nuestra madre biológica puede dejarnos
que nos sentemos en su regazo durante un par de años,
pero la Madre Naturaleza carga pacientemente nuestro
peso durante toda nuestra vida. Igual que un niño está en
deuda con su madre biológica, debemos sentirnos en deuda
y responsables con la Madre Naturaleza. Si olvidamos
esta responsabilidad, es como si nos olvidamos de nuestro
propio Ser. Si nos olvidamos de la naturaleza dejaremos
de existir, porque hacer eso es caminar hacia la muerte.

Amma

La poesía de la Tierra nunca muere.

John Keats

*En la naturaleza percibo el milagro de la vida, y a su
lado nuestros logros científicos se vuelven banalidades.*

Charles A. Lindbergh

*El espíritu humano necesita lugares en los que la naturaleza
no haya sido reorganizada por la mano del hombre.*

Autor desconocido

*El Sol, con todos esos planetas girando a su alrededor y
dependientes de él, todavía puede madurar un racimo de
uvas como si no tuviera nada más que hacer en el universo.*

Galileo

*Creo que una hoja de hierba no es menos
importante que el recorrido de las estrellas.*

Walt Whitman

*Todo el mundo necesita la belleza igual que el pan,
lugares para jugar y rezar, donde la naturaleza
pueda sanar y fortalecer el cuerpo y el alma.*

John Muir

*Las grandes cosas se hacen cuando los hombres y las montañas
se encuentran. Eso no se hace solo empujándose en la calle.*

William Blake

*Yo recibo con más alegría una frondosa alfombra de pinocha
o de esponjosa hierba que la más lujosa alfombra persa.*

Helen Keller

La vida se vuelve plena cuando la humanidad y la
naturaleza van juntas, de la mano, en armonía.

Amma

¿No voy a entenderme con la tierra?
¿No soy yo en parte hojas y moho vegetal?

Henry David Thoreau

Un toque de naturaleza hace que todos seamos parientes.

William Shakespeare

Y esta vida nuestra, libre del acoso público, encuentra
lenguas en los árboles, libros en los arroyos que
corren, sermones en las piedras y el bien en todo.

William Shakespeare

Aquellos que moran entre las bellezas y los misterios de
la Tierra nunca están solos o cansados de la vida.

Rachel Carson

La naturaleza es la maestra del hombre. Expone
sus tesoros a su búsqueda, le abre el ojo, ilumina su
mente y purifica su corazón. Una influencia alienta
desde todas las vistas y sonidos de su existencia.

Alfred Billings Street

Permitamos que la naturaleza lo haga a su manera.
Ella entiende sus asuntos mejor que nosotros.

Michael de Montaigne

Mirad la naturaleza. La naturaleza es un libro
de texto del que debemos aprender. Cada objeto es

*una página de ese libro. Todos y cada uno de los
objetos de la naturaleza nos enseñan algo.*

Amma

*Voy a la naturaleza para tranquilizarme y
sanarme y para poner en orden mis sentidos.*

John Borroughs.

*La naturaleza soporta la inspección más minuciosa. Nos invita
a que pongamos los ojos a la altura de la hoja más pequeña y
a que adoptemos la visión que un insecto tiene de su llanura.*

Henry David Thoreau

*La naturaleza está llena de genialidad, llena de divinidad, de
modo que ni un copo de nieve escapa a su mano moldeadora.*

Henry David Thoreau

*En el mundo, en la naturaleza, hay suficiente para las
necesidades del hombre, pero no para su codicia.*

Mohandas K. Gandhi

*Si una forma de actuar es mejor que otra, ten por
seguro que es la forma de la naturaleza.*

Aristóteles

La naturaleza es el arte de Dios.

Thomas Browne

*Actualmente, el deber urgente de todos los seres humanos
consiste en complacer a la naturaleza realizando acciones*

desinteresadas llenas de amor mutuo, fe y sinceridad. Cuando haces esto, la naturaleza te bendice devolviéndote abundancia.

Amma

Conclusión: un nuevo comienzo

La meta final de la vida, el Autoconocimiento, debe convertirse en nuestro principal centro de atención. No hay que desperdiciar este precioso nacimiento humano solo con placeres sensibles y objetivos materiales. Mejor utilicemos esta vida para liberarnos de los ciclos del nacimiento y la muerte. Ahora es el único tiempo que tenemos. Vuélvete hacia el interior y descubre la verdad y la belleza que están ocultas profundamente dentro de ti.

El ayurveda y el yoga son herramientas inestimables que nos ayudarán en este viaje. Cuando el cuerpo y la mente se hayan purificado, veremos con claridad la naturaleza del universo y del Ser. Hay que esforzarse para que la gracia fluya. Tenemos que fortalecer el corazón y la mente para no distraernos de la meta. Que la Gracia y el Amor de Amma estén siempre con nosotros.

Levantémonos todos juntos y mostremos al mundo que la compasión, el amor y la preocupación por nuestros semejantes no han desaparecido completamente de la faz de la tierra. Construyamos un mundo nuevo de paz y armonía permaneciendo profundamente arraigados en los valores universales que han alimentado la humanidad desde tiempos inmemoriales. Digámosle adiós a la guerra y a la brutalidad para siempre, y que solo sean asuntos para cuentos de hadas. Que en el futuro se nos recuerde como la generación de la paz.

Amma.

Shakti do jagadambe, bhakti do jagadambe, prema do jagadambe ma.

Mujhe vishwas dekar raksha karó,
Amritéshwari jagadambe ma.

Madre Divina, dame fuerza,
Madre Divina, dame devoción,
Madre Divina, dame amor puro.
Oh, Madre Divina, protégeme dándome una fe perfecta.
Oh, Diosa inmortal, Madre del Universo.
Shakti do Jagadambe, estrofa I, Bhajanámritam Vol. IV

Shuddhosi buddhosi niranjanosi
samsara maya parivarjitosi
samsara suápnam
tyaja moha nidram
nan janma mrityor
tat sat suarupe.

Oh, amado hijo, tú eres el siempre puro,
el siempre despierto,
el siempre inmaculado.
Tú estás completamente libre de maya,
libre de la ilusión de esta vida terrenal.
Tú ya estás despierto.
La sabia Madálasa

❧

Tablas de autoexamen

Estas tablas te permiten determinar tu constitución individual. Establecer con exactitud tu constitución individual te ayudará a llevar un estilo de vida adecuado. El equilibrio de los doshas es esencial para vivir una vida feliz y saludable.

Por favor, no llegues a conclusiones definitivas sobre ti mismo basándote en estas tablas. Son generalizaciones pensadas con un fin educativo y como una guía de autoexamen. En cada línea, pon una marca al lado del aspecto que te defina mejor. Para asegurar la exactitud, sé lo más sincero que puedas contigo mismo. Recuerda que nadie es de un tipo puro.

Para un diagnostico más específico, visita a un médico ayurvédico con experiencia que pueda realizar un diagnostico en profundidad. Prákriti: tu constitución individual

Aspectos	Vata	Pitta	Kapha
Actividad	muy activo	moderado	lento
Apetito	bajo, variable	fuerte	estable
Estructura corporal	delgado	medio	grande
Clase de enfermedades	nerviosismo, ansiedad, dolor	relacionadas con el calor	relacionadas con las mucosas
Concentración	solo a corto plazo, escasa	por encima de la media, buena	a largo plazo, excelente
Dientes	salientes, torcidos	medianos, suaves	grandes, fuertes
Emociones	miedosas, inseguras	iracundas, irritables	apegadas, codiciosas
Evacuación	seca, dura, estreñida	aceitosa, suelta, blanda	aceitosa, densa, lenta

Fuerza	aceptable	por encima de la media	excelente
Color de cabello	castaño, negro	rojo / gris	oscuro
Cantidad de cabello	corriente	fino	grueso
Clase de cabello	seco	grosor medio	graso
Habla	rápida, dispersa	clara, rápida, afilada	lenta, clara, suave
Memoria	buena a corto plazo	buena	buena a largo plazo
Ojos	pequeños, secos, activos	agudos, penetrantes	grandes, atractivos
Patrón mental	rápido, inquieto	agudo, agresivo	tranquilo, firme, estable
Pensamientos	erráticos	congruentes	ritmo constante, concentrados
Peso corporal	ligero	moderado	pesado
Piel	seca, áspera	suave, grasa	gruesa, grasa
Pulso	cobra, débil, filiforme	rana, moderado, saltarín	cisne, amplio, lento
Resistencia	aceptable	buena	alta
Sed	variable	excesiva	escasa
Sueño	ligero, perturbado	profundo, medio	profundo, largo
Sueños	de miedo, activos	iracundos, fogosos	acuosos, tranquilos
Voz	aguda, débil	tono medio	tono bajo
Total:			

Tablas de subdoshas

Coloca una marca al lado de la descripción que te defina.

Vata	
Prana vata	
ansiedad	
asma	
deshidratación	
delgadez extrema	
hipo	
ronquera	
insomnio	
pérdida de voz	
senilidad	
jadeo	
jaquecas	
tuberculosis	
debilidad	
preocupación	
Total prana vata	
Udana vata	
cáncer	
tos seca	
sequedad de ojos	
dolor de oídos	
fatiga	
falta de entusiasmo	
sobreexcitación	
dolor de garganta	
defectos del habla	

tartamudeo	
amigdalitis	
debilidad	
Total udana vata	
Samana vata	
deshidratación	
diarrea	
indigestión	
poca energía	
nutrición escasa	
digestión rápida	
digestión lenta	
Total samana vata	
Apana vata	
trauma de nacimiento, nacimiento difícil	
estreñimiento	
diabetes	
diarrea	
dismenorrea	
lumbalgia	
trastornos menstruales	
disfunción sexual	
pérdida fetal	
Total apana vata	
Vyana vata	
artritis	
parpadeo frecuente	

arritmia cardíaca			poca memoria	
chasquidos articulares			**Total sádhaka pitta**	
dolor articular				
nerviosismo			**Alóchaka pitta**	
mala circulación			enfermedades de los ojos	
Total vyana vata			ojos enrojecidos/irritados	
			ira	
Pitta			problemas de visión	
Páchaka pitta			**Total alóchaka pitta**	
acidez				
adicciones			**Bhrájaka pitta**	
antojos			acné	
ardor de estómago			todos los problemas de piel	
indigestión			forúnculos/abscesos	
ulceras			piel caliente	
Total Páchaka pitta			inflamación	
			poca memoria	
Ránjaka pitta			erupciones	
anemia			cáncer de piel	
ira			**Total bhrájaka pitta**	
trastornos de la sangre				
hostilidad			*Kapha*	
ictericia			**Klédaka kapha**	
enfermedades del hígado			distensión abdominal	
tensión baja			exceso de mucosidad en el	
sarpullidos			estómago	
Total ránjaka pitta			digestión lenta	
			Total klédaka kapha	
Sádhaka pitta				
trastornos emocionales			**Avalámbaka kapha**	
infarto			asma	
indecisión			dolor de espalda	
poca inteligencia				

congestión de pecho/pulmones		dolor de cabeza	
dolor de corazón		deterioro de los sentidos	
letargo		irritabilidad	
rigidez		pérdida del sentido del olfato	
Total avalámbaka kapha		problemas en los senos nasales	
		Total tárpaka kapha	
Bódhaka kapha			
diabetes		**Shléshaka kapha**	
alergias alimentarias		congestión de pecho	
congestión general		aletargamiento	
pérdida del sentido del gusto		articulaciones sueltas	
obesidad		rigidez de las articulaciones y del cuerpo	
Total bódhaka kapha		hinchazón	
		Total shléshaka kapha	
Tárpaka kapha			
depresión			

Tabla constitucional de los tres gunas

Pon una marca al lado de lo que te defina mejor. De nuevo, sé sincero contigo mismo. Si el resultado no es como te gustaría ser, puedes utilizarlo como una herramienta para la mejora personal, el crecimiento y el desarrollo interior.

Aspectos	Sattua	Rajas	Tamas
Alcohol	nunca	ocasional	frecuente
Ira	infrecuente	ocasional	frecuente
Apego	poco	moderado	mucho
Limpieza	mucha	moderada	poca
Concentración	intensa	moderada	escasa
Satisfacción	generalmente	ocasionalmente	nunca
Creatividad	alta	moderada	escasa

Ejercicio diario	siempre	ocasionalmente	raramente
Depresión	raramente/ nunca	ocasionalmente	a menudo
Deseo/lujuria	poco	moderado	excesivo
Desapego	alto	moderado	bajo/nada
Dieta	vegetariana pura/vegana	algo de carne	dieta rica en carne
Discernimiento	alto	moderado	bajo/nada
Drogas	nunca	ocasionalmente	a menudo
Miedo	raramente	ocasionalmente	a menudo
Perdón	fácilmente	perdona al cabo de un tiempo	guarda rencor
Codicia	poca	moderada	mucha
Amor	incondicional	personal	egoísta, escaso
Mantra/oración	diario	ocasional	nunca
Meditación	diaria	ocasional	nunca
Memoria	intensa	moderada	escasa
Ausencia de codicia	siempre	moderada/ocasional	infrecuente
No robar	siempre	ocasionalmente	raramente
No violencia	siempre	ocasionalmente	raramente
Paz mental	casi siempre	moderada/ocasionalmente	raramente
Orgullo/ego	modesto/ humilde	fluctuante	vanidoso
Autodisciplina	alta	moderada	baja/nada
Autoestudio/ reflexión	alto	moderado	bajo/nada
Control de los sentidos	bueno	moderado	escaso

Estímulo sensorial	tranquilo, puro	mixto	perturbado
Seva (servicio desinteresado)	frecuente	moderado/ocasional	escaso/infrecuente
Habla	pacífica, serena	excitada, agitada	sin vida, aburrida
Estudio espiritual	diario	ocasional	nunca
Veracidad	siempre	habitual	infrecuente
Fuerza de voluntad	fuerte	fluctuante	débil
Ética del trabajo	desinteresado	ganancia personal	perezoso
Total			

Tablas de alimentos

* significa comer con moderación
** significa comer raramente

Vata

FRUTAS Aconsejables *La mayor parte de las frutas dulces*	FRUTAS Evitar *La mayor parte de la fruta seca*	VERDURAS Aconsejables *En general, hay que hervir las verduras*	VERDURAS Evitar *Las verduras congeladas, crudas o secas*
• manzanas (cocinadas) • compota de manzana • albaricoques • aguacate • plátanos • bayas • cerezas • coco • dátiles (frescos) • higos (frescos) • pomelo • uvas • kiwi • limones • limas • mangos • melones • naranjas • papayas • melocotones • piña • ciruelas • ciruelas pasas (remojadas) • pasas (remojadas) • ruibarbo • fresas • tamarindo	• manzanas (crudas) • arándanos • dátiles (secos) • higos (secos) • peras • granadas • ciruelas pasas (secas) • uvas pasas (secas) • sandía	• espárragos • remolachas • repollo (cocinado) • zanahorias • coliflor* • cilantro • pepino • rábano daikon* • hinojo (anís) • ajo • judías verdes • chiles verdes • alcachofa de Jerusalén* • verduras de hoja verde* • puerros • lechuga* • hojas de mostaza* • okra • aceitunas negras • cebollas (cocinadas) • perejil* • chirivía • guisantes (cocinados) • boniatos • calabaza	• alcachofa • hojas de remolacha** • melón amargo • brócoli • coles de Bruselas • raíz de bardana • repollo (crudo) • coliflor (cruda) • apio • maíz (fresco)** • hojas de diente de león • berenjena • rábano picante** • col rizada • colinabo • aceitunas verdes • cebollas (crudas) • pimientos, dulces y picantes • patatas blancas

FRUTAS Aconsejables *La mayor parte de las frutas dulces*	FRUTAS Evitar *La mayor parte de la fruta seca*	VERDURAS Aconsejables *En general, hay que hervir las verduras*	VERDURAS Evitar *Las verduras congeladas, crudas o secas*
		• rábanos (cocinados) • colinabo • calabaza de cabello de ángel* • espinacas*	• chumbera (fruto y hojas) • rábano (crudo) • brotes • tomates (cocinados)** • nabos • pasto de trigo

Vata			
LEGUMBRES Aconsejables	LEGUMBRES Evitar	LÁCTEOS Aconsejables *La mayoría de los lácteos son buenos*	LÁCTEOS Evitar
• lentejas (rojas)* • judías mung • mung dal • queso de soja* • leche de soja* • salsa de soja* • salchichas de soja* • tofu* • tur dal • urad dal	• judías adzuki • judías negras • judías carillas • garbanzos • alubias • lentejas (marrones) • judías de Lima • miso** • judías blancas • guisantes (secos) • soja • harina de soja • harina de soja • guisantes partidos • tempeh • alubias blancas	• mantequilla • suero de mantequilla • queso (curado)* • queso (fresco) • requesón • leche de vaca • ghi • leche de cabra • queso de cabra • helado* • crema agria* • yogur (diluido y con especias)*	• leche de vaca (en polvo) • leche de cabra (en polvo) • yogur (solo, helado o con fruta)

Vata			
FRUTOS SECOS Aconsejables *Con moderación*	FRUTOS SECOS Evitar	SEMILLAS Aconsejables	SEMILLAS Evitar
• almendras • nueces negras • nueces de Brasil • anacardos • charoles • coco • avellanas • nueces de macadamia • cacahuetes • pacanas • piñones • pistachos • nueces	• ninguno	• chía • linaza • halva • cáñamo • calabaza • sésamo • girasol • tahini	• palomitas de maíz • psyllium**

Vata			
CEREALES Aconsejables	CEREALES Evitar	BEBIDAS Aconsejables	BEBIDAS Evitar
• amaranto*	• cebada	• alcohol (cerveza o vino)*	• zumo de manzana
• harina de trigo candeal	• pan (hecho con levadura)	• leche de almendra	• té negro
• avena (cocinada)	• trigo sarraceno	• zumo de áloe	• bebidas con cafeína
• panqueques	• cereales (fríos, secos o hinchados)	• sidra de manzana	• bebidas carbonatadas
• quinoa	• maíz	• zumo de albaricoque	• leche con cacao
• arroz (de todas las clases)	• cuscús	• zumo de bayas (excepto de arándanos)	• café

•seitán (carne de trigo)	•galletas saladas	•algarroba*	•bebidas lácteas frías
•pan de trigo germinado (esenio)	•granola	•zumo de zanahoria	•zumo de arándanos
•trigo	•mijo	•zumo de cereza	•té helado
	•muesli	•bebida de cereales (sustituto del café)	•bebidas heladas
	•salvado de avena	•zumo de uva	•infusiones:
	•avena (seca)	•zumo de pomelo	•alfalfa**
	•pasta**	•leche caliente con especias	•cebada**
	•polenta**	•limonada	•albahaca**
	•tortas de arroz**	•zumo de mango	•zarzamora
	•centeno	•caldo de miso	•borraja**
	•sagú	•zumo de naranja	•bardana
	•espelta	•zumo de papaya	•canela**
	•tapioca	•néctar de melocotón	•barba de maíz
	•salvado de trigo	•zumo de piña	•diente de león
		•leche de arroz	•ginseng
		•zumos agrios	•hibisco
		•leche de soja (caliente y bien especiada)*	•lúpulo**
		•infusiones:	•jazmín**
		•ajwan	•citronela**
		•bancha	•zumo de verduras variadas
		•hierba gatera*	•zumo de pera

		•manzanilla	•zumo de granada
		•achicoria	•zumo de ciruela pasa**
		•crisantemo*	•leche de soja (fría)
			•zumo de tomate**
			•consomé de verdura

Vata			
ACEITES Aconsejables *Las más convenientes son los primeros*	ACEITES Evitar	ESPECIAS Aconsejables *Casi todas las especias son buenas*	ESPECIAS Evitar
•sésamo	•linaza	•ajwan	•alcaravea
•ghi		•pimienta de Jamaica	
•oliva		•extracto de almendra	
•la mayor parte de los demás		•anís	
•*Solo para uso externo:*		•asafétida (hing)	
•coco		•albahaca	
•aguacate		•hoja de laurel	
		•pimienta negra	
		•cardamomo	
		•cayena*	
		•canela	
		•clavo	
		•cilantro	
		•comino	

		• hojas de curri	
		• eneldo	
		• hinojo	
		• fenogreco*	
		• ajo	
		• jengibre	
		• macis	
		• mejorana	
		• menta	
		• semillas de mostaza	
		• nuez moscada	
		• cáscara de naranja	
		• orégano	
		• pimentón	
		• perejil	
		• hierbabuena	
		• pippalí	
		• semillas de cáñamo	
		• romero	
		• azafrán	
		• ajedrea	
		• menta verde	
		• anís estrellado	
		• estragón	
		• tomillo	
		• cúrcuma	
		• vainilla	
		• gaulteria	

Vata			
CONDI-MENTOS Aconsejables	CONDI-MENTOS Evitar	EDULCO-RANTES Aconsejables	EDULCO-RANTES Evitar
•chutney de mango (dulce o picante) •cilantro* •dulse •gomasio •hijiki •kelp •kétchup •kombu •limón •lima •mayonesa •mostaza •encurtidos (de lima, de mango) •sal •cebolletas •algas marinas •salsa de soja •brotes* •tamari	•chocolate •rábano picante	•malta de cebada •fructosa •zumo de fruta concentrado •miel (cruda y sin procesar) •panela •melaza •sirope de arroz •sucanat •turbinado	•sirope de arce** •azúcar blanco

Vata	
SUPLEMENTOS ALIMENTICIOS – Aconsejables	SUPLEMENTOS ALIMENTICIOS – Evitar
•zumo de áloe* •aminoácidos •polen de abeja •minerales: calcio, cobre, hierro, magnesio, zinc •jalea real; espirulina •algas verdeazuladas •vitaminas A, B, B12, C, D y E	•hojas de cebada •levadura de cerveza

Pitta			
FRUTAS Aconsejables *La mayor parte de las frutas dulces*	FRUTAS Evitar *La mayor parte de las frutas agrias*	VERDURAS Aconsejables *La mayor parte de las verduras dulces y amargas*	VERDURAS Evitar *La mayor parte de las verduras picantes*
• manzanas (dulces)	• manzanas (ácidas)	• alcachofa	• hojas de remolacha
• compota de manzana	• albaricoques (ácidos)	• espárrago	• remolachas crudas
• albaricoques (dulces)	• plátanos	• remolacha (cocinada)	• raíz de bardana
• aguacate	• bayas (ácidas)	• melón amargo	• maíz (fresco)**
• bayas (dulces)	• arándanos	• brócoli	• rábano daikon
• cerezas (dulces)	• pomelos	• coles de Bruselas	• berenjena**
• coco	• uvas (verdes)	• repollo	• ajo
• dátiles	• kiwi**	• zanahorias (cocinadas)	• chiles verdes
• higos	• limones	• zanahorias (crudas)*	• rábano picante
• uvas (rojas y moradas)	• mangos (verdes)	• coliflor	• colirrábano**
• limas*	• naranjas (agrias)	• apio	• ajo puerro (crudo)
• mangos (maduros)	• melocotones	• cilantro	• hojas de mostaza
• melones	• caquis	• pepino	• aceitunas (verdes)
• naranjas (dulces)	• piña (agria)	• hojas de diente de león	• cebollas (crudas)
• papayas*	• ciruelas (ácidas)	• hinojo (anís)	• pimientos (picantes)
• peras	• higos chumbos	• judías verdes	• rábanos (crudos)

398

•piña (dulce)	•ruibarbo	•alcachofas de Jerusalén	•espinacas (cocinadas)**
•granadas	•fresas	•col rizada	•espinacas (crudas)
•ciruelas pasas	•tamarindo	•verduras de hoja verde	•tomates
•uvas pasas		•puerros (cocinados)	•hojas de nabo
•sandía		•lechuga	•nabos
		•okra	
		•aceitunas (negras)	
		•cebollas (cocinadas)	
		•perejil	
		•chirivías	
		•guisantes	
		•pimientos (dulces)	
		•patatas (dulces, blancas)	

Pitta			
LEGUMBRES Aconsejables	LEGUMBRES Evitar	LÁCTEOS Aconsejables	LÁCTEOS Evitar
•judías azuki	•miso	•mantequilla (sin sal)	•mantequilla (con sal)
•judías negras	•salsa de soja	•queso (fresco, sin curar, sin sal)	•suero de leche
•judías carillas	•salchichas de soja	•requesón	•queso (curado)
•garbanzos	•tur dal	•leche de vaca	•crema agria
•alubias	•urad dal	•ghi	•yogur (solo, helado o con fruta)

•lentejas (marrones, rojas)		•queso de cabra (fresco y sin sal)	
•judías de lima		•leche de cabra	
•judías mung		•helado	
•mung dal		•yogur (recién hecho y diluido)*	
•judías blancas			
•guisantes (secos)			
•judías pintas			
•semillas de soja			
•queso de soja			
•harina de soja*			
•leche de soja			
•soja en polvo*			
•guisantes partidos			
•tempeh			
•tofu			
•judías blancas			

Pitta			
CEREALES Aconsejables	CEREALES Evitar	BEBIDAS Aconsejables	BEBIDAS Evitar
•amaranto	•pan (con levadura)	•leche de almendra	•sidra de manzana
•cebada	•trigo sarraceno	•zumo de áloe	•zumo amargo de bayas
•cereales secos	•maíz	•zumo de manzana	•bebidas con cafeína

•cuscús	•mijo	•zumo de alba-ricoque	•bebidas car-bonatadas
•galletas saladas	•muesli**	•zumo de bayas (dulce)	•zumo de zanahoria
•harina de trigo candeal	•avena (seca)	•algarroba	•zumo de cereza (agrio)
•granola	•polenta**	•zumo de cere-za (dulce)	•leche con cacao
•salvado de avena	•quinoa	•bebidas lácteas frías	•café
•avena (cocina-da)	•arroz (inte-gral)**	•bebida de cereales (susti-tuto del café)	•zumo de arándano
•panqueques	•centeno	•zumo de uvas	•zumo de pomelo
•pasta		•leche especia-da caliente*	•té helado
•arroz (básmati, blanco, salvaje)		•zumo de mango	•bebidas heladas
•tortas de arroz		•caldo de miso*	•limonada
•sagú		•zumo de ver-duras variadas	•zumo de papaya
•seitán (carne de trigo)		•zumo de naranja*	•zumo de tomate
•espelta		•néctar de melocotón	•bebidas agrias
•pan de trigo germinado (ese-nio)		•zumo de pera	•infusiones:
•tapioca		•zumo de gra-nada	•ajwan
•trigo		•zumo de ciruela	•albahaca**
•germen de trigo		•leche de arroz	•canela*
		•leche de soja	•clavo

		•consomé vege-tal	•eucalipto
		•infusiones:	•fenogreco
		•alfalfa	•jengibre (seco)
		•bancha	•ginseng
		•cebada	•espino blan-co
		•zarzamora	•hisopo
		•borraja	•bayas de junípero
		•bardana	•poleo
		•hierba gatera	
		•manzanilla	

Pitta			
FRUTOS SECOS Aconsejables	FRUTOS SECOS Evitar	SEMILLAS Aconsejables	SEMILLAS Evitar
•almendras (mojadas y peladas) •charoles •coco	•almendras (con piel) •nueces negras •nueces de Brasil •anacardos •avellanas •nueces de macadamia •cacahuetes •pacanas •piñones •pistachos •nueces	•linaza •halva •cáñamo •palomitas de maíz (sin sal, con mantequi-lla) •psyllium •calabaza* •girasol	•chía •sésamo •tahini

Pitta			
ACEITES Aconsejables *Los primeros son los más aconsejables*	ACEITES Evitar	ESPECIAS Aconsejables	ESPECIAS Evitar
• girasol • ghi • canola • oliva • soja • linaza • onagra • nuez • *Solo para uso externo:* • aguacate • coco	• almendra • albaricoque • maíz • cártamo • sésamo	• albahaca (fresca) • pimienta negra* • alcaravea • cardamomo* • canela • cilantro • comino • hojas de curry • eneldo • hinojo • jengibre (fresco) • menta • hojas de nim* • piel de naranja* • perejil* • hierbabuena • azafrán • menta verde • estragón* • cúrcuma • vainilla* • gaulteria	• ajwan • pimienta de Jamaica • extracto de almendras • anís • asafétida (hing) • albahaca (seca) • hojas de laurel • cayena • clavos • fenogreco • ajo (seco) • jengibre (seco) • macis • mejorana • semillas de mostaza • nuez moscada • orégano • pimentón • pippalí • semillas de amapola • romero • salvia • ajedrea • anís estrellado • tomillo

Pitta			
CONDIMEN-TOS Aconsejables	CONDIMENTOS Evitar	EDULCO-RANTES Aconsejables	EDULCO-RANTES Evitar
• pimienta negra* • chutney de mango (dulce) • cilantro* • dulse* • hijiki • kombu* • lima* • brotes • tamari*	• chiles • chocolate • chutney de mango (picante) • gomasio • rábano picante • kelp • kétchup • limón • encurtido de lima • encurtido de mango • mayonesa • mostaza • encurtidos • sal** • cebolletas • algas marinas • salsa de soja • vinagre	• malta de cebada • fructosa • zumo con-centrado de fruta • sirope de arce • sirope de arroz • sucanat • turbinado	• miel** (cruda, sin procesar) • panela • melaza • azúcar blanco*

Pitta	
SUPLEMENTOS ALIMEN-TICIOS Aconsejables	SUPLEMENTOS ALIMEN-TICIOS Evitar
• zumo de áloe • hojas de cebada • levadura de cerveza • minerales: calcio, magnesio, zinc • espirulina • algas verdeazuladas • vitaminas D y E	• aminoácidos • polen de abeja** • jalea real** • minerales: cobre, hierro, vita-minas A, B, B12 y C

Kapha			
FRUTAS Aconsejables *La mayor parte de las frutas astringentes*	FRUTAS Evitar *La mayor parte de las frutas dulces y agrias*	VERDURAS Aconsejables *La mayor parte de las verduras amargas y picantes*	VERDURAS Evitar *La mayor parte de las verduras dulces y jugosas*
• manzanas	• aguacate	• alcachofa	• pepino
• compota de manzana	• plátanos	• espárragos	• aceitunas
• albaricoques	• coco	• hojas de remolacha	• chirivías**
• bayas	• dátiles	• remolachas	• boniatos
• cerezas	• higos (frescos)	• melón amargo	• calabaza (invierno)
• arándanos	• pomelos	• brócoli	• raíz de malanga
• higos (secos)*	• kiwis	• coles de Bruselas	• tomates (crudos)
• uvas*	• mangos**	• raíz de bardana	• calabacín
• limones*	• melones	• repollo	
• limas*	• naranjas	• zanahorias	
• melocotones	• papayas	• coliflor	
• peras	• piña	• apio	
• caquis	• ciruelas	• cilantro	
• granadas	• ruibarbo	• maíz	
• ciruelas pasas	• tamarindo	• rábano daikon	
• uvas pasas	• sandía	• hojas de diente de león	
• fresas*		• berenjena	
		• hinojo (anís)	
		• ajo	
		• judías verdes	

		• chiles verdes	
		• rábano picante	
		• alcachofa de Jerusalén	
		• col rizada	
		• colinabo	
		• verduras de hoja verde	
		• puerros	
		• lechuga	
		• hojas de mostaza	
		• okra	
		• cebollas	
		• calabaza	

Kapha			
LEGUMBRES Aconsejables	LEGUM-BRES Evitar	LÁCTEOS Aconsejables	LÁCTEOS Evitar
• judías adzuki	• alubias	• suero de mantequilla*	• mantequilla (salada)
• frijoles negros	• miso	• requesón (de leche desnata-da de cabra)	• mantequilla (sin sal)**
• alubias carillas	• semillas de soja	• ghi*	• queso (fresco y curado)
• garbanzos	• queso de soja	• queso de cabra (sin sal y sin curar)	• leche de vaca
• lentejas (rojas y marrones)	• harina de soja	• leche de cabra (desnata-tada)	• helados
• judías de Lima	• soja en polvo	• yogur (dilui-do)	• crema agria

•judías mung*	•salsa de soja		•yogur (solo, helado o con fruta)
•mung dal*	•tofu (crudo)		
•judías blancas	•urad dal*		
•guisantes (secos)			
•judías pintas			
•leche de soja			
•salchichas de soja			
•guisantes partidos			
•tempeh			
•tofu (cocinado)*			
•tur dal*			
•judías blancas			

Kapha			
FRUTOS SECOS Aconsejables *Con moderación*	FRUTOS SECOS Evitar	SEMILLAS Aconsejables	SEMILLAS Evitar
•almendras •nueces negras •nueces de Brasil •anacardos •charoles •coco •avellanas •nueces de macadamia •cacahuetes •pacanas •piñones •pistachos •nueces	•ninguna	•chía •linaza •halva •cáñamo •calabaza •sésamo •girasol •tahini	•palomitas de maíz •psyllium**

Kapha			
CEREALES Aconsejables	CEREALES Evitar	BEBIDAS Aconsejables	BEBIDAS Evitar
•amaranto*	•pan (con levadura)	•zumo de áloe	•infusiones:
•cebada	•avena (cocida)	•sidra de manzana	•malvavisco
•trigo sarraceno	•panqueques	•zumo de manzana*	•escaramujo**
•cereales (fríos, secos o hinchados)	•pasta**	•zumo de albaricoque	•té helado
•maíz	•arroz (integral, blanco)	•zumo de bayas	•bebidas heladas
•cuscús	•tortas de arroz**	•té negro (con especias)	•limonada
•galletas saladas	•trigo	•algarroba	•caldo de miso
•harina de trigo candeal*		•zumo de zanahoria	•zumo de naranja
•granola		•zumo de cerezas (dulce)	•zumo de papaya
•mijo		•zumo de arándanos	•leche de arroz
•muesli		•leche caliente con especias*	•zumos agrios
•salvado de avena		•bebida de cereales (sustituto del café)	•leche de soja (fría)
•avena (seca)		•zumo de uva	•zumo de tomate
•polenta		•infusiones:	
•quinoa*		•alfalfa	
•arroz (básmati, salvaje)*		•bancha	
•centeno		•cebada	
•sagú		•zarzamora	

•seitán (carne de trigo)		•bardana	
•espelta*		•manzanilla	
•pan de brotes de trigo (esenio)		•achicoria	
•tapioca		•canela	
•salvado de trigo		•clavo	
		•zumo de mango	
		•néctar de melocotón	
		•zumo de pera	
		•zumo de piña*	
		•zumo de granada	
		•zumo de ciruelas pasas	
		•leche de soja (caliente y muy especiada)	

Kapha			
ACEITES Aconsejables *Los más aconsejables al principio*	ACEITES Evitar	ESPECIAS Aconsejables *Todas las especias son buenas*	ESPECIAS Evitar
•maíz	•albaricoque	•ajwan	
•canola	•aguacate	•pimienta de Jamaica	
•girasol	•coco	•extracto de almendras	
•ghi	•linaza**	•anís	

• almendras	• oliva	• asafétida (hing)	
	• prímula	• albahaca	
	• cártamo	• hoja de laurel	
	• sésamo	• pimienta negra	
	• soja	• alcaravea	
	• nuez	• cardamomo	
		• cayena	
		• canela	
		• clavos	
		• cilantro	
		• comino	
		• hojas de curry	
		• eneldo	
		• hinojo*	
		• fenogreco	
		• ajo	
		• jengibre	
		• macis	
		• mejorana	
		• menta	
		• semillas de mostaza	
		• hojas de nim	
		• nuez moscada	
		• piel de naranja	
		• orégano	
		• pimentón	
		• perejil	
		• hierbabuena	

		•pippalí	
		•semillas de cáñamo	
		•romero	
		•azafrán	
		•salvia	
		•ajedrea	
		•menta verde	
		•estragón	
		•tomillo	
		•cúrcuma	
		•vainilla*	

Kapha			
CONDIMEN-TOS Aconsejables	CONDIMEN-TOS Evitar	EDULCO-RANTES Aconsejables	EDULCO-RANTES Evitar
•pimienta negra •chiles •chutney de mango (especiado) •cilantro •dulse* •hijiki* •rábano picante •limón* •mostaza (sin vinagre) •cebolletas •algas de mar* •brotes*	•chocolate •chutney de mango (dulce) •gomasio •kelp •kétchup** •lima •mayonesa •encurtidos •sal •salsa de soja •tamari •vinagre	•concentrado de zumo de frutas •miel (cruda, sin procesar)	•malta de cebada •fructosa •panela •sirope de arce •melaza •sirope de arroz •sucanat •azúcar turbinado •azúcar blanco

Kapha	
SUPLEMENTOS ALIMENTI-CIOS Aconsejables	SUPLEMENTOS ALI-MENTICIOS Evitar
• zumo de áloe • aminoácidos • hojas de cebada • polen de abejas • levadura de cebada • minerales: calcio, cobre, hierro, magnesio, zinc • jalea real • espirulina • alga verdiazul • vitaminas A, B, B12, C, D , y E	• minerales: potasio

Glosario

Abhyanga: embadurnar, ungir; terapias de masajes con aceite, aceitado diario.

Adhármico: injusto.

Agni: fuego digestivo, luz, calor.

Agni homas: ceremonias con fuego.

Agni suédana: un método concebido para provocar la sudoración y la dilatación de los srotas, las nadis y las dhatus.

Ahankara: ego, concepto de individualidad personal, identificación con la sensación del «yo».

Ahara: alimento, lo que se ingiere.

Ahara rasa: el jugo o la esencia del alimento, el producto final del alimento digerido que nutre todos los dhatus (tejidos corporales).

Ahimsa: no violencia, no dañar.

Ajña: poder imponente o infinito, el sexto chakra (también llamado el chakra del tercer ojo).

Akash: espacio, éter, cielo, atmosfera.

Alóchaka: un subdosha de pitta que rige la visión.

Ama: material tóxico producido por el alimento mal digerido, crudo, sin digerir.

Amavata: trastorno que se produce cuando ama y vata penetran en las articulaciones y provocan enfermedades de naturaleza artrítica.

Ámbuvaha srotas: que trasporta el agua.

Amla: sabor agrio.

Anadi: sin principio.

Anáhata: sonido no golpeado, el cuarto chakra o chakra del corazón.

Ananda: dicha.

Anándamaya kosha: envoltura de dicha.

Ananta: infinito.

Ánnamaya kosha: envoltura de alimento.

Ánnavaha srotas: canales que trasportan la comida, sistema digestivo, canal alimentario.

Anupana: vehículo o medio que transporta las medicinas vegetales por el cuerpo.

Anuvásana basti: enema aplicado con una sustancia aceitosa.

Ap: elemento agua, el agua.

Apana vata: uno de los subdoshas de vata, la energía de movimiento descendente y hacia afuera que se encarga de la evacuación de los desechos (heces, gases, orina, sangre menstrual, etc.).

Aparígraha: no posesión, no codiciar, ausencia de avaricia.

Árchana: culto diario.

Aríshtam: extractos de plantas fermentados por medios naturales.

Ártavavaha srotas: canales del sistema reproductor femenino.

Artha: economía, dinero, objeto.

Ásana: postura, asiento, posición.

Ásava: vinos y zumos de plantas medicinales.

Ashtanga: ocho.

Ahtanga hrídaya: antiguo texto ayurvédico escrito por el rishi Vagabhatta.

Ashtanga yoga: yoga de ocho miembros, raja yoga.

Asthayi: inestable.

Asteya: no robar.

Asthi: hueso.

Ásthivaha srotas: canales que trasportan los nutrientes a los huesos.

Atma: alma, espíritu, Ser verdadero.

Atma nivédana: entrega o dedicación a Dios.

Atma vichara: autoindagación.

Aum (Om): sonido primordial del universo; creación, protección y disolución.

Áushadhi: tratamiento ayurvédico de la enfermedad.

Avalámbaka: uno de los subdoshas de kapha, asentado en el corazón y los pulmones. Da apoyo y cimenta el ojas y la inmunidad.

Avidya: ignorancia.

Ayu: vida.

Ayurveda: la ciencia de la vida.

Basti: enema medicinal.

Bhajans: cantos devocionales en alabanza a Dios.

Bhakti: devoción.

Bhasmas: preparados de ceniza purificada.

Bhastrika: forma de pranayama en que se respira rápidamente.

Bhrájaka: subdosha de pitta ubicado en la piel que da color y brillo a esta.

Bhutagni: el fuego (enzima) que digiere los cinco elementos/sabores.

Bódhaka: uno de los subdoshas de kapha que ayuda a diferenciar los distintos sabores y contribuye al proceso digestivo, ubicado en la boca, la lengua y la garganta.

Brahma: el Creador, un componente de la trinidad hindú.

Brahmacharya: celibato, seguir una vida espiritual estricta.

Brahma-muhurta: período de dos horas antes del amanecer.

Brahman: la realidad suprema.

Brahmanda: macrocosmos.

Bruhana nasya: aceite medicinal administrado por las fosas nasales para nutrir el cerebro y los sentidos.

Buddhi: inteligencia, intelecto.

Cháraka: considerado el padre y el erudito más importante del ayurveda, primer comentador del ayurveda.

Cháraka Sámhita: texto ayurvédico más antiguo y más importante, tratado de Cháraka sobre el ayurveda.

Chi: término chino para prana, fuerza vital.

Chikitsa: tratamiento, terapia para conservar el equilibrio, práctica o ciencia médica.

Chitta: capacidad de conocer.

Churna: polvos vegetales.

Dasa: llegar a ser o adoptar la actitud de servidor de Dios.

Dhárana: concentración de la mente, mantener unido.

Dharma: rectitud, objetivo de la vida, acción correcta.

Dhatu: tejido corporal.

Dhatu agni: fuego digestivo de los tejidos corporales, agni de los dhatus.

Dhauti: limpieza del conducto gastrointestinal.

Dhyana: meditación.

Dinacharya: programa diario.

Dosha: constitución corporal (vata, pitta y kapha), defecto, deficiencia, lo que contamina.

Dosha sammúrcchana: proceso por el que el dosha se aumenta o se perturba y penetra en los dhatus, afectando su funcionamiento natural.

Drava: líquido.

Dushya: lo que está contaminado o adulterado, lugar de manifestación de la enfermedad en el cuerpo.

Dusha: viciar.

Filosofía sankhya: conocer la verdad, el orden de la creación del universo, los veinticuatro principios cósmicos.

Gandha: hedor u olor, el tanmantra que se correlaciona con el elemento tierra.

Gandusha: retención de líquido en la boca (el aceite de sésamo es el más utilizado).

Ghi: mantequilla clarificada.

Ghrita: ghi medicinal.

Gráhani: intestino delgado.

Grishma: verano.

Guna: cualidad sutil de la naturaleza; sattua, rajas y tamas.

Guru: maestro, pesado, peso, grande.

Háridra: cúrcuma, también se llama haldí en hindi.

Hemanta: invierno.

Hima: infusiones frías.

Ida nadi: nadi que empieza en el lado izquierdo, nadi lunar.

Índriya: facultad de sentir, órgano sensorial.

Ishta dévata: forma amada de Dios.

Íshvara pranidhana: entrega a la voluntad divina, devoción a Dios.

Jala: agua, fluido, líquido.

Jalaneti: proceso yóguico de pasar agua por las fosas nasales mediante un cazo/taza de neti, normalmente hecho de barro, cobre u otros metales.

Japa: repetición de mantras.

Jathara: estómago, abdomen.

Jatharagni: fuego digestivo situado en el estómago, jugos gástricos, enzimas digestivas.

Jiva: el alma individual, la conciencia.

Jñana: conocimiento.

Jñanéndriya: órganos de conocimiento o percepción.

Jyótish: astrología védica.

Jyótishi: astrólogo védico.

Kala: período de tiempo, estación.

Kali Yuga: la era actual, la edad oscura del materialismo.

Kalka: pastas vegetales.

Kama: deseo.

Kapalabhati: «cráneo resplandeciente»; práctica ayurvédica de pranayama que limpia la zona de los senos nasales, los pulmones, la sangre, los tejidos y el abdomen.

Kapha: los elementos agua y tierra ;flema, moco, uno de las tres principales energías biológicas (humores corporales).

Karma: acción.

Karméndriya: órganos de acción.

Karnapurna: aplicación de medicamentos en los oídos, por lo general aceite o humo medicinal.

Kashaya: astringente.

Káthina: duro, firme, rígido, riguroso, inflexible, cruel.

Katí basti: aplicación externa de aceite en la parte baja de la espalda, faja pélvica y región sacra.

Katu: gusto o sabor picante.

Katu avastha paka: la fase picante de la digestión que tiene lugar en la cuarta hora de la digestión.

Kaya: cuerpo, habitación.

Kayachikitsa: tratamiento de enfermedades corporales por el uso de medicina interna.

Khara: cualidad difícil, dura o áspera de la comida.

Kichri: plato ayurvédico hecho cocinando juntos arroz básmati y judías mung, con especias.

Kirtan: canciones divinas en alabanza de Dios.

Klédaka: uno de los subdoshas de kapha; mojado, húmedo, flema del estómago; ayuda a digerir el alimento fragmentándolo en pequeñas partículas digeribles.

Kosha: envoltura, una envoltura energética sutil que rodea el cuerpo humano.

Kriya: acción, práctica, administrar un remedio.

Krmi: lombrices, parásitos o infección.

Kumari: áloe, también una joven virgen.

Kúndalini Shakti: la forma más pura de la energía espiritual divina en forma femenina.

Kuatha: decocción de plantas.

Laghu: ligero, pequeño.

Lassi: leche agria, bebida hecha mezclando agua con yogur y batiéndolos.

Lávana: sabor salado.

Léham/avaléham: mermelada medicinal.

Lépana: aplicación de un emplasto de plantas sobre la piel.

Lila: juego divino.

Mádhura: sabor dulce, placentero, cautivador, encantador.

Madhuravastha: la fase dulce de la digestión, la fase final.

Mahabhuta: los grandes elementos, los elementos toscos: espacio, aire, fuego, agua y tierra.

Máhat: grande, intelecto, gran principio.

Mahatma: gran alma.

Majjá: médula ósea.

Majjávaha srotas: canales que trasportan la médula ósea.

Mala: materia de desecho metabólico que el cuerpo evacúa, mancha, impureza, suciedad, mugre.

Mala sánchaya: acumulación de los malas (materias de desecho del cuerpo).

Mamsa: músculos, carne, parte carnosa (pulpa) de una fruta.

Mamsa dhatu: músculo.

Mámsavaha srotas: canales que trasportan músculos.

Manas: mente.

Manda: lento, o agua de arroz (el primer alimento que se toma después de terminar un panchakarma).

Mandagni: estado lento o debilitado del fuego digestivo.

Manipura: ciudad de las piedras preciosas, el tercer chakra, del plexo solar.

Manómaya kosha: la envoltura mental, la que está hecha de mente.

Manóvaha srotas: canales que trasportan el pensamiento.

Mantra: himno védico, estrofa sagrada o mística, una oración.

Marga: pasaje o vía de circulación.

Márkava: lo que previene las canas prematuras.

Maya: ilusión.

Meda: tejido graso/adiposo.

Medha: poder mental, inteligencia, sabiduría, prudencia.

Medóvaha srotas: canales que trasportan el tejido graso.

Moksha: Autoconocimiento, dejar fluir, liberación.

Mridu: blando, delicado, tierno.

Mrityu: muerte.

Mudra: un signo o posición de las manos que se practica en el yoga y en el culto religioso.

Mula: raíz.

Muladhara: primer chakra, chakra raíz.

Mukha: una apertura, la boca.

Mutra: orina.

Mútravaha srotas: canales que transportan la orina.

Nadi: pulso, cualquier órgano tubular como las venas o las arterias.

Nadi suédana: aplicación de vapor de plantas por una manguera en puntos específicos (marmas) del cuerpo.

Nadis: «ríos», canales o vías de energía del cuerpo humano.

Namávali: repetición de los nombres de Dios por medio de canciones, estrofas o poesía.

Nasya: terapia nasal, normalmente con aceite.

Nauli: lavado intestinal o movimiento de los músculos abdominales.

Netra basti: aplicación local de ghi con plantas en los ojos.

Nidana: causa de enfermedad, investigación de la causa de la enfermedad.

Nidra: sueño.

Nirama: estado en el que no hay ama (toxinas).

Niruha basti: enema con una decocción de plantas para eliminar el ama.

Nirvichara: sin reflexión.

Nirvikalpa: sin deliberación.

Nirvikalpa samadhi: estado supraconsciente.

Níyama: refrenar, regular, fijar, controlar, contener.

Ojas: vigor, fortaleza, vitalidad, la esencia de todos los tejidos (dhatus).

Páchaka: uno de los subdoshas de pitta, situado en el intestino delgado y que ayuda a la digestión.

Pancha jñanéndriyas: los cinco órganos sensoriales: la boca (gusto), las orejas (audición), los ojos (vista), la nariz (olfato), la lengua (gusto).

Pancha karméndriyas: los cinco órganos de acción: el habla, la prensión, el caminar, la procreación y la evacuación.

Pancha mahabhutas: los cinco grandes elementos: espacio/éter, aire, fuego, agua, tierra.

Panchakarma: cinco clases de terapias de eliminación.

Panir: clase de queso fresco hecho de leche cuajada.

Paramatman: el Ser Supremo.

Pariksha: examen, inspección, investigación.

Paschtkarma: «acción posterior», terapias realizadas después del panchakarma.

Peya: gachas de arroz o cualquier bebida mezclada con una pequeña cantidad de arroz hervido.

Phanta: infusiones calientes.

Pinda suédana: fomento (envoltorio hecho con un paño caliente) realizado con un bolo de arroz y leche caliente para aliviar el vata dosha tonificando los músculos y mejorando la circulación.

Pindanda: microcosmos.

Píngala nadi: nadi derecha, nadi solar.

Pisthi: polvo.

Pitta: elemento fuego, bilis, uno de los tres doshas principales.

Pírichil: verter continuamente aceite medicinal por todo el cuerpo.

Prabhava: propiedad o acción propia de una planta.

Prajña: sabiduría, inteligencia, conocimiento.

Prajñaparadha: no utilizar el intelecto, uso incorrecto de la sabiduría.

Prákriti: naturaleza, constitución, forma natural, naturaleza original.

Prana: aliento de vida, aire vital, energía, poder, conciencia.

Pránamaya kosha: envoltura hecha de prana, la fuerza vital.

Pránavaha srotas: canales que trasportan el aire, sistema respiratorio.

Prana vata: uno de los subdoshas de vata, que está situado en el cerebro y gobierna la respiración y las funciones sensoriales y mentales.

Pranayama: control de la respiración, técnicas especializadas de respiración.

Praspándanam: pulsar o latir.

Pratyahara: retirar los sentidos de los objetos externos.

Prithvi: tierra.

Puja: adoración ritual.

Purana: llenar el espacio.

Purisha: heces, materia de desecho.

Púrishavaha srotas: canales que trasportan la materia fecal, sistema excretor.

Púrusha: conciencia, testigo eterno.

Purvakarma: acciones preliminares aplicadas antes del panchakarma, preparación para la acción principal.

Purvarupa: síntomas previos de una enfermedad, signos ocultos de enfermedad.

Rajáhvaha srotas: canales que trasportan la menstruación

Rajas: creativo, apasionado, activo, móvil.

Rajásico: apasionado, activo, agudo.

Rakta: sangre.

Rakta-moksha: sangría, por lo general con sanguijuelas.

Ráktavaha srotas: canales que trasportan la sangre, sistema circulatorio.

Ránjaka: uno de los subdoshas de pitta, situado en el hígado, el bazo y el estómago, y que da color.

Rasa: sabor, linfa, jugo, sabor, esencia, líquido, fluido.

Rasa dhatu: plasma.

Rásavaha srotas: canales que trasportan el plasma o la linfa.

Rasáyana: sustancias que previenen el envejecimiento y favorecen la longevidad nutriendo y tonificando todo el sistema corporal.

Recipiente de neti: el que se utiliza para realizar la jalaneti, la limpieza nasal.

Rishi: visionario, ser iluminado, sabio.

Ritucharya: regímenes estacionales, programa que hay que seguir en las diferentes estaciones.

Ritus: estaciones.

Ruksha: seco, árido, no graso, demacrado, delgado.

Rupa: forma, signo, síntomas o huella de enfermedades.

Sádhak: aspirante espiritual, alguien que realiza prácticas ascéticas o espirituales.

Sádhaka: uno de los subdoshas de pitta, situado en el corazón y que gobierna la circulación.

Sádhana: practicas espirituales.

Sadhya: lo que se desea alcanzar, las metas de la vida.

Sahásrara: el séptimo chakra o chakra de la coronilla, «de los mil pétalos».

Sakhya: amistad con Dios.

Samadhi: estado de absorción total en el Ser, Conciencia Divina.

Samagni: estado equilibrado del fuego digestivo

Samana: uno de los subdoshas de vata, ubicado en el intestino delgado y el estómago, aumenta el agni y las encimas digestivas y es el lugar principal de la digestión y la estabilización del aire.

Samatua bhava: actitud de visión ecuánime, discernimiento atento.

Samjña sthápana: lo que restablece la conciencia.

Samprapti: patogénesis, la vía completa de la manifestación de la enfermedad.

Samsara: el ciclo repetitivo del nacimiento y la muerte.

Samskaras: patrones mentales acumulados, impresiones.

Samyama: control de la mente y sus fluctuaciones.

Sananda: con alegría.

Sanátana dharma: la Verdad Eterna.

Sandra: denso.

Sánscrito: el idioma de los Vedas.

Santosha: contento.

Sara: esencia, salud, vitalidad de los tejidos corporales.

Sásmita: con la sensación de personalidad, de individualidad.

Satchidananda: la naturaleza del verdadero Ser; verdad, dicha, conciencia.

Sattua: esencia espiritual, cualidades de pureza, bondad, amor, compasión.

Sáttvico: puro, genuino, espiritual, honrado.

Satya: veracidad o no mentir.

Saucha: limpieza o pureza.

Savichara: con reflexión.

Savikalpa: con deliberación.

Seva: servicio desinteresado.

Shabda: sonido, tono, voz.

Shakti: el principio divino femenino, la energía suprema del universo, el poder de la conciencia

Shámana: terapia paliativa.

Shárada: otoño.

Sharira: cuerpo, cuerpo físico.

Shastras: escrituras védicas.

Shiró basti: basti de la cabeza, mantener aceite medicinal sobre la cabeza dentro de una gorra.

Shiroabhyanga: masaje de la cabeza con aceite.

Shirodhara: derramar aceite o cualquier otro líquido sobre la frente desde un recipiente especial.

Shíshira: última parte del invierno.

Shita: frío, helado, gélido.

Shiva: la conciencia pura, parte de la trinidad hindú, el destructor, el trasformador.

Shivadruma: el árbol de Shiva.

Shléshaka: uno de los subdoshas de kapha, situado en las articulaciones y que ayuda en la lubricación y la protección, fijación, conexión .

Shódhana: terapia de eliminación, purificación, limpiar, purificar, refinar.

Shrávana: escuchar un sátsang o las escrituras.

Shukra: tejido reproductivo, el semen en los hombres y el óvulo en las mujeres.

Shukra ártava: fluido reproductivo masculino/femenivo.

Shúkravaha srotas: canales que transportan los tejidos o fluidos reproductivos y los llevan al sistema reproductivo masculino, incluyendo los testículos, la próstata y el semen.

Siddhis: poderes espirituales.

Smarana: recuerdo constante de Dios.

Snéhana: terapia con aceite medicinal, lubricación, ungimiento, frotar con aceite, unción.

Snigdha: pegajoso, viscoso, untuoso, suave, adhesivo.

Sparsha: tacto, el sentido o la experiencia del tacto.

Srotas: canales, tubos, vasos huecos para el trasporte de sustancias.

Srota-dushti: impureza de los canales, impureza de los srotas.

Stányavaha srotas: sistema de lactancia, canal que trasporta la leche materna.

Sthira: estable, firme, duro, sólido, compacto, fuerte, inamovible, fijo.

Sthula: grande, denso, grueso, robusto.

Sukshma: sutil.

Surya namaskar: saludos al Sol, una secuencia de ásanas de yoga.

Súshruta: uno de los principales fundadores del ayurveda, el fundador de la técnica quirúrgica ayurvédica.

Súshruta sámhita: un texto ayurvédico que trata principalmente sobre tratamientos quirúrgicos.

Sushumna nadi: la nadi o canal de energía central.

Sutraneti: neti realizada utilizando un hilo medicinal.

Sutra: hilo, entrelazado.

Suadhyaya: estudio de sí mismo.

Suadishthana: el segundo chakra, la morada del ego.

Suárasa: jugos.

Sueda: sudor, sudar, calidez.

Suédavaha srotas: canales que trasportan el sudor.

Suédana: uno de los principales purvakarmas, terapia de sudoración, uso de calor para aflojar las toxinas, baño de vapor de plantas que provoca sudoración y devuelve las toxinas al conducto gastrointestinal para ser eliminadas mediante el panchakarma.

Tamas: ignorancia, oscuridad, ilusión, pesadez, inercia.

Tamásico: ignorante, perezoso, oscuro, viciado.

Tanmatra: percepciones sensoriales primordiales, la forma no manifestada de los cinco elementos.

Tantra: conjunto de prácticas espirituales que utilizan el mantra, el yantra, la puja, los homas, la alquimia y otras técnicas esotéricas para el Autoconocimiento.

Tapas: purificar por medio del fuego, prácticas ascéticas.

Tapasvi: el que practica austeridades.

Tárpaka: uno de los subdoshas de kapha, se encuentra en la cabeza y nutre los sentidos; satisfactorio, gratificante.

Tattuas: los veinticuatro principios divinos.

Tejas: fuego mental, la esencia sutil del elemento fuego, luz.

Thaila: aceite medicinal.

Tikshna: agudo, caliente, ardiente, picante.

Tikshna agni: fuego digestivo fuerte, actividad aumentada del fuego digestivo, pitta elevado.

Tikta: sabor amargo.

Trátaka: concentración o mirar fijamente.

Tridosha: los tres doshas: vata, pitta y kapha.

Tridóshico: equilibrio de los tres doshas.

Triguna: las tres cualidades de la naturaleza: sattua, rajas y tamas.

Tríphala: un laxante general y depurador del colon, formula ayurvédica hecha de tres frutas/plantas particulares (ámalaki, bhibítaki y harítaki).

Údakavaha srotas: canales que trasportan el agua o líquidos acuosos por el cuerpo.

Udana: uno de los subdoshas de vata, el aire ascendente responsable de la espiración, el vómito y el habla.

Údvahana: movimiento ascendente.

Udvártanam: masaje terapéutico con polvos secos de plantas para reducir el dosha kapha.

Upadhatu: tejido secundario que da sostén al tejido principal y está hecho de ese dhatu primario.

Úpanishads: enseñanzas escritas de los Vedas y el Vedanta.

Uró basti: aceite medicinal colocado sobre el pecho y la zona del corazón.

Ushna: caliente, cálido, apasionado, expansivo.

Vairaguia: desapasionamiento o desapego.

Vajíkarana: la ciencia de los afrodisíacos, producir virilidad, sustancias que fortalecen el sistema reproductivo.

Vámana: vomitar, emesis utilizando formulas vegetales.

Vámana dhauti: limpieza del estómago bebiendo agua salada y vomitando.

Vándana: alabanza a Dios u oración.

Varsha: monzón, estación de las lluvias.

Vásana: hábito.

Vasanta: primavera.

Vata: elemento viento o aire, uno de los tres principales humores biológicos del cuerpo.

Vatí: pastillas y píldoras de plantas.

Vayu: aire, viento, uno de los cinco elementos.

Vedanta: conciencia unificada o no dual, conocimiento del Ser.

Vedas: los libros antiguos del conocimiento, conocimiento sagrado.

Vidyá: conocimiento supremo.

Vijñánamaya kosha: la envoltura de conocimiento.

Víkriti: desequilibrio actual de los doshas, enfermedad, alteración, cambio, desequilibrio, agitación.

Vipaka: maduro, estado del alimento después de la digestión, sabor postdigestivo.

Virechan: purga, una de las principales terapias del panchakarma.

Virya: potencia de las plantas o del alimento, poder, vigor, semen.

Víshada: cualidad de la claridad.

Víshama-agni: fuego digestivo irregular, fuego digestivo inestable.

Vishnu: una deidad de la trinidad hindú, el conservador, el que sostiene.

Vishuddha: puro, el quinto chakra, el chakra de la garganta.

Viveka: discernimiento cuidadoso, separar, aislar o dividir.

Vrittis: fluctuaciones o modificaciones de la mente.

Vyakta: visible, manifiesto.

Vyana: uno de los subdoshas de vata, que circula por todo el cuerpo, que rige la circulación sanguínea, los sistemas musculoesquelético y nervioso, se encarga de todos los movimientos reflejos y de las articulaciones.

Yajñas: sacrificios (pujas, homas y agni hotras)

Yamas: disciplinas, restricciones, autocontrol, reglas, instrucciones, pautas.

Yang: forma masculina de la energía, caliente, positiva, activa.

Yantra: diseño geométrico sagrado que se correlaciona con una deidad, un mantra o una vibración planetaria.

Yin: forma femenina de la energía, fría, negativa, pasiva.

Yoga: unión, conectar, añadir, juntar, un método progresivo para alcanzar el Autoconocimiento.

Bibliografía

Airola, Paavo. *How to Get Well: Handbook of Natural Healing*. Sco-
ttsdale, AZ: Health Plus Publishers, 1984.

American Dietetic Association and Dietitians of Canada, comp.
«Vegetarian Diets». *Journal of the American Dietetic Association*.
June 2003: Volume 103, Issue 6, pages 748-765.

Atreya. *Ayurvedic Healing for Women*. Nueva Delhi, India: Motilal
Banarsidas, Pvt. Ltd., 2000.

Babu, Dr. Madham Shetty Suresh. *Yoga Ratnakara, Vol. I*. Varanasi,
India: Chowkhamba Sanskrit Series, 2005.

Bachman, Nicolai. *The Language of Yoga: A Complete A to Y Guide to
Asana Names, Sanskrit Terms and Chants*. Boulder, CO: Sounds
True, Inc., 2004.

Barnard, Neal, M.D. «Doctor in the House». *PETA's Animal Times*,
otoño 2004:7.

---. *The Power of Your Plate*. Summertown, TN: Book Publishing
Co., 1990.

Beckman, Howard. *Vibrational Healing with Gems*. Nueva Delhi,
India: Gyan Publishing House, 2000.

Bhajanamritam 2010 Supplement. Ámritapuri, India: Mata Amritanandamayi Mission Trust, 2010.

Charak, Dr. K. S. *Subtleties of Medical Astrology*, Nueva Delhi,India:
Uma Publications, 2002.

---. *Essentials of Medical Astrology*, 4ª edición, Nueva Delhi, India:
Uma Publications, 2005.

Cole, Sebastian. *Ayurvedic Medicine: The Principles of Traditional
Practice*. Philadelphia, PA: Elsevier, Ltd., 2006.

Dash, Vaidya Bhagwan and Sharma, R. K. *Caraka Samhita, Vol.I-
VII*. Varanasi, India: Chowkhamba Sanskrit Series, 2005.

Devi, Sri Mata Amritanandamayi. *The Awakening of Universal Motherhood: An Address Given by Sri Mata Amritanandamayi Devi at the Global Peace Initiative of Women Religious and Spiritual Leaders at Palais des Nations, Geneva, October 7th, 2002.* Ámritapuri, India: Mata Amritanandamayi Mission Trust, 2003.

---. *For My Children: The Teachings of Her Holiness Sri Mata Amritanandamayi Devi.* Ámritapuri, India: Mata Amritanandamayi Mission Trust, 1995.

---. *Immortal Light: Advice to Householders.* Ámritapuri, India: Mata Amritanandamayi Mission Trust, 2006.

---. *Living in Harmony: An Address Given by Sri Mata Amritanandamayi Devi at the Millennium World Peace Summit of Religious and Spiritual Leaders at the United Nations General Assembly, August 29th, 2000.* Ámritapuri, India: Mata Amritanandamayi Mission Trust, 2005.

---. *May Peace and Happiness Prevail: Keynote Address by Sri Mata Amritanandamayi Devi during the Closing Plenary Session of the Parliament of World's Religions in Barcelona, Spain, on July 13th, 2004.* Ámritapuri, India: Mata Amritanandamayi Mission Trust, 2004.

---. *May Your Hearts Blossom: An Address by Sri Mata Amritanandamayi Devi at the Parliament of the World's Religions, Chicago, September 1993.* Ámritapuri, India: Mata Amritanandamayi Mission Trust, 2005.

---. *Unity is Peace: An Address by Sri Mata Amritanandamayi Devi at the Interfaith Celebration in Honor of the 50th Anniversary of the United Nations on October 21st, 1995, at the Cathedral of St. John the Divine, New York.* Ámritapuri, India: Mata Amritanandamayi Mission Trust, 1996.

Essential Oils Desk Reference: Compiled by Life Science Publishing. Salt Lake City, UT: Life Science Publishing, 2006.

Fischer-Rizze, Susan. *Complete Aromatherapy Handbook.* Nueva Delhi, India: Health Harmony, 2001.

Frawley, Dr. David. *Astrology of the Seers: A Guide to Vedic/Hindu Astrology*. Twin Lakes, WI: Lotus Press, 2000.

---. *Ayurveda and the Mind*. Twin Lakes, WI: Lotus Press, 1997.

---. *Ayurvedic Astrology: Self-Healing Through the Stars*. Twin Lakes, WI: Lotus Press, 2005.

---. *Ayurvedic Healing: A Comprehensive Guide*. Salt Lake City, UT: Passage Press, 1989.

---. *Vedantic Meditation: Lighting the Flame of Awareness*. Berkeley, CA: North Atlantic Books, 2000.

---. *Yoga and Ayurveda: Self-Healing and Self-Realization*. Twin Lakes, WI: Lotus Press, 1999.

---. *Yoga: The Greater Tradition*. Mandala Publishing, 2008.

Frawley, Dr. David and Kozak, Susan. *Yoga for Your Type*. Twin Lakes, WI: Lotus Press, 2001.

Frawley, Dr. David y Lad, Dr. Vasant. *The Yoga of Herbs*. Santa Fe, NM: Lotus Press, 1986.

Frawley, Dr. David, Ranade, Dr. Subhash y Lele, Dr. Avinash. *Ayurveda and Marma Therapy: Energy Points in Yogic Healing*. Twin Lakes, WI: Lotus Press, 2003.

Gerras, Charles. *The Complete Book of Vitamins*. Emmaus, PA: Rodhale Press, 1977.

Govindan, S. V. *Marma Treatment: Massage Therapy for Diseases of Vital Areas*. Nueva Delhi, India: Abhinav Publishing, 2005.

Gupta, K. R. L. *Science of Sphygmica or Sage Kanda on Pulse*. Nueva Delhi, India: Sri Satguru Publications, 2000.

Johari, Harish. *The Healing Power of Gemstones: In Tantra, Ayurveda and Astrology*. Rochester, Vermont: Destiny Books, 1996.

---. *Tools for Tantra*. Rochester, Vermont: Destiny Books, 1986.

Joshi, Binod Kumar, Joshi, Geeta, y Sah, Ram Lal. *Vedic Health Care System: Clinical Practice of Sushrutokta Marma Chikitsa and Siravedhan*. Nueva Delhi, India: New Age Books, 2002.

Joshi, Sunil. *Ayurvedic Panchakarma: The Science of Healing and Rejuvenation*. Twin Lakes, WI: Lotus Press, 1997.

Kacera, Walter. *Ayurvedic Tongue Diagnosis.* Twin Lakes, WI: Lotus Press, 2006.

Lad, Dr. Vasant. *Ayurveda: The Science of Self-Healing.* Twin Lakes, WI: Lotus Press, 1984.

---. *Textbook of Ayurveda, Vol. I: Fundamental Principles.* Albuquerque, NM: The Ayurvedic Press, 2002.

---. *Textbook of Ayurveda, Vol. II: A Complete Guide to Clinical Assessment.* Albuquerque, NM: The Ayurvedic Press, 2006.

Lalwani, Dr. Neeraj. *Gem Therapy in Vedic Astrology.* Nueva Delhi, India: Gyan Publishing House, 2002.

Lanou, Amy. «Healthy Eating for Life for Children». *Physicians'Committee for Responsible Medicine.* Nueva York: John Wiley and Sons, 2002: 49.

Lappe, Frances Moore. *Diet for a Small Planet.* Nueva York, NY: Ballantine Books, 1975.

Mahadevan, Dr. L. *Ayurveda for Beginners.* Kanyakumari, India: Sri Sarada Ayurveda Hospital, 2005.

Manoj, Dr. T. *Ayurveda.* Trivándrum, India: AIMS Health Publications, 2000.

Menon, C.V. Narayana, comp. *The Thousand Names of the Divine Mother: Sri Lalita Sahasranama.* Ámritapuri, India: Mata Amritanandamayi Mission Trust, 2004.

Miller, Dr. Light. *Ayurvedic Remedies.* Twin Lakes, WI: Lotus Press, 1999.

Miller, Dr. Light y Dr. Brian. *Ayurveda and Aromatherapy: The Earth Essential Guide to Ancient Wisdom and Modern Healing.* Twin Lakes, WI: Lotus Press, 2005.

Murthy, Prof. K. R. Srikantha. *Vagbhata's Astanga Hrdayam.* Varanasi, India: Chowkhamba Krishnadas Academy, 2004.

«The Natural Resources Defense Council 25 Year Report». Nueva York, NY: *Natural Resources Defense Council.*

Nibodhi. *Annapurna's Prasad: Ayurvedic Cooking for Health and Longevity.* Ámritapuri, India: Mata Amritanandamayi Mission Trust, 2009.

Paranjpe, Dr. Prakash. *Ayurvedic Medicine: The Living Tradition.* Nueva Delhi, India: Chaukhamba Sanskrit Pratishthan, 2003.

---. *Indian Medicinal Plants: Forgotten Healers: A Guide to Ayurvedic Herbal Medicine.* Nueva Delhi, India: Chaukhamba Sanskrit Pratishthan, 2001.

Pitchford, Paul. *Healing with Whole Foods.* Berkeley, CA: North Atlantic Books, 2002.

Puri, Swami Amritaswarupananda. *From Amma's Heart: Conversations with Sri Mata Amritanandamayi Devi.* Ámritapuri, India: Mata Amritanandamayi Mission Trust, 2005.

Puri, Swami Amritaswarupananda, trad. *Man and Nature.* Ámritapuri, India: Mata Amritanandamayi Mission Trust, 2005.

Ranade, Dr. Subhash. *Natural Healing Through Ayurveda.* Nueva Delhi, India: Motilal Banarsidas Pvt. Ltd., 1999.

Ranade, Dr. Subash, y Lele, Dr. Avinash. *Ayurvedic Panchakarma.* Nueva Delhi, India: Chaukhamba Sanskrit Pratishthan, 2003.

Reddy, Dr. K. Rama Chandra. *Ocean of Ayurvedic Pharmaceutics.* Varanasi, India: Chaukhambha Sanskrit Bhawan, 2007.

Reinfeld, Mark, y Rinaldi, Bo. *Vegan Fusion.* Kapa'a, HI: Thousand Petals Publishing, 2005.

Robbins, John. *The Food Revolution.* Boston, MA: Conari Press, 2001.

Ros, Dr. Frank. *The Lost Secrets of Ayurvedic Acupuncture.* Twin Lakes, WI: Lotus Press, 1994.

Sadler, Julie. *Aromatherapy.* Delhi: Vision Books Pvt. Ltd., 1993.

Sah, Ram Lal, Joshi, Dr. Sunil y Joshi, Dr. Geeta. *Vedic Health Care System: Clinical Practice of Sushrutokta Marma Chikitsa and Siravedhan.* Delhi: New Age Books, 2002.

Saraswati, Swami Satyananda. *Kali Puja.* Nueva Delhi, India: Devi Mandir Publications, 1996.

---. *Surya Namaskar: A Technique of Solar Vitalization.* Bihar, India: Yoga Publications Trust, 2007.

---. *Yoga Nidra.* Bihar, India: Yoga Publications Trust, 2006.

Shastri, V. V. Subramanaya. *Tridosha Theory: A Study on the Fundamental Principles of Ayurveda*. Malappuram Dist. Kérala, India: Kottakkal Arya Vaidya Sala Publications Dept., 2000.

Singer, Peter. *Animal Liberation: A New Ethic for Our Treatment of Animals* (2nd edition). Nueva York: New York Review of Books, 1990.

Stiles, Mukunda. *Ayurvedic Yoga Therapy*. Twin Lakes, WI: Lotus Press, 2008.

---. *Structural Yoga Therapy*. Nueva Delhi, India: Goodwill Publishing House, 2002.

Subramuniyaswami, Satguru Sivaya. *How to Win an Argument with a Meat Eater*. Kauai, HI: Himayalan Academy Publications, 2000.

Svoboda, Robert E. *Ayurveda: Life, Health and Longevity*. India: Penguin Books, 1992.

---. *Prakriti: Your Ayurvedic Constitution*. Twin Lakes, MI: Lotus Press, 1999.

Tirtha, Swami Sada Shiva. *The Ayurvedic Encyclopedia*. Nueva Delhi, India: Health Harmony, 2006.

Tiwari, Maya. *Ayurveda Secrets of Healing*. Twin Lakes, WI: Lotus Press, 1995.

Winter, Ruth. *A Consumer's Dictionary of Food Additives*. Nueva York, NY: Crown Publishers, Inc., 1989.

Yogananda, Paramahansa. *God Talks with Arjuna: The Bhagavad Gita: The Royal Science of God Realization, Vol. I and II*. Dakshineshwar, Calcuta, India: Yogoda Satsanga Society of India, 2005.

Páginas web de referencia

«E. Coli in up to Half of U.S. Cattle». *Associated Press* 29 febrero 2000. Julio 2000 <http://www.msnbc.com/news/376128.asp?-cp1=1>

«Jesus was a Vegetarian». *People for the Ethical Treatment of Animals* agosto 2000. <http://www.jesusveg.com>

«Quotable Quotes». *American Vegetarian* 28 enero, 1998. Agosto 2000
<http://www.acorn.net/av/avquotes.html>
«Spiritual Basis». *American Vegetarian* 1998. Agosto 2000
<http://www2.acorn.net/doc/avspirit.doc>
«The Transformation of Animals into Food». *Vegan Outreach*. Agosto 2000.
<http://www.veganoutreach.org/wv/wv2.html>
«World Scientists' Warning to Humanity». *Union of Concerned Scientists* 1992.
<http://www.earthednet.org>

Recursos

www.embracingtheworld.org (conjunto internacional de organizaciones benéficas sin ánimo de lucro fundadas por la reconocida líder espiritual y humanitaria Shri Mata Amritanándamayi Devi, también conocida como Amma)

www.amritapuri.org (página web de Amma y del Áshram Ámritapuri)

www.amma.org (página web estadounidense de Amma)

www.theammashop.org (productos de apoyo para los buscadores espirituales)

www.amma-europe.org (página web europea de Amma)

www.iam-meditation.org (Técnica de Meditación Integrada Ámrita®)

www.aimshospital.org (Instituto Amrita de Ciencias Médicas)

www.ayudh.org (un movimiento de jóvenes que quieren llevar según las directrices de Amma) www.amrita.edu (Universidad Ámrita)

www.ayurveda.amrita.edu (Escuela Ámrita de Ayurveda y Hospital Ayurvédico Ámrita) www.ayurveda.com (Instituto de Ayurveda)

www.veganoutreach.org (trabaja para acabar con la crueldad con los animales)

www.peta.org (Personas para el Trato Ético de los Animales)

www.vegansociety.com (una organización benéfica educativa)

www.vegetarian-nutrition.info (información actual sobre los distintos aspectos de un estilo de vida saludable)

www.happycow.net (guía de alimentación saludable)

www.veganfusion.com (talleres, recetas veganas)

www.world.org (Organización Mundial para el Medio Ambiente™)

www.climateark.org (portal sobre el cambio climático y el calentamiento global)

http://my.ecoearth.info (portal y buscador medioambiental)

www.unep.org (Programa de las Naciones Unidas para el Medio Ambiente)

www.edf.org (Fondo para la Defensa del Medio Ambiente)

www.scorecard.goodguide.com (página de información sobre la contaminación)

www.ucsusa.org (Unión de Científicos Preocupados; ciudadanos y científicos a favor de soluciones medioambientales)

www.ran.org (Red de Acción en favor de la Selva Tropical)

www.emagazine.com (la revista medioambiental)

www.purezing.com (lista de los ingredientes peligrosos más conocidos en productos corporales y alimenticios)

www.thedailygreen.com (guía de verduras para el consumidor)

www.foodnews.org (guía 2011 de pesticidas en los productos™ para el vendedor de GWE)

www.Green-e.org (programa de protección del consumidor para la venta de energía renovable y la reducción de gases de efecto invernadero)

ℰℐ

www.ingramcontent.com/pod-product-compliance
Lightning Source LLC
Chambersburg PA
CBHW062040080426
42734CB00012B/2511